Dieter Rucht
Kollektive Proteste und soziale Bewegungen

Grundlagentexte Soziologie

Herausgegeben von
Nicole Burzan | Ullrich Bauer

Der Juventa Verlag hat eine lange Tradition in der Publikation sozialwissenschaftlicher Texte. Bereits in den 1960er Jahren wurden mit der Reihe „Grundfragen der Soziologie“ (hrsg. von Dieter Claessens) programmatische Akzente gesetzt. Die Reihe hatte einen prägenden Einfluss auf die damals noch in den Anfängen stehende Disziplin Soziologie.

Die Reihe „Grundlagentexte Soziologie“ knüpft an diese Tradition an. Die Soziologie hat sich seitdem in Deutschland als theoretisch und empirisch reichhaltiges wissenschaftliches Fach etabliert. Es fehlt ihr aber an Einführungstexten und Übersichtsbänden für den Lehrbetrieb in Universitäten, Fachhochschulen, Fachschulen und anderen Bildungseinrichtungen.

Dieser Herausforderung stellt sich die Reihe „Grundlagentexte Soziologie“. Von fachlich gut ausgewiesenen Wissenschaftlerinnen und Wissenschaftlern werden Texte vorgelegt, die die wichtigsten theoretischen Ansätze des Faches, methodische Zugänge und gesellschaftswissenschaftliche Analysen präsentieren. Die Bände sind so zugeschnitten, dass sie sich als Basislektüre für Vorlesungen, Seminare und andere Lehrveranstaltungen mit einführendem Charakter eignen, dabei aber gleichzeitig auf der Höhe der aktuellen Entwicklung des Faches sind.

Dieter Rucht

Kollektive Proteste und soziale Bewegungen

Eine Grundlegung

BELTZ JUVENTA

Der Autor

Dieter Rucht, emeritierter Professor für Soziologie, lebt in Berlin. Er befasst sich seit Jahrzehnten mit dem Themenfeld sozialer Bewegungen und außerparlamentarischen politischen Engagements.

FSC® www.fsc.org
MIX
Papier aus verantwortungsvollen Quellen
FSC® C089473

Dieses Buch ist erhältlich als:
ISBN 978-3-7799-6518-3 Print
ISBN 978-3-7799-5841-3 E-Book (PDF)

1. Auflage 2023

in der Verlagsgruppe Beltz · Weinheim Basel
Werderstraße 10, 69469 Weinheim

Herstellung: Myriam Frericks
Satz: Helmut Rohde, Euskirchen
Druck und Bindung: Beltz Grafische Betriebe, Bad Langensalza
Beltz Grafische Betriebe ist ein klimaneutrales Unternehmen (ID 15985-2104-100)
Printed in Germany

Weitere Informationen zu unseren Autor:innen und Titeln finden Sie unter: www.beltz.de

Inhalt

Einführende Bemerkungen

Soziale Bewegungen schließen Protestgruppen ein. Aber nicht jede Protestgruppe ist eine soziale Bewegung. Beide Formationen sind Teil unserer Erfahrungswelt, sei es aufgrund eigener Anschauung oder aktiver Mitwirkung, sei es durch Berichte anderer, insbesondere von Seiten der Medien. Protestierende und rebellierende Gruppen lassen sich bis in die griechische Antike zurückverfolgen. Soziale Bewegungen, so eine These dieses Buches, sind jedoch erst mit dem Zeitalter der Aufklärung aufgekommen. Sie gehören zur Signatur moderner Gesellschaften.

Worin besteht der Sinn und die Funktion von Protestgruppen und sozialen Bewegungen? Was bringt sie hervor? Was treibt sie an? Auf welchen Strukturen beruhen sie? Welche Dynamiken weisen sie auf? Welchen Beitrag leisten sie zur Gestaltung von Gesellschaft und Politik?

Antworten auf Fragen dieser Art sind Anliegen des vorliegenden Buches. Als Versuch einer systematischen Einführung und Grundlegung kartographiert es ein Terrain, an dessen Erkundung sich bereits Generationen von Wissenschaftler:innen beteiligt haben. Beginnend um die Mitte des 19. Jahrhunderts, dann in zunehmender Verbreitung und Verdichtung, hat sich bis heute die Protest- und Bewegungsforschung als Teilbereich der Sozialwissenschaften und vor allem der Soziologie herausgeschält. Andere und weiter gefasste Bezeichnungen für dieses Untersuchungsfeld sind *collective behavior* oder *contentious politics*.

In den vergangenen fünf Jahrzehnten hat die Protest- und Bewegungsforschung ein wachsendes Interesse erfahren. Dies findet seinen Niederschlag in einer Fülle einschlägiger Publikationen mit theoretischer und/oder empirischer Ausrichtung, in aufwendigen Forschungsprojekten, anspruchsvollen Konzeptualisierungen und ausgefeilten methodischen Verfahren. Nach der Institutionalisierung dieses Themenfeldes in den USA, die dort bereits in der ersten Hälfte des 20. Jahrhunderts begann, hat sich inzwischen auch in Europa und anderswo eine analoge Entwicklung vollzogen.

In den letzten Jahrzehnten widmete sich die Fachliteratur im deutschsprachigen Raum und in anderen Ländern überwiegend spezielleren Themen: neue und neueste soziale Bewegungen, rechtspopulistische Gruppierungen, Protestrepertoires und Protestkultur, sozio-demografische Profile von Protestierenden, Paradigmen der Bewegungsforschung, methodische Zugänge und vieles mehr. Diese Arbeiten beanspruchen jedoch nicht, das sehr dynamische Untersuchungsfeld in seiner Breite abzubilden. Der vorliegende Band soll zur Schließung dieser Lücke beitragen. Dass dabei häufig auf die in den USA erschienene Fachliteratur zurückgegriffen wird, hängt mit der dort früh einsetzenden Etablierung dieses Forschungsfeldes und der schieren Fülle und Qualität einschlägiger Studien zusammen. Die zunehmende Fokussierung auf Teilgebiete und sehr spezielle Aspekte sozialer Bewegungen ging allerdings zu Lasten grundlegender Fragen. Dies zeigte sich auch in der Präferenz der Bewegungsforschung für Theorien mittlerer Reichweite. Demgegenüber wird im vorliegenden Band versucht, einzelne Perspektiven auf soziale Bewegungen in einen größeren Rahmen einzubetten.

Bedarf es überhaupt eines Grundrisses zum Themenfeld kollektiven Protests und sozialer Bewegungen? Einige in deutscher Sprache erschienene und breit ansetzende Analysen liegen bereits vor, sind aber, bedingt durch das weit zurückliegende Erscheinungsdatum, nicht mehr auf der Höhe der Zeit. Zu nennen ist das Buch von Otthein Rammstedt (1978) mit dem lapidaren Titel „Soziale Bewegungen", der umfangreiche Band „Soziale Bewegungen. Ein historisch-systematischer Grundriß" von Joachim Raschke (1985) sowie das nur wenig rezipierte, primär theoretisch orientierte zweibändige Werk von Veit Michael Bader (1991) mit dem Haupttitel „Kollektives Handeln". Ebenfalls relativ breit und systematisch ansetzend, aber in seinem Umfang eng beschränkt ist der Beitrag von Neidhardt/Rucht „Soziale Bewegungen und kollektive Aktionen". Er wurde erstmals 2001 im Rahmen eines soziologischen Lehrbuchs publiziert und in späteren Ausgaben aktualisiert. Doch kann er schon aufgrund seiner Kürze der Fülle neuerer Studien und Befunde in diesem Themenbereich nicht gerecht werden.

Mit dem Wachstum, der Ausdifferenzierung und Professionalisierung des Untersuchungsgegenstandes von kollektivem Protest und sozialen Bewegungen steigt auch seine Unübersichtlichkeit. Damit entsteht ein Bedarf an Orientierung und Systematisierung. Dem soll der vorliegende Band Rechnung tragen. Er widmet sich den Grundfragen, großen Linien und zentralen Erträgen der sozialwissenschaftlichen Protest- und Bewegungsforschung. Dieser Anspruch erzwingt eine beachtliche Flughöhe des ordnenden, kommentierenden und interpretierenden Beobachters. Er darf sich nicht in den Details verlieren, muss weitgehend von jenen fachspezifischen Debatten und Erträgen absehen, die sich auf einzelne Bewegungen, Regionen und Zeitphasen richten.

Als eine systematische Einführung und Grundlegung ist dieses Buch nicht darauf angelegt, eine bestimmte Theorie herauszugreifen, daraus eine Reihe präziser Hypothesen abzuleiten und diese auf empirischer Datenbasis und der Suche nach Gegenevidenz möglichst rigoros zu überprüfen. Es ist vielmehr der Versuch, einem interessierten Kreis von Leser:innen das Thema soziale Bewegungen in einer sozialwissenschaftlichen Perspektive und im Rahmen einer konzeptuellen Fundierung zu erschließen. Orientierung und Einordnung haben Vorrang gegenüber der Vermittlung von Faktenwissen.

Das Buch ist auf keine singuläre Zielgruppe zugeschnitten. Interessierten Laien wie auch Aktivist:innen sollen Einsichten in die „Logik" sozialer Bewegungen und analytische Grundkategorien vermittelt werden. Mit Blick auf mögliche „Einsteiger:innen" in die Thematik versuche ich Fachtermini im Text oder in Fußnoten zu erklären. Sozialwissenschaftliche Vorkenntnisse der Leserschaft sind hilfreich, aber keine Vorbedingung. Ebenso wenig werden praktische Erfahrungen in oder mit sozialen Bewegungen vorausgesetzt. Den mit diesem Feld vertrauten Fachleuten sollen Denk- und Diskussionsanregungen geboten werden, die auch zu Widerspruch reizen mögen. Den Expert:innen wird vieles nicht neu sein. Im Rekurs auf Namen, Konzepte und Gedanken orientiere ich mich nicht an den aktuellsten Trends und Schlagworten, sondern vielmehr an der Originalität und Überzeugungskraft der Autor:innen, denen nach meiner Wahrnehmung eine Urheberschaft zukommt.

Die Auswahl der thematisierten Dimensionen von Bewegungen wie auch der konkret angesprochenen Bewegungen ist notwendig selektiv. Der Zugriff ist erkennbar von meinen eigenen Erkenntnisinteressen, theoretischen Vorlieben und Lektüreschwerpunkten geprägt. Meine Perspektive ist durch meine Zugehörigkeit zur okzidentalen Welt beeinflusst und begrenzt. Über andere Kulturräume weiß ich wenig. Generalisierende Ausführungen sind somit weitgehend an diesen westlichen Kontext gebunden. Sie werden an einzelnen Stellen durch die Beschreibung konkreter Fälle veranschaulicht.

Soziale Bewegungen sind nicht leicht fassbar. Manch andere sozialwissenschaftliche Felder, z. B. die der Parteien- und der Wahlforschung, haben einen klar umreißbaren Gegenstand und können mit einer relativ soliden Datenlage aufwarten. Dagegen ist die Protest- und Bewegungsforschung mit größeren Unsicherheiten behaftet, die sich besonderen Eigenschaften ihres Gegenstandes verdanken. Soziale Bewegungen sind *moving targets*, so die Formulierung von Sidney Tarrow als einem ihrer herausragenden Interpreten. Sie verändern zuweilen rasch ihre Gestalt oder auch ihre Ausrichtung, sind schwer überschaubar und noch schwerer vorhersehbar. Sie weisen eine enorme Bandbreite an möglichen Zielen, Trägergruppen, Organisationsformen, Handlungsrepertoires und Handlungseffekten auf. Sie haben keine verbindlichen Statuten, keine formell geregelte Mitgliedschaft und Arbeitsteilung. Als relativ lose strukturierte Gebilde lassen sich soziale Bewegungen weder von einem archimedischen Punkt aus strategisch steuern noch wissenschaftlich erfassen.

Mein biografisch geprägter Bezug zum Themenbereich Protest und soziale Bewegungen einschließlich der damit verbundenen normativen Grundierung sei an dieser Stelle lediglich angedeutet. Politisiert wurde ich durch die Studentenbewegung der späten 1960er Jahre. Mein nachfolgendes Engagement in der Anti-Atomkraft-Bewegung und der Umweltbewegung habe ich allerdings bald aus familiären wie beruflichen Gründen eingestellt und eine Rolle als Beobachter, Forscher und Kommentator sozialer Bewegungen eingenommen. Diese Rolle verlangt eine prekäre Verbindung von Nähe und Distanz zum Forschungsgegenstand.

Einerseits sollte man sein Analyseobjekt genau und, soweit möglich, aus eigener Anschauung kennen. Andererseits erfordert sozialwissenschaftliche Forschung eine gewisse Distanz, um keine falschen Erwartungen auf Seiten der Aktivist:innen zu wecken, um Loyalitätskonflikte zu vermeiden, unbequeme Wahrheiten auszusprechen und auch erkennen zu können, welche latenten Funktionen das Handeln der untersuchten Akteure aufweist. Damit grenze ich mich von der Figur des *activist-researcher* ab, in der zwei Rollen mit unterschiedlichen Anforderungen verschmelzen sollen. Anhaltend ringe ich um eine Position, die man als *engaged scholarship* bezeichnen könnte und deren Möglichkeit sich auch im vorliegenden Buch erweisen sollte. Mit *scholarship* verbindet sich das Bekenntnis zum organisierten Skeptizismus (Robert Merton) als dem Grundprinzip wissenschaftlichen Vorgehens. Dazu gehört eine für andere nachvollziehbare Arbeitsweise, die an Regeln der Logik und empirischen Evidenz gebunden ist und auf der Wahrung bestimmter Standards (vor allem Validität und Reliabilität) beruht. Das Adjektiv *engaged* soll auf eine normative Grundhaltung verweisen, der zufolge Wissenschaft dem universalistischen Programm der Aufklärung und der Aufhebung von selbst verschuldeter Unmündigkeit verpflichtet ist.

Diese wertgebundene Position wie auch meine eigene theoretische Sicht auf soziale Bewegungen habe ich ausführlicher in einem Buchmanuskript mit dem Titel „Social Movements: A Theoretical Approach“ dargelegt, das 2023 erscheinen soll. Im Vergleich dazu spannt der vorliegende Band einen breiteren Rahmen auf. Naturgemäß ergeben sich allerdings Schnittmengen zwischen beiden Publikationen.

Das erste Kapitel des vorliegenden Buches umreißt den Gegenstand soziale Bewegungen und rückt dabei eine als vorläufig anzusehende Arbeitsdefinition in den Mittelpunkt. Dem folgen fünf Kapitel, die jeweils eine zentrale Dimension sozialer Bewegungen behandeln. Das siebte Kapitel befasst sich mit methodischen Aspekten. Das achte Kapitel ist theoretischen Perspektiven auf soziale Bewegungen gewidmet, wobei ich neben einem generellen Überblick auch meine eigene Sichtweise vorstelle. Das letzte und sehr knapp gehaltene Kapitel enthält Bemerkungen zu Stand und Perspektiven der Protest- und Bewegungsforschung.

Mit dieser Publikation ziehe ich eine Summe aus meiner langjährigen Befassung mit sozialen Bewegungen. Dabei greife ich teilweise auf bereits publizierte (und verstreute) Beiträge zurück, die jeweils spezielle Aspekte behandeln, aber nun in einen umfassenderen Rahmen eingefügt werden. Direkt oder indirekt flossen in diesen Band die Ideen und Anregungen vieler geschätzter Kolleg:innen im In- und Ausland ein, mit denen ich teilweise freundschaftlich verbunden bin. Einige von ihnen hatten auf meine Bitte hin eine frühere Version des Buchmanuskripts kommentiert. Sie haben mich vor etlichen Irrtümern bewahrt und mich zugleich mit kritisch-konstruktiven Bemerkungen herausgefordert. Ich bedanke mich bei ihnen auch an dieser Stelle. In alphabetischer Reihenfolge sind dies Karl-Werner Brand, Priska Daphi, Felix Kolb, Dieter Rink, Roland Roth und Simon Teune.

Dem Verlag Beltz Juventa, insbesondere Konrad Bronberger, sowie Ullrich Bauer und Nicole Burzan, den beiden Herausgebern der Buchreihe „Grundlagentexte Soziologie", die mich für dieses Buch angefragt haben, danke ich für den damit verbundenen Vertrauensvorschuss. Ob dieser Kredit am Ende auch gerechtfertigt ist, bleibt dem Urteil der Leserschaft und besonders den Fachkolleg:innen überlassen.

Berlin, Januar 2023

Kapitel 1: Was sind soziale Bewegungen?

Zeitungen, Radiostationen, Fernsehkanäle und in der digitalen Welt präsente soziale Medien berichten täglich über Proteste in vielen Regionen der Welt. Da geht es um die Machenschaften korrupter Autokraten, den Landraub durch internationale Konzerne, die Zerstörung natürlicher Lebensgrundlagen, die Erhöhung der Milchpreise, Auflagen zur Bekämpfung der Corona-Pandemie, Übergriffe der Polizei auf Demonstrierende, bessere Arbeitsbedingungen, Sexismus am Arbeitsplatz, die Schließung von Grenzen für Asylsuchende, das Mullah-Regime im Iran ... Die Liste ist uferlos. Zuweilen handelt es sich um vereinzelte, teilweise auch spontan zustande gekommene Proteste. In anderen Fällen sind sie Teil einer größeren Kampagne oder Manifestation einer schon seit Jahrzehnten existierenden sozialen Bewegung. Was macht eine soziale Bewegung aus? Wie lässt sie sich von verwandten Phänomenen abgrenzen? Wann ist der Begriff soziale Bewegung aufgekommen und welchen Bedeutungswandel hat er durchlaufen?

1.1 Anmerkungen zur Begriffsgeschichte

Wenn im Alltag von sozialen Bewegungen gesprochen wird, so haben die meisten Leute eine ungefähre Vorstellung davon, was mit diesem Begriff gemeint ist. In der Regel werden damit relativ große, über Jahre oder Jahrzehnte existierende Gebilde assoziiert, so die Arbeiterbewegung, die Frauenbewegung, die nationalsozialistische Bewegung oder antikoloniale Bewegungen. Nicht als soziale Bewegung akzeptiert wird dagegen ein Häuflein von fünf einsam Demonstrierenden. Gleiches gilt für die Behauptung des ehemaligen Verteidigungsministers Peter Struck, die Bundeswehr sei die „größte Friedensbewegung" des Landes. In der Wissenschaft hat sich, bei anhaltenden Differenzen im Detail, ein grober Konsens über den Begriff soziale Bewegungen herausgeschält. Gleichwohl bleiben einige Fragen umstritten. Kann man, zeitlich weit zurückblickend, die Sklavenaufstände in der Antike (Urbainczyk 2008) oder „das frühe Mönchtum" (Bergmann 1985) als eine soziale Bewegung bezeichnen? Ist die Umweltschutzorganisation Greenpeace eine soziale Bewegung oder vielmehr Teil einer solchen?

Die wissenschaftliche Befassung mit einem Gegenstand verlangt eine Klärung dessen, was näher betrachtet und was ausgeklammert werden soll. Dabei handelt es sich um eine Konvention zum Zweck der Verständigung, nicht um eine Frage der Wahrheit. Zudem ist es ein guter wissenschaftlicher Brauch, Definitionen nicht eigenwillig und kommentarlos zu setzen, sondern sich auch ihrer jeweiligen begriffsgeschichtlichen Wurzeln zu versichern, in die immer auch historisch gebundene Sichtweisen – und insofern auch bestimmte gesellschaftliche Strömungen und Herausforderungen – einfließen. Somit erscheinen zunächst einige begriffsgeschichtliche Anmerkungen angebracht.

Der Begriff „soziale Bewegung" und seine direkten Entsprechungen in den bedeutsamen westlichen Sprachregionen des Französischen, Englischen und Spanischen verbreitete sich erst im Gefolge der Aufklärung und der damit verknüpften modernen Revolutionen.[1] Er ist eng gebunden an die Vorstellung, dass Geschichte von Menschen gemäß einer Fortschrittsidee „gemacht" werden könne. Soziale Träger dieser Idee sind zunächst das liberale Bürgertum, dann aber auch die sozialistischen und kommunistischen Intellektuellen, die sich als Fürsprecher des Proletariats verstehen. Die Gesellschaft wird, auch im historischen Rückblick, als „in Bewegung" erfahren. Zugleich werden gesellschaftliche Kräfte benannt, die – gefürchtet oder begrüßt – als Initiatoren und Vollstrecker gesellschaftlicher Veränderungen auf den Plan treten.

Für den deutschen Begriff „soziale Bewegung" ist vor allem der Blick auf das Nachbarland Frankreich von Bedeutung. Dort, symbolisiert durch die Revolution von 1789, findet die Vorstellung gesellschaftlicher Gestaltungsmacht eine besonders starke Resonanz. Neben dem Begriff *mouvement populaire*, den zum Beispiel Victor Hugo in *Les misérables* (1862) verwendet, erfährt der Begriff *mouvement social* im 19. Jahrhundert eine zunehmende Verbreitung.[2] Es ist kein Zufall, dass im deutschen Sprachraum dieser Begriff vor allem mit Lorenz von Stein geläufig wird, der an den Entwicklungen in Frankreich ein reges Interesse zeigte und dessen Schriften im deutschen Sprachraum große Beachtung fanden.

Von Stein, ein Staats- und Verwaltungsrechtler, positionierte sich als Liberaler grob zwischen den Konservativen und Linken seiner Zeit. Er trat für eine „sociale Demokratie" ein. Bekannt wurde er zunächst durch seine erstmals 1842 veröffentlichte Schrift *Der Socialismus und Communismus des heutigen Frankreichs*. Dem folgte eine Art von Fortschreibung mit dem Titel *Die sozialistischen und kommunistischen Bewegungen seit der dritten französischen Revolution* (1848) und schließlich die dreibändige *Geschichte der sozialen Bewegung in Frankreich*

1 Der Begriff kam ungefähr zeitgleich in England, Frankreich und Deutschland in den ersten Jahrzehnten des 19. Jahrhunderts auf. Er geht zurück auf das im Mittelalter verwendete lateinische Wort *movimentum*, das vom lateinischen *movere* („*move*") abgeleitet ist.

2 Ein Indikator für die zunehmende Anerkennung des Begriffs ist die Gründung der Zeitschrift *Le Mouvement Social* im Jahr 1881. Semantisch bleibt hier der Begriff noch immer an die sozialistische Arbeiterbewegung gebunden. Das gilt auch für deutlich spätere Publikationen in Frankreich. Weill (1911: 12) zufolge bezeichnet soziale Bewegung „alle Anstrengungen, die unternommen werden, um die ökonomischen Bedingungen der Arbeiterklasse zu verbessern" (meine Übersetzung).

von 1789 bis auf unsre Tage (1850), in die wesentliche Teile der vorgenannten Schriften einflossen. In diesem Werk verwendet von Stein ohne weitergehende Klärung den Begriff soziale Bewegung überwiegend synonym mit dem der sozialistischen bzw. kommunistischen Bewegung seiner Zeit. Allerdings enthält die Schrift auch einige wenige Textpassagen, in denen auf die Existenz von zeitlich weiter zurückliegenden Bewegungen hingewiesen wird. Der Autor spricht, neben „den sozialen Bewegungen unserer Zeit", von „all den großen Bewegungen, welche das religiöse, das kirchliche, das sittliche, das wissenschaftliche, das politische Leben der Menschheit ergriffen haben" (1959: 113). Soziale Bewegungen, so seine Sicht, nehmen auf die gesellschaftliche Ordnung Einfluss, ja können wie in Frankreich eine neue Ordnung hervorbringen.

Die Vorstellung von der Gestaltungskraft sozialer Bewegungen prägte auch das Denken von Karl Marx und Friedrich Engels. Ebenso wie von Stein führt Marx den Bewegungsbegriff nicht näher aus, sondern bevorzugt den Klassenbegriff. Die ihm zugeschriebene, aber wörtlich nicht nachweisbare Unterscheidung von der „Klasse an sich" (bestimmt durch die objektive ökonomische Lage) und der „Klasse für sich" (die sich ihrer historischen Rolle bewusst ist)[3] schließt an die Grundidee der modernen Bewegung an. In seinen Frühschriften spricht Marx nicht von sozialen Bewegungen, sondern, vor allem in Bezug auf Frankreich, von der „revolutionären Bewegung" (1968 [1844]: 76).[4] Diese wird als ein vom Proletariat getragenes Kollektivsubjekt verstanden. Der Begriff soziale Bewegung, den Marx durchaus in seinen publizistischen Arbeiten dieser Zeit verwendet[5], taucht auch nicht im Kommunistischen Manifest von 1848 auf. Dort beziehen sich Marx und Engels vielmehr auf „die politische Bewegung" oder „die proletarische Bewegung", auch umschrieben als „Organisation der Proletarier zur Klasse, und damit zur politischen Partei" (1965: 45). Hier findet sich erneut der Bezug auf die revolutionäre Klasse, auf die revolutionäre Bewegung (ebd., 70) und die politischen Bewegungen der Arbeiter (ebd., 74). Zugleich enthält dieser Text eine doppelte Abgrenzung: einerseits vom utopischen (Früh-)Sozialismus mit seinem Asketismus und seiner „rohen Gleichmacherei" (ebd., 71); andererseits von den „sozialistischen Bourgeois" (ebd., 70), die den Bestand der bürgerlichen Gesellschaft sichern wollen.

---

3 In „Das Elend der Philosophie" konstatiert Marx, dass „die einzelnen Individuen … nur insofern eine Klasse bilden …, als sie einen *gemeinsamen* Kampf gegen eine andere Klasse zu führen haben" (MEW, Bd. IV, S. 151 f.).

4 „Aufruhr und mindestens Unzufriedenheit hat es zu allen Zeiten gegeben, viel zu wenig. … Immerhin, zehn Revolutionen gab es, fünfzehn oder zwanzig, je mehr, desto besser – aber der erste, der sie *gedacht* hatte, war Karl Marx." (Bloch 1970: 7).

5 „In Italien und Spanien, gegen das Ende des Mittelalters, zur Zeit der Renaissance, standen die Heroen der Wissenschaft wie der Kunst, mitten in der sozialen Bewegung." Neue Rheinische Zeitung. Nr. 46. Köln, 16. Juli 1848. In weiteren für die Neue Rheinische Zeitung verfassten Artikeln im Jahr 1848 nimmt Marx auch Bezug auf spezifische Segmente der revolutionären Bewegung, so auf die „Bewegung der Chartisten" und auch die „Bewegung der Konföderierten".

Von Bewegung ist aber bei Marx auch in einem anderen Sinne die Rede, nämlich den gleichsam subjektlosen Transformationen, die Gesellschaften durchlaufen – eine Sicht, die auch Auguste Comte mit seiner *physique sociale* vertrat, freilich ohne Verwendung des Begriffs *mouvement sociale*. In Bezug darauf finden sich vor allem in Marx' frühen Schriften Formulierungen wie „die ganze Bewegung der Geschichte", „die Bewegung des Privateigentums", „die ganze geschichtliche Bewegung", „die historische Bewegung" oder auch „die Bewegung des Geldmarkts". Schließlich kennt Marx noch eine dritte Bedeutung des Bewegungsbegriffs, wenn er etwa in Bezug auf Hegel eine „neuere kritische Bewegung" anspricht (Marx 1968 [1844]: 107). Hiermit ist wohl eine geistesgeschichtliche Strömung gemeint.

Die späteren Schriften von Marx und Engels enthalten keine systematische und weiterführende Auseinandersetzung mit dem Bewegungsbegriff. Engels vermerkt im Vorwort seines Werkes über *Die Lage der arbeitenden Klasse in England*, dass er „die Ausdrücke: Arbeiter (working men) und Proletarier, Arbeiterklasse, besitzlose Klasse und Proletariat fortwährend als gleichbedeutend gebraucht" (1964 [1845]: 8). In seiner Schrift *Der Deutsche Bauernkrieg* findet sich bereits eine Ausweitung des zunächst auf das revolutionäre Proletariat bezogenen Bewegungsbegriffs. Engels betont die Parallelen, aber auch die Unterschiede zwischen der „Bewegung von 1848–1850" (1960 [1850]: 412) und der „Insurrektion" (ebd., 344) der Bauern im frühen 16. Jahrhundert, welche er ebenfalls als revolutionäre Bewegung kennzeichnet.

In den nachfolgenden Jahrzehnten wird in Deutschland wie in den meisten übrigen Ländern die semantische Bindung des Begriffs soziale Bewegung an die üblicherweise im Singular angesprochene revolutionäre sozialistische und kommunistische Bewegung weiter gelockert. Einige Autoren, darunter Werner Sombart (1896), halten noch an dieser Konnotation fest.[6] Auch der britische Autor John Graham Brooks behandelt unter dem Generaltitel *The Social Unrest* (1903) ganz selbstverständlich die sozialistische Arbeiterbewegung seiner Epoche. Gleiches gilt für den historischen Rückblick auf die soziale Bewegung in Frankreich von Georges Weill (1911) und die Übersicht des in die USA emigrierten Savel Zimand (1921) mit dem Titel „Modern Social Movements".

Die Mehrheit der Beobachter und Kommentatoren erweitert und verallgemeinert jedoch den Bewegungsbegriff, löst ihn von seiner Bindung an eine soziale Klasse und schließt nun auch zeitgenössische Strömungen und Bewegungen mit

6 Sombart bezieht sich auf „den lebendigen Kern dieser großen geistigen Bewegung, wenn wir in ihr Kommunismus (der Gemeineigentum an allen Gütern fordert) und Kollektivismus (der nur Gemeineigentum an den Produktionsmitteln vorsieht) unterscheiden" (1896: 32). Er typisiert die englische, französische und deutsche Variante (ebd., 180). Zudem differenziert er zwischen dem politischen Sozialismus (den er ausschalten will) und der proletarischen Klassenbewegung, die neuerdings eine syndikalistische Orientierung annehme https://archive.org/details/bub_gb_FlIDAAAAMAAJ/page/n175/mode/2up?q=soziale+Bewegung.

ganz anderer politischer Stoßrichtung ein. Ein Beispiel dafür ist der US-Amerikaner Robert A. Woods (1891). Er stellt in seiner Schrift mit dem Titel *English Social Movements* sehr heterogene Phänomene zusammen, ohne jedoch den Bewegungsbegriff zu klären.[7]

Die Pluralität von ganz unterschiedlichen sozialen Bewegungen in der Vergangenheit und Gegenwart wird nun auch im europäischen Schrifttum reflektiert. Somit ist die Rede von der Anti-Sklavereibewegung, der Frauenbewegung, der Friedensbewegung, der nationalistischen Bewegung und der Jugendbewegung. Der Begriff soziale Bewegung wird von einer bestimmten ideologischen Richtung und/oder sozialen Trägerschaft entkoppelt. Nun rücken vermehrt formale Aspekte wie die lockere Organisationsstruktur und das Medium des Protests in den Vordergrund. Auch wird anerkannt, dass soziale Bewegungen zumeist keine kompakten Entitäten darstellen, sondern interne Differenzierungen entlang ideologischer, organisatorischer und strategischer Präferenzen aufweisen. So zeigt sich die sozialistische Arbeiterbewegung auch rückblickend als ein Konglomerat unterschiedlicher Strömungen (Kommunisten, Anarchisten, Syndikalisten etc.). Ebenso wird erkennbar, dass sie einen revolutionären und einen reformistischen Flügel ausgebildet hat. Differenzierungen werden auch innerhalb der Frauenbewegung kenntlich. Sie bildet nicht nur einen bürgerlichen und radikalen Zweig aus, sondern zeigt auch innerhalb des radikalen Lagers ausgeprägte Spaltungen.

Bei Robert Michels, der in seinem Hauptwerk von 1911 die Metamorphose von sozialen Bewegungen in Richtung oligarchischer Parteiorganisationen beschreibt und dabei die deutsche Sozialdemokratie vor Augen hat, spielt der Bewegungsbegriff eine untergeordnete Rolle. Deutlich ist hier der Einfluss der um die Jahrhundertwende aufgekommenen Massenpsychologie. Für Michels ist zunächst nicht die strukturierte Bewegung, sondern die Masse der zentrale Bezugspunkt. Die Masse, die sich nicht unmittelbar selbst regulieren, geschweige denn politisch herrschen könne, bedürfe einer organisatorisch abgestützten Führerschaft, um schließlich die Form einer politischen Partei anzunehmen. Erst in späteren Schriften, etwa der Abhandlung *Psychologie der antikapitalistischen Massenbewegungen* von 1926, verwendet Michels, wenngleich ohne nähere Erläuterungen, vereinzelt die Begriffe „Bewegungen"[8] oder auch „soziale Bewegungen" (1987: 58, 81, 95). Hier spiegelt sich die Generalisierung des Bewegungsbegriffs und der Versuch einer soziologischen Deutung des Phänomens, wie er fortan weitaus konsequenter in den USA betrieben wird.

7 Das konzeptionell dürftige Buch von Woods enthält Kapitel zu Labor Movement, Socialism, The University Settlements, University Extension, The Social Work of the Church, Charity and Philantropy, Moral and Educational Progress.

8 Dazu zählen Verweise auf die sozialistische Bewegung in Italien (Michels 1989: 59), auf „junge Emanzipationsbewegungen" (ebd., 136) und auch Ausführungen zu den „oligarchischen Tendenzen der antioligarchischen Bewegung" (ebd., 144).

In den USA wird das Phänomen sozialer Bewegung im Rahmen der soziologisch ausgerichteten *Chicago School* um Robert E. Park und Ernest W. Burgess als eine Erscheinungsform des breiter gefassten Feldes von *Collective Behavior* verstanden, das auch Mode, Panik und öffentliche Meinung einschließt. Auch hier spiegelt sich der Einfluss der europäischen Massenpsychologie. Park, der in Heidelberg promoviert wurde, vertritt ein sehr inklusives Konzept von Masse. „Die großen klassischen Beispiele der Massenbewegung sind jene letzte große Völkerwanderung, die Kreuzzüge, und die französische Revolution. Hier haben wir Beispiele von der zeitlich und räumlich weitgreifenden Wirkung der Sozialepidemie." (Park 1904: 23 f.)

Der Stellenwert des Konzepts Masse wird angesichts genuin soziologischer Deutungen im Rahmen des symbolischen Interaktionismus (Herbert Blumer) zunehmend abgeschwächt[9], die Masse teilweise auch als eine episodische Erscheinung verstanden. Spätestens mit dem in den 1970er Jahren aufkommenden Ansatz der Ressourcenmobilisierung, der von ökonomischen Überlegungen inspiriert ist, hat die klassische Massenpsychologie wie auch die Rede von der Massengesellschaft ausgedient.

Im Europa der ersten Hälfte des 20. Jahrhunderts bleibt die Analyse sozialer Bewegungen, zumeist ohne konzeptionelle und theoretische Ambitionen, weitgehend eine Domäne der Geschichtswissenschaft. Nur wenige Soziologen in Deutschland thematisieren soziale Bewegungen in Zusammenhang mit Fragen von Macht (Vierkandt 1916), Revolution (Geiger 1926) oder Wissenssoziologie, Ideologie und Generationen (Mannheim 1928; 1935). Einzelne Soziologen, so etwa Geiger (1951), kritisieren ganz entschieden die Massenpsychologie.

Erst ab den 1960er Jahren wird in Deutschland die etablierte Bewegungsforschung aus den USA zur Kenntnis genommen. Es erscheinen ein grundlegender, allerdings schon 1951 in englischer Sprache publizierter Band des deutschen Emigranten Rudolf Heberle (1967), Übersetzungen wichtiger Texte zu kollektivem Verhalten (Smelser 1972a [1962]; Heinz/Schöber 1973), Studien zur Studentenbewegung in den USA und in Deutschland (Allerbeck 1973) und schließlich die erste umfassend angelegte bewegungssoziologische Arbeit von Otthein Rammstedt (1978). Ein wirklicher Durchbruch der Bewegungsforschung, die in anderen Ländern wie Frankreich[10], Italien und Großbritannien[11] bereits etwas gefestigter ist, erfolgt in Deutschland allerdings erst zu Beginn der 1980er Jahre, wo nun,

9 Auch psychologische Abhandlungen zur Masse und zu kollektivem Verhalten (z. B. Münster 1952; Kroner 1972) sind eher selten.

10 Fillieule (2016) spricht in seinem Überblick zur Bewegungsforschung in Frankreich von einem früheren Stadium der „splendid isolation".

11 In den frühen 1970er Jahren veröffentlichten die britischen Autoren Wilkinson (1971) und Banks (1972) Bücher zu sozialen Bewegungen. Für einen Überblick zur Entwicklung der Bewegungsforschung in Großbritannien siehe Doherty/Haines/Rootes (2016).

vor allem angeregt durch das Aufkommen der neuen sozialen Bewegungen, ein regelrechter Schub von Publikationen erfolgt.[12]

In der zweiten Hälfte der 1980er Jahre kommt es erstmals zu einem breiter angelegten Austausch von Bewegungsforscher:innen aus den USA und Europa.[13] Dabei werden zunächst unterschiedliche Schwerpunktsetzungen deutlich, die sich jedoch in den folgenden Jahren im Zuge einer intensiven Debatte und gemeinsamer Forschungsprojekte und Publikationen weitgehend verlieren. In den 1990er Jahren kristallisieren sich vier Perspektiven heraus – *political process, resource mobilization, political opportunities, culture* und *collective identity* –, während die Einbettung des Bewegungsthemas in allgemeine soziologische Theorien eher vernachlässigt wird.

1.2 Soziale Bewegungen – eine Arbeitsdefinition

Ein Nebenprodukt des transatlantischen Austausches ist auch die weitgehende Konvergenz in den Definitionen sozialer Bewegung (Raschke 1985; 1987; Diani 1992; Rucht 1994; Tarrow 1994; della Porta und Diani 1999; Jasper 2014; Johnston 2014). Fillieule (2009: 16) spricht von einem regelrechten „Markt der Definitionen“. Mein Definitionsvorschlag, den man vorbehaltlich einer Erweiterung und Präzisierung (siehe Abschnitt 8.3.4) als eine Arbeitsdefinition verstehen kann, lautet:

> *Eine soziale Bewegung ist (1) ein mobilisiertes Netzwerk von Gruppen und Organisationen, die, (2) gestützt auf eine kollektive Identität, (3) grundlegenden sozialen Wandel (4) vor allem mit dem Mittel des kollektiven öffentlichen Protests herbeiführen oder verhindern wollen.*

Die vier Bestandsmerkmale dieser Arbeitsdefinition sollen in den weiteren Abschnitten dieses einleitenden Kapitels relativ ausführlich erläutert werden, um auf dieser Grundlage eine Abgrenzung zu anderen Definitionen sozialer Bewegung, aber auch zu verwandten und begrifflich meist geschiedenen Phänomenen vorzunehmen.

---

12 Exemplarisch sind die Arbeiten von Hirsch/Roth (1980); Roth (1982; 1983); Brand (1982); Brand/Büsser/Rucht (1983); Rucht (1981; 1982; 1983); Grottian/Nelles (1983); Nelles (1984); Raschke (1985) und Roth/Rucht (1987). Mit der Fokussierung auf *neue* soziale Bewegungen erfährt der Bewegungsbegriff, der durch den Nationalsozialismus lange kontaminiert war, eine positive Konnotation in der Bundesrepublik. In der DDR dagegen war der Bewegungsbegriff durch die Hymnen auf Arbeiter- und Befreiungsbewegungen positiv besetzt.

13 In den USA entwickelt sich die Bewegungsforschung zu einer Domäne der Soziologie und weniger der Politikwissenschaft. In der Bundesrepublik sind beide Disziplinen zunächst gleichmäßiger beteiligt. Erst in späteren Phasen verlagert sich das Gewicht auf die Soziologie. Für einen Überblick siehe Haunss (2016).

1.2.1 Mobilisiertes Netzwerk

Eine Bewegung ist ein soziales Gebilde, das, anders als rein statistische Gruppenkategorien (etwa Rentner:innen), auf einer strukturellen und kommunikativen Vernetzung beruht. Ein Netzwerk fußt auf einer Koppelung von Knotenpunkten, die im Fall einer sozialen Bewegung keine regelmäßige Struktur aufweisen (wie ein Fischernetz) und auch keine sichtbare Mitte (wie ein Spinnennetz) formen. Die Knoten eines solchen Netzes, also Gruppen und Organisationen, können von sehr unterschiedlicher Größe und Beschaffenheit sein. Gleiches gilt für die Art der Verbindungen. Sie dienen nicht nur dem Informationsaustausch, sondern der Aufrechterhaltung eines Verbundes, der auf ein Ziel ausgerichtet ist und mobilisierende Kraft entfalten kann. Dreh- und Angelpunkt der Mobilisierung ist die Protestteilnahme. Das unterscheidet mobilisierte Netzwerke von nicht-mobilisierten Netzwerken, zum Beispiel Wissenschaftsgemeinschaften (*epistemic communities*) oder Kreisen von Künstler:innen.

Bewegungszugehörige Gruppen sind kleine informelle Zirkel von wenigen Personen, aber auch weitaus größere soziale Gebilde von miteinander kommunizierenden und sich verbunden fühlenden Menschen, die nicht zwingend klare Merkmale der Zugehörigkeit aufweisen. Organisationen zeichnen sich dagegen durch die Geltung verbindlicher Regeln aus, welche Mitgliedschaft, Verantwortlichkeit, Repräsentation nach außen und vieles andere festlegen, aber neben formalen Elementen auch informelle Regeln und Praktiken einschließen. Organisationen innerhalb von sozialen Bewegungen sind eingetragene Vereine und Verbände, zuweilen auch Stiftungen und politische Parteien. Die Verbindung dieser Elemente ist horizontal und nicht-hierarchisch. Innerhalb eines Netzwerks, das bei großen sozialen Bewegungen als ein mobilisiertes Netzwerk von Netzwerken zu verstehen ist (Neidhardt 1985: 197), gibt es Knotenpunkte, die aufgrund ihrer zahlreichen und intensiven Querverbindungen einen Bewegungskern bilden. Dieser besteht aus einem oder mehreren Clustern, verbunden aufgrund einer ähnlichen ideologischen Ausrichtung, organisatorischen Struktur und/oder strategischen Präferenz. Andere Kontenpunkte befinden sich dagegen eher in der Peripherie; sie weisen nur wenige, zuweilen auch nur eine einzige Verbindung mit einem anderen Knoten auf.

Die einzelnen Elemente des Netzwerks sind relativ autonom, können also von keinem Punkt aus kontrolliert und gesteuert werden. Erlangt jedoch ein Element aufgrund seiner Organisationsmacht die Kontrolle über die übrigen Teile des vormaligen Netzwerkes, so geht damit auch der Bewegungscharakter verloren.

Ein Beispiel dafür ist der Übergang der NSDAP von der Bewegungsphase in die Regimephase. Die Partei vermochte nicht nur 1933 die politische Macht zu ergreifen, sondern auch die formal untergeordnete, aber eigenständig gewordene Sturmabteilung (SA) gewaltsam unter ihre Kontrolle zu bringen. Binnen kurzer Zeit konnte von zentraler Stelle aus der gesamte Unterbau von Teil- und Vorfeldorganisationen einem autoritären Diktat unterworfen werden, dessen personifizierte Verkörperung „der Führer" bildete.

1.2.2 Kollektive Identität

Die Gruppen und Organisationen innerhalb einer sozialen Bewegung agieren nicht nur selbstbezüglich und im eigenen Interesse, sondern entwickeln eine kollektive Identität als soziale Bewegung bzw. Teile einer solchen. Sie bekennen sich dazu und verleihen ihrer Zugehörigkeit durch symbolische und andere Unterstützungsleistungen Ausdruck.

Identität als Konstrukt

Kollektive Identität[14] ist analytisch von der personalen Identität (der Einzigartigkeit einer Person) und der sozialen Identität einer Person (als Verknüpfung und subjektiv gefärbter Ausführung bestimmter sozialer Rollen) zu unterscheiden. Kollektive Identität ist gleichsam der ideelle, kognitive und emotionale Kitt, der die Teile einer Gruppe bzw. eines Kollektivs zusammenhält (Niethammer 2000; Daphi 2001; Daphi/Rucht 2011). Sie ist ein soziales Konstrukt, keine dinglich fassbare und unveränderbare Eigenschaft. Die Identifikation mit einer abgrenzbaren Gruppe hat Konsequenzen für die Einstellungen und das Verhalten der Angehörigen dieser Gruppe (Tajfel et al. 1971). Die Mitglieder einer Gruppe, sei es eine Dorfgemeinschaft, religiöse Gruppierung, Ethnie, politische Gemeinschaft oder soziale Bewegung, verleihen ihrer Zugehörigkeit durch Äußerungen, Symbole und Handlungen Ausdruck. Insbesondere das mitunter intensive Gemeinschaftserlebnis im Rahmen von Protesten kann als nachhaltig wirksamer Identitätsverstärker wirken. Unabhängig davon bildet die explizite Zielsetzung einer sozialen Bewegung einen zentralen Bezugspunkt kollektiver Identität. Für dieses Ziel sind die Beteiligten bereit, einen aktiven Beitrag zu leisten. Mit der Anerkennung dieses Ziels verbindet sich in aller Regel auch die Wertschätzung von und Mitarbeit in einzelnen Gruppen oder Organisationen, die als zentrale Träger bzw. Exponenten der Bewegung gelten, ohne dass damit zwingend eine Befürwortung aller in einer Bewegung praktizierten Aktionsformen verbunden wäre.

14 Eine ähnliche Bedeutung haben die älteren Begriffe *esprit de corps* und *we-feeling*. Der von Park/Burgess (1921b: 893) gebrauchte Begriff *group consciousness* verweist dagegen auf „a certain amount of loss of self-control on the part of the individual".

Plural von Identitäten

Auch wenn die kollektive Identität einer Bewegung in der Selbstwahrnehmung wie der Fremdwahrnehmung grob beschreibbar ist, so existiert nicht nur *eine* das Gesamtkollektiv umspannende Identität. Es handelt sich vielmehr um ein verschachteltes Geflecht von Identitäten (Flesher Fominaya 2010), die an verschiedenen Gravitationspunkten – einer bestimmten ideologischen Linie, einem Teilziel, einer Trägergruppe, Organisation, Strategie oder auch Aktionsform – anknüpfen können.

> *So gab es innerhalb der revolutionären Arbeiterbewegung eine Differenzierung in kommunistische, sozialistische, anarchistische, syndikalistische und weitere ideologische Strömungen. So gab und gibt es in der ökologischen Bewegung ein Neben- und teilweise auch Gegeneinander eines pragmatisch-reformistischen und eines fundamentalistisch-radikalen Flügels. Und so formierte sich innerhalb der Frauenbewegung ein Zweig der radikal-feministischen Lesbenbewegung, der kaum Berührungspunkte mit dem liberal-bürgerlichen Zweig der Frauenbewegung aufweist.*

Von diesen spezifischeren Identitäten, die durch Netzwerke, eine intensivierte Kommunikation, persönliche Bindungen Gleichgesinnter und milieuspezifische Lebensweisen abgestützt werden, kann eine wesentlich stärkere verhaltensprägende Kraft ausgehen als von der meist nur vage beschreibbaren Identität einer Gesamtbewegung.

Identitäten als prozessuale Zwischenergebnisse

Kollektive Identitäten in Bewegungen sind und bleiben in Bewegung. Das heißt, sie sind weder eine feststehende Voraussetzung kollektiver Aktion noch eine feststehende Eigenschaft als definitives Ergebnis einer Sequenz von Interaktionen. Identitäten sind vielmehr ein für Interpretationen offenes Zwischenergebnis fortlaufender Prozesse der Deutung und Aushandlung. In diese Prozesse fließen Selbstbilder und Fremdbilder ein, in denen auch die unterschiedlich große Deutungsmacht interner Strömungen und Sprecher:innen von Bewegungen zum Ausdruck kommt. Die Substrate der Identitätsbildung sind mannigfaltig. Dazu zählen Utopien oder Dystopien, Gründungsmythen und andere Erzählungen, Schlüsseltexte, Slogans, heroische Figuren, bedeutsame Kämpfe samt damit verbundener Siege und Niederlagen, Symbole und Zeichen, Lieder, Infrastrukturen und vieles mehr. Aus der Fortentwicklung von Identitäten kann sich auch die Einbeziehung oder Abgrenzung von Vorläufern und koexistierenden Gruppen, ein immer enger werdender interner Schulterschluss oder auch die Abwanderung einzelner Gruppen und Strömungen ergeben.

Identität als Gratwanderung

Eine „angemessene" Identitätsbildung (in) einer sozialen Bewegung wird nicht durch eine möglichst hohe Identifikation, sondern durch eine Balance von konkurrierenden Anforderungen ermöglicht (Rucht 1995). Die gesteigerte Identifikation mit dem Kollektiv, häufig auch verknüpft mit einer hohen Opferbereitschaft „im Dienst der gemeinsamen Sache", sichert Loyalität und Gefolgschaft, wie dies prototypisch auf Sekten zutrifft. Damit erhöhen sich aber auch die Schwellen für Ein- und Austritt sowie die Forderungen nach fortwährenden Beweisen von Zugehörigkeit und Hingabe. Das bringt in der Regel eine Schließungstendenz gegenüber dem Umfeld der Nicht-Zugehörigen mit sich, was durch eine kompensatorische Selbstbeschreibung als Avantgarde, als Gruppe von Auserwählten, bekräftigt wird. Das gegenteilige Muster ist eine hochgradig inklusive kollektive Identität, die aufgrund ihrer Offenheit und Unbestimmtheit viele und vieles einschließt und so dem Bedürfnis einer Bewegung nach Wachstum entgegenkommt. Mit zunehmender Inklusion disparater Gruppen und Themen verliert eine Bewegung allerdings ihr klares Profil; es droht das Risiko einer Fragmentierung oder eines schleichenden Zerfalls.

Identität als Motivator

Die kollektive Identität einer Bewegung erfordert eine immer wieder zu erneuernde handlungspraktische Bestätigung, die sich vor allem in der Teilnahme am Gruppenleben und Protestgeschehen manifestiert. Da die Zugehörigkeit zu einer Bewegung nicht durch Geburt, eine vertragliche Abmachung oder materielle Gratifikation gesichert und die Möglichkeit der Abwanderung relativ einfach und ständig greifbar ist, muss der Verbleib und die Mitarbeit in einer Bewegung durch eine fortwährende Motivations-, Überzeugungs- und Mobilisierungsarbeit gewährleistet werden. Mittel dazu sind die wechselseitige Vergewisserung, auf der richtigen Seite zu stehen, die Skandalisierung von Übeln und Unrecht, Appelle an moralische Werte und Pflichten (etwa die Beschwörung von Solidarität), die Aussicht auf eine bessere Zukunft, zuweilen aber auch soziale Anerkennung in internen und bewegungsnahen Kreisen sowie Karrierechancen, die sich in manchen Bewegungen bieten.

1.2.3 Grundlegender sozialer Wandel

Das Adjektiv „sozial“ im Zusammenhang mit einer sozialen Bewegung soll darauf hinweisen, dass sie sich zur Gesamtgesellschaft in Beziehung setzt.[15] Gemeint sind also weder karitative, sozialpflegerische Ambitionen noch die Trivialität eines interaktiv hergestellten Gruppenzusammenhangs jedweder Art. Der Bezug auf die Gesamtgesellschaft beinhaltet eine Stellungnahme (a) zu den prägenden sozialen, politischen, ökonomischen und kulturellen Strukturen, die sich nicht zuletzt als Machtverhältnisse darstellen, und (b) zu den eine Gesellschaft und ihre Ordnungsform leitenden und legitimierenden Ideen und Werten.[16] Diese Bezugnahme kann aus einer vage formulierten Kritik oder einer Verteidigung des Status quo bestehen; sie kann aber auch auf einer elaborierten Ideologie, einer faktenbasierten Problembeschreibung oder auf utopischen oder dystopischen Vorstellungen beruhen. Häufig werden erst mit dem Fortbestand einer Bewegung deren gesellschaftliche Zielvorstellungen näher umrissen und in Form von Deklarationen festgehalten. Der Horizont der Gesamtgesellschaft ist also nicht notwendig bereits im Vorstadium oder in der Entstehungsphase einer Bewegung präsent. Am Anfang kann Unzufriedenheit mit einzelnen oder sektoralen Missständen den Auslöser für Protestmobilisierung bilden. Auch ist denkbar, dass sich aus solchen Keimen lediglich eine inhaltlich und zeitlich begrenzte Protestkampagne entwickelt, die an ihrer thematischen Beschränkung festhält, sich aufgrund ihres Erfolges oder Scheiterns bald auflöst oder allmählich im Sand verläuft. Protestbewegungen werden erst zur sozialen Bewegung, wenn sie ihre Kritik verallgemeinern und ins Grundsätzliche wenden, wenn sie an den Grundlagen einer sozialen Ordnung in offensiver – oder sogar revolutionärer – Absicht rütteln oder sich aber solchen Bestrebungen in einer anhaltenden kollektiven Mobilisierung oder auch in Form einer Gegenrevolution widersetzen.

Im Rückblick zeigt sich, dass soziale Bewegungen anfänglich meist von Minderheiten getragen werden und mit viel Gegenwind konfrontiert sind. Der Impuls kann zu früh kommen und zunächst verpuffen, um dann zu einem späteren Zeitpunkt erneut und vielleicht erfolgreich aufgegriffen zu werden. Möglich ist auch, dass eine anfänglich kleine Bewegung in einem langen Prozess allmählich breite Unterstützung gewinnt. Möglich ist schließlich, dass eine minoritäre Bewegung

---

15 Vgl. dazu die Ausführungen von Sewell (2005: 324 ff.) zu den inklusiven Begriffen „social“ und „society“ im Unterschied zu den distinkteren Sphären, die mit den Adjektiven „economic“, „political“ und „cultural“ belegt werden.

16 In diesem Sinne stellte der US-amerikanische Linksaktivist Jerry Rubin (1970: 105) für sein politisches Umfeld klar: „We are not protesting ‚issues‘, we are protesting Western civilization.“ Hilfreich erscheint die von Christian Volk (2022: 1) vorgeschlagene Unterscheidung von reformistischen und transformativen Protesten in modernen Demokratien. „While reformist protest does not challenge the given framework of the modern democratic order, transformative protest politicizes the basic principles of that order.“ Erstere, so könnte man folgern, kennzeichnen Protestbewegungen, Letztere dagegen soziale Bewegungen.

einen Machtkampf eröffnet und für eine Weile zu einer beherrschenden Kraft wird, um dann wieder von einer gegenläufigen Bewegung abgelöst zu werden. Um ein Beispiel anzuführen: Eine massenhafte Mobilisierung gegen eine restriktive Regelung der Abtreibung oder gegen ein internationales Freihandelsabkommen ist eine Protestbewegung. Eine massenhafte Bewegung, die sich prinzipiell gegen eine feudale, kapitalistische, neoliberale oder auch patriarchale Gesellschaft richtet, ist eine soziale Bewegung. Eine solche kann aus thematisch begrenzten Protestbewegungen erwachsen, ist aber nicht mit diesen gleichzusetzen.

Der Bezug sozialer Bewegungen auf die Gesamtgesellschaft wird bei einigen Theoretikern, so dem französischen Soziologen Alain Touraine, sehr eng gefasst. Touraine bezeichnet nur jene kollektiven Gebilde als soziale Bewegung, die an Historizität[17], dem historisch spezifischen Zentralkonflikt (im Singular!) einer Gesellschaftsformation, ansetzen. Dies waren im Fall der industriellen Gesellschaft die Arbeiterbewegung im Kampf um den Besitz von Produktionsmitteln. In der postindustriellen Gesellschaft sind es die neuen sozialen Bewegungen, die sich gegen eine heraufziehende technokratische Gesellschaft wenden und um die Kontrolle über die Wissensproduktion ringen. Bereits 1965 stellte Touraine die Frage nach den neuen Konflikten und Kämpfen, einer neuen sozialen Struktur und den neuen sozialen Bewegungen (1969 [1965]: 118). Außer Betracht blieb dabei die Idee, dass eine Gesellschaftsformation mehr als einen Zentralkonflikt und somit auch mehr als einen Bewegungstypus aufweisen könnte.

Kollektive Bestrebungen, die den Zentralkonflikt einer Gesellschaft verfehlen, gehören Touraine zufolge zur Kategorie organisationeller oder institutioneller Auseinandersetzungen; sie sind ihm zufolge von nachrangiger Bedeutung und entsprechend geringem Interesse (1973a: 368 f.). Andere Theoretiker sozialer Bewegungen, darunter Joachim Raschke (1985), ordnen bestimmten Gesellschaftsformationen eine typische Primärbewegung zu, identifizieren daneben aber jeweils eine Reihe von Sekundärbewegungen.

Wiederum andere Theoretiker sozialer Bewegungen nehmen keinerlei Hierarchisierungen vor und lösen den Bewegungsbegriff von seinem gesamtgesellschaftlichen Bezug. Damit kommen sie zu einer raum-zeitlich spezifischen Aufreihung von mehr oder minder bedeutsamen und mehr oder minder verwandten oder auch gegensätzlichen Bewegungen. Ein solches Vorgehen führt freilich zu einer Inflationierung des Bewegungsbegriffs. Zwar sollte nicht schon mit jeder themenspezifischen Kampagne (z. B. zur Liberalisierung der Abtreibungsgesetze) die Existenz einer sozialen Bewegung unterstellt werden. Aber es ist doch der Frage nachzugehen, ob eine derartige Kampagne zumindest insofern den Keim einer sozialen Bewegung in sich birgt, als einzelne Forderungen, etwa das Recht von Frauen auf Selbstbestimmung im Hinblick auf Abtreibung, einer Logik der

17 Historizität wird nach Touraine (1973b) durch zwei dialektisch verbundene Komponenten bestimmt: das Klassensystem und das System der historischen Aktion.

Generalisierung folgen, die eine Einbindung dieser Frage in ein umfassendes gesellschaftliches Projekt nahelegt. Im Übrigen ist davon auszugehen, dass in vielen Fällen ein bereits bestehender gesamtgesellschaftlicher Bezug einer Bewegung als bekannt vorausgesetzt werden kann; er muss somit nicht in jeder einzelnen Protestaktion, die ein spezielleres Anliegen aufgreift, explizit gemacht werden.

Mit dem Kriterium des gesamtgesellschaftlichen Bezugs sollte allerdings keine Eingrenzung des Bewegungsbegriffs auf eine grundsätzliche Richtung (progressiv oder regressiv, pro- oder antimodern, demokratisch oder antidemokratisch etc.) vorgenommen werden. So hat etwa Hofmann (1970: 7) apodiktisch formuliert, soziale Bewegung sei gleichbedeutend mit Emanzipationsbewegung. Vielmehr können kommunistische wie faschistische, auf Unterdrückung wie auf Befreiung setzende Gruppierungen, links- und rechtspopulistische Formationen die Gestalt einer sozialen Bewegung annehmen. Entsprechend vielfältig sind auch verschiedene Typologien sozialer Bewegungen angelegt. Sie können sich nicht nur auf die politisch-ideologische Position von Bewegungen, sondern auch auf Handlungsfelder, strategische Ausrichtung, soziale Träger und andere Merkmale beziehen.[18]

Aus der Verknüpfung des Bewegungsbegriffs mit der Frage gesamtgesellschaftliche Ordnung ergibt sich eine Historisierung des Konzepts soziale Bewegung, genauer: dessen Bindung an das Zeitalter der Moderne. Wie schon einleitend vermerkt: Soziale Kämpfe, Aufstände, Rebellionen sind bis in die römische und griechische Antike nachweisbar. Sie durchziehen ebenso die mittelalterliche Geschichte. In diesen Epochen ging es darum, hergebrachte oder gottgegebene Rechte, die von der Obrigkeit missachtet wurden, einzuklagen. Durch den kollektiven Widerstand sollten Abweichungen von einer im Kern als unverrückbar geltenden Ordnung korrigiert werden.[19] Doch erst mit der Aufklärung setzt sich die Vorstellung durch, Menschen könnten nach ihren eigenen Vorstellungen und Wertorientierungen „Geschichte machen". Mit diesem wahrlich revolutionären Gedanken wird auch der Weg frei für genuin soziale Bewegungen, die eine neue und ganz andere gesellschaftliche Ordnung imaginieren und für deren Verwirklichung eintreten (siehe Abschnitt 2.1).

18 Etliche dieser Typologien beruhen auf nicht weiter explizierten oder inkonsistenten Kriterien. Andere beziehen sich auf Unterformen eines Bewegungstypus, z. B. von sozial-ökonomischen Bewegungen (dazu Laidler 1946). Ein relativ früher Ordnungsversuch stammt von Lang/Lang (1961: 497). Sie haben vier Kriterien benannt, die Typologien zugrundeliegen können: „(1) some external criterion, such as the area of activity, the interest represented, or the content of its ideology (phenomenistic); (2) the type of value orientation; (3) the nature of the goals; and (4) the growth pattern."

19 In der griechischen Antike, so bei Aristoteles, findet sich allerdings die Idee einer Abfolge von Regierungsformen. Die Vorstellung einer invarianten Sequenz deutet darauf, dass ihr eine gleichsam natürliche Gesetzmäßigkeit zugrunde liegt. In diesem Sinn war die Idee, Geschichte könne „gemacht" werden, dem antiken Denken fremd.

1.2.4 Kollektiver und öffentlicher Protest

Bewegungen, die gegen herrschende Verhältnisse anrennen oder sich derartigen Bestrebungen widersetzen, sind Teil einer triadischen Konfliktkonstellation, in der neben dem Gegner auch Dritte Parteien, insbesondere das politische Publikum sowie Richter- und Schlichterinstanzen, eine wichtige Rolle spielen. Das zentrale Mittel, mit dem sich Bewegungen präsentieren und bekannt machen, ist der kollektive und öffentliche Protest, der eine Vielzahl von Formen und Eskalationsstufen annehmen kann. Er ist ein notwendiges, aber im Allgemeinen nicht hinreichendes Mittel, um die erklärten Ziele zu erreichen. Protest soll Aufmerksamkeit, Zustimmung und möglichst große Unterstützung erzeugen, um dank seiner Breitenwirkung oder auch seines disruptiven Potentials Veränderungen zu erzwingen. Neben dieser instrumentellen Funktion dient der Protest aber auch der Selbstvergewisserung und Stärkung kollektiver Identität, insofern er einen gemeinsamen Erfahrungsraum schafft und die Entschlossenheit und Solidarität des handelnden Kollektivs zum Ausdruck bringt. Für soziale Bewegungen ist kollektiver Protest konstitutiv. Jedoch ist nicht jeder kollektive Protest bereits eine soziale Bewegung.

Der hier zugrunde gelegte Protestbegriff ist eine weit gefasste Ober- und Sammelkategorie, die aber durchaus im Einklang mit seiner etymologischen Herkunft steht. Das Wort Protest und seine fast gleichlautenden Entsprechungen im Englischen und Französischen sind abgeleitet vom lateinischen Verb *protestare*, das wörtlich meint: für etwas Zeugnis ablegen, etwa im Rahmen einer Gerichtsverhandlung. Später hat sich die bis heute geltende semantische Verschiebung von Protest im Sinne des Widersprechens oder Nein-Sagens durchgesetzt. Doch sollte nicht übersehen werden, dass in vielen Fällen das Nein implizit auf einen positiven Wert oder Zustand hinweist. Wer beispielweise gegen Folter protestiert, bekennt sich, spätestens auf Nachfrage hin, zu Werten wie Menschenwürde und dem Recht auf körperliche Unversehrtheit.

Mit Protest werden üblicherweise verbale Äußerungen und/oder Handlungen bezeichnet, die Kritik und Widerspruch zum Ausdruck bringen. Protestieren können Kinder, die sich gegen Verbote ihrer Eltern auflehnen. Protestieren können auch Regierungen, die das Verhalten einer anderen Regierung missbilligen. Im Falle sozialer Bewegungen beinhaltet der Protest eine kollektiv und öffentlich vorgetragene Kritik. Diese kann auf Zustände zielen, die als empörend und ungerecht empfunden werden; sie kann auch auf politische Entscheidungen oder Repräsentanten, auf sonstige Personen, Gruppen oder Organisationen zielen, beispielweise Unternehmen, Wirtschaftsverbände, kirchliche Gruppen, Kulturträger, Konsumenten etc. Das Spektrum des Protests reicht von freundlich-appellativer Kritik über friedliche Kundgebungen und Aktionen zivilen Ungehorsams bis hin zu gewaltförmigen Aktionen einschließlich massiver Sachbeschädigungen und tödlich verlaufender Attacken. Dieses theoretisch zur Verfügung stehende

Spektrum von Protestaktivitäten wird von konkreten Bewegungen meist nur partiell im Sinne eines als notwendig und legitim erachteten, möglicherweise auch bereits erlernten Protestrepertoires ausgeschöpft. Einzelne Strömungen innerhalb einer Bewegung machen sich oft nur bestimmte Ausschnitte des Repertoires zu eigen. Zudem existieren Bewegungen, die aufgrund ihrer erklärten Zielsetzung (z. B. als Friedensbewegung oder Menschenrechtsbewegung) Protestgewalt ablehnen oder, umgekehrt, aufgrund ihrer dramatischen Problembeschreibung (z. B. „Bevölkerungsaustausch"; „Klimakatastrophe") oder generellen strategischen Ausrichtung (z. B. als revolutionäre Bewegung) zu drastischen Mitteln neigen.

Dieser weit gefasste Protestbegriff unterscheidet sich von vereinzelt anzutreffenden Vorschlägen, Protest lediglich als eine erste und moderate Stufe einer umfassenderen Skala zu verstehen, deren weitere Stufen die Verweigerung (etwa als Boykott von Steuerzahlungen), der zivile Ungehorsam und schließlich die gewaltsame Aktion bilden. Auch wird hier nicht die in manchen aktivistischen Kreisen vorgenommene Unterscheidung von Protest und Widerstand übernommen, der zufolge Protest als bloße Artikulation eines Nein verstanden wird, während Widerstand darauf angelegt sei, handlungspraktisch etwas zu verhindern.[20]

Die hier für soziale Bewegungen als konstitutiv angesehene Rolle von Protest wird in den meisten zeitgenössischen Definitionen sozialer Bewegung und auch damit verbundenen Theorien sozialer Bewegungen geteilt. Autor:innen sehr unterschiedlicher Provenienz wie Niklas Luhmann, Donatella della Porta und Mario Diani betonen das für Bewegungen zentrale Moment des Protests. Dagegen definieren McCarthy und Zald als prominente Vertreter des Ressourcenmobilisierungsansatzes eine soziale Bewegung in sehr allgemeiner Weise als „a set of opinions and beliefs in a population which represents preferences for changing some elements of the social structure and/or reward distribution of a society" (McCarthy/Zald 1977: 1217 f.), ohne dabei auf die Mittelwahl, also Protest bzw. Widerstand, einzugehen. Nach diesem Verständnis wäre auch eine Kampagne zur Verlängerung des Ladenschlusses im Einzelhandel oder für eine staatliche Subventionierung von Kleinkunstbühnen eine soziale Bewegung.

Mit der Hervorhebung von Protest als einem Merkmal sozialer Bewegung ist nicht die Annahme verbunden, dass die Bewegung sich darin erschöpfen würde, wie es die häufig anzutreffende Bezeichnung einer Bewegung als Protestbewegung nahelegen könnte.[21] Der Protest ist eine primär nach außen gerichtete Akti-

20 Dazu die Worte von Dale A. Smith, einem Aktivisten aus der US-amerikanischen *Black-Power-Bewegung*, aufgezeichnet und zustimmend zitiert von der damaligen *Konkret*-Kolumnistin Ulrike Meinhof in einem zuerst 1968 veröffentlichten Artikel: „Protest ist, wenn ich sage, das und das paßt mir nicht. Widerstand ist, wenn ich dafür sorge, daß das, was mir nicht paßt, nicht länger geschieht." (Meinhof 1968: 5).

21 Bewegungen beinhalten viele Aktivitäten jenseits des Protests. Einzelne Gruppierungen innerhalb von Bewegungen können zum Beispiel Recherchen durchführen, ein Archiv anlegen oder Spenden sammeln.

vität. Man kann schwerlich gegen sich selbst protestieren. Protest ist das Medium, durch das sich Bewegungen öffentlich darstellen und – werbend, argumentierend oder auch drohend – Eindruck erzeugen oder konkreten Druck auf andere Akteure ausüben wollen. Doch neben dem Protest gibt es nicht nur zahlreiche weitere nach außen gerichtete Aktivitäten sozialer Bewegungen (z. B. Mitarbeit in bürgerschaftlichen Gremien, Beteiligung an Gedenktagen, Aufklärung über Sachverhalte), sondern eine breite Palette von teilweise unsichtbaren oder ganz nach innen gerichteten Handlungen, z. B. die Beschaffung von Informationen, die Schlichtung eines internen Streits, Debatten über die strategische Ausrichtung, Auswertungen einer geglückten oder missglückten Aktion, Siegesfeiern, gesellige Runden des Beisammenseins usw.

1.3 Abgrenzungen zu verwandten Phänomenen

Der Begriff soziale Bewegung ist Teil eines semantischen Feldes, dessen Elemente nur selten explizit in Relation zueinander gesetzt und damit auch voneinander abgegrenzt werden. So werden neben sozialen Bewegungen zuweilen politische, ökonomische, kulturelle (incl. religiöse und ethnische) Bewegungen identifiziert. Damit werden sektorale Schwerpunkte bewegungsförmiger Mobilisierung benannt, wobei, abhängig von der jeweiligen empirischen Ausrichtung, offenbleiben kann, ob es sich hier lediglich um Unterformen einer sozialen Bewegung (sofern eine Bezugnahme auf gesamtgesellschaftliche Wandel vorliegt) oder vielmehr um analytisch gesonderte und eigenständige Gebilde handelt. Letzteres würde beispielsweise auf eine religiöse Bewegung zutreffen, die keinerlei gesellschaftliche Interventionen anstrebt und somit auch kein Element des Protests aufweist, sondern sich von ihrer sozialen Umgebung absondert und innere Wandlung predigt.

Insofern soziale Bewegungen auf grundlegende gesellschaftliche Verhältnisse Einfluss nehmen wollen, kommen sie allerdings kaum umhin, sich auch auf das politische Terrain bzw. in die politische Auseinandersetzung mit jenen zu begeben, denen die formelle Entscheidungsgewalt über Grundfragen gesellschaftlicher Ordnung obliegt. Soziale Bewegungen haben somit über kurz oder lang auch eine politische Ausrichtung, so dass Jenkins (1981) vorgeschlagen hat, den Begriff des *sociopolitical movement* zu verwenden.

Eine zweite Unterscheidung betrifft die Begriffe Protestbewegung und soziale Bewegung. Protest wurde in der vorstellten Arbeitsdefinition als ein konstitutives Merkmal einer sozialen Bewegung angesehen. Insofern könnte man die beiden Begriffe als synonym betrachten. Mit dem Bezug auf die Gesamtgesellschaft wurde jedoch ein weiteres Merkmal sozialer Bewegung genannt, das, gemäß dem hier vertretenen Verständnis, einer Protestbewegung nicht zu eigen ist. Protestbewegungen und mehr noch einzelne Protestkampagnen verfolgen begrenztere Ziele. Sie entwickeln keine eigenen Vorstellungen sozialer Ordnung, geschweige denn Utopien. Damit ist allerdings nicht ausgeschlossen, dass sich eine Protestbewegung auf längere Sicht zu einer sozialen Bewegung entwickelt.

Eine dritte Unterscheidungslinie ist gegenüber klientelorientierten Interessengruppen zu ziehen, die ohne gesellschaftlichen Interventions- und Gestaltungsanspruch – und insofern auch meist unter Verzicht auf Protest – Vorteile für ihre eigene Klientel zu erlangen suchen. Die von wenigen Autoren (Burstein 1999) vorgeschlagene Gleichsetzung von Interessengruppen und sozialen Bewegungen findet eine formale Rechtfertigung lediglich darin, dass auch Bewegungen aus Gruppen bestehen, die Interessen verfolgen. Allerdings beruht diese Gleichsetzung auf einem analytisch unscharf gehaltenen Begriff sozialer Bewegung, wie er auch der obigen zitierten Definition der Vertreter des Ansatzes der Ressourcenmobilisierung zugrunde liegt (vgl. 1.2.4).

Ein weiterer Aspekt semantischer Klärungsversuche ist die Einordung von Phänomenen wie Terrorismus, Revolution und Bürgerkrieg. Vor allem die beiden erstgenannten Phänomene werden im Rahmen spezialisierter Subdisziplinen der Geschichts- und Sozialwissenschaften bearbeitet, die sich nur zu Teilen der Bewegungsforschung zurechnen würden. Ohne begriffsimperiale Absichten zu verfolgen, legt die oben angeführte Arbeitsdefinition jedoch nahe, Terrorismus und Revolution als mögliche Erscheinungs- oder Ausdrucksformen sozialer Bewegungen zu sehen. Dagegen sperrt sich der Begriff des Bürgerkriegs einer solchen Zuordnung, da hier das Konfliktgeschehen dominant vom Einsatz militärischen Mittel und (para-)militärischer Kampfverbände (anstelle der losen Netzwerkkoppelung) bestimmt wird, während zugleich die auf Appelle und Überzeugung setzende Protestkomponente fehlt oder völlig randständig bleibt.

Das Thema „soziale Bewegungen" wurde und wird zuweilen im Rahmen von weiter gefassten Begriffen wie kollektives Verhalten oder kollektive Aktion abgehandelt. Teilweise werden diese drei Begriffe auch synonym gebraucht. Demgegenüber ist auf einer analytischen Differenz zu beharren, die bereits Max Weber betont hat. Verhalten bezieht sich auf beobachtbare körperliche (inkl. sprachliche) Ausdrucksformen, die auch reflexartiger, also nicht-intentionaler und unbewusster Natur sein können. Ein Beispiel für individuelles Verhalten ist das Schließen der Augen zum Schutz vor einem heranfliegenden Objekt. Ein Beispiel für kollektives Verhalten ist das gleichzeitige, aber sozial nicht koordinierte Aufblicken einer Menschenmenge zum Himmel, ausgelöst durch das Dröhnen eines herannahenden Flugzeugs in ungewöhnlich geringer Höhe. Ein anderes Beispiel ist eine Massenpanik, bei der Menschen zu Tode getrampelt werden.

(Kollektives) Handeln ist dagegen an eine Intention und damit an eine Entscheidung gebunden.[22] Das kann auf jedweden sozialen Kontext bezogen werden. Eine kollektive Aktion ist die gemeinsame Organisation einer großen Ge-

22 Allerdings gibt es auf individueller wie kollektiver Ebene auch habitualisiertes und routinisiertes Handeln, dem keine dezidierte Entscheidung zugrunde liegt.

burtstagsparty wie auch der nach langer Diskussion herbeigeführte Beschluss einer religiösen Gemeinschaft, eines ihrer Rituale zeitgemäßer auszugestalten. Aufgrund der prinzipiellen Unbestimmtheit seines intentionalen Gehalts und sozialen Kontexts ist es problematisch, das Konzept kollektiven Handelns assoziativ oder auch explizit auf einen ganz bestimmten Anwendungsbereich zu verengen, nämlich auf das Protesthandeln oder sonstige gemeinsame Handlungen in sozialen Bewegungen. In diesem Kontext finden ständig und auf allen Ebenen kollektive Aktionen statt, ohne dass es sich dabei notwendig um Aktionen handelt, die alle Teilgruppen einer Bewegung einschließen. Ein Beispiel dafür ist die Entscheidung einer Gruppe, sich von ihrer Stammgruppe abzuspalten. Ein anderes Beispiel ist die Aktion einer Kleingruppe von Tierrechtsaktivisten, die im Schutz der Dunkelheit in eine Pelztierfarm eindringen, um dort eingesperrte Tiere in die Freiheit zu entlassen. Diese Aktion gründet auf einem gemeinsamen Entschluss dieser Gruppe und einer abgestimmten Koordination der unmittelbar Beteiligten. Sie mag auch den Beifall vieler Aktivist:innen der Tierrechtsbewegung finden. Aber es wäre verfehlt, hier vom kollektiven Handeln einer gesamten Bewegung zu sprechen.

Schließlich bleibt noch auf einen jüngeren konzeptionellen Vorstoß hinzuweisen, der unter dem Stichwort von *contentious politics* zunächst von Charles Tilly, dann auch im Verbund mit Doug McAdam und Sidney Tarrow, unternommen wurde. Die Autoren markieren ein breites Feld, innerhalb dessen sie soziale Bewegungen, Revolutionen, Nationalismus, Demokratisierung und ähnliches verorten, um eine „disziplinären Fragmentierung" (1996: 17) und einige Schwächen der „classic social movement agenda" (2001: 14 f.) zu überwinden. *Contentious politics* wird definiert als „episodic, public, collective interaction among makers of claims and their objects when (a) at least one government is a claimant, an object of claims, or a party to the claims and (b) the claims would, if realized, affect the interests of at least one of the claimants" (2001: 5).

Dieser Ansatz zielt nicht auf die Erklärung des Zustandekommens oder der Effekte von *contentious politics*, sondern vielmehr auf die Beschreibung von „Mechanismen", von denen angenommen wird, dass sie bei allen Varianten von *contentious politics* anzutreffen sind (ebd., 4).[23]

Abgesehen von der etwas verzerrten Darstellung der klassischen *social movement agenda*, der zu Unrecht eine Neigung zu statischen anstelle von dynamischen Betrachtungen unterstellt wird, ist auf die berechtigte Kritik von Goldstone hinzuweisen, der ausführt, die Definition von *contentious politics* sei „both insufficiently specific and too narrow, thus leading us away from important issues in collective action" (1998: 126). Zum Ersten lasse die Definition offen, wer ein Anliegen als *claimmaker* verfolgt. Das könnte eine andere Regierung, aber auch ein Individuum sein. Zum Zweiten ist die Definition zu eng, insofern sie festlegt,

23 Kritisch zu der inflationären Identifikation von Mechanismen äußert sich Koopmans (2003).

dass eine Regierung Teil des Interaktionsgefüges sein muss. Damit wird, so Goldstone, ein Großteil von Arbeitskonflikten ausgeschlossen.[24] Hinzufügen ist, dass auch die Konstellation von Bewegung und Gegenbewegung außer Betracht bleibt.

Aus diesen Bemerkungen wird ersichtlich, dass die Abgrenzung von sozialen Bewegungen von verwandten Phänomenen Teil eines anhaltenden Reflexions- und Diskussionsprozesses ist. Allerdings zeichnet sich bei diesen Debatten nicht nur eine größere Gelassenheit, sondern auch eine zunehmende Konvergenz ab. Die verschiedenen Definitionen sozialer Bewegungen, die in den vergangenen Jahrzehnten vorgelegt wurden, setzen zwar unterschiedliche Akzente, aber unterscheiden sich nicht grundlegend. Sie stehen auch weitgehend im Einklang mit der Definition sozialer Bewegungen, die bereits vor Vertreter:innen des *Collective Behavior*-Ansatzes präsentiert wurde.[25] Gleichwohl wird auch in der heutigen Bewegungsforschung mit Blick auf konkrete Phänomene durchaus kontrovers diskutiert, ob es sich um eine soziale Bewegung handelt.

Diskussionen dieser Art kommen auch in einem Team von Autor:innen vor, die sich in ihren grundsätzlichen Perspektiven einig wissen. Beispielsweise blieb bei der Erstellung eines Buchmanuskripts zur Klimabewegung Fridays for Future offen (Haunss/Sommer 2020), ob man hier von einer sozialen Bewegung sprechen könne. Antworten hängen offenkundig von der präferierten Definition, aber auch von empirischen Wahrnehmungen und Befunden ab. Gemäß der von mir vertretenen Arbeitsdefinition erfüllt Fridays for Future (noch) nicht das Kriterium, einen grundlegenden gesellschaftlichen Wandel anzustreben. Hauptziel dieser Gruppierung ist vielmehr die Einhaltung der Vereinbarungen, die auf der Weltklimakonferenz im Dezember 2015 in Paris getroffen wurden. Das schließt allerdings nicht aus, dass einzelne Aktivist:innen in der Bewegung weitergehende Zielvorstellungen im Sinne eines Systemwandels verfolgen. Diese Vorstellungen sind allerdings bislang nicht oder nur am Rande in Texte und Deklarationen eingeflossen, die der Bewegung zugerechnet werden können.

24 Auch Armstrong/Bernstein (2008: 80) monierten, dass *Dynamics of Contention* nicht-staatliche Adressaten von Protest außer Acht lasse.

25 Siehe z. B. Stewart Burgess (1944: 271). Er versteht unter einer sozialen Bewegung „a joint organized endeavor of a considerable group of persons to alter or change the course of events by their joint activities".

1.4 Zusammenfassung

In diesem Kapitel wurde zunächst die im Zeitverlauf sich verändernde Bedeutung des Begriffs soziale Bewegung skizziert. Die dann vorgestellte Arbeitsdefinition basiert auf vier Merkmalen: dem Streben nach grundlegendem sozialen Wandel (oder dessen Verhinderung), die netzwerkartige Struktur, eine kollektive Identität und das zentrale Mittel des kollektiven und öffentlichen Protests. Die sich auf diese Merkmale beziehenden Erläuterungen ermöglichen eine Abgrenzung gegenüber verwandten, aber analytisch zu trennenden Phänomenen, darunter Protestkampagnen und Protestbewegungen sowie klientelorientierten Interessengruppen. Ebenso wird eine Positionierung gegenüber den breiter gefassten Konzepten von *collective behavior* und *contentious politics* vorgenommen. Aufgrund einer weit gefassten Definition von kollektivem Protest werden terroristische wie auch revolutionäre Gruppierungen und Aktionen, nicht aber Bürgerkriege, als mögliche Manifestationen sozialer Bewegungen verstanden.

Die nachfolgenden Kapitel 2 bis 7 behandeln spezifische Dimensionen oder Aspekte von kollektivem Protest und sozialen Bewegungen. Die Theoretisierung dieses Gegenstandes im Lichte unterschiedlicher, sich aber im Prinzip weitgehend ergänzender Zugriffe ist ein erster Schwerpunkt des achten Kapitels. Vor diesem Hintergrund soll dann auch ein theoretisch stärker angereichertes und über die Arbeitsdefinition hinausweisendes Konzept sozialer Bewegung vorgestellt werden, um schließlich im neunten Kapitel kurz auf den Stand und die Perspektiven dieses Untersuchungsfeldes einzugehen.

Kapitel 2: Soziale Bewegungen in Geschichte und Gegenwart

Wie schon einleitend betont: Kollektive Proteste, Erhebungen und Rebellionen lassen sich historisch weit zurückverfolgen. Erinnert sei an die Sklavenaufstände und Bürgerrevolten in der griechischen und römischen Antike.[26] Erinnert sei auch an städtische Rebellionen im mittelalterlichen Italien, in England und Flandern (Cohn 2004; 2006; 2013), die Anfänge der Schweizer Eidgenossenschaft (Suter 1995) sowie die Bauernbewegungen und städtischen Aufstände in Deutschland, England und anderen Teilen Europas in der beginnenden Neuzeit (Schulze 1980; Wood 2002; Blickle 2006). Aber handelt es sich hierbei auch um soziale Bewegungen? Die Antwort darauf steht und fällt mit dem gewählten Bewegungsbegriff. Legt man die in Kapitel 1 vorgestellte Arbeitsdefinition zugrunde, so ist der Befund negativ. Eines der vier Kriterien, das Ziel einer grundlegenden Gestaltung der gesellschaftlichen Ordnung (oder des Widerstands gegen solche Bestrebungen), ist in diesen historischen Fällen nicht gegeben. Bezugspunkt der Protestierenden war vielmehr das Fehlverhalten der Obrigkeit, welche die Regeln und Vorgaben einer hergebrachten sozialen Ordnung, die als natürlich oder gottgegeben betrachtet wurde, verletzte. Das Ziel der Revoltierenden war die Rückkehr zur alten und „guten" Ordnung.

An diesem normativen Fixpunkt der alten Ordnung hielten auch die Rebellen fest, die sich im in zentraleuropäischen Regionen im frühen 16. Jahrhundert im Rahmen von Bauernbewegungen gegen die Zumutungen und Ausbeutungen durch kirchliche und weltliche Obrigkeiten zu Wehr setzten. Den Aufständischen ging es um die Wiederherstellung der alten Ordnung, deren religiöse Verankerung außer Frage stand.[27] Allerdings kommen bereits in dieser Phase radikale Gleichheitsvorstellungen im Rahmen utopischer Entwürfe auf, die sich als Vorschein nachfolgender bürgerlicher Weltbilder deuten lassen (Schölderle 2022). Zwar sei ein Erneuerungswille, der teilweise utopisch-schwärmerische Züge trage, unverkennbar, doch ging es „nicht nur um die Wiederherstellung alten Rechts und alter Ordnung, sondern um Rückkehr zu einem letztlich dem biblischen Paradies bzw. der Urgemeinde ähnlichen Zustand" (van Dülmen 1987:

26 Zu Aufständen in der Antike vgl. Schumacher (2001) und Krumpitsch (2015)

27 Van Dülmen (1987: 18) stellt mit Blick auf die radikalen Bestrebungen im Kontext der Reformation fest, dass „jeder revolutionäre Wille und jeder bewusste Versuch der Verwirklichung einer neuen weltlichen Ordnung fehlte. Erst die Aufklärung sollte hierfür Voraussetzungen liefern."

18). Prototypisch zeigte sich diese Haltung auch in der Bewegung der Münsteraner Täufergemeinde (Rammstedt 1966; Goertz 1980).

Ausgehend von den mit der Aufklärung verbundenen Umwälzungen bietet dieses historisch ausgerichtete Kapitel einen stark verdichteten Abriss der gesellschaftlichen Umbrüche, die soziale Bewegungen initiiert und mitgestaltet haben. Ohne auf regionale Besonderheiten eingehen zu können, beziehe ich mich auf den europäischen Raum und, mit fortschreitender Nähe zur Gegenwart, spezieller auf Entwicklungen in Deutschland. Diese historische Einbettung erscheint insofern geboten, als das heute dominierende Konzept soziale Bewegungen im raum-zeitlichen Kontext der Aufklärung seinen Ursprung hat. Auch stehen einige der heute (noch) bestehenden Bewegungen in einer langen Traditionslinie und beziehen sich oftmals ausdrücklich auf ihre Vorläufer. Eine ausführliche Geschichte sozialer Bewegungen muss erst noch geschrieben werden. Verfügbar sind allerdings historische Überblicke zur Entwicklung einzelner sozialer Bewegungen (etwa zur Arbeiter- und zur Frauenbewegung) sowie breiter angelegte Bestandsaufnahmen.[28]

2.1 Der Durchbruch: moderne Revolutionen

Mit dem Zeitalter der Aufklärung verschob sich die weltanschauliche Deutungsperspektive einer „gegebenen Wirklichkeit“, die freilich schon in der griechischen Antike nicht notwendig als statisch[29] begriffen wurde, hin zur Perspektive einer „hergestellten Wirklichkeit“ (Tenbruck 1976). Gesellschaft kann demnach gemäß der menschlichen Vorstellungskraft, des menschlichen Willens und der menschlichen Tätigkeit geformt werden (Gay 1967/1969). In letzter Konsequenz setzt sich damit der Mensch gedanklich an die Stelle des göttlichen Schöpfers. Der Bezugspunkt von Ordnungsvorstellungen wird in die Zukunft verlagert. Geschichte erscheint nicht mehr notwendig als Schicksal, sondern als ein in die Zukunft gewendeter Auftrag zur Schaffung einer anderen und besseren als der bestehenden Welt. Diese Idee, die durch den raschen Fortschritt in den Naturwissenschaften, dann auch der Maschinentechnik in der „Sattelzeit“ (Koselleck

28 Zur Entwicklung des Bewegungssektors in Deutschland seit Ende des Zweiten Weltkriegs siehe Roth/Rucht (2008), Gassert (2018) und die Dokumentation von Kraushaar (1996) für die Phase von 1949 bis 1959.

29 In der griechischen Philosophie gibt es zwar die Vorstellung eines idealen Staates (Platon) oder einer Abfolge unterschiedlicher Staatsformen (Aristoteles), doch galten die Verbindungen der Menschen in einer Staatengemeinschaft als naturgegeben. Aristoteles zufolge sind Aufruhr und Umwälzungen (*metabolé*) entweder darauf gerichtet, eine bestehende Verfassung zu modifizieren oder durch eine andere zu ersetzen. Er nennt in seiner *Politik* (Abschnitt 1302b) eine ganze Reihe von Gründen für solche Bestrebungen, darunter die Ungleichheit zwischen freien Bürgern, die überlegene Macht eines einzigen oder mehrerer, die Maßlosigkeit und Gewinnsucht der Regierenden. Frauen und Sklaven sind in diese Überlegungen nicht einbezogen.

1979: XV) zwischen Neuzeit und früher Moderne beflügelt wurde, ist von einer ungeheuren und davor nicht denkbaren Radikalität. „Daß jemand Geschichte macht, ist eine neuzeitliche Wendung, die vor Napoleon oder gar vor der Französischen Revolution nicht formulierbar war." (Koselleck 1979: 262)

Der Gedanke der Machbarkeit von Geschichte fußt auf der Bestreitbarkeit einer göttlichen Existenz. In der Praxis beinhaltet er die Einhegung der Religion, die nicht mehr alle gesellschaftlichen Sphären – die Politik, das Recht, die Wissenschaften, die Kunst – durchdringt, sondern zu einer Sphäre neben anderen herabgestuft und letztlich zu einer privaten Angelegenheit erklärt wird. Die Reformation hat diese Relativierung der Religion befördert (van Dülmen 1987). Dadurch wurde zunächst lediglich eine Deutungskonkurrenz etabliert, neben der dann auch der Rationalismus der Aufklärung und die Säkularisierung und Verwissenschaftlichung okzidentaler Weltbilder Platz greifen konnte (Koselleck 1973).

Mit dem Aufstieg des städtischen Bürgertums in Gestalt eines „Dritten Standes" erlangten die Ideen von politischer wie ökonomischer Freiheit und Gleichheit eine enorme Sprengkraft. Einen Motor hierfür bildete das dem Interesse einer ungehinderten ökonomischen Entfaltung unter dem Primat des kapitalistischen Besitzindividualismus (Macpherson 1962). Die politische Emanzipation vom Absolutismus wurde in ganz unterschiedlichen Bahnen verfochten. In manchen Fällen, so beispielsweise in den Niederlanden, konnten sich die bürgerlich-liberalen Interessen im Zuge mehrerer Reformschübe allmählich und in relativ friedlichen Formen durchsetzen (Markoff 1996). Eine ähnliche Entwicklung vollzog sich in den skandinavischen Ländern (Mikkelsen/Kjeldstadli/Nyzell 2018). In anderen Fällen, so im zaristischen Russland, vermochten sich Feudalstrukturen bis ins frühe 20. Jahrhundert zu behaupten, um dann auf revolutionärem Weg beseitigt zu werden. In wiederum anderen Fällen, so in Frankreich im ausgehenden 18. Jahrhundert, brach sich der revolutionäre Elan früh und gewaltsam Bahn. Dort wurden allerdings die revolutionären Neuerungen im Zuge gegenrevolutionärer Bestrebungen partiell zurückgenommen, um sich in erneuten revolutionären Schüben von 1830, 1848 und der Pariser Commune von 1871 zu einer konstitutionell relativ stabilen Republik zu verfestigen.

Die bereits im frühen 18. Jahrhundert sich häufenden Unruhen in ländlichen Regionen, vor allem aber auch in den großen Städten wie London und Paris, verstörten die ganz die auf den Erhalt des Status quo bedachten Obrigkeiten (Hufton 2017). In England wurde 1715 der „Riot Act" verabschiedet, dem zufolge es möglich war, eine unter freiem Himmel stattfindende aufrührerische Versammlung von mehr als zwölf Personen eine Stunde nach der Verlesung des Gesetzestextes gewaltsam aufzulösen. Bei einer Missachtung dieses Verbots drohte die Todesstrafe. In Frankreich wurde Aufruhr (*émeute*) im Jahr 1731 zu einem Kapitalverbrechen erklärt, wobei bereits bei einer Zahl von fünf Personen eingeschritten werden konnte. In Holland war vorgesehen, einem Aufruhr (*opro-*

er) von mindestens 20 Personen mit Repression zu begegnen. In Norwegen wurde 1765 ein Gesetz gegen Protestgewalt verkündet, dessen härteste Maßnahme aus einer lebenslangen Kerkerhaft bestand (Sandvik 2018: 173). Diese Vorkehrungen zeigen, welch hohes Maß an Unzufriedenheit mit den Herrschenden und den herrschenden Verhältnissen bereits vor dem Großereignis der Französischen Revolution vorhanden war (Rudé 1977).

Die mit dem Sturm auf die Bastille von 1789 assoziierte „große" Revolution hatte eine gewaltige Ausstrahlungskraft. Die Französische Revolution wurde zum zentralen Bezugspunkt einer ganzen Reihe weiterer Revolutionen bzw. revolutionärer Bestrebungen im 19. Jahrhundert, teilweise getragen von der Bürgerschaft, teilweise aber auch von der sozialistisch orientierten Arbeiterschaft oder einem Bündnis beider Gruppierungen.

Eine Konsequenz des mit der Aufklärung popularisierten Freiheits- und Gleichheitsgedankens waren antikoloniale Bestrebungen. Diese manifestieren sich bereits vor der Französischen Revolution in der nordamerikanischen Unabhängigkeitsbewegung, ausgelöst durch den unbotmäßigen, gegen das koloniale England gerichteten Akt der Bostoner Tea Party. Eine weitere Konsequenz des revolutionären Gedankenguts war den Sklavenaufstand in der französischen Kolonie Saint-Dominigue im Jahr 1791, der dann die Grundlage für die Entstehung des eigenständigen Staates Haiti im Jahr 1804 bilden sollte (Eichmann 2019). Allerdings wurde im Rahmen mancher antikolonialer Befreiungsbewegungen der universalistische Wertekanon vor allem dann skeptisch betrachtet, wenn er lediglich als Vorwand diente, um ethnozentristische, macht- und profitgetriebene Missionen der „Zivilisierung" und „Entwicklung" zu verbrämen.

2.2 Aufstieg der sozialistischen Bewegung

War das Bürgertum zunächst die treibende Kraft, um den modernen Kapitalismus und den republikanischen Nationalstaat auf den Weg zu bringen, so entwickelte sich in der zweiten Hälfte des 19. Jahrhunderts die sozialistische Arbeiterbewegung zu einer politischen Größe. Deren Bedeutung zeigte sich auch daran, dass vielfach, so bei Lorenz von Stein (1850) und Werner Sombart (1896), der Begriff soziale Bewegung synonym zu dem der Arbeiterbewegung verwendet wurde. Den Hintergrund für deren Aufstieg bildete die beginnende Mechanisierung und Industrialisierung, verbunden mit dem raschen Anwachsen der städtischen Bevölkerung, der Erosion der moralischen Ökonomie (Thompson 1980) und der Entwertung handwerklicher Arbeit, vor allem aber dem wachsenden Elend des neu entstehenden Proletariats. In Reaktion darauf kam es zu Organisationsversuchen im Rahmen der Gesellenbewegung (Grießinger 1981) und zu defensiven Kämpfen der Ludditen in England (Hobsbawm 1952; Bailey 1998) und der schlesischen Weber (von Hodenberg 1997) gegen die Maschinisierung. Dem folgten der

Aufbau der Gewerkschaftsbewegung, der Arbeiterparteien und die Entwicklung einer Infrastruktur in Form von Konsumgenossenschaften, Sport- und Kulturvereinen, Bildungsvereinen und Sozialverbänden, die sich um den Arbeiteralltag gruppierten (Kocka 2015; Schmidt 2018).

Die kommunistische bzw. sozialistische Ausrichtung der organisierten Arbeiterschaft und der „linke Radikalismus“ (Bock 1976) samt den damit einhergehenden revolutionären Bestrebungen führte zu einer starken Verunsicherung des konservativ gestimmten Bürgertums. Dies fand seinen Ausdruck sowohl in nationalistischen Bestrebungen und dem Verlangen nach einer starken Führung (Anderson 1983; Weichlein 2006) als auch der politischen und sozio-kulturellen Diskriminierung des „Pöbels“ (Gailus 1984), die „gewiß an Geringschätzung, Verachtung und Überheblichkeit kaum zu überbieten“ ist (König 1992: 147). Der Mobilisierung von unten wurde auf politischer Ebene mit sozialer Kontrolle und Polizeigewalt – bis hin zum Verbot sozialistischer Vereinigungen im Kaiserreich und den bis 1918 geltenden Einschränkungen des Wahlrechts – begegnet. Auf wissenschaftlicher Ebene fand diese Abwertung ihr Pendant in der Pathologisierung der Arbeiterbewegung im Rahmen der damals einflussreichen Massenpsychologie, die auch bei Sigmund Freud (1967 [1921] Anerkennung fand und in Diagnosen einer Massengesellschaft (insbesondere durch Ortega y Gasset und David Riesmann) nachwirkte (dazu Buß 1984a; 1984b; Moscovici 1986; McPhail 1991).

Die Befürchtung konservativer Kreise, im Zuge revolutionärer Erhebungen könnte eine Diktatur des Proletariats etabliert werden, erwies sich für die meisten Länder als unzutreffend. Zwar erstarkte die organisierte Arbeiterbewegung (Katznelson/Zolberg 1986), doch wurde der revolutionäre Impetus zugleich durch eine Reihe von Entwicklungen gebremst. Dazu gehören auf sozialstruktureller Ebene die Ausdifferenzierung der Arbeiterschaft auf einer Skala von Lumpenproletariat bis hin zu qualifizierten Facharbeitern, die Herausbildung der Angestellten als einer eigenständigen Sozialkategorie innerhalb der Gruppe abhängig Beschäftigter, die Einbindung der Arbeiterparteien in das Gefüge parlamentarischer Repräsentation, das Erreichen von Teilzielen (Acht-Stunden-Tag, Arbeitslosenversicherung, Recht auf gewerkschaftliche Vertretung) sowie die Herausbildung eines reformistischen Zweigs innerhalb der sozialistischen Bewegung. Die letztgenannte Entwicklung führte in einigen Ländern, darunter auch Deutschland, zu einer tiefen und folgenreichen Spaltung des linken Lagers. Anders als die bürgerlich-revolutionäre Bewegung, die zumeist nur sehr kleine Teile des Bürgertums kontinuierlich zu mobilisieren vermochte und eine relativ schwache infrastrukturelle Verankerung im Alltagsleben aufwies, hatte die Arbeiterbewegung einen starken Rückhalt im proletarischen Sozialmilieu. Aber auch sie vermochte nur eine Minderheit dieses Milieus zu mobilisieren (Schmidt 2018: 403), wobei sich ihr offensiver Kern nicht aus dem Lumpenproletariat, sondern vielmehr aus den handwerklich geprägten, ökonomisch meist besser gestellten Teilen der (Fach-)Arbeiterschaft rekrutierte.

2.3 Multiplikation, Diversifizierung und Spezialisierung

Teils in Verbindung mit der Arbeiterbewegung und linksliberalen Bürgerbewegungen, teils aber auch in direkter Opposition dazu entwickelte sich ab dem letzten Drittel des 19. Jahrhunderts eine Vielzahl weiterer Protestkampagnen und sozialer Bewegungen. Dazu gehören nationalistische und völkisch orientierte Bewegungen, agrarpopulistische Bewegungen mit linker oder rechter Orientierung, die Frauenbewegung einschließlich der Frauenwahlrechtsbewegung, die Jugend- und Wandervogelbewegung, die Friedensbewegung sowie eine Reihe spezifischer Kampagnen, die sich mit Natur- und Denkmalschutz, gesunder Lebensweise, Alkoholismus, Nebenfolgen der Verstädterung, Tierschutz, Kolonialismus, politischer Kunst und vielem anderen befassten. In mehreren europäischen Ländern kamen zudem faschistische Bewegungen auf, die sich blutige Auseinandersetzungen mit linken Kräften lieferten (Reichardt 2002) und namentlich in Deutschland, Italien und Spanien die Regierungsmacht mit den bekannten Folgen erlangen konnten.

Für den Bewegungssektor in Deutschland bedeutete der Nationalsozialismus und der Zweite Weltkrieg eine scharfe Zäsur. Das Arbeitermilieu verlor einen Gutteil seiner ideellen, lebensweltlichen und organisatorischen Basis (Mooser 1984). Nur teilweise konnte an die Bewegungsstrukturen der Vorkriegszeit angeknüpft werden. Großthemen der Nachkriegsjahre waren einerseits die Bewältigung der materiellen Kriegsfolgen (Lebensmittelversorgung, Hunger, Wohnungsnot, Integration von Flüchtlingen, Wiederaufbau der Infrastruktur), anderseits auch die politische Neuausrichtung im Zusammenhang mit der Entnazifizierung, die Schaffung demokratischer Strukturen und die Einbindung in die sich bald abzeichnende bipolare Systemkonkurrenz, welche u. a. die Teilung Deutschlands zur Folge hatte.

Während sich in der DDR soziale Bewegungen nicht frei entfalten konnten und politischer Dissidenz mit harter Repression begegnet wurde (Neubert 1997; Pollack/Rink 1997), entwickelte sich in der Bundesrepublik ein florierender Bewegungssektor mit einem zunehmend breiter werdenden Themenspektrum (Roth/Rucht 2008; Marg et al. 2013; Butzlaff 2016; Daphi et al. 2017; Gassert 2018; Bundeszentrale 2021).[30] In den 1950er Jahren war das Protestgeschehen noch stark von Großorganisationen – Gewerkschaften, Vertriebenenverbände, Kirchen – geprägt. Herausragende Mobilisierungen richteten sich gegen Wiederbewaffnung und Aufrüstung, die angedachte atomare Bewaffnung der Bundeswehr, aber auch soziale Missstände. Die erste Hälfte der 1960er Jahre war dagegen eine relativ ruhige Zeit. Der Straßenprotest war kleinteilig und unspektakulär.

30 Neben den zitierten, auf die nationale Ebene bezogenen Analysen ist auch auf lokale und regionale Bestandsaufnahmen des Protest- und Bewegungsgeschehens zu verweisen. Zu München siehe Pfeiffer (2011); zu jugendkulturell geprägten Protesten in Hannover siehe Geiling (1996).

Im Vordergrund standen die kalendarisch gesetzten Proteste am Ersten Mai mit rückläufigen Teilnehmerzahlen, Proteste im Zeichen der Blockkonfrontation und des anhaltenden Kriegs in Vietnam. Die vom englischen Vorbild inspirierten Ostermärsche fanden ab 1960 in der Bundesrepublik mit zunehmender Beteiligung statt. Bereits 1964 wurde bundesweit die Marke von 100.000 Demonstrierenden erreicht. Kritik am Status quo der Bundesrepublik kam einerseits aus der teils im Arbeitermilieu verankerten, aber organisatorisch relativ schwachen Traditionslinken, andererseits aus progressiven, undogmatischen intellektuellen und künstlerischen Kreisen, die sich mehrheitlich der Neuen Linken zurechneten.

In der zweiten Hälfte der 1960er Jahre änderte sich das gesellschaftliche Klima. Die sog. außerparlamentarische Opposition, die vergeblich die Notstandsgesetze zu verhindern suchte, und die sich damit überschneidende Studentenbewegung dominierten das Protestgeschehen dieser Ära. Das Themenspektrum der aktivistischen Neuen Linken war breit. Es umfasste die Unterstützung von Befreiungsbewegungen in der Dritten Welt, die Ablehnung des Vietnamkriegs, die Kritik an der Formaldemokratie, die verkrusteten Strukturen und die fehlende Mitbestimmung an Schulen und Universitäten bis hin zur Ablehnung „bürgerlicher" Erziehungsstile und Sexualnormen im Zuge einer „Politisierung des Alltags" (Bahr 1972). Die im radikalen linken Lager verfochtene revolutionäre Rhetorik fand freilich, im Unterschied zu Italien und Frankreich, innerhalb der organisierten Arbeiterschaft nur wenig Resonanz.[31] Der provokative Gestus der linken Protestierenden führte zunächst zu einer ressentimentgeladenen Abwehrhaltung und damit einer starken Polarisierung, die sich erst mit dem Zerfall der oppositionellen Bewegung abschwächte. Dieser Niedergang fand seinen symbolischen Ausdruck in der 1970 erfolgten Selbstauflösung des Sozialistischen Deutschen Studentenbundes als der Kernorganisation des studentischen Protests.

Wesentliche Zerfallsprodukte der Bewegung bestanden aus den terroristischen Untergrundgruppen, den sektiererischen, jeweils um sich selbst kreisenden kommunistischen Gruppen (K-Gruppen), den reformorientierten Kräften, die den Jugendorganisationen der FDP und vor allem der SPD beitraten, sowie, mit vermutlich wohl größter Langzeitwirkung, den sog. neuen sozialen Bewegungen (NSB), die den Bewegungssektor von den 1970er bis zu den 1990er Jahren prägen sollten. Die vor allem im linken und linksliberalen Spektrum angesiedelten NSB repräsentierten ein breit gefächertes Themenspektrum: Menschen- und Bürgerrechte, Bürgerpartizipation, Unterstützung von Befreiungsbewegungen, Kapitalismuskritik, Bekämpfung von Hunger und Elend in der Dritten Welt, Feminismus, Anerkennung gleichgeschlechtlicher Lebensweisen, Frieden und Abrüstung, Umweltschutz, behutsame städtische Erneuerung (Brand/Büsser/

31 Das in der Bundesrepublik existierende System der Einheitsgewerkschaft wirkte mäßigend und disziplinierend auf die Arbeiterschaft. Unabhängige und linksradikale Betriebsräte, zum Beispiel die „Plakat-Gruppe" beim Autoproduzenten Daimler, stellen Ausnahmen dar.

Rucht 1983). Die NSB weckten vor allem in ihrer Frühphase große Hoffnungen auf radikale gesellschaftliche Veränderungen[32], die später durch eine nüchternere Sicht auf den Politikbetrieb und einen strategischen Schwenk in Richtung eines „radikalen Reformismus" (Roth 2018a) abgelöst wurden.

Aus den NSB heraus entwickelte sich ab den späten 1980er Jahren der stark transnational ausgerichtete Zweig der globalisierungskritischen Bewegungen (Tarrow 2005; della Porta 2007; Reitan 2007; Daphi 2017), die ihre Hochphase in den frühen 2000er Jahren erlebten, um dann allmählich an Kraft zu verlieren. Nachfolgende und ideologisch ähnlich grundierte Protestwellen, die sich aus dem Nährboden der NSB speisten, erwiesen sich als relativ kurzlebig. Dazu zählen insbesondere die Occupy-Bewegung, die durch die Ereignisse des Arabischen Frühlings inspiriert wurde, das der undogmatischen Linken zugehörige Blockupy-Bündnis, das sich gegen den Finanzkapitalismus und sozialstaatliche Kürzungen richtete, aber keine beständige Struktur ausbilden konnte, sowie die von 2014 bis 2016 kulminierende Bewegung gegen die Freihandelsabkommen TTIP und Ceta, die inzwischen ebenfalls an Schwung verloren hat. Ob sich die klimapolitische Massenbewegung *Fridays for Future* als Teil einer umfassenderen Klimagerechtigkeitsbewegung auf längere Sicht stabilisieren kann, bleibt abzuwarten (Haunss/Sommer 2020). Aktuelle Anzeichen deuten darauf, dass das Momentum von dieser Gruppierung, die von einer bestimmten Generation von Schüler:innen geprägt worden war, auf kleinere aber offensiver vorgehende Gruppen wie Extinction Rebellion und die Letzte Generation überzugehen scheint.

Die deutsch-deutsche Vereinigung hinterließ im westdeutschen Institutionengefüge wie auch im westdeutschen Bewegungssektor keine auffälligen Spuren. Die Bürgerrechtsbewegungen der DDR, die in der Wendephase (Motto: „Wir sind *das* Volk") einen starken Zulauf zu verzeichnen hatten, wurden bald von der auf den Westen ausgerichteten Massenbewegung („Wir sind *ein* Volk") überschattet und dann im Zuge der westlichen Landnahme, die vor allem die Ausdehnung des westdeutschen Parteienspektrums auf den Osten mit sich brachte, marginalisiert (Rucht/Blattert/Rink 1995). Damit erledigten sich sowohl die Option eines demokratischen Sozialismus, wie sie die Mehrheit der Bürgerbewegten vertreten hatte, als auch die Bemühungen um eine neue gesamtdeutsche Verfassung mit starken partizipatorischen Elementen.[33]

32 „Das, was mit den ‚neuen sozialen Bewegungen' entsteht, entsteht als ein krisenhafter Wandlungs-, ja Mutationsprozeß nicht an den Rändern, sondern im Zentrum der entwickelten Industriegesellschaften. Dieser Prozeß ist dabei, den tiefsten Einschnitt in die historische Verfaßtheit unserer Gesellschaften seit der Entstehung der Arbeiterbewegungen hervorzubringen." (Evers/Szankay 1983: 24).

33 Der von ost- und westdeutschen Bürgerbewegten ausgearbeitete Verfassungsentwurf wurde 1990 von dem im selben Jahr gegründeten „Kuratorium für einen demokratisch verfassten Bund deutscher Länder" vorgelegt (dazu Banditt 2015).

Eine weitere, sich eher schleichend vollziehende Entwicklung ist der langfristige Bedeutungsschwund von sozialpolitisch motivierten Protesten. Dieser Trend spiegelt sich in einem starken Rückgang der gewerkschaftlichen Organisationsgrads in West- und Ostdeutschland, aber auch im Protestgeschehen. Zusammen mit Japan, der Schweiz und Österreich zählt Deutschland zu den OECD-Ländern mit der weltweit geringsten Streikaktivität. Große Flächenstreiks, wie sie in Westdeutschland von den 1950er bis zu den 1970er Jahren zu verzeichnen waren, sind seitdem weitgehend ausgeblieben. Intensivere Proteste von Lohnabhängigen (teils unter Einschluss von Arbeitslosen) wurden zuletzt in den frühen 1990er Jahren in Ostdeutschland und im Zuge der Mobilisierung gegen die Hartz IV-Gesetze und (drohende) Kürzungen von Sozialleistungen in den Jahren 2004/2005 durchgeführt. Prekäre Arbeitsbedingungen und Armut bleiben ein Dauerproblem, das offenkundig nur selten zu nennenswerten Straßenprotesten führt.

Die einschneidendste Entwicklung im Bewegungssektor des vereinten Deutschlands besteht im Aufstieg rechtspopulistischer und rechtsradikaler Kreise. Sie gewannen mit den um 1990 einsetzenden Debatten um die Änderung des Asylrechts an Boden und formten ein lose geknüpftes Netzwerk, das rechte Kameradschaften, stramm organisierte Kaderorganisationen, alte und neue politische Kleinparteien (NPD, Pro NRW, Pro Sachsen, der Dritte Weg) und ein diffuses, sich teilweise als unpolitisch oder „bürgerlich“ gebendes Sympathisantenmilieu umfasst. Die jeweils aktuellen Mobilisierungsthemen dieser Bewegung der Unzufriedenen variieren im Zeitverlauf (Heitmeyer/Frankenberg 2022). Nach dem angeblichen Vordringen des Islamismus, dem sich die Pegida-Bewegung entgegenstellte, bildeten die Maßnahmen gegen die Corona-Pandemie einen neuen Fokus (Reichardt 2021), der durch andere Themenschwerpunkte abgelöst werden könnte. Die Formierung einer rechtsautoritären Sammlungsbewegung, die mit der AfD ein parlamentarisches Sprachrohr gefunden hat, verdankt sich einer Trias von drei längerfristigen Tiefenströmungen: einer ökonomischen Verunsicherung und damit verbundenen Abstiegsängsten, einer politischen Entfremdung von der regierenden „Klasse“ und einer kulturellen Desorientierung angesichts pluraler Werte und Lebensweisen (Rucht 2018a).

Die rechtsautoritären Bestrebungen wurden schon früh mit einer Gegenmobilisierung beantwortet, als deren Speerspitze sich linke Antifa-Gruppen sehen. Fallweise führt diese Gegenmobilisierung auch zu breiten lokalen Allianzen unter Einschluss von rechtsliberalen und konservativen Gruppen. Im längerfristigen Trend, und noch deutlicher sichtbar in Ländern wie den USA, Polen, Ungarn und der Türkei, zeichnet sich damit eine gesellschaftliche Polarisierung ab, die nicht auf eine einzelne Dimension zu reduzieren ist, etwa den Gegensatz von politisch Rechten und Linken, von Verlierern und Gewinnern der Globalisierung, von Kosmopoliten und Kommunitaristen. Vielmehr deutet sich eine vorerst diffuse und relative inkohärente Lagerbildung an, die derzeit kaum auf den Begriff gebracht werden kann.[34]

2.4 Typisierender Rückblick

Will man die beschriebenen Entwicklungen in einer stärker analytischen Perspektive fassen, so richtet sich der Blick zunächst auf die groben Typisierungen, die einzelne Bewegungsforscher:innen vorgenommen haben. Drei Autoren seien hier exemplarisch hervorgehoben.

Wie bereits erwähnt, meint der *französische Soziologe Alain Touraine*, jede gesellschaftliche Formation sei durch einen Zentralkonflikt – das Ringen um Historizität – geprägt (Touraine 1973a; 1973b). Nur die Kräfte, die an diesen jeweiligen Kernkonflikt einer Gesellschaftsformation anschließen, verdienen Touraine zufolge das Prädikat einer sozialen Bewegung. Die Vorstellung, dass es in jeder Gesellschaftsformation nur eine zentrale Bewegung geben kann (kritisch dazu Rucht 1991b), ist noch stark von dem Marxschen Geschichtsbild samt der zentralen Rolle von Klassenbewegungen geleitet.

Der *US-amerikanische Soziologe Ralf Turner* (1969) hat in einer knappen Skizze eine Abfolge dreier historisch zentraler Bewegungen postuliert. Der am Beginn der Moderne im Mittelpunkt stehenden bürgerlich-revolutionären Bewegung folgt in einer zweiten Phase die Arbeiterbewegung, die schließlich durch einen anderen Bewegungstypus, die nur unscharf umrissenen neuen sozialen Bewegungen, in ihrer historisch bedeutsamen Rolle abgelöst wird.

In ähnlicher Weise hat der *deutsche Politikwissenschaftler Joachim Raschke* (1985) vor dem Hintergrund einer Abfolge von vorindustrieller, industrieller und post-industrieller Gesellschaften eine Sequenz von historisch jeweils dominanten sozialen Bewegungen angenommen. Dies sind die frühbürgerliche Bewegung, die Arbeiterbewegung und die neuen sozialen Bewegungen, die jeweils einen Zentralkonflikt ihrer Gesellschaftsformation aufgreifen und damit auch als ihre Zeit prägende Bewegungen auftreten. Allerdings anerkennt Raschke, dass neben diesen in sich differenzierten Primärbewegungen auch Sekundärbewegungen existieren, die eine Verwandtschaft mit Primärbewegungen aufweisen, aber auch die Gestalt von Gegenbewegungen annehmen können (1985: 82). So nennt Raschke beispielhaft für die vorindustriell-modernisierende Phase die frühe konservative Bewegung, für die industrielle Phase auf der progressiven Seite neben der Arbeiterbewegung die Frauenbewegung, Friedensbewegung und Anti-Atombewegung, begleitet von Gegenbewegungen wie dem Nationalsozialismus und der neokonservativen Bewegung (1985: 111). Die neuen sozialen Bewegungen in

---

34 Zu neueren Analysen gesellschaftlicher und politischer Konfliktlinien vgl. Kriesi et al. (2012); Hutter (2014a).

der postindustriellen Ära würden sich durch das „Paradigma der Lebensweise" auszeichnen. Darüber hinaus unterscheidet Raschke zwischen Bewegungen, die primär machtorientiert oder aber primär kulturorientiert sind. Insgesamt bietet er eine historisch informierte und zugleich sehr systematisch gefasste Typologie, die es verdient hätte, auch außerhalb der deutschsprachigen Forschungsgemeinde wahrgenommen zu werden.

Unter Berücksichtigung zentraler analytischer Dimensionen lassen sich die großen Entwicklungen der Bewegungssektoren in okzidentalen Gesellschaften seit Beginn des 20. Jahrhunderts wie folgt skizzieren:

Themen: Das Themenspektrum des Bewegungssektors, das bereits in den Anfängen des 20. Jahrhunderts deutlich erweitert wurde, erfuhr in der zweiten Hälfte dieses Jahrhunderts eine nochmalige Verbreiterung und Differenzierung (Haunss 2021). Besonders in dieser Phase verlagerten sich die Hauptkonflikte vom Produktions- auf den Reproduktionsbereich, darunter Fragen der Lebensweise und Lebensqualität, der Erweiterung politischer Inklusion bei gleichzeitiger kultureller Pluralisierung, der Ausweitung von Partizipation und Mitbestimmung, transnationale Kooperation und grenzüberschreitende Solidarität, aber auch die Abwehr von Zuwanderern und Asylsuchenden sowie die Beschwörung völkisch-nationaler Identität.

Sozio-Demografie: In enger Verbindung mit der Ausweitung und Auffächerung des Themenspektrums stehen sozio-demografische Veränderungen derer, die sich in Bewegungen engagieren. Die noch im Kaiserreich und in der Weimarer Republik vorhandenen und deutlich konturierten sozialen Klassen bzw. sozialmoralischen Milieus[35] – Lepsius (1966) nennt das konservativ-protestantische, liberal-protestantische, sozial-demokratische und katholische Milieu – lösten sich weitgehend zugunsten immer spezifischerer Milieus und Gruppen auf. Als Protestierende traten damit einerseits relativ kleine Interessengruppen mit ihren je besonderen Anliegen auf den Plan. Das können Milchbauern, Hebammen, Lastwagenfahrer, Gegner von Windkraftanlagen, Bienenzüchter, Impfgegner und viele andere Gruppen sein. Auf der anderen Seite sorgen politische, ökonomische und technisch-industrielle Entwicklungen für generelle Bedrohungen und Gefahrenlagen, die breitere, schicht- und milieuübergreifende Mobilisierungen hervorrufen. Dies gilt beispielsweise für die Gefährdung des Weltfriedens durch atomare Waffensysteme, die Verschmutzung der Meere, die drohende Klimakatastrophe und neuartige Pandemien. Damit verbreitert sich nicht nur die soziale Trägerschaft von Protesten, sondern es kommt auch zu transnationalen Mobilisierungen in früher nicht gekannter Häufigkeit und Größenordnung.

35 Diesen Begriff prägte Lepsius in einem erstmals 1966 erschienenen Buchbeitrag, der später an anderen Stellen publiziert wurde. Zu Lepsius' Konzept siehe Hübinger (2008).

Wie schon in der weiter zurückreichenden Vergangenheit sind es auch heute nicht die Ärmsten der Armen und die am meisten Entrechteten, die bevorzugt zum Mittel des kollektiven Protests greifen. Zwar kommt es in Einzelfällen auch zur Mobilisierung solcher Gruppen, sei es im Rahmen von Hungeraufständen in Regionen des Globalen Südens oder auch Protesten marginalisierter Gruppen (z. B. den migrantischen „Papierlosen") in reichen Ländern des Westens. Die Masse der Protestierenden in westlichen Ländern stellen jedoch spätestens seit den 1960er Jahren Angehörige der meist gut gebildeten Mittelschichten und, vor allem mit Blick auf die neuen sozialen Bewegungen, Personen aus dem Sektor der Humandienstleistungen (vor allem Lehrer, Sozialarbeiter, Medien- und Kulturschaffende). Neuerdings hat sich allerdings das soziale Spektrum deutlich erweitert. So beteiligen sich in der Ökologie- und Klimabewegung zunehmend Personen, die einen naturwissenschaftlichen oder technischen Hintergrund haben. Nach wie vor sind Akademiker:innen überrepräsentiert. Aber auch diejenigen, die sich rechtspopulistischen und rechtsradikalen Protestgruppen anschließen, kommen nicht überwiegend aus bildungsfernen und ökonomisch besonders benachteiligten Gruppen, sondern zumindest teilweise aus der „bürgerlichen Mitte" (Decker/Kiess/Brähler 2013).

Waren Frauen lange de facto von öffentlichen Debatten und organisierter Interessenvertretung weitgehend ausgeschlossen, so hat mit ihrer sukzessiven politischen und gesellschaftlichen Gleichstellung, die auch das Bildungssystem einbezog, der Frauenanteil unter den Protestierenden im langfristigen Trend zugenommen. Im Gesamtdurchschnitt ist jedoch noch immer keine Parität mit protestierenden Männern erreicht worden, auch wenn aktuelle Beispiele, darunter *Fridays for Future*, ein anderes Bild bieten. Doch auch in der weiter zurückreichenden Vergangenheit haben sich Frauen nicht nur mit einer Zuschauerrolle beschieden, sondern auch Protestaktionen initiiert. Beispielhaft dafür stehen die „Schorndorfer Weiber" im Jahr 1688[36], die „Strickerinnen" im Kontext der Französischen Revolution von 1789 (Godineau 1988) und die zuweilen von Frauen angeführten Hungerrevolten in Europa (Hufton 2017) und anderswo.

Die Verteilung der Altersgruppen bei den Protesten der vergangenen Jahrzehnte scheint sich zunehmend der Verteilung in der Gesamtbevölkerung anzunähern. Neben den jüngeren Generationen, die bei aufwendigen oder riskanten Protestformen (etwa Aktionen des zivilen Ungehorsams, Besetzungen von Häusern oder Bauplätzen) deutlich überrepräsentiert sind, schalten sich heute auch ältere Generationen in das Protestgeschehen ein, sei es, weil sie seit ihrer Jugend kontinuierlich politisch interessiert und engagiert geblieben sind, sei es, weil sie

36 Ausgestattet mit primitiven Waffen besetzten Frauen aus Schorndorf das Rathaus ihrer Stadt und verhinderten die Übergabe der Stadt an die französischen Truppen. Die in Stuttgart ansässige Regierung hatte angesichts der militärischen Unterlegenheit des Herzogtums der Übergabe zugestimmt.

im Zuge drängender Problemlagen politisch reaktiviert wurden. Daneben ist es auch zu Mobilisierungen speziell älterer Generationen gekommen (z. B. Graue Panther, Omas gegen Rechts, *Parents for Future*), die in früheren Zeiten kaum denkbar waren.

Protest- und Bewegungsorganisation: Wie die Themen und die Sozialstruktur des Protests haben sich auch seine Organisationsformen im langfristigen Verlauf stärker ausdifferenziert. Wenngleich die Annahme unzutreffend ist, die Proteste der frühen Neuzeit und der nachfolgenden Jahrhunderte seien fast ausschließlich spontane Zusammenrottungen gewesen, so bleibt doch festzuhalten, dass das Gros der Proteste seit dem späten 19. Jahrhundert zunehmend in festeren organisatorischen Bahnen verlief. Ein Indikator dafür sind die 1878 im Deutschen Reich eingeführten „Sozialistengesetze", mit denen der Zulauf zu sozialistischen und sozialdemokratischen Vereinen und deren Protestaktivitäten unterbunden werden sollte. Dieser Trend war allerdings durch Verbote nicht aufzuhalten.

Waren in der ersten Hälfte des 20. Jahrhunderts vor allem Organisationen mit formellen Mitgliedern (darunter Vereine, Gewerkschaften, Parteien) die Initiatoren und Träger des Protests, so traten später auch verstärkt informelle Organisationen (Cliquen, Bürgerinitiativen, lose Netzwerke) auf den Plan. Teilweise wird die Form des Protests zum Politikum. Manche Gruppen mit progressiv-emanzipatorischer Zielsetzung versuchen Hierarchien und starre interne Machtstrukturen zu vermeiden: sie agieren – mehr oder weniger konsequent und erfolgreich – als dezentrale und auf Egalität bedachte Graswurzelbewegungen. Beispielsweise kam es im Rahmen der großen Treffen von globalisierungskritischen Bewegungen zu einer eigenständigen Organisation der sog. *horizontals*, die sich kritisch von den machtgeprägten Organisationsmustern und Kommunikationsstilen der *verticals* absetzten. In ähnlicher Weise hatten sich in der zweiten Welle der Frauenbewegung kleine, anti-hierarchische Bezugsgruppen (*consciousness raising groups*) gebildet.

Seit einigen Jahrzehnten ist erkennbar, dass größere Protestkampagnen und soziale Bewegungen typischerweise Gruppen mit sehr unterschiedlichen Strukturen umfassen. Dazu zählen große formelle Mitgliederorganisationen, politische Parteien bzw. deren Untergliederungen, Berufsverbände, kleine und große Netzwerke, lokale Initiativen mit formeller oder völlig informeller Struktur, Stiftungen, Task Forces, temporäre Zusammenschlüsse von Wissenschaftler:innen oder Kulturschaffenden, teilweise auch ökonomische Akteure, die soziale Bewegungen aus eigenem wirtschaftlichen Interesse oder aus philanthropischen Motiven unterstützen. Exemplarisch zeigten sich solche organisatorisch heterogenen Allianzen im Widerstand gegen das Stuttgarter Bahnprojekt S 21, bei den Protesten gegen die Freihandelsabkommen TTIPP und Ceta, in der Klimaschutzbewegung der vergangenen Jahre und den Massenprotesten progressiver Gruppen, die in Deutschland ab 2018 unter mit dem Label „unteilbar" zusammengekommen waren.[37] In der Bundesrepublik hat der Anteil von informellen Initiativen und Netzwerke am gesamten Protestgeschehen in letzten Jahrzehnten zugenommen (Rucht 2003: 56).

Strategien und Protestformen: Das Repertoire der Protestformen (dazu Tilly 1977b; 1995b) war schon in Mittelalter breit. Dazu zählen spontane Zusammenkünfte auf öffentlichen Plätzen oder vor Herrschaftssitzen, nächtliche Ruhestörungen (Charivari), Klagen und Eingaben vor Gerichten, Verweigerung von Abgaben und Frondiensten, nicht zuletzt auch gewaltsame Aktionen, zuweilen verbunden mit Plünderungen, Brandanschlägen und gezielten Tötungsakten. Im Laufe der Jahrhunderte wurde das Protestrepertoire weiter angereichert und verfeinert, teilweise begünstigt durch die Schaffung neuer Kanäle des institutionellen Einspruchs und Widerspruchs (z. B. Petitionen an Parlamente), teilweise auch befördert durch neue technische Möglichkeiten der Organisation und Kommunikation, angefangen vom Buchdruck über Zeitungen und Rundfunk bis hin zu den digitalen Medien der Gegenwart.

Manche Mittel der Mobilisierung wie auch die Kommunikation im Rahmen von Protestveranstaltungen unterlagen deutlichen Veränderungen. Die von Mund-zu-Mund erfolgenden Aufrufe zum Protest sowie die Werbung per Plakat oder Flugblatt haben an Bedeutung verloren. Reichte bei Massenversammlungen, so den Berliner Wahlrechtsdemonstrationen im frühen 20. Jahrhundert, die Stimmkraft eines einzelnen Redners nicht aus, so sprachen eben mehrere gleichzeitig agierende Personen jeweils den sie unmittelbar umgebenden Teil der Menschenmenge an (Ludwig Uhland Institut 1986: 52). Erst mit der Verfügbarkeit von Mikrofonen und Lautsprecheranlagen konnte dann auch eine große Ansammlung von Menschen von einer Stelle aus akustisch erreicht werden. Mit dem Aufkommen des Rundfunks, dann des Fernsehens und schließlich des Internets wurde es möglich, die kommunikativen Schranken physischer Zusammenkünfte zu überwinden. Nun konnte eine nationale oder sogar darüber hinausreichende Öffentlichkeit in Realzeit adressiert werden.

Auch andere technische Mittel haben sich auf die Gestaltung konkreter Protestformen ausgewirkt. Ein Autokorso mit mehreren Hundert Teilnehmern kann mehr Aufsehen erregen als ein stationärer Protest der gleichen Zahl von Personen. Radiowellen oder digitale Technik erlauben eine von außen unsichtbare Choreografie des Protesthandelns wie im Falle des sog. Radioballetts.[38] Anstatt

37 Dieser Verbund hat sich allerdings im September 2022 mangels Masse aufgelöst.

38 Die ersten Aktionen dieser Art in Hamburg 2002 und Leipzig 2003 richteten sich gegen die Verdrängung von Randgruppen (Obdachlose, Bettler) aus öffentlichen Räumen und insbesondere Bahnhofsgebäuden. Die mit kleinen Ohrhörern ausgestatteten Aktivist:innen, die sich unter die Menschen auf einem Bahnsteig oder einer Halle mischen, werden von einer zentralen Sendestelle aus zu orchestrierten und einheitlichen Handlungen veranlasst (zum Beispiel einer stummen Bettlergeste), die bei den Umstehenden Fragen und Irritationen auslösen.

per Farbe und Pinsel lassen sich Protestslogans und Protestbilder heute per Beamer schadlos auf Fassaden projizieren. Und mit den elektronischen Mitteln des *hacktivism* kann vorübergehend der Zugang zu den Webseiten eines attackierten Unternehmens verhindert werden.

Obgleich diese technischen und kommunikativen Möglichkeiten Spielräume für Innovationen und Überraschungen bieten, sind doch die Grundmuster des Protests seit dem 19. Jahrhundert relativ stabil geblieben (Rucht 2015a). Das Gros der Proteste besteht aus stationären Versammlungen „unter freiem Himmel", Protestmärschen, Streiks, Unterschriftensammlungen, formellen Einwendungen (bei planungsrechtlichen Genehmigungsverfahren, Klagen bei Gerichten) sowie Kampagnen zu Bürger- und Volksentscheiden. Seltener sind dagegen Störungen der öffentlichen Ordnung, Blockaden, Sachbeschädigungen und Anschläge. Der weitaus größte Anteil der Protestierenden wird im Rahmen von Versammlungen, Protestmärschen und Unterschriftenkampagnen mobilisiert. Die darüber hinaus gehende Bandbreite möglicher Protestformen wird von einzelnen Bewegungen, ganz zu schweigen von einzelnen Protestgruppen, jedoch kaum ausgeschöpft. Ideologische Präferenzen, verfügbare Ressourcen, positive und negative Erfahrungen mit bestimmten Protestformen, Stimmungslagen, aber auch konkrete Randbedingungen führen dazu, dass einzelne Protestformen genutzt, andere dagegen ausgeklammert werden. Es gibt aber auch Protestkampagnen, die einen bewusst sehr offen gehaltenen Aktionsrahmen, eine Art Protestplattform, anbieten, innerhalb dessen unterschiedliche und prinzipiell autonom agierende Gruppen jeweils ihre spezifische Protestform wählen (vgl. 5.3.1).

In den letzten Jahrzehnten wurde die Vorbereitung und Durchführung von Protesten stark professionalisiert. Dieser Trend, der in den USA bereits in den 1970er Jahren konstatiert wurde (McCarthy/Zald 1973), bezieht sich auf die genutzten Kommunikationsmittel, die Finanzierung von Organisationen und Aktionen, die Durchführung von Protesten sowie die begleitende Medienarbeit. Vielfach werden Proteste mit Blick auf ihre Medienresonanz ausgestaltet und in manchen Fällen regelrecht inszeniert (Fahlenbrach 2002; Ertl 2015). Einzelne Organisationen, allen voran Greenpeace, haben es verstanden, bildstarke und symbolträchtige Aktionen durchzuführen, die über den Weg medialer Aufmerksamkeit auch beachtliche Spendensummen generieren. Dank des auch für ressourcenschwache Protestakteure verfügbaren Internets und der Möglichkeit des *crowd funding* verschärft sich die Konkurrenz um Aufmerksamkeit und Unterstützung.

Neuerdings spielt die Visualisierung von Protestaktionen, die teilweise in Echtzeit im Internet verfolgt werden können, eine große Rolle im Kampf um das knappe Gut Aufmerksamkeit. Große Bewegungsorganisationen beschäftigen eigene Pressesprecher oder unterhalten sogar eigene Medienreferate. Zudem haben sich Gruppen wie Indymedia etabliert, die ihre Hauptfunktion darin sehen, progressive Proteste medial zu unterstützen. Diese und ähnliche Gruppen errichten im Zusammenhang mit größeren Kampagnen, so auch anlässlich von Gipfeltreffen internationaler Gremien (IWF und Weltbank, G7, G8, G20), eigene temporäre Medienzentren. Zudem sind in mehreren Ländern Organisationen entstanden, die sich darauf spezialisiert haben, binnen kurzer Zeit elektronisch basierte Unterschriftenkampagnen durchzuführen, die oft mit Straßenprotesten verknüpft werden.

Da ein guter Teil der Kommunikation und Mobilisierungsarbeit sozialer Bewegungen über Kanäle und Plattformen im Internet abläuft, erhöht sich die potentielle Reichweite und Geschwindigkeit des Informationsflusses. Innerhalb kurzer Zeit, zuweilen binnen weniger Tage, können massive Protestwellen zustande kommen, allerdings auch ebenso schnell wieder abklingen. Insgesamt wird Protestgeschehen kurzatmiger und weniger berechenbar.

Effekte: Den Wirkungen sozialer Bewegungen ist in diesem Buch ein eigenes Kapitel gewidmet. An dieser Stelle mögen wenige zusammenfassende Bemerkungen genügen.

Soziale Bewegungen waren Motoren wie auch Ergebnis eines Prozesses, in dem die spätmittelalterliche, im Kern feudal und ständisch organisierte Gesellschaftsformation durch eine moderne kapitalistische Gesellschaft abgelöst wurde. In einer regional sehr ungleichzeitig verlaufenden Entwicklung, teilweise als Folge sukzessiver Reformschritten, teilweise aber auch als Resultat revolutionärer Durchbrüche, entstanden sich selbst regulierende, demokratisch verfasste Nationalstaaten. Diese nahmen universelle Menschenrechte, Volkssouveränität, Gleichheit und Freiheit, die Inklusion von Frauen, in späteren Phasen auch sozialstaatliche Umverteilung und Absicherungen in ihr Programm auf. Allerdings haben sich diese Errungenschaften nicht einfach ergeben, sondern wurden unter dem Druck sozialer Bewegungen, insbesondere der bürgerlich-liberalen Bewegung und der Arbeiterbewegung, im Wortsinn erkämpft (Markoff 1996; Berger 2000; Eley 2002).

Rückblickend handelt es sich um keinen Prozess linearen Fortschritts. Auf der Ebene der Normsetzung ist eine progressive Entwicklung unverkennbar, ablesbar an der Deklaration von Menschenrechten, den Vereinbarungen des Völkerbunds und der Vereinten Nationen, der Entwicklung des modernen Naturrechts und nachfolgend einer demokratisch fundierten positiven Rechtsetzung. Gemessen daran ist die konkrete Wirklichkeit eher ein „unvollendetes Projekt der Moderne" (Habermas 1994), begleitet von Phasen der Stagnation, von Ambivalenzen und Rückschritten. Zu diesen Defiziten zählen die teils erfolgreichen gegenrevolutionären Bestrebungen seit der Französischen Revolution, die Verheerungen, die mit kapitalistischen Praktiken einhergingen, die barbarischen kolonialen Praktiken in großen Teilen der Welt und der Sündenfall des Faschismus. In manchen Fällen haben soziale Bewegungen, exemplarisch der Nationalsozialismus in Deutschland, zivilisatorische Rückschritte aktiv vorangetrieben, während sich progressive soziale Bewegungen als zu schwach oder auch zu uneinig erwiesen, um derartige Entwicklungen aufzuhalten.

Die Spannung zwischen fortschrittlichen, an universalistischen Normen orientierten Bewegungen und regressiven rechtsautoritären Bewegungen ist auch ein Signum der Gegenwart. Nach einem langen prodemokratischen Trend zeigt sich neuerdings, dass die Zahl voll entwickelter Demokratien abnimmt. In einzelnen Staaten, so in den USA, Ungarn, Polen und der Türkei, ist es rechtsautoritären Kräften bzw. Bewegungen sogar gelungen, Regierungsmacht zu erlangen. Noch weniger vermochten es progressive Bewegungen, jene globalen Ungleichgewichte und Rechtsverletzungen zu verhindern, die sich aus der „strukturellen Gewalt" ergeben, die dem heutigen Neoliberalismus und globalen Finanzkapitalismus innewohnt. Mit Blick auf diese Fragen, aber auch mit Blick auf die globale Umwelt- und Klimaproblematik, ist die Zukunft offen. Welche Richtung am Ende eingeschlagen wird, hängt wesentlich von den Kräftekonstellationen ab, die sich innerhalb nationaler und globaler Bewegungssektoren ergeben.

2.5 Zusammenfassung

Soziale Bewegungen im engeren Sinne kommen erst mit der beginnenden Moderne auf. Eine treibende Kraft bildete das städtische Bürgertum, das sich ökonomisch wie politisch von feudalen Verhältnissen und religiöser Vormundschaft zu emanzipieren begann. Bürgerliche Gruppierungen sorgten in einigen Ländern für revolutionäre Durchbrüche, ohne jedoch ähnlich kompakte Organisationsstrukturen wie die im 19. Jahrhundert aufkommende Arbeiterbewegung auszubilden. In der zweiten Hälfte des 19. Jahrhunderts entwickelte sich die Arbeiterbewegung zum stärksten Motor sozialer und politischer Reformen, um dann, bedingt durch Teilerfolge, durch die politische Spaltung zwischen einem radikalen und einem reformerischen Flügel, aber auch bedingt durch sozialstrukturelle Entwicklungen, mit denen der Klassencharakter des „Proletariats" aufgeweicht wurde, diese Schlüsselrolle wieder zu verlieren. Eine Sonderentwicklung ist in Russland zu vermerken, wo sich die revolutionäre Linke durchsetzen und dann rund ein Jahrhundert an der Macht halten konnte.

Beginnend im späten 19. Jahrhundert und dann verstärkte im frühen 20. Jahrhundert bildete sich eine Vielzahl von sozialen Bewegungen mit spezifischen Anliegen und oft auch distinkten sozialen Trägerschaften heraus, die teils konservativ-reaktionäre, teils aber auch progressive Positionen vertraten. Das führte in manchen Ländern, so in Deutschland und Italien, zu einer scharfen Polarisierung, in anderen Ländern dagegen, so in skandinavischen Staaten und den USA, zu einem zwar spannungsreichen aber doch eher friedlichen Nebeneinander.

In der zweiten Hälfte des 20. Jahrhunderts differenzierten sich die nationalen Bewegungssektoren weiter aus. Die sozial-strukturelle Zusammensetzung der Protestierenden wird heterogener, der Katalog von Bewegungszielen und Protestformen breiter und zugleich differenzierter. In vielen Protestgruppen und -organisationen zeichnet sich eine Professionalisierung von Strukturen, Kommunikationsweisen und Mobilisierungsformen ab. Mit den der Studentenbewegung der 1960er Jahre nachfolgenden Mobilisierungsschüben der neuen sozialen Bewegungen, den globalisierungskritischen Bewegungen und der jüngsten Klimaschutzbewegung auf der einen Seite und dem Aufstieg rechtspopulistischer und rechtsradikaler Gruppierungen auf der anderen Seite bahnt sich eine neue Polarisierung an. Zugleich wird die Form sozialer Bewegung und die Interessenvertretung qua Protest konventionalisiert und veralltäglicht.

Kapitel 3: Entstehung und Verlaufsformen

Die geschichtliche Entwicklung im Allgemeinen wie auch die Geschichte sozialer Bewegungen verläuft nicht linear. Manche Phasen zeichnen sich durch eine hohe Stabilität aus. Andere dagegen sind charakterisiert durch rasche und tiefgreifende Veränderungen, die mit einer Aufbruchstimmung, aber auch mit Verunsicherungen und der Abwehr von Neuerungen verbunden sein können.[39] Soziale Bewegungen scheinen vor allem in solchen Phasen des Auf- und Umbruchs an Bedeutung zu gewinnen. Sie können solche Phasen vorbereiten oder auslösen, sich möglicherweise aber auch erst in diesen Phasen formieren, um dann soziale Veränderungen voranzutreiben, den Status quo zu verteidigen oder auch eine Rückkehr zu einem früheren Status zu erzwingen. Eine der Grundfragen der einschlägigen Forschung gilt den Entstehungsbedingungen sozialer Bewegungen. Eine weitere Frage richtet sich darauf, ob Bewegungen bestimmte Entwicklungsstadien durchlaufen. Diesen beiden Fragen soll im vorliegenden Kapitel nachgegangen werden. Der ebenfalls zentrale Aspekt der Wirkungen von Bewegungen wird gesondert im Kapitel 6 behandelt.

3.1 Entstehungsbedingungen

Soziale Bewegungen entstehen vor dem Hintergrund von strukturellen Bedingungen und Entwicklungen, die als solche nicht notwendig wahrgenommen werden. Allerdings reagieren zumindest Teile der Bevölkerung auf Zustände und Prozesse, die sie für problematisch oder nicht hinnehmbar halten. Diesen Aspekten hat sich vor allem die Sozialpsychologie zugewandt (Cantril 1941; Toch 1965; Beckmann 1979; Klandermans 1997). Nicht die strukturellen Bedingungen (bzw. deren Folgen) als solche, sondern erst ihre Deutung als ein von Menschen verursachtes und durch Menschen prinzipiell überwindbares Übel bilden den Rohstoff, aus dem soziale Bewegungen erwachsen und geformt werden.[40] Eine

---

39 Dazu grundlegend Gras (1979). In der Bewegungsforschung wurde später die Rolle von *critical junctures* (della Porta 2020) für den Verlauf von Bewegungen thematisiert.

40 Die Rolle von Deutungen bzw. Konstruktionen wurde bereits von den Begründern des *collective behavior*-Ansatzes gewürdigt. Blumer hat sie mit den Themen Propaganda und psychologischer Krieg berücksichtigt. Mit Blick auf soziale Bewegungen meint er: „*a movement has to be constructed* and has to carve out a career in what is practically always an opposed, resistant, or at least indifferent world." (Blumer 1957: 147).

solche Deutung kann sich über einen längeren Zeitraum herausschälen und allmählich schärfer konturieren; sie kann aber auch den Charakter einer Enthüllung haben, die einen relativ abrupten Sichtwandel auslöst und möglicherweise zu direkten handlungspraktischen Konsequenzen führt. Ob es zu größeren und über längere Zeit existierenden sozialen Bewegungen kommt, ist vor allem eine Frage struktureller Rahmenbedingungen.

3.1.1 Strukturelle Entstehungsbedingungen

Der Sammelbegriff strukturelle Entstehungsbedingungen ist in seiner inhaltlichen Bedeutung und historischen Konnotation unbestimmt. In aller Regel lassen sich derartige Bedingungen erst aus einem größeren zeitlichen Abstand oder mit dem Aufkommen eines neuen Deutungsrahmens erkennen. Dieser Prozess kann sich als *cognitive liberation* vollziehen (McAdam 1982: 51). Ein historisch bedeutsames Beispiel für einen solchen Prozess ist die Reformation des 16. Jahrhunderts.

> *Mit der Reformation wurde die Autorität der Katholischen Kirche als einer Macht, die in religiösen wie weltlichen Angelegenheiten ein Deutungsmonopol beanspruchte, in Frage gestellt. Das geschah zunächst durch die Verkündung von protestantischen Glaubenslehren, die sowohl den Katholizismus herausforderten als auch in ihren unterschiedlichen Varianten miteinander konkurrierten. Diesen innerreligiösen Deutungskämpfen, die auf das Engste mit politischen Machtkämpfen verbunden waren, folgte im Zuge eines Rationalisierungs- und Säkularisierungsprozesses der grundsätzliche Zweifel an einer göttlichen Existenz und einer davon abgeleiteten Herrschaftslegitimation, wie sie in der Formel des „Königs von Gottes Gnaden" zum Ausdruck kommt. Somit konnten sich Menschen als Produzenten von Gesellschaft gleichsam an die Stelle Gottes setzen, ohne deshalb schon Allmachtsphantasien zu hegen. Innerreligiöser Zweifel, dann der Aufbau einer konkurrierenden Glaubens- und Kirchenorganisation sowie die Entwicklung moderner, teilweise von den Naturwissenschaften beförderten Weltsichten waren die Wegbereiter einer nachfolgenden politischen Bewegung, die die mittelalterlich-feudale Ordnung überwand. Dieser Erfolg wurde allerdings nicht allein durch eine Abkehr von herkömmlichen Glaubens- und Wissenssystemen herbeigeführt, sondern auch durch den Wandel des sozio-kulturellen Gefüges und der damit verknüpften ökonomischen Interessen. Dazu gehört das Anwachsen der immer stärker auf ihre politische und ökonomische Autonomie pochenden Städte in der frühen Neuzeit in Verbindung mit dem Aufstieg des Bürgertums als dem Dritten Stand neben dem bis dahin herrschenden Adel und Klerus.*

Der Weg von der Reformation bis zum Rationalismus der Aufklärung zeigt, wie strukturelle Entwicklungen in verschiedenen Dimensionen teils sequenziell, teils auch ineinandergreifend einer sozialen Bewegung zum Aufstieg und schließlich auch zum machtpolitischen Durchbruch verhelfen können.

Strukturelle Entwicklungen und damit verbundene Gelegenheitsstrukturen (dazu 5.1.3) lassen sich hinsichtlich ihrer ökonomischen, politischen und sozio-kulturellen Dimension unterscheiden. Damit wird ein analytisches Raster geboten, das an jede soziale Bewegung angelegt werden kann, allerdings nicht in jedem Fall gleichermaßen gehaltvolle Erklärungen bietet. So ist es möglich und in manchen Fällen zutreffend, dass einer dieser drei Dimensionen eine Schlüsselrolle für die Entstehung einer sozialen Bewegung zukommt, während die beiden anderen Dimensionen nur eine ergänzende Rolle spielen. Das kann zeitlich parallel zu Entwicklungen in der vorrangigen Dimension, aber auch vorgängig oder nachfolgend geschehen. Ein Beispiel für eine Bewegung, die primär auf ökonomische und technologisch bedingte Entwicklungen reagiert, sind die Ludditen in England im frühen 19. Jahrhunderts, die auch als Maschinenstürmer (*machine breakers*) bezeichnet werden.

Angesichts der zunehmenden Verbreitung mechanischer Webstühle befürchteten die englischen Textilarbeiter, insbesondere Weber und Spinner, den Verlust ihres Arbeitsplatzes oder zumindest eine Dequalifikation, verbunden mit Lohneinbußen, der Missachtung ihres Berufsethos und der Erosion der ihre Arbeitsorganisation tragenden Sozialnormen, insbesondere der sog. „moralischen Ökonomie" (Thompson 1980). Eine von vielen Protestformen bestand in der Beschädigung neuer Maschinen. Allerdings wurde die von konservativen Historikern eingenommene Sicht auf diese Bewegung als Ausdruck blinder Technikfeindlichkeit und Zerstörungswut durch nachfolgende Studien in Frage gestellt. Auch wurde erkennbar, dass für die Ludditen, über ihre ökonomischen Ziele hinausgehend, der Freiheitsgedanke und die Kritik am Despotismus eine Rolle spielte, wie es in einem Gedicht von Lord Byron mit dem Titel „Song of the Luddites" zum Ausdruck kommt. Kulturelle Faktoren (Vorstellungen von Moral und Respekt) wie auch politische Forderungen jenseits der Arbeitswelt spielten also in einer Bewegung, die primär auf ökonomische Bedingungen reagierte, durchaus eine Rolle.

Bei anderen Bewegungen stehen wiederum politische Strukturen und Anlässe im Mittelpunkt ihrer Wahrnehmungen und Aktivitäten. Das gilt namentlich für Bewegungen, die auf politische Machtverschiebungen reagieren, eine Neuausrichtung bestimmter Politikfelder fordern, eine/n Amtsinhaber:in ablösen oder einen politischen Umsturz herbeiführen wollen. Ein Beispiel für eine grundlegende institutionelle Reformbemühung bietet die Wahlrechtsbewegung der Suffragetten. Die heute selbstverständlich erscheinende Forderung nach dem Stimmrecht für Frauen war aber selbst im Lager der Frauenbewegung nicht unumstritten.

Über den Hebel des Frauenwahlrechts versuchten Teile der Frauenbewegung im 19. und 20. Jahrhundert, eine weiterreichende politische und soziale Gleichstellung von Frauen zu erlangen. Damit wurde grundsätzlicher Widerspruch nicht nur von Seiten konservativer Männerbünde, sondern auch innerhalb der Frauenbewegung provoziert. So wandten sich auf der einen Seite einige national-konservative Frauenorganisationen gegen das Frauenwahlrecht. Sie beharrten auf einer Rollentrennung der Geschlechter und forderten eine stärkere Würdigung jener Frauen, die als Trägerinnen sozialer Fürsorge agierten und gegen Armut und Prostitution antraten (Bruns 1996; Schöck-Quinteros/Streubel 2003). Auf der anderen Seite sprachen sich auch anarchistische Frauen, darunter Emma Goldman, gegen das Frauenwahlrecht aus. Das parlamentarische System sei ein Herrschaftsinstrument, dessen reale Funktion der Unterdrückung lediglich durch die parlamentarischen Institutionen verbrämt werde. Anarchistische Feministinnen forderten stattdessen, im Einklang mit den Ideen von Michail Bakunin und anderen, sich von der illusionären Idee einer Repräsentation von (Volks-)Macht zu verabschieden (Lundström 2022). Nicht die Beteiligung an der Regierung, sondern deren Abschaffung müsse das Ziel aller emanzipatorischer Bemühungen – von Männern wie von Frauen – sein.

Soziale Bewegungen reagieren nicht nur auf eher subkutane strukturelle Verhältnisse und Prozesse, sondern auch auf das Handeln gesellschaftlicher und vor allem politischer Eliten. Deren Antworten können Reformbereitschaft und Zugeständnisse an ihre Herausforderer sein, aber bleiben oftmals auf vier andere Muster beschränkt: (1) Nicht-Beachtung und Intransigenz, (2) rein symbolische oder rhetorische Konzessionen, (3) Einbindung oder Kooptation von Herausforderern und (4) mehr oder weniger harte Repression. Es ist vor allem eine Frage der bestehenden Kräfteverhältnisse und der Haltungen der politischen Öffentlichkeit, ob damit die Konflikte entschärft oder verschärft werden.

Zumal wenn es um Grundfragen der sozialen Ordnung geht, tendieren politische Eliten zu einer grundsätzlichen Abwehrhaltung, wie Herbert Blumer[41] treffend notiert hat. In ihrem Drängen auf substanzielle Zugeständnisse erweist es sich deshalb für eine soziale Bewegung als vorteilhaft, wenn politische Eliten hinsichtlich der von einer Bewegung aufgeworfenen Fragen uneins sind, sei es innerhalb der Regierung, insbesondere wenn es sich um eine Koalitionsregierung

41 „When authorities are forced to take account of social unrest and to deal with the actions of protesters their approach is typically to preserve and protect the existing social arrangement and, above all, to insist on the sanctity of the established institutional machinery for hearing and taking actions on complaints." (Blumer 1978: 23).

handelt, sei es aufgrund der üblichen Konfrontation zwischen Regierungs- und Oppositionsparteien, wobei sich eher Letztere als Verbündete der Bewegung anbieten.

Neben den politischen Gelegenheitsstrukturen im engeren Sinne (siehe Abschnitt 5.1.3), von denen die Spaltung der Eliten nur eine von mehreren Dimensionen darstellt, ist auch auf die Möglichkeit und die Effekte einer diskursiven Gelegenheitsstruktur hinzuweisen (Koopmans/Statham 1999a; Koopmans 2004; Koopmans/Olzak 2004; Ferree et al. 2002). Dabei kann zwischen Hardware- und Softwareaspekten unterschieden werden. Eine elementare Komponente der Hardware ist die strukturell bedingte Zugänglichkeit des Mediensystems für Protestgruppen und soziale Bewegungen. Ein begünstigender Faktor ist die Existenz einer freien und pluralistischen Medienlandschaft, die weder aufgrund staatlicher Bevormundung noch kommerziellen Drucks ein einseitiges Bild von gesellschaftlichen Vorgängen zeichnet oder bestimmte Missstände bewusst ignoriert. Gruppen, die vom gesellschaftlichen Mainstream abweichen oder diesen herausfordern, haben in einem pluralistischen Mediensystem die Chance, mit ihren Meinungen und Anliegen berücksichtigt zu werden. Ein damit eng verbundener Aspekt, den man metaphorisch eher der Software zurechnen kann, ist ein bei relevanten Teilen der Bevölkerung vorhandener Wertekanon, demzufolge Konflikt, Gesellschaftskritik und politische Dissidenz als legitime, belebende und oft auch notwendige Bestandteile einer demokratischen Kultur anerkannt werden (Dahrendorf 1965; Barber 1984; Rucht 2001a). Unter solchen Bedingungen können Bewegungen, vor allen wenn ihre Protestaktionen innerhalb des gesetzlichen Rahmens bleiben, eine positive kulturelle Resonanz finden (Gamson/Modigliani 1989: 5). Diese verstärkt sich in dem Maße, wie nicht nur der bloße Sachverhalt bürgerschaftlichen Engagements, sondern auch die konkreten Protestziele gebilligt werden.

Gelegenheitsstrukturen wirken sich meist nicht per se auf Bewegungen aus, sondern müssen von diesen erst als günstige oder ungünstige Faktoren erkannt und in Rechnung gestellt werden. Es liegt in der Natur von Strukturen, dass sie relativ stabil und nicht kurzfristig oder durch schwache Impulse veränderbar sind. Allerdings können selbst stabil erscheinende Gelegenheitsstrukturen zum Objekt gezielter Einflussnahme werden. Tarrow (1994, Kap. 5) spricht davon, dass Gelegenheiten nicht nur ergriffen, sondern auch geschaffen werden können. Beispielsweise können Bewegungen versuchen, neue Kanäle der Informationsbeschaffung und politischen Mitwirkung zu etablieren.

Ein Ergebnis solcher Bemühungen ist ein gesetzlich verankertes Auskunftsrecht von Bürger:innen gegenüber staatlichen Verwaltungen, wie es in den USA als Freedom of Information Act, eingeschränkter auch in Deutschland und einigen weiteren Ländern besteht. In Deutschland zielen partizipatorische Forderungen auf die Einführung bzw. Erleichterung von Volksabstimmungen (auch auf

Bundesebene) und das bereits seit 2006 bestehende und später erweiterte Verbandsklagerecht, das seitdem von Umweltverbänden genutzt wird. Erfolglos war dagegen in Deutschland der nach der „Wende" gestartete Versuch ost- und westdeutscher Bürgerrechtler:innen und Intellektueller, im Rahmen der Wiedervereinigung eine neue, stark partizipatorisch ausgerichtete Verfassung durchzusetzen. Immerhin war im Grundgesetz der Bundesrepublik mit Art. 146 vorgesehen, im Zuge einer Wiedervereinigung eine neue Verfassung auf Grundlage einer Abstimmung des gesamten deutschen Volkes „in freier Entscheidung" zu beschließen. Jedoch erwiesen sich insbesondere die Beharrungskräfte im Westen der Republik als zu mächtig, so dass der Geltungsbereich des Grundgesetzes ohne eine umfassende Diskussion und eine Volkslegitimation auf das ehemalige Gebiet der DDR ausgedehnt wurde.

3.1.2 Zusätzliche Entstehungsbedingungen

Der Rohstoff einer Problemwahrnehmung und die Kenntnis von Gelegenheitsstrukturen reichen nicht aus, um kollektive Mobilisierungsprozesse einschließlich von Protesthandlungen in Gang zu setzen. Abgesehen vom folgenlosen Murren in Wohnzimmern und an Stammtischen, abgesehen auch von spontanen öffentlichen Unmutsbekundungen in unmittelbarer Reaktion auf ein einschneidendes Ereignis, setzen kollektive und öffentliche Protestakte ein Minimum an Vorkehrung und Vorbereitung voraus. Dazu gehören, neben der noch zu behandelnden Deutung eines Problems, eine Person oder Gruppe, die zum Protest aufruft, die Ziele, Ort, Zeitpunkt und meist auch die Form des Protests benennt. Viele solcher Aufrufe, zumal wenn sie von bislang unbekannten Absender:innen kommen, finden keine oder nur mäßige Resonanz. Doch in Ausnahmefällen kann selbst eine einzelne und bis dato unbekannte Person eine Protestlawine auslösen.

Ein eindrucksvoller Fall ist die Initiative eines 78-jährigen Rentners in Spanien, der sich Anfang des Jahres 2022 gegen den verhängten Zwang zum Online-Banking sperrte (Motto: „Ich bin alt, aber kein Idiot"). Binnen kurzer Zeit haben sich mehr als 600.000 Menschen per Unterschrift diesem Protest angeschlossen, der von einem weitgehenden Erfolg gekrönt war.[42]

Große Beachtung fand auch die junge Umweltaktivistin Julia Butterfly Hill, die im Dezember 1997 auf einen großen Redwood-Baum in Kalifornien kletterte und dort, freilich auch dank einer Unterstützergruppe, 738 Tage auf einer Plattform verbrachte, um das Fällen des Baumriesen zu verhindern. Sie war dem Aufruf einer Umweltorganisation gefolgt, in dem jemand gesucht wurde, sich

42 https://www.zeit.de/news/2022-02/09/alt-aber-kein-idiot-aktion-gegen-banken-erfolgreich.

für eine Woche an einer derartigen Aktion zu beteiligen. Nach der Baumbesetzung gründete die Aktivistin eine eigene Umweltorganisation (Circle of Life Foundation), schrieb ein Buch und inspirierte Gruppen in verschiedenen Ländern zu ähnlichen Aktionen, welche allerdings von kürzerer Dauer waren und weniger Resonanz erzeugten.

Ein weltweit bekannt gewordenes Beispiel für eine von einer Person ausgelösten Protestlawine ist die Schwedin Greta Thunberg. Sie setzte mit ihrer individuellen Protestaktion im Jahr 2018 den Stimulus für Fridays for Future – einer Gruppierung, die sich als Teil einer weiter gespannten und heterogenen Klimabewegung versteht. Schon seit längerem bestehende Gruppen und Organisationen, auf internationaler Ebene das Climate Action Network, in Deutschland unter anderen das aktivistische Netzwerk Ende Gelände, hatten Fridays for Future den Boden bereitet.

Hinter Massenprotesten steht in aller Regel allerdings nicht eine einzelne Person. Vielmehr bedarf es einer Gruppe, einer Organisation, eines Verbunds von Gruppen und Organisationen, einer bereits bestehenden Bewegung oder gar des Zusammenwirkens mehrerer Bewegungen, um Hundertausende oder Millionen von Menschen auf die Straße zu bringen.

Beispiele dafür sind die Menschenkette zur Bekräftigung der Unabhängigkeit der den baltischen Staaten im August 1989,[43] *die in vielen Ländern durchgeführten Proteste der Friedensbewegung im Vorfeld des Irakkrieges von 2003 (Walgrave/Rucht 2010) und der globale Aktionstag der Klimaschutzbewegung Fridays for Future am 20. September 2019, an dem sich, nach Angaben der Veranstalter, allein in Deutschland rund 1,4 Millionen Menschen beteiligten. Dieser Aktionstag ist Teil einer Serie, die schon zuvor begonnen und auch danach weitergeführt wurde, wobei die Gruppierung in Deutschland mit großem Abstand die stärkste Mobilisierungskraft entfalten konnte.*

Nur in Einzelfällen kommen Massenproteste aufgrund einer kurzfristigen Mobilisierung zustande, wie zum Beispiel die Münchener Lichterkette im Dezember 1992, mit der Hunderttausende ein Zeichen gegen wachsende Fremdenfeindlichkeit setzten.[44] Die meisten der großen Mobilisierungen erfordern dagegen einen zeitlichen Vorlauf von Wochen oder Monaten sowie eine aufwendige Vorberei-

43 Siehe dazu: https://www.deutschlandfunkkultur.de/vor-25-jahren-menschenkette-fuer-die-freiheit-100.html.

44 Anfängliche Berichte über eine Vorbereitungszeit von nur wenigen Tagen erwiesen sich als übertrieben. An der Lichterkette am 6. Dezember 1992 beteiligten sich nicht zuletzt aufgrund des Engagements von Prominenten und der Werbung von Seiten bekannter Journalist:innen rund 400.000 Menschen.

tung (dazu siehe Abschnitt 4.3). Es wäre allerdings verfehlt anzunehmen, Proteste mit Hundertausenden von Teilnehmer:innen seien erst mit den modernen Kommunikationsmitteln möglich geworden.

Zeitungsberichten zufolge beteiligten sich jeweils 250.000 Menschen an einer Wahlrechtskundgebung im April 1910 in Berlin und an einer Friedenskundgebung im Berliner Treptower Park im September 1911. Auch in anderen Ländern, so in Frankreich am 1. Mai 1919, fanden einzelne Proteste mit Hundertausenden von Teilnehmer:innen statt (Tartakowsky 1990: 162). Ein historische Rekordbeteiligung wurde bei den international synchronisierten Protesten am 15. Februar 2003 angesichts des anstehenden Irakkriegs erzielt.[45] *Der Impuls zu diesem Protest kam aus den globalisierungskritischen Bewegungen, für die das Friedensthema allerdings randständig war.*

Es gibt kaum Anzeichen dafür, dass einzelne Massenproteste zu einer nachhaltigen Stärkung von Bewegungen oder zur Bildung neuer und dauerhaften Organisationsstrukturen führen. Wahrscheinlicher sind dagegen solche Effekte im Zuge von seriellen Protesten, so etwa den diversen „Montagsprotesten".

3.2 Lebenszyklus und Verlaufsformen

Bei der Analyse sozialer Prozesse griff die politische Philosophie wie auch die klassische Soziologie häufig auf organische[46] bzw. naturbezogene Metaphern zurück. Mit Blick auf große Zivilisationen, aber auch auf soziale Bewegungen, wurde das der Pflanzenwelt entlehnte Bild eines Lebenszyklus gebraucht. Es beschreibt die Stadien des Aufkeimens, raschen Wachstums, der Blüte, des Reifens und schließlich des Verwelkens und Absterbens, denen möglicherweise ein neuer Zyklus folgt.

---

45 Der Aufstellung von Joris (2010: 16 f.) ist zu entnehmen, dass Spitzenwerte der Beteiligung in Rom (rund 3 Millionen), Barcelona (1,3 Millionen), London (1 Million) und Madrid (800.000) erreicht wurden.

46 Park zieht die Parallele zwischen einem Organismus, dessen einzelne Teile in ein koordinierendes Gesamtsystem eingebunden sind, und sozialen Gruppen, die ebenfalls mehr sind als die Summe ihrer individuellen Mitglieder. Er folgert: „On the whole, the social group behaves like an organism, and the differences between groups may be described in terms of the action-pattern which determines the behavior of each." (1955 [1927]: 14) Er führt weiter aus, dass in der sozialen Gruppe wie im Organismus nicht die Struktur, sondern die Aktivität den Ausgangspunkt bildet. „Action is first, but the effect of action is to create an action pattern. This action pattern, as may be observed in the crowd, is frequently extremely fragile and ephemeral, and may exist without any clearly defined organization. Permanence of the action pattern, however, is dependent upon the existence of structure, upon a division of labor, and upon some degree of specialization in the individuals who compose the group." (Ebd., 15).

Im deutschsprachigen Raum ist vor allem Robert Michels (1989 [1911]) mit einer Beschreibung hervorgetreten, die in manchen Rezeptionen fälschlich als ein lineares Modell mit dem Endpunkt der institutionellen Verfestigung gemäß dem von Michels postulierten „ehernen Gesetz der Oligarchie" verstanden wurde. Tatsächlich hat Michels, freilich ohne explizite Verwendung von organischen Metaphern, die Vorstellung eines immerwährenden Kreislaufs vertreten, bei dem die immobil gewordenen alten Kräfte durch den Schwung und Eifer eines von der jungen Generation getragenen Aufbruchs abgelöst werden. „Aus dem Schoß der Oligarchie", so Michels, entstehen neue Ankläger. Gegen die dominierende alte Klasse „erheben sich nun namens der Demokratie wieder neue Freiheitskämpfer. Und dieses grausamen Spiels zwischen dem unheilbaren Idealismus der Jungen und der unheilbaren Herrschsucht der Alten ist kein Ende. Stets neue Wellen tosen gegen die stets gleiche Brandung. Das ist die tiefinnerste Signatur der Parteigeschichte." (Michels 1989 [1911]: 378)

Von Michels (und Michael Bakunin) beeinflusst ist auch die Kulturschaffende und Frauenrechtlerin Rosa Mayreder (1926 [1917]), die drei typische Entwicklungsstadien sozialer Bewegungen ausweist.[47] Aus dem späteren Stadium der Machtbehauptung und der Unfähigkeit, neue Einflüsse aufzunehmen, ergebe sich die Möglichkeit und Wahrscheinlichkeit einer neuen Bewegung, „die den Impuls der Veränderung mit sich bringt". Der Schlusssatz lautet: „Und das Leben kann auch auf dem sozialen Gebiet nur in jener Form ablaufen, die Werden und Vergehen, Blüte und Verfall zum Gesetz hat. Auch hier ist der Sinn des Sterbens – die Erneuerung des Lebens." (Ebd., 29)

Verlaufsmodelle

Überlegungen zum „natural life cycle" von sozialen Bewegungen wurden nachfolgend in den USA von Dawson/Gettys (1929) angestellt. Sie postulierten eine Abfolge von vier Stufen: *emergence, coalescence, bureaucratization* und *decline*. In einer schlichteren Weise haben andere Autoren ein Zwei-Stufen-Modell präsentiert. Dem durch Informalität und Dynamik charakterisierten Bewegungsstadium folgt ein qualitativ davon zu unterscheidendes Stadium der Institutionalisierung (mit der Preisgabe des Bewegungscharakters). Oft wird auch angenommen, mit der Institutionalisierung gehe eine Mäßigung oder Zähmung der vormals

47 Mayreder erwähnt religiöse Bewegungen früherer Epochen (1926: 4), die von der Sphäre des Denkens ausgehend in der Sphäre der Macht enden, bezieht sich aber vor allem auf soziale Bewegungen. An deren Anfang stehe die ideologische Phase, gefolgt von der aktivistischen Phase, geprägt von Organisation, Disziplin und Kampf und Kompromiss. Schließlich komme es zur „machthaberischen oder imperialistischen" Phase, in der mit der Eigengesetzlichkeit des Besitzes und der Behauptung von Macht „das Interesse der Selbsterhaltung" (ebd., 20) in den Mittelpunkt rückt. Dieser Ablauf münde unvermeidlich in das „paradoxen Ergebnis …, daß das natürliche Ziel aller Bewegungen, die Macht zur Durchführung ihrer Forderungen zu erlangen, zugleich ihren Ruin als Werkzeug des Fortschritts bedeutet" (ebd., 21 f.).

offensiveren Bewegung einher. Diese bereits von Robert Michels mit Blick auf die Arbeiterbewegung konstatierte Tendenz wird in der englischsprachigen Literatur als *goal displacement* bezeichnet (Zald/Ash 1966; Osterman 2006).

Bei der Betrachtung sozialer Bewegungen konzentrieren sich wissenschaftliche und journalistische Beobachter:innen wie auch politische Akteure allerdings zumeist auf die Hochphase der Mobilisierung, in der Bewegungen kraft ihrer Breite und/oder Bereitschaft zu Regelverletzungen vorübergehend das Gesetz des politischen Handelns bestimmen oder zu bestimmen hoffen. In solchen zuweilen ekstatischen Phasen, den *moments of madness* (Zolberg 1972), können Bewegungen Allmachtsphantasien entwickeln und Utopien greifbar erscheinen lassen, Massen in ihren Bann ziehen, Machthaber verunsichern und, im Falle des Erfolgs, sogar einen Regimewechsel oder eine weiterreichende gesellschaftliche Neuordnung einleiten. Im Vergleich zu diesen Hochphasen fanden die Vor- und Entstehungsphasen von Bewegungen weniger Aufmerksamkeit. Ein Grund dafür ist der oft unspektakuläre Charakter dieser Anfänge, die zumeist unterhalb des Radars externer Beobachter:innen bleiben. Dies gilt insbesondere, wenn erste Initiativgruppen noch gar nicht an die Öffentlichkeit treten, einen informellen Charakter haben oder ihre Aktivitäten nicht dokumentieren. Solche Bedingungen bieten dann auch den Raum für etwaige Gründungsmythen. Wie den Anlaufphasen wurde aber auch den Phasen des Niedergangs einer Bewegung wenig Beachtung zuteil (siehe jedoch Messinger 1955; Zald/Ash 1966; Edwards/Marullo 1995; Fillieule 2005). In den überwiegend monozyklisch ausgerichteten Verlaufsmodellen wird zudem übersehen, dass viele Bewegungen im Laufe ihrer Existenz mehrere Wellen aufweisen, denen unterschiedliche zeitbedingte Faktoren zugrunde liegen können.

Das am besten ausgearbeitete Verlaufsschema sozialer Bewegungen wurde von dem Soziologen Otthein Rammstedt (1978: 170) vorgelegt. Es besteht aus acht Stufen. Auf einer ersten Stufe bildet sich ein Bewusstsein unterschiedlicher Krisenfolgen. Auf einer zweiten Stufe werden die Krisenfolgen propagiert. Dann kommt es zur Artikulation des Protests, zu dessen Intensivierung, zur Artikulation einer Ideologie, zur Ausbreitung der Ideologie, zur Organisation und schließlich der Institutionalisierung der sozialen Bewegung.

Diese etwas mechanisch anmutende Modellvorstellung hat den Vorteil, dass sie keinen zwangsläufigen Gang einer Bewegung durch alle Stadien unterstellt, sondern für jede Stufe auch die Möglichkeit eines charakteristischen Endstadiums vorsieht. Allerdings geht dieses Modell von der durchaus bestreitbaren Vorstellung aus, dass am Anfang einer sozialen Bewegung immer eine soziale Krise stünde. Obgleich das empirisch der Fall sein kann, gibt es auch die Möglichkeit, dass erst durch das Auftreten einer Bewegung und die allmähliche Verbreitung ihrer Problemdeutung eine soziale Krise entsteht, verbunden etwa mit der Wahrnehmung einer Dysfunktionalität gesellschaftlicher Strukturen oder der Illegitimität politischer Herrschaft. Weiterhin lokalisiert Rammstadt die Organisationbildung erst im vorletzten Stadium und verkennt somit die Möglichkeit, dass bereits bestehende Organisationen den Kern einer neuen Bewegung bilden können. Auch sieht dieses Modell nicht vor, dass es innerhalb einer sich institutionalisierenden Bewegung zu Rückentwicklungen kommen kann.

Suggerieren die diversen Verlaufsmodelle eine Regelmäßigkeit von aufeinander folgenden Stadien für soziale Bewegungen, so deuten empirisch gestützte und vergleichende Untersuchungen eher auf unregelmäßige Muster. Dies wird durch gegenstandsnahe Prozessanalysen einschließlich der Identifikation taktischer oder emotionaler Wendepunkte (McAdam 1983; Zamponi/Daphi 2014), aber auch durch den häufig feststellbaren Wechsel von Phasen der Sichtbarkeit und Latenz unterstrichen. Darauf hat insbesondere Alberto Melucci verwiesen. Er wandte sich gegen die Fokussierung auf das Sichtbare, die „*myopia of the visible*" (Melucci 1989: 44), die andere Seiten von Bewegungen vernachlässige. Unabhängig von Meluccis Überlegungen wurde mit Blick auf die US-amerikanische Frauenbewegung festgestellt, dass sie in der Zeit von 1945 bis in die frühen 1960er Jahre in einem Stadium des Halbschlafs (*survival in the doldrums*; Rupp/Taylor 1987) verharrte und kaum mit sichtbaren oder offensiven Aktionen hervorgetreten ist. Während externe Beobachter:innen so den Eindruck gewinnen konnten, die Bewegung sei abgestorben, hat sie de facto fortbestanden. Allerdings war sie nun auf ihre Kerne geschrumpft, hat ihre nach außen gerichteten Aktivitäten reduziert oder ganz eingestellt und sich stärker auf binnenorientierte Kommunikation und Aktivitäten (Lektüre, Weiterbildung, Reorganisationen, strategische Neuordnung) verlegt.

Zahlreiche Beispiele und Studien belegen den Trend, dass Bewegungen sich mit zunehmender Lebensdauer stärker strukturieren, institutionalisieren und sogar sklerotische Formen annehmen. Früh und prägnant hat dies, wie schon erwähnt, Robert Michels (1989 [1911]) betont, allerdings eine derartige Entwicklung zu einer allgemeinen Gesetzmäßigkeit, dem ehernen Gesetz der Oligarchie, erhoben. Michels' Referenzpunkt war die Sozialdemokratische Partei, hervorgegangen aus der sozialistischen Bewegung. Ihm zufolge hat die Partei allmählich ihren Bewegungscharakter verloren und ihre ursprüngliche Zielsetzung zugunsten der Stabilisierung und Stärkung der eigenen Organisation aufgegeben. Ähnliche Feststellungen können für andere Parteien, Gewerkschaften, Wohlfahrtsverbände, Genossenschaften und sonstige Interessengruppen getroffen werden, die aus Bewegungen hervorgegangen sind.

Eine lineare Entwicklung in Richtung einer immer stärkeren Institutionalisierung ist jedoch nicht zwangsläufig. Manche Bewegungen zeichnen sich durch unregelmäßige Mobilisierungsschübe aus. Diese können organisatorische Verfestigungen mit sich bringen, aber von gegenteiligen Trends begleitet werden, etwa einer Aufweichung, Flexibilisierung oder Diversifizierung durch neu entstandene Organisationsstrukturen. Damit wird die schlichte Gegenüberstellung von Bewegung und Institution, wie sie etwa Alberoni (1984) vorgenommen hat, in Frage gestellt (Roth 1994; Rucht/Blattert/Rink 1997).

Zudem gibt es Beispiele für eine Deinstitutionalisierung bereits formalisierter Bewegungsstrukturen (Lipset/Trow/Coleman 1956). In der neueren Literatur wird auf eine sog. *movementization* von Gewerkschaften, Wohlfahrtsverbänden oder auch Parteien hingewiesen (Helms 2014; Cohen 2019). Ein Ausdruck davon ist der *new unionism* in den USA. Ähnliches gilt für radikale Umweltgruppen, z. B. *Sea Shepherd Society* und *Earth First!*, die aus Verdruss über die brave und behäbige Linie der großen Umweltverbände entstanden sind. Angesichts solcher Fälle ist Michels' ehernes Gesetz der Oligarchie zu relativieren. Zudem sollte die Annahme, die zunehmende Institutionalisierung einer Bewegung ginge mit einer Abschwächung der ursprünglichen (radikalen) Zielsetzung einher, nicht als allgemeingültig betrachtet werden. Beispielsweise haben große, seit langem bestehende Naturschutz- und Umweltorganisationen in Deutschland seit den 1970er Jahren eine offensivere Haltung eingenommen und sich in wachsendem Maße an Protestaktionen und politischen Bündnissen beteiligt.

Wie schon erwähnt, konzentrierten sich viele Forscher:innen auf die Entstehungsphasen und Hochkonjunkturen sozialer Bewegungen, während den Phasen des Niedergangs und Zerfall weitaus weniger Aufmerksamkeit geschenkt wurde.[48] Einige der Faktoren, die zu einer Schwächung oder gar dem Ende einer sozialen Bewegung beitragen, lassen sich ex negativo aus den Bedingungen für Aufstieg und Blüte ableiten. Weitere Faktoren können zum Niedergang beitragen: eine exogene Entschärfung der Problemlage, auf die sich eine Bewegung bezieht; eine einschneidende Problematik oder Krise, die das Bewegungsthema überschattet und an den Rand der Aufmerksamkeit drängt; die Entmutigung der Bewegung durch übermächtige Gegenkräfte; interner Dauerstreit, der zu einer Selbstlähmung und der Abwanderung vieler Aktivist:innen führt. Nicht zuletzt kann die Erreichung wichtiger Teilziele oder gar des Hauptziels eine Bewegung überflüssig machen. In pointierter Weise hat Miller (1983) vier oftmals miteinander verbundene Gründe genannt, warum soziale Bewegungen einen Niedergang erfahren: Erfolg, Misserfolg, Kooptation und Repression.

Die Kontingenz von Bewegungsdynamiken

Entstehung und Verlaufsform von Bewegungen werden durch eine Vielzahl von Faktoren beeinflusst, die, sofern es sich um strukturelle Bedingungen handelt, bestimmte Entwicklungen wahrscheinlich machen, aber keineswegs determinieren. Neben diesen strukturellen Bedingungen sowie den Effekten, die durch

48 Fallstudien zum Niedergang einer Bewegung stammen unter anderem von Messinger (1955), Oberschall (1993) und Voss (1996). Instruktive Beiträge zum Zerfall bzw. abnehmenden Engagement in sozialen Bewegungen enthalten die Sammelbände von Freeman (1983) und Fillieule (2005).

das Handeln der Opponenten sozialer Bewegungen erzielt werden (dazu Kapitel 5), kommen aber auch kontingente Faktoren ins Spiel. Diese sind definitionsgemäß in ihrem zeitlichen Auftreten und ihrer konkreten Form nicht absehbar. Ein unerhörter politischer Skandal kann eine bereits zuvor diffus vorhandene Unzufriedenheit in eine Welle offener Empörung und in konkrete und weitreichende Forderungen münden lassen. Naturkatastrophen oder große technische Pannen vermögen Problemwahrnehmungen zu verändern und, wie im Falle der Atomkatastrophen von Tschernobyl und Fukushima, einer Bewegung neuen Auftrieb geben und schließlich eine Kursänderung der Politik herbeiführen. Das Auftauchen einer charismatischen Führungsfigur kann eine erlahmende Bewegung zu neuem Leben erwecken und einen Zustrom weiterer Unterstützer:innen auslösen. Massive Rivalitäten zwischen exponierten Führungsfiguren einer Bewegung können eine Bewegung blockieren oder spalten, oft verbunden mit der Abwanderung enttäuschter Anhänger:innen. Derartige Faktoren werden in der Literatur unter Stichworten wie *precipitating factors* (Smelser 1962) oder *flashpoints* (Owens 2013) angesprochen.

Aufgrund der Vielzahl und Diversität möglicher Einflussfaktoren bleiben soziale Bewegungen schwer kalkulierbar. Es handelt sich bei sozialen Bewegungen um hochgradig dynamische Gebilde, die nicht als purer Reflex auf externe Bedingungen verstanden werden können, sondern diese Bedingungen immer auch interpretieren und verändern, die zudem reflexiv, lernend und korrigierend auf sich selbst einwirken können (Choudry 2015). Was sich aus dem Zusammenspiel dieser Faktoren ergibt, ob eine Bewegung überhaupt zustande kommt und welchen Verlauf sie nimmt, vermag kaum jemand vorherzusagen. Nicht zufällig wurde eine ganze Reihe von Bewegungen, darunter die französische Studentenbewegung des Jahres 1968, die Volkserhebungen in Osteuropa gegen Ende der 1980er Jahre und die Rebellion des Arabischen Frühlings, nicht vorhergesehen. Ebenso wenig hat sich bisher die Prognose von Karl Marx und vielen in seiner Tradition stehenden Autor:innen bewahrheitet, dass die proletarische Bewegung der krisengeschüttelten kapitalistischen Welt den Todesstoß versetzen würde.[49]

Kurzum: Der prognostische Gehalt der Bewegungs- und Protestforschung ist äußerst dürftig. Das hat systematische Gründe und sollte nicht einer unzu-

49 Paul Sweezy, um nur einen von vielen Marxisten zu nennen, räumt ein, dass die Erwartungen an eine globale Revolution „ernsthaft in Frage gestellt werden können" (1970: 114). Er kommt allerdings zu dem Schluss, das revolutionäre Subjekt habe „ – im Gang der Geschichte seit dem Zeitalter der Industrialisierung – zwar seinen Standort gewechselt, aber nicht seine Funktion. Die These von Marx, dass der Kapitalismus seine Totengräber selbst hervorbringe, ist weder falsch noch veraltet: sie steht heute lediglich in einem veränderten Kontext." (Ebd., 130 f.) Skeptisch hinsichtlich der Möglichkeiten, den Spätkapitalismus zu überwinden, ist dagegen Habermas. Bemerkenswert ist seine Hypothese, die geläufige marxistische Annahmen auf den Kopf stellt, nämlich „daß nicht materielles Elend, sondern materieller Überfluß die Grundlage ist", die eine Revolution möglich machen könnte. Allerdings setzt Habermas hinzu: „Dafür sind, freilich im globalen Maßstab, die Aussichten nicht gut." (1970a: 41 f.).

länglichen Protest- und Bewegungsforschung zugeschrieben werden. Ähnlich wie bei Wetterprognosen taugt die Bewegungsforschung bestenfalls zu einer Vorausschau auf relativ kurze Zeitspannen. Sie kann allerdings im Nachgang zu stattgefundenen Entwicklungen durchaus mit soliden Erklärungen aufwarten, zumal es möglich ist, das nach außen gerichtete Geschehen mittels der Protestereignisanalyse nachzuzeichnen (dazu 7.3). Auf dieser Basis können wir Schlüsse ziehen, warum etwas so und nicht anders „gelaufen“ ist. Aber wir können kaum wissen, was die Zukunft bringen wird.

3.3 Zusammenfassung

Die Forschung ist bei der Frage nach den Entstehungsbedingungen von Protest und sozialen Bewegungen zu immer komplexeren Erklärungen gelangt. Als unabdingbarer Ausgangspunkt erweist sich die Wahrnehmung einer Ungerechtigkeit, Missachtung oder Benachteiligung, die jedoch erst in Verbindung mit weiteren Faktoren zu Protesten führt. Dazu gehört die Deutung, dass die jeweiligen Probleme kein unabwendbares Schicksal darstellen, sondern von Menschen verursacht und prinzipiell auch durch Menschen lösbar sind. Zudem bedarf es, von eher seltenen Spontanprotesten abgesehen, einer Person oder Gruppe, die zu Protesten aufruft, Ort, Zeitpunkt und Aktionsform benennt und in Einzelfällen auch eine lange und intensive logistische Vorbereitung und Mobilisierungsarbeit übernimmt.

Der Entstehungs- und Entwicklungsprozess sozialer Bewegungen wird durch eine Reihe von Bedingungen beeinflusst, die hinsichtlich ihrer zeitlichen Struktur systematisiert werden können. Dazu gehören erstens langfristig stabile und tief verankerte Bedingungen, die das Entstehen größerer Bewegungen begünstigen oder hemmen. Diese Bedingungen werden durch die grundlegenden Parameter einer Gesellschaftsformation bestimmt (etwa als liberaler oder organisierter Kapitalismus; als ein autoritäres oder demokratisch-liberales politisches System). Auf einer zweiten Ebene kommen mittelfristig bestehende Gelegenheitsstrukturen ins Spiel. Dazu zählen ökonomische, politische und kulturelle Faktoren, die teilweise durch Bewegungen beeinflussbar sind. Schließlich können auf einer dritten Stufe kontingente, nicht vorhersehbare Faktoren bestimmte Proteste auslösen oder verstärken, allerdings erst situativ oder ex post in die Deutung und das strategische Kalkül der Konfliktparteien wie auch in Analysen der Bewegungsforschung einbezogen werden.

In der frühen Bewegungsforschung wurde die Entwicklung sozialer Bewegungen zuweilen in Analogie zu organischen Prozessen des Keimens, Wachsens, der Reifung und des Verfalls interpretiert. Einen bis heute wichtigen, aber auch umstrittenen Anstoß für eine empirisch stärker gesättigte Analyse der Verlaufsform sozialer Bewegungen gab Robert Michels mit seinem „ehernen Gesetz der Oligarchie“, das sich freilich im Lichte neuerer empirischen Arbeiten eher als eine Tendenz denn als ein universelles Gesetz erweist. Institutionalisierungsprozesse lösen, wie schon von Michels konstatiert, Korrekturversuche aus, die allerdings nicht notwendig erst am Ende einer sklerotisch gewordenen Bewegung einsetzen, sondern auch eine weiterreichende Institutionalisierung blockieren und damit das organisatorische Flexibilitätspotential wie auch das strategische Radikalitätspotential einer Bewegung erhalten können.

Kapitel 4: Träger und Strukturen sozialer Bewegungen

Das sozio-demografische Profil einer Bewegung wird von den Interessen, Werten und Problemwahrnehmungen jener sozialen Kreise beeinflusst, die für die Botschaften und Appelle dieser Bewegung besonders empfänglich sind. Daneben weist jede Bewegung auch eine organisatorische Struktur auf, die in ihrer Gesamtheit weitgehend naturwüchsig entstanden ist, deren einzelne Komponenten jedoch durchaus das Ergebnis planvollen Handelns sein können. Die soziale und organisatorische Trägerschaft, die gleichsam das Unterfutter oder die Hardware jeder Bewegung bilden, sind Gegenstand dieses Kapitels.

4.1 Soziale Träger

Die Menschen, die in sozialen Bewegungen aktiv werden, sind nicht als ein statistisches Aggregat (wie Steuerzahler:innen oder Senior:innen) zu verstehen. Vielmehr bilden sie eine Sozialformation, sind Teil eines Handlungssystems, dem in bestimmten Momenten auch die Eigenschaft eines kollektiven Akteurs zukommen kann. Ein solches Sozialgebilde ist in seiner Zusammensetzung kein verkleinertes sozio-demografisches Abbild der Gesamtbevölkerung.[50] Bewegungen rekrutieren sich zwar bevorzugt aus bestimmten sozialen Gruppen (etwa Bauern, Arbeiter, Jugendliche, Studierende) und beanspruchen in der Regel, im Interesse dieser Gruppen zu handeln. Aber selbst wenn sie ein allgemeines Interesse geltend machen, sind sie kaum repräsentativ für die Bevölkerung insgesamt. Das liegt unter anderem daran, dass unabhängig von den artikulierten Anliegen manche gesellschaftlichen Gruppen grundsätzlich eine größere Offenheit für Veränderungen aufweisen oder auch eher für gesamtgesellschaftliche Belange eintreten. Zudem neigen manche Gruppen verstärkt zu jenen nicht-institutionalisierten Protestformen, die für Bewegungen typisch sind. Auch können sich Bildungsinhalte und traditionelle Rollenmuster auf die Protestbeteiligung auswirken. So galt zum Beispiel die öffentliche Sphäre und speziell das politische Engagement lange als eine Sache des Mannes.

50 Eine Analyse des Sozialprofils von Demonstrierenden in Deutschland, die überwiegend auf Befragungen von Protestierenden beruht, bieten Sommer/Steinhilper/Zajak (2001).

4.1.1 Klassen-, schicht- und milieuspezifische Träger

In Gesellschaften, die stark konturierte und womöglich auch antagonistisch positionierte Klassen aufweisen, liegt es nahe, dass sich aus objektiv bestimmbaren Klassenlagen (der Marxschen Klasse an sich) auch entsprechende Klassenbewegungen (die Klasse für sich) herausschälen. Allerdings erweisen sich die objektiven Lagen in der Bevölkerung in den meisten Fällen als zu differenziert, um im Schematismus zweier Klassen aufzugehen. Klassenbewegungen sind demnach eher imaginierte soziale Konstruktionen, die die Einheit von Interessenlagen und den homogenen Willen eines daraus hervorgehenden kollektiven Akteurs suggerieren. Auch Marx und Engels wussten, dass die proletarische Klasse aufgrund der unterschiedlichen objektiven Lage ihrer einzelnen Teilgruppen eine interne Differenzierung aufweist. Die fachlich qualifizierten Arbeiter:innen im Handwerk, in Manufakturen und der aufsteigenden Industrie hatten andere Lebensbedingungen und entwickelten andere Sozialformen als das Lumpenproletariat. In späteren Phasen wurde zudem innerhalb der Gruppe lohnabhängiger Arbeiter:innen die Sonderkategorie der Angestellten eingeführt, die im Durchschnitt finanziell und rechtlich bessere Konditionen als die Arbeiterschaft erlangten und, ganz im Sinne der Kapitalseite, auch in ihrem Bewusstsein sich von den „einfachen" Arbeiter:innen abhoben (Lederer 1912[51]; Dreyfuß 1933). Damit wurde eine übergreifende Mobilisierung der Lohnabhängigen erschwert. Die historische Forschung hat gezeigt, dass der Kern der organisierten und der politisch aktivsten Träger der Arbeiterbewegung nicht aus den untersten Rängen der sozialen Hierarchie, sondern aus der Gruppe qualifizierter Facharbeiter:innen stammte. Anders als Gelegenheitsarbeiter, Wanderarbeiter und Arbeitslose kamen die besser qualifizierten Arbeiter:innen täglich zusammen und entwickelten enge soziale Bande. Sie organisierten sich am Arbeitsplatz in Bruderschaften oder Gewerkschaften; sie kommunizierten auch in Wohnquartieren, Kneipen, Vereinen und Genossenschaften. Hier verbanden sich in idealtypischer Weise die beiden Faktoren einer Zugehörigkeit zur selben Sozialkategorie (*category*) und zu einem Netzwerk (*network*), die Charles Tilly (1978: 62 f.) zufolge als „catnet" eine günstige Ausgangsbasis für die Mobilisierung im Rahmen sozialer Bewegungen schafft. Ähnliches lässt sich auch für die in Dörfern konzentrierte Bauern oder die in Universitäten zusammenkommenden Studierenden feststellen.

Die Begriffe soziale Schicht (Geiger 1932) und die später vorgelegten Konzepte sozialmoralisches Milieu (Lepsius 1966) oder soziales Milieu (Hradil 1992; Bremer/Lange-Vester 2007) haben den grobschlächtigeren und stark umstrittenen Klassenbegriff weitgehend verdrängt. Mit Blick auf soziale Schicht wird übli-

51 Emil Lederer ist Autor der „Chronik der sozialen Bewegung" (ab 1920: „Kritische Übersichten der sozialen Bewegung") im Archiv für Sozialwissenschaft. Siehe: https://www.deutsche-biographie.de/gnd119311143.html.

cherweise eine Dreiergliederung von Unter-, Mittel- und Oberschicht verwendet, welche jeweils weitere Unterkategorien aufweisen können. Wie der Klassenbegriff fußt auch der Begriff Schicht auf einer eindimensional gefassten Hierarchie mit mindestens zwei Stufen. Dagegen beruht der Milieubegriff meist auf der Kombination zweier Dimensionen: (1) der vertikalen Hierarchie-Dimension und (2) der horizontalen Dimension von Lebens- und Konsumstilen, meist in Verbindung mit generalisierten Werthaltungen und politischen Grundpositionen. Die Milieuforschung, die eine längere Tradition vor allem in der Kultursoziologie aufzuweisen hat, wurde ab den frühen 1980er Jahren stark von der kommerziell ausgerichteten quantitativen Konsumforschung und insbesondere dem Marktforschungsinstitut Sinus vorangetrieben.[52] Inzwischen hat sich die Debatte über soziale Milieus weiterentwickelt. Teilweise wird im Anschluss an die Publikation von Reckwitz (2017) eine intensive Diskussion über die Herausbildung einer „neuen", dem „kosmopolitischen Liberalismus zugewandten Mittelklasse" geführt. Die Implikationen dieses Trends für den gegenwärtigen Bewegungssektor sind allerdings noch unklar.

Im Falle der bis heute existierenden oder zumindest nachwirkenden neuen sozialen Bewegungen ist anzunehmen, wenngleich nicht durch die empirische Milieuforschung belegt, dass das 2021 von Sinus ausgewiesene postmaterielle Milieu (mit einem Anteil von 12 % an der Gesamtbevölkerung in Deutschland) und das neo-ökologische Milieu (8 %) ein wichtiges Rekrutierungsfeld bieten.[53] Zuweilen ist es aber auch eine gruppen- bzw. lagespezifische Belastung, die eine sozial homogene Abwehrbewegung hervorruft. Exemplarische Auslöser einer entsprechenden Protestmobilisierung sind drohende Massenentlassungen, die existenzielle Bedrohung einer bestimmten Berufsgruppe oder Branche (z. B. Fischer, Milchbauern, LKW-Fahrer), die Vernachlässigung der Infrastruktur in ländlichen Regionen, die Repression von religiösen Minderheiten oder die Auslöschung von indigenen Völkern und Kulturen.

Generell gilt für soziale Milieus, das sie eine Prägekraft für Einstellungen und Verhalten im Alltag wie auch in Ausnahmesituationen entfalten. Soziale Milieus werden durch je eigene Orte der Kommunikation und Begegnung stabilisiert. Entsprechend haben sich zum Beispiel die populistischen Agrarbewegungen in den USA um die Wende zum 20. Jahrhundert, der kleinbürgerliche Poujadismus

52 In einer ersten Befragungswelle hatte Sinus acht Milieus in der Bundesrepublik identifiziert. Später wurde diese Typologie vom Sigma-Institut und wiederum von Sinus auf zehn Milieus erweitert. Auch gab es den Versuch einer Hannoveraner Forschungsgruppe, die Milieuforschung mit Fragen der politischen Mobilisierung und der soziologischen Theorie von Pierre Bourdieu zu verknüpfen (Vester et al. 2001). Eine weitere Typologie stammt von Gerhard Schulze (1990; 1992), die anstelle der stark ökonomisch bedingten Konsumstile eher die auf Wertpräferenzen beruhenden Lebensstile berücksichtigt und fünf Milieus identifiziert: Niveaumilieu, Harmoniemilieu, Integrationsmilieu, Selbstverwirklichungsmilieu und Unterhaltungsmilieu.

53 Siehe: https://www.sinus-institut.de/sinus-milieus/sinus-milieus-deutschland.

in Frankreich in den 1950er Jahren und die neuen sozialen Bewegungen ab den 1970er Jahren jeweils auf ein distinktes Milieu gestützt und ihrerseits wiederum zu dessen Profilierung in Gestalt einer Bewegungsszene beigetragen (Haunss 2004; Leach/Haunss 2009; Reichardt/Siegfried 2010; Reichardt 2014).

4.1.2 Klassen- und milieuübergreifende Träger

Andere soziale Bewegungen erwachsen dagegen aus einer breiten und dann meist heterogenen sozialen Rekrutierungsbasis. Sofern die Ziele relativ allgemein formuliert werden, besteht die Chance, dass mehrere Bewegungen zu gemeinsamen Aktivitäten zusammenfinden oder sich in den Zonen der Überlappung als eine hybride Bewegung ausdifferenzieren.

Ein historisch bedeutsamer Fall ist das Zusammenwirken von Strömungen aus der bürgerlich-liberalen Bewegung und der sozialistischen Arbeiterbewegung in einer radikaldemokratischen Bewegung, die unter anderem die Märzrevolution von 1848 getragen hatte. Dieses Bündnis erwies sich jedoch als äußerst fragil. Ein zweites Beispiel ist die nationalsozialistische Bewegung, die sich ebenfalls aus heterogenen Schichten bzw. Milieus gespeist hat, während ihr politischer Gegenpol, die kommunistische Bewegung, sozial weitaus homogener war, allerdings neben ihrem aus Arbeiter:innen bestehenden Stamm auch von Intellektuellen und Teilen der Kulturelite getragen war. Ein jüngeres Beispiel für eine Verbindung zweier Bewegungen ist die in den 1980er Jahren entstandene Frauenfriedensbewegung.[54] Sie trat mit eigenständigen Protesten an die Öffentlichkeit, so im englischen Greenham Common zwischen 1981 und 2000, wo Frauengruppen eine Serie von Friedenscamps samt Blockadeaktionen gegen die Stationierung von Atomwaffen durchgeführt haben.

In manchen Fällen ist es auch die Universalität einer Problemlage, die eine milieu- und schichtübergreifende Betroffenheit erzeugt und dann eine entsprechend breite und diverse Bewegung in Gang setzt. Dies gilt in der Tendenz für Friedensbewegungen, die auf eine akute Situation, etwa einen anstehenden oder eben begonnenen Krieg, reagieren. Es gilt auch für eine Reihe ökologischer Probleme, die sozial breit gestützte Protestkampagnen hervorrufen. Und es gilt in besonderer Weise für die Bevölkerung eines Landes, die in ihrer überwiegenden Mehrheit ein autoritäres Regime stürzen will, so bei der Volkserhebung in der DDR im Jahr 1989, der Freiheitsbewegung in der Ukraine im Jahr 2014, den Massenprotesten

54 Zur Entwicklung dieser bis in die erste Hälfte des 19. Jahrhunderts zurückreichenden Bewegung in Großbritannien siehe Liddington (1989).

in Weißrussland in den Jahren 2020/21 und den vor allem von Frauen getragenen Protesten gegen das Mullah-Regime im Iran seit Herbst 2022.

4.1.3 Anwaltschaftliche Gruppen

Die zentrale Motivation anwaltschaftlicher Gruppen im Rahmen sozialer Bewegungen ergibt sich aus einem zumeist moralisch begründeten Impetus, für jene Personen und Gruppen einzutreten, die benachteiligt sind oder ungerecht behandelt werden, sich aber aufgrund ihrer besonderen Lage nicht selbst zur Wehr setzen können. Die Gründe für deren Ohnmacht können sehr unterschiedlicher Natur sein: politische Repression, Zwänge des nackten Überlebens, fehlende Organisations- und Konfliktfähigkeit, Verzweiflung und Resignation. Advokatorische Gruppen suchen die Lage „schwacher Interessen" (von Winter 1997) öffentlich darzulegen und als deren Fürsprecher aufzutreten, sie zu ermutigen, organisatorisch und moralisch zu stärken, ihnen zu Selbstbewusstsein und letztlich auch zu Selbstermächtigung zu verhelfen. Das wohl prominenteste historische Beispiel dafür ist die Anti-Sklavereibewegung (Hinks/McKivigan 2006; Bader-Zaar 2011), in der freilich neben humanitären und religiösen Motiven auch ökonomische Interessen eine Rolle spielten. Im 20. Jahrhundert entstand eine ganze Reihe advokatorischer Gruppierungen und Bewegungen, die sich für Belange unterdrückter Völker und Religionsgemeinschaften, sozial marginalisierter Gruppen (z. B. Obdachlose, ethnische Minderheiten) oder auch politisch Verfolgter einsetzten (Frankel Paul/Miller/Paul 1993; Boltanski 1993; Rucht 2000; Sznaider 2021).

> *Als eine advokatorische Organisation, die auf die Initiative eines Londoner Rechtsanwalts zurückgeht, hat sich Amnesty International (gegründet 1961) einen Namen gemacht. Es ist eine weltweit agierende Menschenrechtsorganisation, die heute auf rund zehn Millionen Unterstützer:innen verweisen kann. Amnesty International, das typischerweise nicht zum Mittel des organisierten Massenprotests greift, ist Teil einer umfassenderen, allerdings nur locker verknüpften Menschen- und Bürgerrechtsbewegung, der in Deutschland weitere Organisationen wie die Humanistische Union, das Komitee für Grundrechte und Demokratie, Vereinigungen progressiver Anwälte und Strafrechtler und eine Reihe religiöser Gruppen angehören.*

Der anwaltschaftliche Impetus ist aber auch bei thematisch breiter ansetzenden Gruppen und Bewegungen vorhanden, die sich sozialer Gerechtigkeit und globaler Solidarität verpflichtet wissen und vor allem für schwache und schutzbedürftige Gruppen eintreten. Das gilt für Teile der neuen sozialen Bewegungen und insbesondere die früher so genannte Dritte-Welt-Bewegung, die globalisierungskritischen Bewegungen wie auch für die Occupy-Bewegung.

Auch wenn sich soziale Bewegungen aus einem Umfeld rekrutieren, dessen sozio-demografische Merkmale relativ stabil sind, so kann sich die Zusammensetzung einer Bewegung doch kurzfristig verändern. Das trifft vor allem dann zu, wenn Bewegungen binnen kurzer Zeit stark anschwellen und dabei vormals eher inaktive Kreise der Bevölkerung einbinden, deren Profil von dem der bisherigen Anhängerschaft der Bewegung abweicht. Dies traf beispielsweise auf die Bürgerrechtsbewegung im Herbst 1989 in der DDR zu.

Die binnen weniger Wochen entstandene Massenbewegung hatte die kleinen Kreise von Dissident:innen regelrecht überrollt. Namentlich das im September 1989 von wenigen Personen gegründete Neue Forum erfuhr einen enormen Zulauf. Am Ende des Jahres hatte das Forum rund 10.000 Mitglieder. Zu diesem Zeitpunkt hatten etwa 200.000 Bürger:innen der DDR den Aufruf der Gruppe unterschrieben. Mit diesem Zustrom wandelte sich das sozio-demografische Profil dieser Gruppe und der Bürgerrechtsbewegungen insgesamt. Damit verbunden war auch eine Verschiebung der inhaltlichen Ausrichtung und der Forderungen von „Wir sind das Volk“ zu „Wir sind ein Volk“, so dass sich die ursprünglichen Kerne der Dissidentengruppen, die in kritischer Distanz zum DDR-Regime einen demokratischen Sozialismus befürworteten, an den Rand gedrängt sahen.

Ein hochgradig fluides und dynamisches Geschehen, wie es beim Zusammenbruch der DDR und anderer realsozialistischer Staaten zu beobachten war, ist jedoch die historische Ausnahme. In der Regel entwickelt sich der organisatorische Unterbau einer sozialen Bewegung weitaus langsamer. Oft werden bereits bestehende Organisationen in eine sich formierende Bewegung eingebunden, was zum Beispiel auf die US-amerikanische Bürgerrechtsbewegung zutraf (Haines 1981: 745). Zugleich kann es sein, dass nach und nach neue Organisationen und Netzwerke entstehen. Im Zeitverlauf bildet sich so ein konturiertes infrastrukturelles Profil heraus, das im Unterschied zum Demonstrationsgeschehen, das meist von kurzfristigen Parametern bestimmt wird, eher stabiler Natur ist.

4.2 Organisationen und Netzwerke

Seit dem Aufkommen der sozialistischen Bewegung im 19. Jahrhundert war es den politischen Aktivist:innen ebenso wie ihren wissenschaftlichen Sympathisant:innen klar, dass es eines organisatorischen Unterbaus bedurfte, um auf lange Sicht politische Erfolge zu erreichen. Folglich machten sich Aktivist:innen an die Aufgabe, Bewegungsorganisationen zu schaffen. Die Massenpsychologie um die Wende zum 20. Jahrhundert zeichnete allerdings ein ganz anderes Bild von den Bewegungen ihrer Zeit. Zwar war vereinzelt die Einsicht vorhanden, dass auch Massen auf Organisation beruhen können (Tarde 1901 [1898]: 168); insgesamt wurde aber das angeblich spontane, unorganisierte und affektgesteuerte Massenhandeln als typisch für soziale Bewegungen oder „soziale Unruhen" angesehen. Auch die von der europäischen Massenpsychologie stark beeinflusste frühe *Collective Behavior*-Forschung in den USA hat die Möglichkeit organisierter Gruppen und Massen anerkannt, aber diesem Aspekt wenig Aufmerksamkeit geschenkt. In den späteren Arbeiten von Herbert Blumer, Lewis Killian, Ralph Turner und Neil Smelser[55], mit denen eine allmähliche Akzentverlagerung auf soziale Bewegungen eingeleitet wurde, fand die Organisationsdimension eine stärkere Beachtung.[56] Mit dem Ressourcenmobilisierungsansatz, der vor allem von John McCarthy, Mayer N. Zald und Charles Tilly forciert worden war, rückten Fragen der Organisation von Bewegungen in das Zentrum der Analyse. In Europa dagegen stand die Massenpsychologie bereits früher in der Kritik (z. B. Geiger 1926). Insbesondere Autor:innen, die der politischen Linken nahestanden, betrachteten die Notwendigkeit und Realität von Bewegungsorganisationen als eine Selbstverständlichkeit.

Wenn im Weiteren von der Organisation einer Bewegung die Rede ist, so ist damit das Gefüge von informellen und halbformellen Gruppen, formellen Organisationen und netzwerkartigen Strukturen gemeint. Eine Bewegung kann also Organisationen unterschiedlicher Art einschließen; sie hat einen strukturellen und organisatorisch gestützten Unterbau, der Aufgaben der Kommunikation und Koordination, der Ressourcenbeschaffung und Protestmobilisierung übernimmt. Als Ganze ist eine Bewegung jedoch keine Organisation, schon gar nicht eine formelle Organisation mit einer Satzung, welche Aufgaben, Zugehörigkeit, Führung und Repräsentanz, Arbeitsteilung, Berichtswesen und Finanzierung verbindlich regelt. Die Gruppen und Organisationen eines Bewegungsnetzwerkes handeln vielmehr autonom, was ihre interne Struktur und ihre öffentlichen Äußerungen und Auftritte angeht. Zwar entwickeln Bewegungen ein grobes Selbstverständnis ihrer Ziele und Mittel, das manchmal auch durch Deklarationen[57], Grundsatz-

55 Smelser (1972b: 98) hat später eingeräumt, den internen Strukuren zu wenig Aufmerksamkeit geschenkt zu haben: „Finally, while acknowledging the importance of mobilization and leadership in the development of collective behavior episodes, I have come to feel I slighted the analysis of internal organizational characteristics of outbursts and movements – the emergence of specialized roles, patterns of leadership and followership, internal conflict, etc. – as determinants."

56 So meint der Politikwissenschaftler Theodore J. Lowi (1971: 36): „Any collective activity that involves more than a few people must be organized." Mit den neuen Kommunikationsmöglichkeiten kann allerdings der organisatorische Aufwand in Einzelfällen, so etwa bei Flashmobs, enorm reduziert werden.

57 Ein solches Dokument ist zum Beispiel das Port Huron Statement von 1962, das zum einem wichtigen Referenzpunkt der Neuen Linken und der Studentenbewegung in den USA werden

papiere oder programmatische Redebeiträge[58] präzisiert werden kann. Doch bestehen Spielräume für moderate Abweichungen oder auch Anpassungen an gewandelte Bedingungen. Gravierende Abweichungen vom inhaltlichen Nenner einer Bewegung können durch verbale Kritik markiert und durch soziale bzw. politische Ächtung sanktioniert werden. Doch es gibt keine harten Kriterien für Linientreue und keine formellen Sanktionen für Abweichler:innen. Anhaltender Dissens kann zu einer sozialen oder kommunikativen Isolierung der Abweichler:innen führen oder auch deren freiwilligen Rückzug vom Engagement zur Folge haben (vgl. 4.6). In gravierenden Fällen vermag anhaltender Dissens auch zu einer regelrechten Spaltung – und nicht nur der Abspaltung eines relativ kleinen Teils – einer Bewegung führen.

Das verzweigte, polyzentrische Netzwerk[59] einer größeren Bewegung ist für Außenstehende, aber auch für die Mehrzahl derer, die nur sporadisch an Bewegungsaktivitäten teilnehmen, nicht durchschaubar. Da sich diese Vorgänge nur selten im Lichte der Öffentlichkeit abspielen, entsteht bei vielen Beobachter:innen der falsche Eindruck, große Bewegungen seien gut geölte Mobilisierungsmaschinen, die von wenigen Personen, vielleicht sogar von einer charismatischen Führungsperson, gelenkt würden. Generell neigen die Bewegungsforschung wie auch journalistische Akteure dazu, solche Einzelpersonen sowie die formellen Bewegungsorganisationen in den Blick zu nehmen und dabei die Rolle informeller Akteure zu unterschätzen. Unterschätzt wird auch der organisatorische und logistische Aufwand und das komplexe Geschehen im Backstage-Bereich, das hinter einzelnen Protestaktivitäten steht (Rucht 2018c).

Die Kooperation in großen und lose verkoppelten Netzwerken gestaltet sich sehr unterschiedlich. Zuweilen verläuft sie reibungslos und in eingespielten Bahnen. Die maßgeblichen Personen, die für einzelne Organisationen stehen, kennen sich und vertrauen einander. Zuweilen kommt es aber auch zu harten Debatten um Forderungen und Slogans, Rednerlisten, Finanzierungsanteile und dergleichen, die in Einzelfällen zu freiwilligen oder auch erzwungenen Ausschlüssen einzelner Gruppen führen können. Ein weiterer zentraler interner Konfliktpunkt ist die Frage nach den angemessenen und Erfolg versprechenden Protesttaktiken. Hier sorgt insbesondere die „Gewaltfrage“ für Zündstoff innerhalb einzelner Protestgruppen wie auch zwischen diversen Gruppen. Manche von ihnen wollen sich nicht bedingungslos auf friedliche Protestformen verpflichten oder relativieren bereits die definitorische Scheidung von friedlichem und gewaltförmigem Protest.

sollte. (https://history.hanover.edu/courses/excerpts/111huron.html).

58 Legendär ist die Rede, die Martin Luther King 1963 bei einer Massendemonstration von rund 250.000 Menschen in Washington, D. C. gehalten hatte. Sie enthält im mittleren Teil eine Reihe von Passagen, die jeweils mit den Worten „I have a dream“ eingeleitet werden.

59 Neben polyzentrischen Netzwerken identifizieren Baldassari/Diani (2007) auch hierarchische Netzwerke. Diese Benennung ist missverständlich. Letztere weisen mehrere Cluster auf, die aber in keiner Rangordnung stehen.

In seiner Gesamtstruktur erschließt sich ein Bewegungsnetzwerk nur jenen Aktivist:innen, die über viele Jahre hinweg an kommunikativen Schlüsselstellen tätig sind. Von außen erkennbar sind vor allem die formellen und ressourcenstarken Organisationen, die mit Repräsentant:innen bzw. Sprecher:innen an die Öffentlichkeit treten. Solche Organisationen sind sowohl für Journalist:innen wie auch Forscher:innen greifbar, denn sie haben Büros, Kontaktadressen und Ansprechpartner, machen eine proaktive Öffentlichkeitsarbeit, versenden Stellungnahmen und Presseklärungen und dokumentieren ihre Aktivitäten. Schwieriger ist dagegen, informelle Gruppen zu identifizieren und mit ihnen Kontakte aufzunehmen. In großen Städten handelt es jeweils um Hunderte von Gruppen, die als bewegungszugehörig oder bewegungsnah einzustufen sind.[60] Hinzu kommt, dass manche dieser Gruppen im Schatten oder Halbschatten des öffentlichen Interesses bleiben wollen, sei es weil sie aufgrund ihres basisdemokratischen Anspruchs keine Sprecherrollen akzeptieren[61], sei es aufgrund ihrer zuweilen klandestinen Aktionsformen.

Bewegungsnetzwerke können in ihrer Grundstruktur stark variieren. Ein mögliches Muster ist die lose Verknüpfung von vielen kleinen und ähnlich aufgebauten Gruppen. Ein derartiges Muster einer Graswurzelbewegung wurde von Gerlach und Hine (1970) als *„segmented, polycephalous, integrated network"* (SPIN) bezeichnet. Ein markantes Beispiel dafür war das in den 1970er Jahren aufgekommene lose Netzwerk von feministischen *consciousness raising groups* in den USA (und einigen anderen Ländern), die sich weitgehend unabhängig von großen Verbänden wie der föderal aufgebauten *National Organization for Women* (NOW, gegr. 1966) herausgebildet hatten.

Ein anderes Muster besteht aus einer Verknüpfung von wenigen, aber relativ gut ausgestatteten, eng kooperierenden – oder auch rivalisierenden – Organisationskernen. Daran können kleinere, eher informelle und weniger einflussreiche Gruppen angebunden sein. Diese vermögen aber auch eigenständige, von Großorganisationen ganz unabhängige Netzwerke zu bilden.

Ein Beispiel für eine solch heterogene Struktur bietet die Umweltbewegung in Deutschland. Hier sind große, mitglieder- und finanzstarke Organisationen sehr präsent (insbesondere der Naturschutzbund Deutschland, der Bund für Umwelt und Naturschutz, Greenpeace, WWF). Sie stützen sich jeweils auf mehrere Hunderttausend Mitglieder oder regelmäßige Spender:innen, sind jedoch ungeachtet ihrer formellen Struktur unterschiedlich aufgebaut. Zumindest

60 Siehe dazu die Erhebungen in ausgewählten Städten von Rucht/Blattert/Rink (1997), die sich vor allem auf Strukturmerkmale von Gruppen und Bewegungen beziehen.

61 Die Occupy-Gruppen in Deutschland verweigerten sich jeglicher Form von Repräsentation durch Vertreter:innen bzw. Sprecher:innen. Die Aktivist:innen könnten nur für sich selbst sprechen. Das führte zuweilen zu langen und absurden internen Diskussionen, wenn Journalist:innen um ein Interview anfragten.

phasenweise können auch ökologisch orientierte Parteien, in Deutschland vor allem Bündnis 90/Die Grünen, der Umweltbewegung zugerechnet werden. Hinzuweisen ist zudem auf die Existenz eines breit angelegten Dachverbandes (Deutscher Naturschutzring), dem vor allem die formalisierten Umweltorganisationen angehören. Er ist allerdings aufgrund seiner relativ schmalen Ressourcenbasis und der Heterogenität seiner Mitgliedsorganisationen, ähnlich wie der Deutsche Frauenrat, keine einflussreiche Größe. Daneben existiert aber auch eine Vielzahl von kleineren Gruppen und Organisationen, die sich auf eine bestimmte Region (z. B. Schutz des Wattenmeers oder des Alpenraums) oder auch bestimmte Aktionen konzentrieren und ebenfalls sehr unterschiedlich strukturiert sein können: als lokale und informelle Bürgerinitiative, als ein regionaler, aber thematisch relativ breit aufgestellter Verein (z. B. Ökolöwe Leipzig), als Task Force, als Stiftung (so die Deutsche Umweltstiftung), als eine stärker wissenschaftlich ausgerichtete Vereinigung (z. B. das in Freiburg ansässige Öko-Institut oder die Scientists for Future, die die Gruppierung Fridays for Future unterstützen). Weiterhin gibt es Bürgerinitiativen und Verbände, die spezielle Themen oder Vorhaben anpacken: für oder gegen Windkraftanlagen, gegen Gentechnik in der Landwirtschaft, für die Einrichtung eines Naturschutzgebiets usw. Zusammengenommen speisen diese Gruppen und Organisationen einen kontinuierlichen Strom an umweltpolitischen Aktivitäten mit einem hohen Einsatz von Ressourcen.

Deutlich anders gestaltet sich die Struktur der Friedensbewegung in Deutschland. Hier fehlen große, ressourcenstarke Verbände. Die Organisationskerne der Friedensbewegung sind klein. Sie vermögen zu markanten Anlässen – der Stationierung atomarer Mittelstreckenraketen in den 1980er Jahren, dem Irakkrieg von 1991 und dem Irakkrieg von 2003 – kurzzeitig viele Menschen auf die Straße zu bringen, aber versinken dann wieder in relative Inaktivität. In der Hochphase ihrer Massenmobilisierung in der ersten Hälfte der 1980er Jahre wies die westdeutsche Friedensbewegung allerdings eine Besonderheit auf, die bei keiner anderen Bewegung zu verzeichnen ist. Die Friedensbewegung bildete eine Art von repräsentativem Entscheidungsorgan auf nationaler Ebene heraus. Von 1983 bis etwa 1989 kam dem „Koordinationsausschuss der Friedensbewegung" auf diese Weise eine über Koordinationsfragen hinausgehende Steuerungsfunktion zu. Der Ausschuss bestand aus 30 Gruppen, Organisationen oder auch Spektren, deren Anzahl in etwa die unterstellte relative Stärke spiegeln sollte (Leif 1990). Vertreten waren Parteien (10 Sitze), christliche Gruppen (6), Jugendverbände (3), Koordinationsgruppen (3), Personenbündnisse (2), Frauengruppen (2) sowie eine Reihe von Einzelorganisationen (jeweils 1) aus der Friedens- bzw. Umweltbewegung (ebd., 31). In der zweiten Hälfte der 1980er Jahre, mit dem markanten Abschwung der Friedensbewegung und der wachsenden Verselbständigung ihrer Organisationen und Spektren, verlor der Koordina-

tionsausschuss an Einfluss. Die Friedensbewegung schmolz wieder auf ihre traditionellen Organisationskerne zusammen. Die nunmehr bescheidenen Koordinationsaufgaben (inklusive Pressearbeit) wurden im Wesentlichen vom Netzwerk Friedenskooperative übernommen. Dies ist ein eingetragener Verein, der ein kleines, nur mit wenigen Personen besetztes Büro in Bonn unterhält, jedoch keine Entscheidungs- und Steuerungskompetenz für die Friedensbewegung hat oder beansprucht. Die einzelnen Organisationen, die dem friedenspolitischen Netzwerk angehören, verfügen nur über eine schwache Ressourcenbasis und kommunizieren lediglich sporadisch miteinander. Den meisten von ihnen fehlt der Unterbau lokaler und in der Fläche präsenter Gruppen. Selbst in der akuten Situation des Ukrainekriegs vermag die Bewegung weder eine Protestwelle noch eine Solidaritätswelle auszulösen. Die Gründe dafür sind mannigfaltig: eine langfristige Auszehrung der Kräfte, die geringe Attraktivität ritualisierter Protestformen wie den jährlichen Ostermärschen, die fehlende Ansprache von Jugendlichen, nicht zuletzt die partielle Okkupation des Friedensthemas durch rechtsorientierte, der russischen Regierung wohlwollend gegenüberstehenden Gruppierungen, wie es sich bereits bei den sog. Montagsmahnwachen für den Frieden im Jahr 2014 zeigte. Dennoch wäre es verfehlt, die Friedensbewegung totzusagen. Trotz ihrer organisatorischen Schwäche hat sie das Potenzial, kurzzeitige Massenmobilisierungen zustande zu bringen. Erinnert sei an das Frühjahr 2003, als angesichts des bevorstehenden Irakkriegs bei einer zentralen Demonstration in Berlin rund 500.000 Menschen auf die Straße gingen.

Die Vernetzungsstrukturen von Bewegungen können sich auf einzelne große Themen (Abtreibung, Atomkraft, bäuerliche Landwirtschaft) beziehen und über Jahrzehnte bestehen. Vereinzelt kommt es auch zu Bündnissen oder Kampagnen, die mehrere Einzelbewegungen übergreifen, aber meist nicht sehr langlebig sind.

Ein Beispiel dafür ist das linkspluralistische Netzwerk „unteilbar", das ab 2018 in Deutschland mehrere Massenkundgebungen durchgeführt hat, bei denen Themen wie Migration, Umwelt und Demokratie verknüpft wurden. Bewegungsübergreifende Kampagnen können auch grenzüberschreitend angelegt sein. Zu denken ist etwa an die vor allem in Europa zustande gekommenen Mobilisierungen gegen die geplanten internationalen Freihandelsabkommen (TTIP und Ceta) oder die zur Jahrtausendwende initiierte Kampagne zur Entschuldung der ärmsten Länder der Welt. Es ist bemerkenswert, dass sich hier neben der vor allem im Globalen Norden geführten Kampagne Jubilee 2000 ein deutlich radikaleres Netzwerk von Gruppen aus dem Globalen Süden (Jubilee South) formierte, das viel weiter reichende Forderungen als die Ursprungskampagne erhob. Nicht die armen Länder des Südens, sondern die Länder des Nordens, die sich im Zuge der Kolonialpolitik und neokolonialer Wirtschaftsbeziehungen bereichert haben, seien die eigentlichen Schuldner.

Auch auf der rechten Seite des politischen Spektrums bestehen bewegungsförmige Netzwerke und Zusammenschlüsse, die in der Bundesrepublik seit den 1990er Jahren deutlich gewachsen sind und an Mobilisierungskraft gewonnen haben. Allerdings fehlen hier große Mitgliederverbände wie im Umweltbereich. Es handelt sich vielmehr um eine kleinteilige und auch regional sehr unterschiedlich ausgestaltete Struktur, die zudem durch Spaltungen, Zusammenschlüsse, aber auch ministeriell verfügte Organisationsverbote und jeweils aktuelle Themenkonjunkturen sehr dynamisch und damit entsprechend unübersichtlich ist.

> *Da tummeln sich kleine Cliquen von rechtsaffinen Jugendgruppen, zumeist regional aktive Kameradschaften, rechtspopulistische oder rechtsradikale Vereinigungen auf informeller oder auch formeller Basis (z. B. Pegida), radikale Splitterparteien (Der III. Weg; Freie Sachsen), die inzwischen deutlich geschrumpfte NPD, grenzüberschreitende aktionistische Gruppierungen wie die Identitäre Bewegung und die schnell angewachsene und wahlpolitisch erfolgreiche AfD. Das Umfeld und Unterfutter dieser Vereinigungen bildet ein größere soziale Kreise umfassendes Milieu mit dazu gehörigen Infrastrukturen, darunter Kampfsportgruppen, Hooligans, Musikbands, Zeitschriften- und Buchverlage, intellektuelle Zirkel der Neuen Rechten, Szenekneipen usw. All das fügt sich nicht zusammen zu einer kompakten, auf einen programmatischen Nenner zu bringenden singulären Bewegung, sondern entspricht eher dem Bild eines verzweigten, mäandernden Flussdeltas als dem eines in festen Bahnen verlaufenden Stroms. Es ist somit auch angemessener, von einem Konglomerat rechtsorientierter Kampagnen und Bewegungen zu sprechen, welche relativ kurzfristig neue und auch politisch nicht immer eindeutig klassifizierbare Themen wie die Corona-Pandemie, die steigende Inflationsrate oder die drohende Energieknappheit aufgreifen können.*

Die genannten Beispiele machen deutlich, dass bewegungsförmige Netzwerke sehr unterschiedliche Strukturmuster aufweisen. Das können hochgradig dezentrale und durchweg auf relativ kleinen Knotenpunkten beruhende Formen sein, die, wie die bereits erwähnte vielzellige SPIN-Struktur, einem feinmaschigen Fischernetz ähneln. Das traf beispielsweise auf die feministische Bewegung der frühen 1970er Jahren zu. Eine ganz andere Struktur liegt vor, wenn wenige Knotenpunkte eine Schlüsselrolle bei der Kommunikation, den Richtungsentscheidungen und der strategischen Orientierung der Gesamtbewegung einnehmen, während anderen Knoten eher eine unterstützende Funktion zukommt. Eine solche Schlüsselrolle hatte der Sozialistische Deutsche Studentenbund (SDS) während der Hochphase der Studentenbewegung in den Jahren 1967/68 inne. Ein drittes Grundmuster besteht darin, dass eine Bewegung aus zwei Teilnetzwerken besteht, die, etwa als fundamentalistischer und pragmatischer Flügel, in Spannung zueinanderstehen und sich kaum auf eine übergreifende Problemsicht und Gesamtstrategie einigen können. Diese Grundkonstellation war prägend für die sozialistische Bewegung in Deutschland in den 1920er Jahren.

Ebenso wie die Strukturmuster bewegungsförmiger Netzwerke weisen auch die einzelnen Komponenten bzw. Knotenpunkte dieser Netzwerke deutliche Unterschiede auf. Die Bestandteile und Charakteristika dieser Komponenten sind, ergänzt durch Beispiele, in Tabelle 4.2 aufgeführt.

Tabelle 4.2: Strukturelle Komponenten einer Bewegung und ihres Umfelds

Komponente	Hauptmerkmale	Beispiele in Deutschland
Basisgruppen	Klein, lokal, informell, Face-to-face-Interaktion	Bürgerinitiativen; autonome Frauengruppen
Bewegungsorganisationen	Stark variierende Größe, von lokalem bis internationalem Zuschnitt; maßgebliche formale Struktur	Robin Wood; Bund für Umwelt und Naturschutz Deutschland; Greenpeace; Verband Entwicklungspolitik und humanitäre Hilfe
Netzwerke • Kampagnennetzwerke • dauerhafte Netzwerke	Nicht-hierarchische Beziehungen; Komponenten können Basisgruppen, Bewegungsorganisationen und Task Forces sein	Klimaallianz; ausgestrahlt; Ende Gelände; unteilbar; Netzwerk Friedenskooperative; Agraropposition „Wir haben es satt!"
Serviceeinrichtungen	Organisiert von Freiwilligen und/oder Angestellten zur Unterstützung der Bewegung; die Preisgestaltung folgt „politischen" Kriterien anstatt Marktpreisen	Volxküche (zur Essenversorgung von Aktivist:innen); Werkstatt für gewaltfreie Aktion; Indymedia; Rote Hilfe
Soziale Relais	Keine Ausrichtung auf Bewegungen; offen für viele oder alle, darunter auch Bewegungsaktivist:innen	Fabriken; Gymnasien; Universitäten; Volkshochschulen; Sportvereine; Freiwillige Feuerwehren
Soziale Milieus	Ähnliche Lebensstile und kulturelle und politische Präferenzen	Links-alternatives Milieu der 70er Jahre; Schwulenszene; rechtsradikale/völkische Milieus; anthroposophische Gruppen

Einzelne Komponenten von Bewegungsnetzwerken verändern ihre Position im Zeitverlauf, indem sie näher an das Zentrum heranrücken oder vielmehr eine zunehmend periphere Stellung einnehmen. Bewegungsorganisationen können auch aus ihrem Bewegungskontext herauswachsen und sich verselbständigen. Das gilt für eine Reihe von sozialdemokratischen und liberalen Parteien, die aus Bewegungen hervorgegangen sind, aber in der Folge ein eher gespanntes Verhältnis zu den verbliebenen und zumeist auch offensiver ausgerichteten bewegungszugehörigen Gruppen und Organisationen aufweisen.

4.3 Ressourcen

Wie bereits angedeutet hat sich innerhalb der US-amerikanischen Bewegungsforschung in den 1970er Jahren ein Zweig unter dem Stichwort *resource mobilization approach* herausgeschält (McCarthy/Zald 1973; 1977; Jenkins 1983). Dieser Ansatz war eine Reaktion auf eine noch immer stark von der Massenpsychologie beeinflusste Interpretation von Bewegungen als Gebilden, die unstrukturiert sind und vor allem von Gefühlen getragen werden. Im Gegensatz dazu wurde, inspiriert von ökonomischen Theorien, der organisierte Charakter von Bewegungen betont. Während es im Prinzip viele Gründe und Anlässe für Protest gäbe, kämen größere Aktionen erst durch die Existenz bzw. den Aufbau von zweckrational und strategisch orientierten Bewegungsorganisationen zustande. Mit der Präsenz solcher Organisationen entstünde eine regelrechte *social movement industry* (Zald/McCarthy 1980), in der Bewegungsunternehmer eine wichtige Rolle einnehmen würden.

Diesem Ansatz zufolge bemisst sich die Stärke von Bewegungen vor allem am Umfang und der Art der Ressourcen, die Bewegungsorganisationen akkumulieren und für ihre Zwecke und die generellen Bewegungsziele einsetzen. Zentrale Ressourcen kommen von Menschen, die Zeit, Geld, Information, *Know how*, Erfahrung, Sachleistungen und Ähnliches bereitstellen. Diese freiwillig erbrachten Leistungen, das *commitment* der Träger und Anhänger einer Bewegung, bilden gleichsam das Kapital, mit dem eine Bewegung, vermittelt über Bewegungsorganisationen, wirtschaften kann. Ein Teil dieses Kapitals, nämlich Geld und organisatorische Infrastruktur, kann vorrätig gehalten werden. Ein anderer Teil dieses Kapitals, nämlich die Bereitschaft zum Engagement, das vor allem in der Vorbereitung und Mitwirkung an Protesten besteht, ist jedoch von fragiler Natur und bedarf einer fortlaufenden Überzeugungs- und Motivationsarbeit (dazu 4.5).

Einzelpersonen und Gruppen nehmen innerhalb einer Bewegung unterschiedliche Positionen in Relation zu einem möglicherweise aus mehreren Knoten bestehenden Zentrum ein (Abbildung 4.1), das durch ein hohes Maß an kommunikativer Verdichtung und Einflussnahme auf die ideologische, organisatorische und strategische Ausrichtung gekennzeichnet ist.

Im Zentrum der Bewegung, das nicht als Spitze einer hierarchischen Struktur missverstanden werden sollte, stehen *Schlüsselpersonen*, die man in anderen Kontexten als Führungsriege bezeichnen würde. Diese Personen sind einflussreich, aber haben keine formelle Entscheidungsgewalt. Ihre Autorität beruht in der Regel auf besonderen Kompetenzen (Erfahrung, Wissen, rhetorisches Talent, strategisches Denken, soziale Kompetenzen, Verhandlungsgeschick usw.) und dem Grad ihrer Hingabe für die gemeinsame Sache. Sofern solche Personen allerdings zugleich eine wichtige Position innerhalb einer großen Bewegungsorganisation einnehmen, erhöht das ihren Status und Einfluss in weiteren Kreisen der betreffenden Bewegung.

Nur selten werden die im Zentrum einer Bewegung erforderlichen Schlüsselqualifikationen in einer einzigen Person oder einer kleinen Gruppe vereint, wie es die Figur der charismatischen Führungsperson suggeriert. In größeren und komplexen Bewegungen werden die anstehenden Aufgaben vielmehr von spezialisierten Funktionsträgern oder Gremien übernommen (Rucht 2012a). Dazu gehören die Repräsentanz nach außen in Gestalt einer quasi-präsidentiellen Rolle, die Motivation oder Agitation der Anhängerschaft, die intellektuelle und theoretische Vordenkerrolle, das Management zentraler organisatorischer Belange inkl. der Beschaffung finanzieller Mittel, die Ausarbeitung von Strategien, nicht zuletzt auch die Funktion als Brückenbauer, Vermittler und internem Schlichter.

Abbildung 4.1: Funktionsgruppen im Kontext sozialer Bewegungen

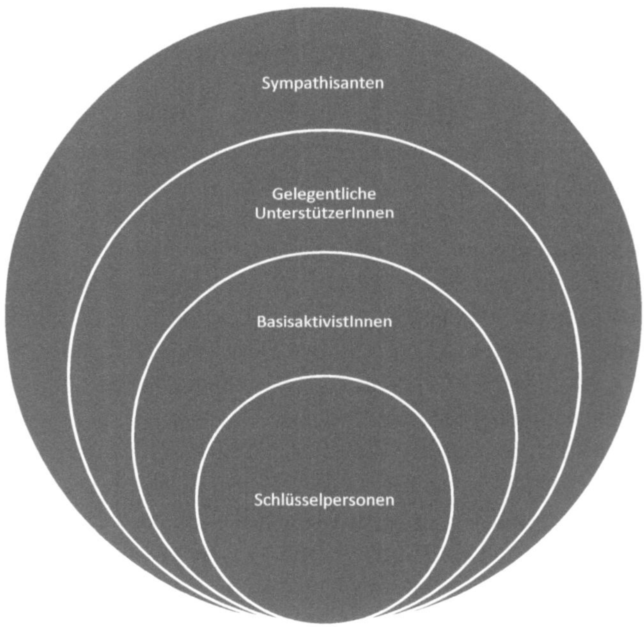

In einem Ring um die Schlüsselpersonen sind die *Basisaktivist:innen* zu verorten, die viel Zeit und Energie für die Bewegung investieren, aber, abgesehen von der lokalen Ebene oder im Rahmen eines spezifischen Teilnetzwerks, keine großen Einflussmöglichkeiten haben oder anstreben. Basisaktivist:nnen bilden gleichsam das Rückgrat der Bewegung. Manche von ihnen engagieren sich nur relativ kurzzeitig, oft auch unter dem Eindruck aktueller Ereignisse oder Krisen, in einer Gruppe, Bewegungsorganisation oder einer Strömung. Andere sind langfristig dabei, halten ihre Position im Kreis der Basisaktivist:innen oder stoßen in den inneren Kreis der Schlüsselpersonen vor. Wiederum andere wandern aufgrund äußerer Lebensumstände oder nachlassender Motivation in den weiteren Kreis der gelegentlichen Unterstützer. Dazu gehören Personen, die sich nur sporadisch und selektiv an Bewegungsaktivitäten beteiligen, die einen Aufruf unterzeichnen, passives Mitglied einer Bewegungsorganisation sind oder auch für eine Kampagne Geld spenden, ohne sich darüber hinaus zu engagieren. Der gelegentlich verwendete Begriff der „Mitglieder“ einer Bewegung ist insofern unangebracht, als Bewegungen, im Unterschied zu manchen Bewegungsorganisationen, keine formellen Kriterien der Mitgliedschaft aufweisen.

Der häufiger verwendete Begriff der Anhängerschaft (*constituency*) einer Bewegung ist unscharf. In seiner üblichen Semantik verweist er auf eine Person oder Gruppe, die eine Bewegung befürwortet und unterstützt, ohne deshalb zu deren zentralen und originären Zugkräften zu gehören. Von Bewegungsanhänger:innen könnte man somit mit Blick auf die gelegentlichen Unterstützer:innen und die *Sympathisant:innen* sprechen. Vertreter des Ressourcenmobilisierungs-Ansatzes haben zwischen der *conscience constituency* und der *beneficiary constituency* unterschieden (McCarthy/Zald 1977: 1222).[62] Erstere beziehen eine Position aus politischen oder weltanschaulichen Überzeugungen; letztere versprechen sich von ihrer Haltung einen konkreten Nutzen. In vielen Bewegungen sind beide Motive präsent, teilweise auch verbunden in ein und derselben Person oder Gruppierung.

Auch wenn die Grenze zwischen dem inneren und äußeren Kreis einer Bewegung nicht eindeutig sein mag, so erscheint es doch sinnvoll, die Sympathisant:innen einer Bewegung als eine externe Größe zu behandeln. Gemeint ist die Gruppe derer, die die Ziele der Bewegung billigen, aber diese Position nicht proaktiv vertreten und durch konkrete Handlungen, etwa Spendenbereitschaft oder Mitwirkung an Protesten, unterstreichen. Auch in diesem Fall sind Grenzüberschreitungen möglich und wahrscheinlich. So können einerseits externe Schlüsselereignisse, beindruckende Bewegungsauftritte oder die Überzeugungsarbeit mit Blick auf Sympathisant:innen dazu führen, dass diese in die zentraleren Bewegungszirkel einwandern. Umgekehrt können als unangemessen empfundene Forderungen oder Auftritte einer Bewegung manche Sympathisant:innen verschrecken und letztlich zu einer ablehnenden Haltung führen. Fraglos außerhalb einer Bewegung stehen jedoch die Gruppen, die zu ihr eine indifferente, ambivalente oder gar ablehnende Haltung einnehmen.

62 Für eine empirische Anwendung dieser Kategorisierung siehe Klandermans/Stekelenburg/Damen (2015). Siehe auch Kritik von Owen (2019) an diesem Konzept. Neben den Argumenten, die gegen die Rational-Choice-Theorie und damit den Stellenwert von Nutzen vorgebracht werden, vermerkt Owen hinsichtlich der *conscience constituents*: „these additional motivations are typically of a *specific* and *distinct* type, which is *different* from the type that typically motivates beneficiary constituents. They are, I shall suggest, typically *disjoint*, whereas those that motivate beneficiary constituents are typically *conjoint*. This disjointness sometimes has consequences for the use movements make of conscience constituents. The originating theory, which assumes movements use conscience constituents simply when they bring useful resources, therefore needs modification too.“ (Ebd., 9).

4.4 Formen und Medien der Kommunikation

Soziale Bewegungen konstituieren sich durch Interaktion und damit auch durch Kommunikation. In der internen Kommunikation kommt den physischen Begegnungen in kleinen Gruppen und relativ überschaubaren Versammlungen eine wichtige Funktion zu. Hier werden Erfahrungen ausgetauscht, entsteht wechselseitiges Vertrauen, festigen sich Handlungsmotive, findet eine Abwägung von Chancen und Risiken gemeinsamer Protestaktionen statt und werden – auf meist informelle Weise – Entscheidungen getroffen. Manche Gruppen legen an ihre Kommunikationsformen hohe Maßstäbe an; sie streben nach einer Kommunikation „auf gleicher Augenhöhe", zumindest aber nach einer machtarmen Kommunikation. Andere Gruppen und Organisationen akzeptieren asymmetrische Kommunikationsformen, die durch formale Rollen als Vorsitzende, Geschäftsführer:innen, Kampagnenleiter:innen, aber auch durch informelle Hierarchien einschließlich geschlechtsspezifischer Verhaltensmuster geprägt sein können.

In der Zusammenarbeit einzelner Gruppen und Verbände, etwa beim Aufbau einer Allianz oder der Durchführung einer größeren Kampagne, spielt die direkte Kommunikation zwischen einzelnen Mitgliedern oder Delegierten ebenfalls eine zentrale Rolle. Auch im Zeitalter des Internets erweisen sich bei manchen Vorhaben die persönlichen Begegnungen mit ihren Möglichkeiten des direkten Austauschs von Erfahrungen und Argumenten und der oft schwierigen Kompromissbildung als unverzichtbar.

Beispiele für derartige Zusammenkünfte auf regionaler oder nationaler Ebene sind die „Strategietreffen", die die bundesdeutsche Anti-Atomkraft-Bewegung in ihrer Hochphase ab den späten 1970er Jahren durchgeführt hatte. Zusätzlich fand im jährlichen Turnus die sog. Atommüllkonferenz statt. In derartigen Treffen diskutierten die Vertreter:innen lokaler und regionaler Initiativen gruppenübergreifende Strategien und trafen Absprachen zur Durchführung gemeinsamer Protestaktionen.

Weitere Beispiele für weitgehend an die eigene Anhängerschaft gerichtete Versammlungen, allerdings mit einem eher aufklärerischen oder auch deklamatorischen Charakter, sind die Teach-Ins der Studentenbewegung der 1960er Jahre, der Internationale Vietnam-Kongress, der 1968 an der Freien Universität durchgeführt wurde, der 1978 in Berlin von links-alternativen Gruppen veranstaltete Berliner Tunix-Kongress (Slogans: „Traum ist Wirklichkeit"; „Uns langt's jetzt hier!") und der Berliner Kongress der globalisierungskritischen Organisation Attac im Jahr 2001 mit dem Titel „Eine andere Welt ist möglich". An diesen Veranstaltungen beteiligten sich, zumeist zur Überraschung der Organisator:innen, jeweils mehrere Tausend Menschen.

Noch deutlicher ist die deklamatorische Funktion eines Typus von Versammlungen, die meist als Abschlussveranstaltungen im Rahmen des Europäischen Sozialforums und des Weltsozialforums in Brasilien und anderen Ländern stattgefunden haben. In diesen Versammlungen versuchte ein großer und vielstimmiger Kreis thematisch und ideologisch diverser Gruppen, übergreifende Ziele und gemeinsame Strategien zu fixieren. Solche Treffen mit Tausenden von Personen, die im Kontext internationaler Sozialforen jeweils als „Assembly of the Social Movements" firmierten, konnten allerdings kaum den Anspruch einer deliberativen und demokratischen Entscheidungsfindung erfüllen (Haug/Rucht 2013). Faktisch handelte es sich eher um rituelle Akte der Selbstvergewisserung. Da werden Resolutionen verlesen und ohne weitere Diskussion per Akklamation verabschiedet; da stellen sich Dutzende von Personen in Warteschlangen vor die Mikrofone im Saal, um dann ihr je spezifisches Anliegen vorzutragen und weltweite Unterstützung einzufordern; da scheitern einzelne Redner:innen an der mangelnden Beherrschung der von ihnen gebrauchten Fremdsprache, was bei bereitstehenden Übersetzer:innen für sichtliche Verwirrung sorgt.

Mit der numerischen Größe und räumlichen Ausdehnung einer Gruppe oder Bewegung wächst auch der Anteil mediatisierter Kommunikation. Das galt für Protestbewegungen der frühen Neuzeit, für die neben der Mund-zu-Mund-Kommunikation von Dorf zu Dorf und von Stadt zu Stadt auch Flugschriften eine wichtige Rolle erlangten. Das galt ebenso für das Aufkommen des Buchdrucks und die dann folgende Verbreitung von Zeitschriften und Zeitungen. Das gilt schließlich für die Gegenwart, in der gefestigte Netzwerke und Bewegungsorganisationen ihre Klientel (noch) mittels konventioneller Medien, etwa Rundbriefe, Mitgliederzeitschriften und postalisch verschickten Spenden- und Aktionsaufrufe, ansprechen.

Bis in die frühen Jahrzehnte des 20. Jahrhunderts war ein Gutteil der Printpresse in Deutschland und einigen anderen Ländern Europas auf die jeweiligen ideologischen Lager bzw. parteipolitischen Gruppierungen ausgerichtet. Diese in der Weimarer Republik vorherrschende Struktur hat Fulda (2009: 222) als *German Weltanschauung journalism* charakterisiert. Die meisten Presseorgane sprachen eine relativ klare Zielgruppe an. Bewegungsnahe Presseorgane dienten primär der internen Information und Meinungsbildung. Heute, in einer ganz anders gearteten Medienlandschaft mit ideologisch weniger profilierten Printmedien, für die allenfalls redaktionelle Leitlinien gelten, stellt eine bewegungsnahe, parteiliche oder gar parteieigene Presse eher eine Randerscheinung dar.

Mit der massenhaften Verfügbarkeit des Radios ab den 1930er Jahren und des Fernsehens ab den 1960er Jahren wurde eine neue Stufe der mediatisierten Kommunikation erreicht, insofern sie, im Unterschied zum gedruckten Wort, den Eindruck von Authentizität und direkter Zeugenschaft erzeugte. Originaltöne und bewegte Bilder trugen dazu bei, weitere Publikumssegmente zu erschließen. Dies kommt in dem 1968 in Chicago verwendeten Slogan (und Buchtitel) *The Whole World is Watching* (Gitlin 1980) zum Ausdruck.[63] Allerdings ist der Betrieb von Radio- und Fernsehstationen technisch-organisatorisch und damit auch finanziell voraussetzungsvoll. Protestgruppen und soziale Bewegungen konnten solche Medien nur in kleinem Maßstab und mit geringer Reichweite, somit eher mit Blick auf die eigene Anhängerschaft, nutzen (z. B. in Form von Freien Radios). Das externe Publikum war damit kaum ansprechbar. Bewegungen, die ein Massenpublikum erreichen wollten, mussten sich den Aufmerksamkeitskriterien der etablierten Medien anpassen, um deren Filter zu passieren. Eine Folge davon war eine Professionalisierung vieler Protestakteure im Umgang mit diesen Medien.

Mit dem Aufkommen digitaler Medien und Plattformen wurde das kommunikative Geschehen in und um soziale Bewegungen zumindest partiell revolutioniert (Gerbaudo 2012; Bennett/Segerberg 2013; Baringhorst 2019). Anfangs schien es, als könnte dank der digitalen Medien ein allgemeiner Prozess der Demokratisierung und Egalisierung in Gang kommen, der es nun auch ressourcenschwachen Bewegungsakteuren erlauben würde, nicht nur ihre eigene Anhängerschaft, sondern auch ein externes, ja globales Publikum zu erreichen. Damit, so die Erwartung, würden bestehende Asymmetrien abgeschwächt, vielleicht sogar beseitigt (Ferdinand 2007). Diese Hoffnungen haben sich nicht erfüllt. Inzwischen überwiegen eher nüchterne Betrachtungen (Hindman 2009; Breindl 2010; Dencik/Leistert 2015; Betancourt 2016). Die Gründe dafür sind vielfältig und wären einer gesonderten Betrachtung wert.

Derzeit ist wohl eine hochgradig ambivalente Zwischenbilanz zu ziehen (Habermas 2021). Einerseits sind die Vorzüge digitaler Medien beeindruckend. Dazu zählen die enorme Reichweite, die hohe Geschwindigkeit und die relativ niedrigen Kosten der Übertragung von Informationen. Hervorgehoben werden auch die Möglichkeiten einer interaktiven Kommunikation, durch welche die Trennung zwischen den Rollen von Sendern und Empfängern von Botschaften weitgehend aufgehoben werden könnte. Zudem gelänge es nun auch Einzelpersonen oder kleinen und marginalen Gruppen, eine außergewöhnliche, ja sogar globale Aufmerksamkeit zu finden. Ein Beispiel dafür ist die Bewegung der Zapatistas in Mexiko (Olesen 2004), die bereits vor dem Aufkommen der digitalen sozialen Medien von der Verfügbarkeit des Internets profitierte. Angesichts der inzwischen deutlich erweiterten Nutzungsmöglichkeiten digitaler Kommunikation nimmt es nicht wunder, dass heute eine Vielzahl von bewegungszughörigen Gruppen,

63 Anlässlich von Störungen des Parteitages der Demokratischen Partei durch linke Gruppen kam es in den Straßen von Chicago zu massiven Auseinandersetzungen einschließlich Übergriffen der Polizei, die in der Nacht vom 28. August 1968 ihren Höhepunkt erreichten und zahlreiche Verletzte zur Folge hatten. Das politische Klima war aufgeheizt. Vorausgegangen waren Rassenunruhen im Vorjahr in Newark (26 Tote) und Detroit (43 Tote) sowie die Unruhen (9 Tote), die die Ermordung von Martin Luther King im April 1968 ausgelöst hatten.

ganz zu schweigen von großen Bewegungsorganisationen, mit einem Informationsangebot im Netz präsent ist. Meist richtet sich dieses Angebot gleichermaßen an die eigene Anhängerschaft wie an externe Zielgruppen. Digitale Netzwerke (Facebook, Twitter, Instagram, Telegram, TikTok usw.) fördern und intensivieren den Austausch zwischen Gleichgesinnten. Zudem hat sich mit Indymedia seit 1999 eine weitgehend netzbasierte Kommunikationsstruktur zur Unterstützung progressiver Bewegungen in vielen Teilen der Welt herausgebildet. Indymedia hat allerdings in den letzten Jahren stark an Bedeutung verloren.

Wie sehr das Internet die Protestmobilisierung erleichtert, verbilligt und beschleunigt, lässt sich am Beispiel der vormals mühsamen Unterschriftensammlungen zeigen. Heute werden Unterschriftenkampagnen überwiegend auf elektronischem Wege durch netzbasierte Petitionsplattformen und Kampagnenorganisationen durchgeführt.

Zu derartigen Organisationen zählen MoveOn.org in den USA, GetUp in Australien und Campact in Deutschland, die in der Lage sind, binnen weniger Tage Hunderttausende von Protestunterschriften für progressive Bewegungsanliegen zu sammeln. Hinzu kommen politisch weniger profilierte Plattformen wie Change.org und Avaaz.org, die keine explizite politische Agenda verfolgen, sondern als „Verbündeter und eine Art Anlaufstelle für Benachteiligte überall" (Avaaz-Selbstbeschreibung) primär die technische Infrastruktur für extern initiierte Unterschriftensammlungen bereitstellen. Allerdings werden einige als problematisch geltende Anliegen (etwa Sexismus und Rassismus) abgewiesen.

Sind derartige Kampagnenplattformen in demokratischen Systemen lediglich eines von vielen Mitteln der Interessenbekundung, so kann digitalen Medien in autoritären Systemen, in denen die herkömmlichen Medien einer rigorosen Lenkung und Kontrolle unterliegen, eine Schlüsselrolle zufallen. Dort bieten diese Medien einzelnen Personen und oppositionellen Gruppen zumindest phasenweise die Möglichkeit, Informationen über herrschende Missstände ungefiltert zu verbreiten, in manchen Fällen sogar weltweite Aufmerksamkeit zu erzielen.

Auf der anderen Seite gehen die digitalen Kommunikationsmittel mit einer Reihe von Entwicklungen einher, die sich nachteilig für Protestgruppen und soziale Bewegungen auswirken können (Rucht 2005). Dazu zählen folgende Sachverhalte:

- Die offline bestehenden Machtstrukturen mit der Dominanz großer Organisationen und Medienkonzerne werden auch im Internet reproduziert.
- Das Internet verschärft die Konkurrenz um knappe Aufmerksamkeit und Spendengelder durch die Multiplikation der Angebote. Damit wachsen die Anforderungen an die einzelnen Protestgruppen, sichtbar zu werden und Resonanz zu erzielen.

- Der nahezu unbegrenzten Kapazität des Internets für Beiträge steht eine nach wie vor limitierte Verarbeitungskapazität auf Seiten der Adressaten und Rezipienten gegenüber. Die Inflation von Aufrufen zu politischen Spenden und Protest führt zu Abstumpfungseffekten bei den Adressaten.
- Die Möglichkeiten des Internets werden auch von den Gegenspielern von Protestgruppen oder von Gegenbewegungen genutzt, so dass kaum komparative Vorteile für bestimmte Gruppen bzw. Protestspektren erwachsen.
- Die bequeme Protestbeteiligung per Mausklick (*clicktivism*; dazu White 2010) kann, so eine bislang nicht bewiesene Annahme, die Bereitschaft zu aufwendigeren Offline-Protesten schwächen. Zudem bietet das Netz Möglichkeiten der effektiven Überwachung durch Provider und staatliche Sicherheitsorgane. Dies gilt in erster Linie für #hashtag-Kampagnen auf Basis von sozialen Medien, aber kaum für Server, die in Eigenregie gehostet werden.
- In autoritären Regimen kann die digitale Kommunikation vieler oder aller privater Nutzer:innen flächendeckend und schlagartig unterbunden werden. In nur sehr begrenztem Maße ist es möglich, solche Sperren mit technischen Mitteln zu umgehen.
- Mit seiner Tendenz zu sich selbst verstärkenden Filterblasen, zu ungehemmter verbaler Aggression und zur Verbreitung von Falschnachrichten mindert das Internet die diskursive Qualität von Auseinandersetzungen und trägt längerfristig zu einer Parzellierung und Fragmentierung der politischen Öffentlichkeit bei.[64]

Obgleich die digitalen Kommunikationsmittel die Bedingungen der Protestmobilisierung tiefgreifend verändern und sich das Nutzerverhalten zugunsten der neuen Medien verschiebt, wird doch nicht alles auf den Kopf gestellt. Die Berichterstattung konventioneller Medien bleibt ein wichtiger Bezugspunkt der Meinungsbildung zu gesellschaftlichen und politischen Problemen. Zudem wird die Berichterstattung herkömmlicher Medien in das Internet verlängert. Die Straßenmobilisierung ist allerdings nach wie vor bedeutsam. Zumindest in Deutschland hat ihre quantitative Bedeutung im digitalen Zeitalter eher zu- als abgenommen. Hierbei fungiert die digitale Kommunikation, anders als von manchen erwartet, eher als ein Verstärker denn als Ersatz der herkömmlichen direkten oder auch durch konventionelle Medien vermittelten Kommunikation.[65]

---

64 Habermas (2021: 496 f.) konstatiert, mit „einer zu Gefallen- und Mißfallenklicks abgerüsteten plebiszitären ‚Öffentlichkeit' " technischer und ökonomischer Art, mit der Bildung von Teil- und Halböffentlichkeiten könne die politische Öffentlichkeit „nicht mehr als inklusiver Raum für eine mögliche diskursive Klärung konkurrierender Ansprüche auf Wahrheitsgeltung und allgemeine Interessenberücksichtigung wahrgenommen werden".

65 Ein frühe und vorsichtige Zwischenbilanz zieht Ayres (1999: 141 f.), der nicht ausschließt, dass es dank des Internets zu einer Verstärkung herkömmlicher Protestformen, nun allerdings in globalem Maßstab, kommen könnte.

Eine netzbasierte Kampagnenorganisation wie Campact, die über zwei Millionen Menschen in ihrer Adressatenliste verzeichnet, flankiert die meisten ihrer elektronischen Unterschriftensammlungen mit eigens initiierten Straßenprotesten.[66] Auch leistet Campact bei ausgewählten größeren Protesten, an denen meist weitere Organisationen beteiligt sind, eine erhebliche logistische und auch finanzielle Unterstützung. Dadurch könnten sich längerfristig die Kräftekonstellationen innerhalb des progressiven Bewegungssegments zugunsten dieser Organisation verschieben.

Generell gewinnen hybride Organisations- und Kommunikationsformen, in denen Online- und Offline-Aktivitäten verbunden werden, an Bedeutung (Heaney/Rojas 2014; Baringhorst et al. 2017; Lim 2018; Scorce/Dumitrica 2022). Zugleich verschwimmen die Grenzen zwischen der vormals klarer geschiedenen bewegungsinternen und bewegungsexternen Kommunikation. Das Internet trägt dazu bei, dass die Themen- und Mobilisierungskonkurrenz auf immer höherer Stufenleiter und mit immer professionelleren Mitteln ausgetragen wird. Der Rhythmus der Mobilisierung beschleunigt sich. Protestwellen können in kurzer Zeit stark anschwellen, aber ebenso schnell wieder abebben. Das erschwert das ohnehin schon schwierige Geschäft der Vorhersage von Protestwellen.

4.5 Motivationsarbeit, internes Framing und Ideologie

Die Unterstützung für eine Bewegung bleibt insofern prekär, als sie nicht, oder nur in Ausnahmefällen, durch finanzielle Gratifikationen, Kontrakt oder familiäre Zugehörigkeit (wie bei der Blutsverwandtschaft) abgesichert ist, sondern beständig erneuert werden muss. Der Ausstieg aus einer Bewegung, der durch Frustration, neue Lebensverhältnisse oder auch veränderte Problemwahrnehmungen begünstigt werden kann, ist eine im Prinzip leicht realisierbare Option. Ihr stehen lediglich relativ niedrige Hürden, etwa Vorwürfe der Mitstreiter:innen und das schlechte Gewissen, entgegen. Es bedarf somit besonderer Anstrengungen, um einer Abwanderung von Aktivist:innen entgegenzuwirken und möglichst zusätzliche Anhänger:innen zu gewinnen. Diese Anstrengungen erschöpfen sich nicht in gelegentlichen Appellen. Vielmehr könnte man von einer dauerhaften „Motivationsarbeit" sprechen, deren Inhalt und Gewicht in Abhängigkeit von äußeren Umständen und der aktuellen Grundstimmung variiert.

66 Christoph Bautz, einer der Geschäftsführer von Campact, im Interview: „Sichtbarkeit im realen Raum ist zentral. Es bringt selten etwas, nur im Internet Appelle oder Petitionen zu starten, sondern es muss intelligent verknüpft werden mit dem, was auf der Straße passiert, was Bilder erzeugt, Medienberichte auslöst oder wo man mit einem Politiker direkt ins Gespräch kommt oder in Konfrontation geht." (Zitiert nach Brodde 2010: 203 f.).

Ein Aspekt der Motivationsarbeit ist die Festigung kollektiver Identität (siehe Abschnitt 1.2.2). In diesem Zusammenhang kommen Erinnerungen und Erzählungen (Berger/Scalmer/Wicke 2021), gelegentlich auch Rituale der kollektiven Selbstvergewisserung ins Spiel (Daphi/Zamponi 2019). Ein anderer Aspekt der Motivationsarbeit ist die Orientierung nach außen. Es geht darum, potentielle Bündnispartner zu gewinnen und darüber hinaus die politische Öffentlichkeit über Notwendigkeit und Sinn des Tuns zu informieren und möglichst auch zu überzeugen. Diese Bemühungen werden seit den 1980er Jahren in der Bewegungsforschung überwiegend als „Framing" bezeichnet.

Der Impuls zur Framing-Forschung geht vor allem auf Arbeiten des US-Soziologen Ervin Goffman zurück. Das Konzept wurde innerhalb der Bewegungsforschung aufgegriffen und vor allem durch David Snow, Robert Benford und William Gamson systematisiert. Mit Framing (abgeleitet von frame = Rahmen) wird eine Deutungsperspektive für einen Sachverhalt oder ein Problem bezeichnet. Frames sind interpretative Schemata für Situationen und Prozesse. Sie fokussieren Aufmerksamkeit und legen eine gewisse kognitive, affektive und/oder evaluative Sichtweise nahe. Mit der Rahmensetzung geraten bestimmte Aspekte in den Blick, während die Vielzahl anderer Aspekte ausgeklammert wird. Für die Organisator:innen einer Protestveranstaltung zählen andere Aspekte als für den Polizeiführer, der einen Einsatz seiner Leute zu verantworten hat. Und davon unterscheidet sich wiederum der Blickwinkel eines Dienstleistungsunternehmens, das für den Bühnenaufbau und das Sound-System einer Protestveranstaltung zuständig ist. Ganz anders ist wiederum die Perspektive einer Zwölfjährigen, die von ihren Eltern erstmalig auf die Protestversammlung mitgenommen wird.

Mit Blick auf soziale Bewegungen haben Snow und Benford (1988), angeregt durch Wilson (1973), in ihren frühen Arbeiten drei grundlegende Framing-Komponenten identifiziert[67]:

- *Diagnostic framing* bezieht sich darauf, einen Sachverhalt zu erkennen und als problematisch, kritikwürdig oder unannehmbar auszuweisen. Das thematisierte Problem darf nicht als unabwendbares Schicksal (wie ein Erdbeben), sondern muss als ein von Menschen verursachtes Problem gesehen werden.
- *Prognostic framing* stellt die Lösung des identifizierten Problems und die dafür notwendigen Wege, Schritte bzw. Strategien in Aussicht. Es richtet sich darauf, Hoffnung auf die Problemlösung zu wecken und Wege zur Linderung oder Lösung des bezeichneten Problems aufzuzeigen.
- Das *motivational framing* enthält einen Aufruf zur Tat. Es soll die Adressaten ermuntern und ermutigen, für die Lösung des Problems tätig zu werden, was im Kontext von Konflikten, in die Bewegungen involviert sind, metaphorisch

67 Der Kommunikationswissenschaftler Robert Entmann (1993) nennt vier Funktionen des Framing: *define problems, diagnose cause, make moral judgements, suggest remedies.*

auch als ein „call to arms" umschrieben wird. Es gilt zu verdeutlichen, warum bestimmte Handlungsformen gewählt werden und was sich die Beteiligten davon versprechen können.

Ausgehend von diesen basalen Konzepten ist der Framing-Ansatz erweitert und differenziert worden. Zum Beispiel wurde auf die mögliche Existenz von *master frames* hingewiesen, die konkretere Frames einbinden und umspannen (Snow/Benford 2002). Ebenso wurden die Einbeziehung weiterer Gruppen in Mobilisierungsprozesse durch das *frame bridging* sowie die Randbedingungen für ein glaubwürdiges Framing (z. B. *empirical credibility*) thematisiert. Gamson (1992) identifizierte und diskutierte die Rolle von *agency, injustice* und *identity frames*. Auch verwies er auf die Bedeutung der kulturellen Resonanz des Framing, das heißt die Übereinstimmung der von Bewegungen evozierten Werte mit den von der breiten Bevölkerung geteilten Werten. Über die konzeptionelle Arbeit hinausgehend war Gamson auch an stärker empirisch ausgerichteten Studien beteiligt, die sich in eher explorativer Form auf den Wechsel der Frames im Zusammenhang mit der Atomenergie (Gamson/Modigliani 1989) und, in systematischer und quantifizierender Form, auf die Abtreibungsdebatte in den USA und in Deutschland bezogen (Ferree et al. 2002).

Während ein Teil dieser Bemühungen gleichermaßen für innere wie äußere Adressaten einer Bewegung bestimmt sein kann, gibt es auch Botschaften, die speziell auf die eine oder andere Seite zugeschnitten sind. Insofern macht es Sinn, zwischen dem nach innen und dem nach außen gerichteten Framing zu unterscheiden (zu Letzterem siehe 5.4).

Beim *internen* Framing kann davon ausgegangen werden, dass die Adressaten Basiswissen über die Bewegung haben. Das zentrale Anliegen, das grobe Profil der Bewegung und die laufenden Debatten über Grundsatzfragen sind den Aktivist:innen bekannt. Insofern kann das Framing auch Stichworte und Anspielungen enthalten, die intern verstanden werden, sich aber Außenseitern kaum erschließen. Teilweise wird auch durch die Verwendung bestimmter Frames und Schlüsselbegriffe ein Signal gesetzt, das Zuordnungen und Rückschlüsse auf die nicht weiter explizierte ideologische Linie der Sprecher:innen erlaubt. Beispielsweise kann die Rede sein von Kapitalismus oder Neoliberalismus, von Antikapitalismus oder Kapitalismuskritik, von Patriarchat oder Ungleichheit der Geschlechter, von Klimabewegung oder Klimagerechtigkeitsbewegung, von Führung oder Koordination, von freier Wahl der Aktionsformen oder einem Aktionskonsens, von zivilem Ungehorsam oder direkter Aktion, von Militanz oder Gewaltförmigkeit. Hinter diesen Begriffen, so sie bewusst gewählt werden, stehen bedeutsame semantische Unterschiede.

Die Informations- und Mobilisierungsanstrengungen des internen Framing sind vorwiegend auf spezifische Anliegen, Vorhaben oder auch Gruppen innerhalb der Bewegung gerichtet. Die Hintergründe und Anlässe für ein darauf zugeschnittenes Framing können vielfältig sein: eine strukturelle oder auf ein bestimmtes Vorhaben bezogene Finanzierungslücke; die Motivationsarbeit für eine Aktion, die den Beteiligten ungewöhnliche Opfer (Zeitaufwand, Risiko der Strafverfolgung) abverlangt; die erforderliche Begründung für einen Strategiewechsel; die Forderung nach einer Neuordnung der Entscheidungsmechanismen einer Bewegung; die Rechtfertigung für eine öffentliche Erklärung von Repräsentant:innen in der Bewegung, die intern Missfallen und Kritik hervorgerufen hat.

Obgleich es so scheinen mag, als habe das Konzept des Framing das traditionelle, von manchen als überholt angesehene Konzept der Ideologie abgelöst, gibt es doch Gründe, auf der Differenz zwischen Frames und Ideologie zu beharren (Oliver/Johnston 2000; Snow/Benford 2000). Dabei ist die doppelte Bedeutung von Ideologie in Rechnung zu stellen. Zum einen wird der Ideologiebegriff im Sinne einer interessenbasierten, manipulativen, die realen Verhältnisse verschleiernden Sicht gebraucht. Dieses bereits von Marx vertretene Verständnis (Seliger 1979) wird hier nicht zugrunde gelegt. Zum anderen bezeichnet Ideologie eine generalisierte Sicht auf die Welt und das Menschsein (Dumoulin 2021), auf basale Werte menschlichen Verhaltens und sozialer Ordnung, somit eine Sicht, aus der eine Rechtfertigung des Status quo, dessen Kritik oder auch die Notwendigkeit von dessen Überwindung abgeleitet wird. Ideologien enthalten Wahrnehmungen dessen was ist und was sein soll. Dabei kommen oft (idealisierte) Vorstellungen über die Vergangenheit oder auch utopische Entwürfe ins Spiel. Länger bestehende Bewegungen entwickeln so – oder nehmen Bezug auf – mehr oder weniger ausgearbeitete Ideologien, die sich in umfangreichen Schriften niederschlagen können.

Vor diesem Hintergrund lassen sich Frames als Deutungen verstehen, die im Vergleich zu Ideologien weitaus konkreter sind. Frames können ohne Bezug auf Ideologien auskommen (z. B. bei der Abwehr unliebsamer Projekte im Geiste von Nimby: Not in my backyard). Sie können aber auch als Bausteine einer Ideologie dienen oder, sofern sie sich einem Masterframe zuordnen lassen, auf eine Ideologie verweisen. Ein Beispiel dafür wären Etikettierungen wie „Neo-Nazis", „Leistungsgesellschaft", „Postkapitalismus" oder „Neokolonialismus".

4.6 Interne Macht, Entscheidung, Diskurs

Soziale Bewegungen sind in Konflikte mit externen Gegenspielern und insofern auch in Kämpfe um Anerkennung[68], Einfluss und Macht verwickelt (dazu Kapitel 5). Diese Aspekte spielen aber auch in internen Kommunikationen und Strukturen eine Rolle. Das soll im Folgenden näher beleuchtet werden.

---

68 Das auf Hegel zurückgehende Konzept des Kampfs um Anerkennung ist vor allem von Honneth (1992) und Fraser (2003) aufgegriffen und weiterentwickelt worden.

Macht

Interne Machtstrukturen und Hierarchien sind in fast allen langlebigen sozialen Gebilden und insofern auch in sozialen Bewegungen anzutreffen. Derartige Strukturen können als hochgradig funktional erachtet und deshalb gezielt etabliert werden, wie dies auf Greenpeace Deutschland zutrifft. Damit werden klare Rollen und Verantwortlichkeiten definiert; Entscheidungen können rasch und ohne lange Rückkoppelungsprozesse getroffen und umgesetzt werden. Wird im Fall von Greenpeace die Organisationshierarchie mit pragmatischen Argumenten gerechtfertigt, so können Hierarchien auch Teil des politisch-ideologischen Programms einer Gruppe oder Bewegung sein. Viele rechtsradikale oder religiös-fundamentalistische Bewegungen gehen von der „natürlichen" Ungleichheit der Menschen aus und wenden dieses Prinzip auch in Form einer Kommandostruktur innerhalb der eigenen Organisation an, eventuell verbunden mit einem regelrechten Führerkult. Aber auch in Gruppen und Bewegungen, die dezentral ausgerichtet sind und egalitär-demokratische Prinzipien verfechten, finden sich informelle Machtstrukturen, die, wie im Falle einiger feministischer Frauengruppen, zu einer „Tyrannei der Strukturlosigkeit" (Freeman 1970) führen können.

Die Quellen einer Asymmetrie zwischen den Mitgliedern eines Kollektivs oder einer Bewegungsorganisation sind unterschiedlicher Art: lange Erfahrungen in und mit Bewegungen und Protestaktionen; der jeweils erbrachte Zeitaufwand für das Engagement; besondere Talente (etwa als Organisatoren, Strategen, Kommunikatoren); die generalisierte Anerkennung seitens einer mehr oder weniger großen Zahl von Gruppenmitgliedern; der Status, der einzelnen Personen von ihrem aktivistischen Umfeld oder auch von Massenmedien verliehen wird. So können zum Beispiel anfänglich eher zufällig für Interviews oder Portraits herausgegriffene Einzelpersonen zu vermeintlichen Sprecher:innen oder Galionsfiguren eines Kollektivs aufsteigen und aufgrund dieser externen Zuschreibung dann auch ein erhöhtes internes Gewicht erlangen.

Teilnehmende Beobachtungen bzw. Befragungen von solchen Bewegungsgruppen, die programmatisch interne Machtasymmetrien vermeiden wollen, zeigen, dass auch hier faktisch Führungsrollen, wenngleich oft in subtilen Formen, vorhanden sind (Paris/Sofsky 1991; Leach 2006). Indikatoren dafür sind: Wer signalisiert nach einer Phase des lockeren Plauderns zu Beginn eines Treffens, dass es nun an der Zeit sei, sich dem eigentlichen Zweck der Zusammenkunft zu widmen? Wer durchschlägt in Situationen einer internen Blockade den gordischen Knoten? Wer nimmt am Ende einer langen und mäandernden Diskussion eine Zusammenfassung oder Einordnung vor? Wer wird vorgeschlagen oder erklärt sich bereit, in einem schwierigen Gespräch mit Externen die Position der Gruppe zu vertreten?

Allerdings wäre es verfehlt anzunehmen, in jeder Gruppe oder Bewegungsorganisation gäbe es eine singuläre, in allen Fragen letztlich ausschlaggebende

Führungsperson. Wie schon in der obigen Diskussion über Schlüsselpersonen in Bewegungen angedeutet, können Machtungleichgewichte in je spezifischen Funktionen oder Situationen zur Geltung kommen. Ethnologische Studien zu archaischen Stämmen haben auf das Phänomen des *dual leadership* mit der Rollendifferenzierung zwischen Häuptling und Medizinmann hingewiesen. Mit Blick auf komplexere Kollektive, darunter soziale Bewegungen, ist von einem *multiple leadership* auszugehen (Rucht 2012a). Eine Person oder Kleingruppe, die hinsichtlich einer Funktion, etwa bei einer strategischen Entscheidung, eine dominante Position innehat, mag in Bezug auf eine andere Aufgabe, etwa der Organisation einer Massendemonstration oder der Ausarbeitung einer Ideologie, völlig im Hintergrund bleiben. Von wenigen Fallstudien abgesehen (z. B. Jenkins 1985) krankt die Literatur zu Führerschaft in sozialen Bewegungen daran, dass sie nicht auf einer intimen Kenntnis der tatsächlichen Vorgänge, sondern eher auf einer Außensicht beruht. Immerhin sind schon früh unterschiedliche Führungstypen identifiziert worden. Dawson/Gettys (1929) nennen den Agitator, den Propheten, den Staatsmann und den Administrator. Blumer (1946) hat diese Typologie aufgegriffen und darauf hingewiesen, dass mehr als einer dieser vier Typen in irgendeiner Phase einer sozialen Bewegung anzutreffen sei. Später konstatierte Gusfield (1966), dass divergierende Anforderungen an Führungsrollen in sozialen Bewegungen bestehen. Eine noch immer instruktive Typologie von Führerschaft in Bewegungen, darunter auch in „unorganized collectivities", bieten Lang/Lang (1961, Kap. 9) Der Fall, dass eine (charismatische) Führungsfigur de facto so gut wie alle Fäden innerhalb einer Bewegung in der Hand hält, dürfte empirisch äußerst selten sein. Diese Vorstellung ist eher eine Projektion einer in dieser Hinsicht naiven Anhängerschaft.

Entscheidung

Manche Organisationen unterliegen einem fortlaufenden und gelegentlich äußerst massiven Entscheidungsdruck. Wirtschaftsunternehmen müssen umgehend auf sinkende Aktienkurse, attraktive Kooperationsangebote, drohende Übernahmen oder neue politische Auflagen reagieren. Gleiches gilt für Regierungen und Regierungsparteien, die sich zu politischen Krisen, Naturkatastrophen, Skandalen, Massenprotesten, Putschversuchen usw. verhalten müssen. Entsprechend existieren formell definierte Verantwortlichkeiten, wobei unter hohem Druck von außen den Organisationsspitzen eine gesteigerte Entscheidungsmacht zuwächst, die ansonsten eher auf nachgeordneter Ebene angesiedelt ist. Im Unterschied dazu unterliegen soziale Bewegungen nur selten einem derartigen Entscheidungsdruck. Keine, eine schwache oder auch deutlich verzögerte Antwort auf eine externe Herausforderung bedeutet per se keine existentielle Bedrohung für eine Bewegung; sie mag die Motivation der Anhängerschaft schwächen oder auch der Bewegung mehr Kritik von außen bescheren, aber wird sie nicht in den Abgrund stürzen.

Paradoxerweise erweisen sich Bewegungen zugleich als beweglich und schwerfällig. Auf der einen Seite können sie rasch expandieren oder schrumpfen, neue Frontfiguren hervorbringen und zu überraschenden taktischen Manövern greifen. Mit dem Einsatz digitaler Medien hat sich das Tempo solcher Veränderungen enorm beschleunigt. Auf der anderen Seite sind Bewegungen strukturell nicht darauf angelegt, rasche und einschneidende Entscheidungen und Richtungsveränderungen vorzunehmen. Ein Grund dafür ist die Abwesenheit einer hierarchischen Spitze bzw. eines mit formellen Kompetenzen und Sanktionsmöglichkeiten ausgestatteten Steuerungszentrums. Bewegungen müssen ihre „Leute mitnehmen", d. h. auf deren Motive, Befindlichkeiten und Partizipationswünsche achten. Stärker als viele andere Organisationen sind Bewegungen auf die Mitgliedschaftslogik statt auf die Einflusslogik gepolt (Schmitter/Streeck 1981). Bewegungen lassen sich nicht wie Armeen oder vertraglich gebundene Angestellte einer Firma dirigieren. Die Meinungsbildung vollzieht sich langsam auf vielen und nicht notwendig aufeinander abgestimmten Kanälen. Zuweilen schält sich allmählich eine grobe Richtung heraus, ohne dass es jemals zu einer greifbaren Entscheidung gekommen wäre. Dieser Sachverhalt wird in manchen Bewegungen durch eine Art von Pseudo-Entscheidung verdeckt, die rein deklamatorischen Charakter hat.

Ein zweiter, damit zusammenhängender Grund für die relative Trägheit von Bewegungen liegt darin, dass sie sehr stark auf intrinsisch verankerten Werten und Überzeugungen beruhen, die schwerlich abrupte Kursänderungen im Sinne eines politischen oder weltanschaulichen Opportunismus zulassen. Diese Bindung kann im Falle moralgetriebener Bewegungen so weit gehen, dass Anpassungen an eine veränderte Umwelt verweigert werden und die Bewegung sektenartige Züge annimmt.

Allerdings gibt es jene schon angedeuteten Ausnahmesituationen, in denen eine thematisch fokussierte Protestbewegung gleichsam aus dem Nichts entsteht oder sich als bereits existente Bewegung aufgrund kontingenter Ereignisse schlagartig ausweitet. Dann bricht sich ohne Zutun einer strategisch denkenden Führungsriege ein spontaner Kollektivwille Bahn, der eine ganze Bewegung und mit ihr auch große Teile der Bevölkerung fortzureißen vermag. In solchen Fällen versagen die Routinen bewegungsförmiger Entscheidungsfindung. Etablierte Bewegungsorganisationen landen auf die Zuschauerbank; neue, oftmals kaum strukturierte Akteure rücken ins Rampenlicht. Oft sind es die Lautesten und die am meisten Fordernden, die dann den Ton angeben.

Der Bewegungsalltag, der nur in Ausnahmefällen von sich aufstauenden und existenziellen Entscheidungsmaterien bestimmt wird, sieht jedoch anders aus. Auf der einen Seite bilden sich Routinen der Kommunikation und der fortlaufenden Entscheidungsarbeit in meist informellen Gruppen und Netzwerken heraus. Auch ohne formelle Prozeduren gewinnen in diesem Rahmen einzelne Personen oder Gruppen de facto die Autorität, um die Ziele der Bewegung zu erklären und zu begründen, um über Ort, Zeit und Form von Protestkampagnen zu entscheiden. Unterschiedliche Verfahren der internen Abstimmung können dabei zur Anwendung kommen:

(a) zähe Verhandlungen, in denen sich diejenigen mit dem längsten Atem oder den meisten organisatorischen Ressourcen durchsetzen;
(b) ein sich allmählich herauskristallisierendes Meinungsbild, aus dem ein Quasi-Beschluss abgeleitet wird;
(c) eine Abstimmung unter den Anwesenden bzw. Beteiligten, die freilich für die überstimmte Minderheit keine zwingende Bindungswirkung entfaltet;
(d) ein mehr oder weniger strikt gehandhabtes Konsensprinzip, demzufolge Einzelne oder kleine Minderheiten eine gravierende Entscheidung blockieren können oder aber ihren entschiedenen Dissens zumindest registriert wissen wollen, ohne jedoch die große Mehrheit mit einem Veto aufzuhalten.

Diese Prozeduren kommen typischerweise bei Koordinations- und Entscheidungsprozessen in Netzwerken mit autonomen Teileinheiten zur Anwendung. Innerhalb formeller Bewegungsorganisationen können jedoch Regeln und Prozeduren angewandt werden, die sich aus Satzungen und Statuten ergeben. Hier lassen sich zwei Grundmuster unterscheiden: (1) ein hierarchischer Organisationstyp mit einer *Top-down*-Struktur, wie ihn etwa der Umweltverband Greenpeace verkörpert; (2) eine demokratisch-föderale Struktur, in der den jeweiligen regionalen und lokalen Teilgliederungen im Sinne des Subsidiaritätsprinzips eine gewisse Autonomie zugestanden wird. Dies gilt beispielsweise für die großen Umweltverbände Bund für Umwelt und Naturschutz Deutschland (BUND) und Naturschutzbund Deutschland (NABU).

Diskurs

Im Unterschied zu kommerziellen Unternehmen und staatlichen Verwaltungen spielen in Bewegungen diskursive Arrangements und Prozeduren eine zentrale Rolle. Dies aus zwei Gründen: Erstens fehlen designierte Gremien und Regeln der Entscheidung. Die Netzwerkstruktur einer Bewegung mit ihren autonomen Teileinheiten bietet keine Möglichkeit des autoritativen Durchgriffs. Es fehlen wirksame Sanktionsmöglichkeiten. Einzelne Gruppen, Organisationen und Teilnetzwerke können solche Versuche schlicht ignorieren oder sich ihnen widersetzen. Zweitens fehlt es den Gruppen und Organisationen an Sanktionsmöglichkeiten gegenüber ihren Unterstützern bzw. Mitgliedern. Der Status als Mitglied bzw. als Aktivist:in beruht auf Freiwilligkeit und kann jederzeit aufgekündigt werden.

Damit wird, auch mangels materieller Gratifikationen, die Motivations- und Überzeugungsarbeit in Bewegungen zur Daueraufgabe. Die Erwartungen und Befindlichkeiten der Individuen und Gruppen in Bewegungen können nicht ignoriert werden. Das gilt insbesondere dann, wenn die Bewegung sich als offen, egalitär, partizipativ und demokratisch oder sogar als eine Graswurzelbewegung versteht. Diskursive Verfahren der Meinungs- und Willensbildung sowie Entscheidungsfindung erlangen dann eine besondere Bedeutung. Die Rolle der Überzeugungsarbeit ist nicht nur bei der interorganisatorischen Kooperation und Entscheidungsfindung evident, sondern kann auch innerhalb mancher Bewegungsorganisationen zur Norm erhoben werden. Beispielsweise hat die aktivistische Organisation Attac Deutschland, die im Zuge der globalisierungskritischen Bewegungen im Jahr 2000 entstanden ist, sich bei wichtigen Entscheidungen eine Konsensregel auferlegt.

> *Die Konsensregel von Attac wurde so definiert, dass nur eine mindestens neunzigprozentige Zustimmung der Anwesenden bzw. Stimmberechtigten als Konsens zu werten ist. Demnach kann eine kleine Minderheit eine Entscheidung blockieren. Eine noch konsequentere Handhabung der Konsensregel findet sich bei manchen religiös geprägten Gruppen wie der Quäker-Organisation Society of Friends oder bei den fundamentalistischen Amish People. Hier kann eine einzige Gegenstimme eine Entscheidung der Gemeinschaft verunmöglichen.*

Es versteht sich, dass den Möglichkeiten der Verweigerung oder Blockade durch Minderheiten ein von der Mehrheit oder einer informellen Führungsriege ausgehender Gruppendruck entgegensteht. Wiederholte oder notorische Verweigerung wird mit subtilen Signalen des Missfallens beantwortet, die man als Form von *soft power* bezeichnen kann (Haug/Rucht/Teune 2013: 38). Eine Studie zu Kommunikations- und Entscheidungsprozessen in lokalen Gruppen der globalisierungskritischen Bewegungen hat gezeigt, dass auch im Rahmen von Kontroversen eine diskursiv erlangte Entscheidungsfindung möglich war (Rucht 2013b). Dabei wurden allerdings von Seiten der Forschenden weniger strenge Bedingungen als in Habermas' idealer Sprechsituation angelegt, insofern das Vorkommen von *soft power* kein Ausschlusskriterium war, um von einer diskursiv erzielten Entscheidung zu sprechen.

4.7 Strömungen, Flügel und Spaltungen

Das weithin übliche Verständnis von Bewegungen als eines Kollektivsubjekts mit Zielen, Mitteln und Strategien, wie es auch der eingangs vorgestellten Arbeitsdefinition zugrunde liegt, ist aus systematischen Erwägungen zu relativieren (siehe Abschnitt 8.3.4). Ein Grund dafür liegt darin, dass Bewegungen nur in Ausnahmesituationen in einem umfassenden Sinne als ein Kollektivsubjekt auftreten, also ihre Einheit und Geschlossenheit nicht nur imaginieren und beschwören, sondern auch handlungspraktisch umsetzen. Das geschieht am deutlichsten in jenen bereits zitierten *moments of madness*, in denen alle internen Differenzen in den Hintergrund treten und sich, im Wortsinn, der Wille der Bewegung Bahn bricht. Der Alltag von Bewegungen sieht freilich anders aus. Möglich sind Phasen der Inaktivität oder des Dämmerschlafs. Oder es wird innerhalb der Bewegung verhandelt, konkurriert und gestritten. Die Anlässe und Themen dafür sind vielfältig.

Große Bewegungen weisen Differenzierungen auf, die bei allen tatsächlichen oder vermeintlichen Gemeinsamkeiten auch mit Spannungen und internen Konflikten einhergehen. Entsprechende Debatten lassen sich weit zurückverfolgen. Sie haben die mitteleuropäischen Bauernrevolten im frühen 16. Jahrhundert wie die Kämpfe der Ludditen im England des frühen 19. Jahrhunderts begleitet. Auch die sozialistische Arbeiterbewegung ist, wie schon betont, nie als ein ideologisch geschlossener Block aufgetreten, sondern hat verschiedene Richtungen und Strömungen ausgebildet, die teilweise und phasenweise in erbitterter Konkurrenz zueinanderstanden.

Ein anschauliches Beispiel für eine bewegungsinterne Differenzierung sind die Protestaktivitäten der Arbeiterbewegung zum 1. Mai. Bereits bei den ersten Demonstrationen dieser Art im Jahr 1890 kam es in London zu einer Spaltung. Der 1. Mai fiel auf einen Donnerstag, mithin auf einen regulären Arbeitstag. Während der radikale Flügel auf Demonstrationen an exakt diesem Tag und somit auf einem Bruch der Arbeitsvereinbarung bestand, zog es der moderate Teil der Bewegung vor, erst am folgenden Sonntag zu demonstrieren, um Konflikten mit den Arbeitgebern auszuweichen.

Differenzen zeigten sich auch nachfolgend und an anderen Orten. In der Spätphase der Weimarer Republik führten Anhänger der SPD und der KPD in manchen Städten Deutschlands, so beispielsweise 1932 in Bochum, getrennte, aber vom selben Platz ausgehende Protestzüge am 1. Mai durch, die um 10 Uhr (Freie Gewerkschaften und SPD) bzw. um 11 Uhr (KPD) starteten (Friedemann 1991).

Streitigkeiten über die grundsätzliche politisch-ideologische Linie finden sich auch in weiteren Bewegungen, so innerhalb der historischen Jugend- und Wandervogelbewegung, der Frauenbewegung, der Umweltbewegung und globalisierungskritischen Bewegungen. Ebenso sind viele rechte und rechtsradikale Bewegungen von internen Differenzen, nicht zuletzt auch von Rivalitäten zwischen einzelnen Führungsfiguren, geprägt.

In nahezu jeder großen und über eine längere Zeit existierenden Bewegung formiert sich ein moderater und ein radikaler Flügel. Diese Differenzierung kann die Ziele und/oder Mittel wie auch deren inneren Zusammenhang betreffen, wonach radikale Ziele entsprechend radikale Mittel der Durchsetzung erfordern.

Das gilt für links- und rechtsterroristische Gruppen wie für viele religiös-fundamentalistische Gruppen. Eine revolutionäre Bewegung, die eine bestehende Ordnung aus den Angeln heben will, wird kaum zu einer Unterschriftenkampagne greifen. Umgekehrt neigen Friedensbewegungen nicht dazu, ihre Ziele mit roher Gewalt zu verfolgen. Es ist allerdings auch möglich, wenngleich selten, dass zwar ein radikales Ziel verfolgt, jedoch jegliche Form von Gewalt prinzipiell abgelehnt wird. Manche anarchistisch-pazifistisch orientierte Gruppen, zum Beispiel das Netzwerk um die Zeitschrift „Graswurzelrevolution", vertreten einen radikalen Gegenentwurf zur bestehenden Gesellschaft, aber verfolgen dieses Ziel ausschließlich mit friedlichen Mitteln der Überzeugungsarbeit und des zivilen Ungehorsams.

Eine konsistent moderate oder konsistent radikale Ziel-Mittel-Relation findet ihren Ausdruck in jeweils separaten Gruppierungen und Netzwerken, die auf stark verdichteten Kommunikationen und je spezifischen kollektiven Identitäten beruhen. Diese zeitigen oft auch handlungspraktische Konsequenzen insofern, als bestimmte Protestformen bevorzugt, andere dagegen abgelehnt, zumindest nicht für das eigene Tun übernommen werden. Das sorgt, stärker noch als ideologische Differenzen, aus denen meist kein unmittelbarer Handlungsdruck erwächst, für anhaltende Spannungen und Reibungen. Teilweise kommt es auf dieser Grundlage zu einer regelrechten Lagerbildung, die im Extremfall zur Spaltung einer Bewegung führt. Eine solche Lagerbildung kann darin ihren Ausdruck finden, dass getrennte und in ihren Formen und Forderungen sich unterscheidende Protestaktionen und -kampagnen durchgeführt werden, was freilich dem öffentlichen Image einer Bewegung selten zuträglich ist.

Getrennte Vorgehensweisen können aber auch einen unter taktischen Gesichtspunkten positiven *radical flank effect* erzeugen (Haines 1984; 2013; Ellefsen 2018). Diese Möglichkeit, die erstmals mit Blick auf die US-amerikanischen Bürgerrechtsbewegung auf den Begriff gebracht wurde, besagt, dass die Existenz einer radikalen Protestfraktion der Zielsetzung einer Bewegung zuträglich ist, da sie die Verhandlungsposition der moderaten Kräfte stärkt und Zugeständnisse seitens der Opponenten der Bewegung wahrscheinlicher macht. Jedoch ergibt sich dieser Effekt nicht zwingend. Die bereits bestehende Differenzierung in einen moderaten und einen radikalen Flügel kann von Opponenten auch genutzt werden, um mittels einer Strategie von Zuckerbrot und Peitsche einen Keil zwischen beide Flügel zu treiben.

Einem Auseinanderdriften entlang moderater und radikaler Protestformen kann wiederum dadurch begegnet werden, dass im Vorfeld von Protesten ein Aktionskonsens ausgehandelt wird.[69] Damit wollen die Initiatoren bzw. Or-

69 Im Internet können unter dem Suchbegriff Aktionskonsens zahlreiche Texte aufgerufen werden. Siehe z. B. den Aktionskonsens der klimaaktivistischen Gruppe „Ende Gelände": https://www.ende-gelaende.org/aktionskonsens-2022/.

ganisatoren einer Aktion unerwünschte, eventuell auch als kontraproduktiv angesehene Protestformen ausschließen. Das betrifft in aller Regel militante oder gar gewaltsame Aktionsformen. Die Aushandlung und Formulierung eines Aktionskonsenses stellt sich zuweilen als äußerst mühsam dar, sollen doch möglichst keine Risse zwischen den Gruppen sichtbar werden und wird von der radikaleren Protestfraktion eine grundsätzliche Solidarität vom moderaten Lager eingefordert. Im Ergebnis kann das zu diffusen oder verbrämten Formulierungen führen, die vieles im Unklaren lassen. In manchen Fällen, so bei den Protesten anlässlich des G7-Gipfels in Heiligendamm, erweist sich der Aktionskonsens als weitgehend tragfähig (Teune 2012: 171). In anderen Fällen, so bei mehreren Aktionen der Blockupy-Bewegung im Jahr 2015 in Frankfurt/Main, haben radikale Gruppen, die ohnehin meist den Verhandlungen im Vorfeld fernbleiben, den Konsens unterlaufen.

> *Die Schlüsselpassagen des Aktionskonsenses von Blockupy lauten wie folgt: „Unsere Aktionsform sind Massenblockaden, die aus Menschen bestehen. Mit Sitz- und Stehblockaden, Straßentheater, Trommelgruppen und thematischen Gegenständen unseres Widerstands werden wir alle Zugänge zur EZB (Europäische Zentralband, D. R.) dicht machen. Gitter und Zäune der Polizei werden wir in unsere Blockaden einbeziehen. Auch wenn Polizeikräfte versuchen, uns von unserem Vorhaben abzubringen, werden wir uns nicht auf sie fokussieren. Wo möglich, werden wir Polizeiketten durch- oder umfließen, werden unsere Körper einsetzen, um die Blockade zu halten. Von uns wird dabei keine Eskalation ausgehen."*[70]

Spannungen zwischen verschiedenen Strömungen, sofern sie sich nicht zu einer verfestigten Lagerbildung mit aggressiven Anfeindungen auswachsen, sind Teil der Normalität sozialer Bewegungen. Sie werden meist durch den Glauben an das gemeinsame Ziel, durch Appelle an wechselseitige Solidarität, möglicherweise auch durch einen die interne Solidarität stärkenden Druck von außen moderiert bzw. überbrückt. Auch kennzeichnet manche Bewegungen, dass sie zwar durchaus divergierende Flügel oder Strömungen aufweisen, die damit verbundene Kluft jedoch durch die Existenz eines mittleren, nach beiden Seiten hin anschlussfähigen Lagers abgeschwächt bzw. überbrückt wird. Eine solche Konstellation bestand und besteht in der Umweltbewegung in Deutschland, aber traf auch auf die globalisierungskritische Bewegung in Deutschland zu (Rucht/Teune/Yang 2007). Deutliche Differenzierungen zeichnen sich in den letzten Jahren auch bei der Klimabewegung in Deutschland ab, ohne dass bislang Anzeichen einer Spaltung erkennbar wären.

70 https://euromarches.org/de/blockupy/.

Obgleich das Klimathema schon seit Jahrzehnten von mehreren bewegungsnahen Gruppen und Organisationen adressiert worden war und die aktivistische Gruppe namens Ende Gelände seit etwa 2015 klimapolitisch motivierte Proteste durchgeführt hatte, bildete sich mit Fridays for Future (FFF) ab 2018 eine ganz eigenständige und weitgehend von Schüler:innen getragene Gruppierung heraus. Abgesehen von dem eher symbolischen Schulstreik ist FFF vor allem mit freundlich-fröhlichen Massendemonstrationen hervorgetreten und hat nicht zuletzt deshalb auch eine große und insgesamt positive mediale Resonanz gefunden. Das nachlassende Medieninteresse und – damit zusammenhängend – auch die nachlassende Mobilisierungskraft von FFF, die zudem durch die Corona-Pandemie geschwächt wurde, hat dann zur Formierung offensiver vorgehender Gruppen wie Extinction Rebellion oder auch Aufstand der Letzten Generation geführt, die sich dem zivilen Ungehorsam verschrieben haben. Aber auch diese von den Aktivist:innen sorgsam kalkulierten Regelverletzungen, vor denen große Teile von FFF zurückschrecken, erscheinen anderen Bewegten als zu harmlos. Stattdessen plädieren Einzelne für eine Taktik der „friedlichen Sabotage", mittels derer Anlagen der fossilen Energiegewinnung empfindlich, d. h. mit hohen Schadwirkungen, getroffen werden sollen. Obwohl im Falle der Klimabewegung eine eindeutige und intern völlig unstrittige Zielsetzung, die Begrenzung der Erderwärmung auf das – von den Regierungen angestrebte – 1,5-Grad-Ziel vorliegt, unterscheiden sich die einzelnen klimapolitischen Gruppen und Organisationen doch erheblich hinsichtlich der Frage, mit welchen Mitteln Druck auf die politischen Entscheidungsträger:innen ausgeübt werden soll und welche Mittel als effektiv und/oder legitim anzusehen sind.

Am Beispiel der aktuellen Klimaproteste lässt sich auch der Zusammenhang der beiden in diesem Kapitel angesprochenen sozio-demografischen und organisatorischen Dimensionen illustrieren. FFF rekrutierte sich nicht nur aus einer relativ homogenen Basis, nämlich Gymnasiasten aus gut gebildeten Mittelschichten (Haunss/Sommer 2020), sondern organisierte sich auch in einer Weise, in der eine implizite Abgrenzung von klassischen Formen der Bewegungsorganisation zum Ausdruck kommt. Es handelt sich um eine lokal, national und international präsente Bewegung, die nicht aufgrund der Initiative bereits bestehender Organisationen zustande kam und bisher auch keine formelle Bewegungsorganisation hervorgebracht hat. FFF in Deutschland hat keine Rechtsform, auch nicht die einfach zu realisierende Variante eines eingetragenen Vereins. Dennoch wurden Strukturen und Routinen entwickelt, die, obgleich weitgehend informeller Natur, die Erfüllung elementarer Funktionen wie Repräsentation nach außen, Zusammenarbeit mit anderen Gruppierungen, interne Kommunikation, Entscheidungsfindung und Finanzierung gewährleisten. Was aus Sicht traditioneller Organisationssoziologie wie ein Wunder erscheinen mag und Gewerkschaftsfunktionären fremd ist, stellt sich für FFF als eher selbstverständlich dar.

FFF wie die darüber hinausreichende Klimabewegung haben es geschafft, mit den durchaus vorhandenen internen Differenzen produktiv umzugehen, eine geschickte Öffentlichkeitsarbeit zu betreiben und breite Allianzen zu schmieden. Die Klimabewegung in Deutschland zeigt zudem, wie schnell neue Gruppen wie *Extinction Rebellion* und die *Letzte Generation* auf den Plan treten und große öffentliche Aufmerksamkeit erzielen können.

Die Letzte Generation ist aus einer sehr kleinen Gruppe hervorgegangen, die ab Ende August 2021 in Berlin in den Hungerstreik trat, um ein öffentliches Gespräch mit allen drei Kanzlerkandidat:innen über die Klimapolitik zu erzwingen. Nach Beendigung dieser Aktion, der nur ein Teilerfolg beschieden war, ging die Gruppe ab Januar 2022 dazu über, mit Blockadeaktionen an Zubringern und Abfahrten von Autobahnen auf Probleme wie die Verschwendung von Lebensmitteln, vor allem aber auf die in ihren Augen schleppende und völlig unzureichende Klimapolitik aufmerksam zu machen. Bis Herbst des Jahres war es der Gruppe gelungen, zu einem bundesweit bekannten, wenngleich stark umstrittenen Akteur aufzusteigen. Sie hat an Zulauf gewonnen (derzeit, November 2022, rund 800 Aktivist:innen) und das Repertoire und die Einsatzorte ihrer Aktionen ausgeweitet. Das Ankleben von Händen auf Fahrbahnen oder in Museumsräumen entwickelte sich geradezu zum Markenzeichen der Letzten Generation. Trotz der inzwischen angelaufenen strafrechtlichen Verfolgung vieler Aktivist:innen ist derzeit nicht erkennbar, dass die Gruppe von ihren Zielen und den daraus abgeleiteten Aktionen zivilen Ungehorsams abrücken würde.

4.8 Zusammenfassung

Bewegungen haben ein komplexes Innenleben mit Strukturen, Ressourcen und Praktiken, die von außen kaum überschaubar sind und deren Erschließung auch die Forschung vor erhebliche Herausforderungen stellt. Die sozio-demografische Zusammensetzung von Bewegungen, die fast nie dem Profil der Gesamtbevölkerung entspricht, ist noch relativ leicht zu ermitteln. Zumindest in der aggregierten Betrachtung aller Proteste scheint sich die Zusammensetzung der Protestierenden in mancher Hinsicht und in langer zeitlicher Perspektive dem Profil der Gesamtbevölkerung ein Stück weit anzunähern. Das gilt am ehesten für Bewegungen, die klassen- und milieuübergreifende Anliegen verfolgen. Dagegen weisen Bewegungen mit klassen- und milieuspezifischen Anliegen ebenso wie anwaltschaftlich orientierte Protestgruppen ein distinktes Profil auf.

Im Vergleich verschiedener Bewegungen zeigt sich eine enorme Variationsbreite, seien es das sozio-demografische Profil der Anhängerschaft, die informellen und formellen organisatorischen Komponenten der Netzwerke, die formale Struktur der Netzwerke, die Differenzierungen anhand von ideologischen und strategischen Richtungen und die jeweils verfügbaren Ressourcen. Abgesehen vom Netzwerkcharakter fällt es somit schwer, ein für Bewegungen typisches Organisationsmodell zu identifizieren.

Um ihre eigene Anhängerschaft fortlaufend zu motivieren und eine Abwanderung zu verhindern, müssen Bewegungen ein internes Framing entwickeln, das sich auf das Selbstbild, die eigene Zielsetzung und Ideologie sowie die einzuschlagenden Strategien und Aktionsformen bezieht. Dabei kommt es zu Meinungsverschiedenheiten und Richtungsstreitigkeiten, die eine Binnendifferenzierung nach sich ziehen. Deren markantester, in nahezu allen Bewegungen anzutreffender Ausdruck ist die Formierung eines radikalen und eines moderaten Flügels.

Innerhalb von Bewegungen kristallisieren sich multiple und spezialisierte Führungsrollen aus, die typischerweise von mehreren Personen mit je spezifischen Fähigkeiten übernommen werden. Fragen von Einfluss und Macht spielen auch in der internen Kommunikation eine zentrale Rolle, wobei Bewegungen, im Unterschied zu formalen Organisationen mit geregelten Kompetenzen, eigene und zumeist prekär bleibende Praktiken der Meinungsbildung und Konsensfindung entwickeln. Insbesondere Bewegungen mit basisdemokratischen und egalitären Ansprüchen sind darauf bedacht, interne Machtstrukturen abzubauen bzw. gar nicht aufkommen zu lassen.

Kapitel 5: Bedingungen und Formen externen Bewegungshandelns

Soziale Bewegungen, denen kollektiver und öffentlicher Protest als ein konstitutives Merkmal zugeordnet wurde (siehe Abschnitt 1.2.4), sind lediglich *ein* Akteur innerhalb eines größeren Konfliktfeldes. Dessen räumliche Dimension kann von der lokalen bis zur globalen Ebene reichen. Der zeitliche Rahmen erstreckt sich von kurzen Protestaktionen bis hin zu Auseinandersetzungen, die über Jahrzehnte oder gar Jahrhunderte währen. In der Sachdimension reicht die Spanne von sehr konkreten Forderungen bis zum Anspruch auf gesamtgesellschaftliche Umwälzungen. Damit kommen unweigerlich Fragen von Macht und Gegenmacht und der darauf einwirkenden Randbedingungen ins Spiel.

5.1 Handlungskontexte, Bezugsgruppen und Gelegenheiten

Soziale Bewegungen agieren innerhalb eines mehrschichtigen Bedingungsgefüges, bestehend aus der Grundstruktur moderner Gesellschaft, den unterschiedlichen historischen Formationen der kapitalistischen Moderne, divergierenden politischen Systemen und kulturellen Erfahrungsräumen, temporären Gelegenheitsstrukturen und schließlich kontingenten Ereignissen. All diese Faktoren haben Auswirkungen auf die Existenz, Form und Dynamik sozialer Bewegungen.

5.1.1 Handlungskontexte

Der allgemeinste soziale Rahmen, innerhalb dessen soziale Bewegungen agieren und auf den sie Einfluss nehmen wollen, sind moderne Gesellschaften.[71] Diese können mit Habermas (1981 II: 301) „als systemisch stabilisierte Handlungs-

71 Einwände liegen auf der Hand. Die Entgegensetzung von traditionalen und modernen Gesellschaften ist umstritten. Sie erscheint mir allerdings im Prinzip vertretbar, insofern Erstere primär segmentär oder vertikal differenziert und Letztere funktional differenziert sind. Das schließt nicht aus, dass auch gegenwärtige Gesellschaften, so vor allem in Afrika, Asien und Lateinamerika, noch gewichtige traditionale Bestände aufweisen. Erst in funktional differenzierten Gesellschaften ist jedoch das auch soziale Bewegungen tragende Bewusstsein vorhanden, dass Gesellschaften zur Selbststeuerung gemäß eigener Zukunftsentwürfe fähig sind.

zusammenhänge sozial integrierter Gruppen" verstanden werden. Entgegen Habermas' Dualismus von Funktionssystemen (wie Wirtschaft, Politik, Recht) und der auf kommunikatives Handeln gepolten Lebenswelt (mit Aufgaben der Persönlichkeitsformung, der Sozialisation und der kulturellen Prägung) betrachte ich (politische) Öffentlichkeit als eine relativ eigenständige dritte Sphäre, die für das Bewegungshandeln von zentraler Bedeutung ist. Diese hier nur angedeuteten Überlegungen werden im Kapitel 8 näher ausgeführt.

Soziale Bewegungen sind in der Lebenswelt verankert, aber wirken auch, von der öffentlichen Sphäre ausgehend, in die Lebenswelt hinein. Ebenso beziehen sich soziale Bewegungen auf Vorgänge in Funktionssystemen und können auf diese Einfluss nehmen, sei es von außen oder als ein Akteur (z. B. die Gewerkschaften) innerhalb dieser Funktionssysteme. Die (politische) Öffentlichkeit ist allerdings das zentrale Terrain, auf dem sich soziale Bewegungen mit ihren Forderungen und Interpretationen, vor allem aber auch mit ihren Protesthandlungen präsentieren. Tillys WUNC-Formel zufolge geht es hier um die Darstellung von „worthiness, unity, numbers, and commitment" (1999: 260). Hier wird über die Legitimität von Bewegungen und deren Forderungen verhandelt und erfolgt die Weichenstellung für das Schicksal von Bewegungen, insbesondere für deren Erfolg oder Misserfolg. Jedoch treten Bewegungen nicht als fertige Gebilde in die Öffentlichkeit. Vielmehr konturieren und formen sie sich, wenngleich nicht ausschließlich, in öffentlichen Auftritten und Auseinandersetzungen. Wie Bewegungen gesehen, ob sie ignoriert, hofiert oder diskriminiert werden, was ihnen zugestanden wird, ob sie weitere Anhänger:innen gewinnen oder große Teile ihrer Anhängerschaft verlieren, ob sie eine Konvergenz öffentlicher Meinungen herbeiführen oder aber polarisieren – all dies ist Ergebnis von Kräftekonstellationen, Ressourcen und Strategien in einem zähen Ringen um Einfluss und Macht in der Öffentlichkeit (Neidhardt 1994; Yang/Baringhorst 2021). Die grundlegenden Strukturen von Öffentlichkeit prägen auch die Handlungsoptionen – und damit Erfolgschancen – sozialer Bewegungen. Diese Strukturen werden wesentlich durch die Verfasstheit des jeweiligen politischen Systems bestimmt, wobei grob zwischen autoritären, halbdemokratischen und demokratischen Systemen unterschieden werden kann.

Unterschiedliche Regimetypen

(a) *Autoritäre bzw. diktatorische Systeme* versuchen mittels einer möglichst umfassenden und rigiden Kontrolle öffentlicher Äußerungen und Handlungen ihre eigene Macht zu sichern und auszubauen. Ein Aspekt dieser Kontrolle ist die öffentliche Inszenierung eigener Macht. In zumeist ritualisierten Auftritten soll Stärke, Entschlossenheit und Geschlossenheit, nicht zuletzt die Einheit von Regierung und Volk demonstriert werden. Öffentlichkeit degeneriert dann zur bloßen Fassade, als leicht durchschaubarer Modus der bloßen Behauptung anstelle der diskursiven Herstellung von Legitimität. Komplementär dazu wird

Widerspruch erstickt. Es gibt keine Arenen der freien Willensbildung, keine freie Organisation, Artikulation und Repräsentation kollektiver Interessen, keine effektiven gerichtlichen Einspruchsmöglichkeiten. Vielmehr herrscht Repression gegenüber anders Denkenden, zumal jenen, die das autoritäre System in Frage stellen, seien es abweichende oder abtrünnige Angehörige der Machtelite, kleine Dissidentenzirkel oder oppositionelle Bewegungen. Medien werden zensiert oder mit einem Verbot belegt, dissidente Gruppen infiltriert und bespitzelt. Sofern sich Protestierende auf der Straße zeigen, werden sie niedergeprügelt, verhaftet oder, im äußersten Fall, mit Waffengewalt bekämpft.

Massive Repression erlitten anti-koloniale Befreiungsbewegungen in vielen Teilen der Welt im 19. und 20. Jahrhundert (z. B. Indien und Algerien), prodemokratische Bewegungen in realsozialistischen Staaten des Ostblocks (DDR 1953, Ungarn 1956, Tschechoslowakei 1968) wie auch in einigen postsozialistischen Ländern Osteuropas, so vor allem in Russland und Weißrussland. Ferner ist auf die bis heute anhaltende Repression in einer Reihe post-kolonialer Staaten in Afrika hinzuweisen, so unter anderem im autokratisch regierten Togo, wo seit 1967 dieselbe Familie an der Macht ist und Massenproteste in den Jahren 1990/91 und 2017/2019 blutig niedergeschlagen wurden.

Eine Welle von regimekritischen Protesten war am Sommer 2020 in Belarus zu verzeichnen. Im Anschluss an die Präsidentschaftswahlen gingen Tag für Tag Protestierende auf die Straße, um gegen die Herrschaft von Präsident Lukaschenko, die Manipulation der Wahl und die Einschränkung von Bürgerrechten zu protestieren. In Reaktion darauf kam es zum Einsatz von Schusswaffen durch Sicherheitskräfte, zu massenhaften Verhaftungen, Gewalt, Folter und Morden in den Gefängnissen. Die Empörung über die repressiven Maßnahmen führte zu einem Generalstreik, an dem sich Hunderttausende von Arbeiter:innen beteiligten. Trotz des Verbots weiterer Demonstrationen wurden die Proteste unter dem Slogan „Einer für alle, alle für einen" fortgesetzt und erneut mit scharfer Repression beantwortet. Zunehmend setzten sich Frauen an die Spitze der Protestbewegung (Bota 2021). Im Oktober gab das Innenministerium offiziell den Gebrauch von Schusswaffen frei. Die Regimegegner reagierten u. a. mit einem „Marsch gegen den Terror" in Erinnerung an die Ermordung Zehntausender in der Stalin-Ära ab 1937. In der Hochphase der Konfrontation schien es, als könnte sich das Blatt zugunsten der Volksbewegung wenden. Die westliche Öffentlichkeit verurteilte die wahrscheinliche Wahlfälschung und das Vorgehen gegen die Regimekritiker. Auf der anderen Seite gratulierte der russische Staatspräsident Putin dem „Wahlsieger" Lukaschenko und versicherte ihm, notfalls Beistand zu leisten. Blockaden, Einkesselungen und Festnahmen veranlassten die Demonstrierenden dazu, die Proteste stärker zu dezentralisieren und flexibler zu handhaben. Doch die Risiken der weiteren Protestbeteiligung wurden immer höher. Zudem war die Protestbewegung dadurch geschwächt, dass viele Aktivist:innen in Gefängnissen saßen und andere das Land verlassen hatten. Die Fortsetzung des Protests wurde aussichtslos. Die Repression hat – bis auf Weiteres – gesiegt.

Auch wenn die Proteste in Belarus und einer Reihe weiterer Fälle (China 1989; Teheran 2009 und 2018; Moskau 2019; Hong Kong 2020/21) durch die Staatsführung erstickt wurden, ist doch die Repression von Protestgruppen grundsätzlich ein zweischneidiges Schwert. Ob sie gelingt, hängt von vielen Randbedingungen ab, nicht zuletzt auch vom Ausmaß der Repression. Manche Forscher:innen argumentieren, dass mit zunehmender Repression die Protestintensität abnimmt, da die Risiken für die Protestierenden prohibitiv sind. Andere weisen darauf hin, dass bei schwacher Repression die Protestbeteiligung und -intensität hoch ist oder eher zunimmt, da die Kosten der Repression keine ausreichend abschreckende Wirkung entfalten. Beide Positionen können gut begründet sein. Das zeigt nicht zuletzt das oben zitierte Beispiel von Belarus im Jahr 2020. In der Frühphase der Protestwelle hat die noch moderate staatliche Repression die regimekritischen Proteste weiter angeheizt. Mit der drastischen Verschärfung der Repression wurde jedoch ein Kipppunkt erreicht, ab dem vielen Regimegegnern die persönlichen Kosten für die Fortsetzung des Protests als untragbar erschienen. Damit wurde zumindest der offen vorgetragene Widerstand gebrochen. Das Beispiel Belarus wie auch die insgesamt widersprüchlichen Befunde aus verschiedenen Studien sprechen dagegen, den Zusammenhang von Protest und Repression auf eine allgemeine Formel zu bringen, sei es das Diktum „repression works", sei es die umgekehrte U-Kurve, der zufolge ein mittleres Maß an Repression das Protestaufkommen begünstigt (Gurr 1970; Zhukov 2018), oder sei es ein ganz anderes Muster (Khawaja 1993). Die zusätzlichen Faktoren, die ins Spiel kommen (etwa die Stimmung in der Bevölkerung und in den Repressionsorganen; Meinungsverschiedenheiten innerhalb staatlicher Kreise, Druck aus dem Ausland), lassen sich schwerlich quantifizieren.

Auch wenn es in manchen Fällen gelang, oppositionelle Bewegungen über Jahre oder Jahrzehnte erfolgreich zu unterdrücken, so lehrt doch die historische Erfahrung, dass ein solcher Zustand nicht von Dauer ist. Gerade in heutigen Gesellschaften mit ihren vielfältigen und kaum vollständig kontrollierbaren elektronischen Kommunikationsmöglichkeiten erweist sich der Versuch, Dissidenz mit offener Repression zu begegnen, zumindest auf lange Sicht als eher kontraproduktiv. Eine Ausnahme von dieser Regel könnte China darstellen. Im Allgemeinen dürfte aber gelten: Je umfassender und brutaler die Repression, desto sichtbarer wird sie. Je angestrengter der Versuch, „die Wahrheit" zu unterdrücken, desto evidenter wird die Realität dessen, was zu unterdrücken versucht wird. Wahrheiten lassen sich nicht wie Protestierende abräumen.

(b) In *semi-demokratischen Systemen*, charakterisiert durch partielle Einschränkungen demokratischer Prozeduren und freier öffentlicher Meinungsbildung, herrscht häufig ein spannungsreiches Nebeneinander von Regierung und Opposition. Der Regierung, möglicherweise an die Macht gekommen und getragen von einer populistischen Bewegung, steht eine politische Opposition gegenüber, in der parlamentarische und außerparlamentarischen Kräfte eine Allianz eingehen können. Die Einschränkungen demokratischer Verfahren und Institutionen sind ein zentraler Gegenstand politischer Konflikte. Dabei ringen systemstabilisierende und systemkritische Kräfte um öffentliche Zustimmung. Der Zugang zur politischen Öffentlichkeit ist insofern ungleich, als die Regierung und regierungsnahe Kräfte in den Medien, die von der Regierung kontrolliert oder zumindest begünstigt werden, bevorzugt und ohne kritische Fragen zu Wort kommen. Dagegen werden andere, eher ambivalent eingestellte oder regierungskritische Medien strukturell benachteiligt oder auch denunziert. Sie seien antipatriotisch, würden vom Ausland gelenkt, wollten Unruhe und Umsturz. Semi-demokratische Systeme, z. B. die Philippinen, Bangladesch, Malaysia und Venezuela, sind typischerweise Systeme mit einer hohen Bewegungsaktivität. Neben allfälligen Auseinandersetzungen um inhaltliche Fragen spielt die Auseinandersetzung um die Form von Politik eine zentrale Rolle, wie es aktuelle Konflikte in Ungarn, Polen und der Türkei zeigen. Kritiker fordern eine institutionell und handlungspraktisch verankerte wahrhafte und wehrhafte Demokratie samt einer ihren Namen verdienenden Öffentlichkeit.

(c) In *demokratischen Systemen* sind Voraussetzungen eines formell freien Spiels der politischen Kräfte und damit auch einer prinzipiell zugänglichen Öffentlichkeit im Wesentlichen erfüllt. Auch bestehen neben der turnusmäßigen Möglichkeit, die jeweils Regierenden abzuwählen, in manchen Ländern zusätzliche Einflussmöglichkeiten durch Referenden, Gerichte und Petitionen. Im außerparlamentarischen Raum kann eine ganze Reihe von relativ unverbundenen politischen Kampagnen entstehen, die auf eine Verbesserung konkreter Lebensumstände in produktiven oder in reproduktiven Bereichen zielen, ohne jedoch Grundfragen sozialer und politische Ordnung aufzuwerfen. Aber es ist auch möglich, dass einzelne Kampagnen thematisch verknüpft und vor dem Hintergrund eines gemeinsamen Weltbildes und Wertehorizonts zu einer breiteren Protestbewegung führen, die am Ende insofern zu einer sozialen Bewegung mutiert, als Grundfragen der gesellschaftlichen Machtkonstellation und der gesellschaftlichen Werte aufgeworfen werden.

Ausgehend von konkreten Missständen, etwa dem massenhaften Hunger in einigen Ländern des Globalen Südens, kann eine Bewegung erwachsen, die sich gegen den global herrschenden Neoliberalismus oder Neokolonialismus wendet. Ebenso kann sich die zunächst punktuelle Kritik an repräsentativ-demokratischen Institutionen zu einer sowohl von linker als auch von rechter Seite ausgehenden Grundsatzkritik an der „Formaldemokratie“ (Agnoli/Brückner 1967), „Postdemokratie“ (Crouch 2008) oder „Scheindemokratie“ ausweiten. Auf der einen Seite treten Gruppierungen auf, die eine andere Form von Demokratie, eine starke, partizipatorische oder mit mehr direktdemokratischen Elementen ausgestattete Demokratie, fordern. Auf der anderen Seite kann Systemkritik auch populistische Empörungsbewegungen beflügeln. Nach deren Wahrnehmung bildet das äußerlich intakte demokratische Gefüge eine Art von gläserner Wand, welche sich für die vermeintlich wahren Interessen der großen Mehrheit der Bevölkerung als kaum durchdringlich erweise. Entsprechend sarkastisch lautet ein Spruch: „Wenn Wahlen etwas verändern könnten, wären sie schon längst verboten.“ Die Befürwortung demokratischer Institutionen durch eine große Mehrheit der Bevölkerung erscheint dann als ein Ergebnis manipulativer Herrschaftstechnik, die durch einen Großteil der Medien flankiert werde.

Die drei hier typisierend beschriebenen politischen Kontexte – autoritäre, semi-demokratische und demokratische Systeme – bilden die jeweilige Hintergrundstruktur, die für die Themen und Vorgehensweisen von Bewegungen bedeutsam ist. Teilweise sind diese Strukturen sogar institutionell festgeschrieben. Beispielsweise wird die Dimension *openness or closure of the political system* auch davon beeinflusst, ob gesetzlich verbriefte Rechte der bürgerschaftlichen Mitwirkung an politischen Entscheidungen gewährt werden. Dazu gehören Volksabstimmungen, Klagemöglichkeiten bei Verwaltungsgerichten oder verfahrensförmige Auskunfts- und Einspruchsmöglichkeiten vor allem im Hinblick auf den Bau technisch-industrieller Anlagen.

In der Forschung wurde mehrfach darauf hingewiesen, dass zwischen dem Grad der Offenheit des politischen Systems und der Protestvolumen ein systematischer Zusammenhang (*inverse U-effect*) besteht, wie er auch für den bereits angesprochen Grad an Repression in autoritären Systemen vermutet wird. Demnach haben innerhalb der Gruppe demokratischer Systeme solche, die relativ offen oder relativ geschlossen sind, ein geringeres Protestaufkommen als Systeme, die im mittleren Bereich liegen (vgl. Kitschelt 1986: 62). Ein solcher Zusammenhang scheint auch vorzuliegen, wenn nicht-demokratische Regime in die Betrachtung einbezogen werden. Die für Herausforderer am meisten zugänglichen wie auch die repressivsten Systeme verzeichnen – zumindest auf der Basis von Umfragedaten zum Protestverhalten – das geringste Protestaufkommen (Jami/People 2022).

Das intermediäre System der Interessenvermittlung in Demokratien

In demokratischen Systemen und – mit Einschränkungen – auch in semi-demokratischen Systemen ist die politische Öffentlichkeit ein Feld der Interessenvermittlung zwischen der alltäglichen Lebenswelt der Bürgerschaft und dem politisch-administrativen System. In der Lebenswelt werden Leistungen und Defizite von Funktionssystemen konkret erfahrbar. Das betrifft die eigene ökonomische

Lage, das Ausmaß persönlicher Freiheiten und Rechte (darunter auch der Schutz der Privatsphäre), soziale Ungleichheit und Marginalisierung und vieles mehr. Unzufriedenheit und Kritik bleiben allerdings folgenlos, wenn sie nicht gegenüber den politisch-administrativen Entscheidungsträgern geltend gemacht werden. Da Bürger:innen, von wenigen Ausnahmen abgesehen (Briefe an Abgeordnete, Bürgersprechstunden, Petitionen), jedoch keinen direkten Zugang zum politischen Entscheidungssystem haben und zudem als Einzelpersonen kaum Druck ausüben können, schließen sie sich zusammen, um durch kollektive, öffentliche Willensbildung und Interessenartikulation politische Entscheidungen zu beeinflussen.

Kommt es zu nachdrücklichen Interessenbekundungen im öffentlichen Raum, so werden diese auch von den politischen Entscheidungsträgern registriert und hinsichtlich ihrer Brisanz oder Dringlichkeit eingestuft. Abhängig von dieser Einschätzung ergibt sich daraus eine Haltung der Intransigenz, der Zurückweisung von Forderungen oder aber symbolischer bzw. substanzieller Zugeständnisse. Diese Reaktionen werden, ebenso wie Willensbekundungen der Bürgerschaft, öffentlich berichtet, um dann wiederum öffentlich, aber auch in der privaten Lebenswelt, debattiert und bewertet zu werden. Die dabei sichtbare oder auch demoskopisch ermittelte Resonanz signalisiert den politischen Entscheidungsträgern, ob und in welcher Weise sie reagieren sollen oder müssen. Politische Öffentlichkeit hat somit eine für alle Interessierten und Stakeholder sichtbare und nutzbare Brückenfunktion. Impulse aus der Lebenswelt, aber auch aus gesellschaftlichen Funktionssystemen wie der Wirtschaft oder der Wissenschaft, werden in die Öffentlichkeit eingespeist, damit auch an das politische Entscheidungssystem weitergeleitet (input) und dort verarbeitet (throughput). Umgekehrt werden politische Entscheidungen (und deren Bewertungen durch politische Konkurrenten und namentlich die parlamentarische Opposition) bekannt gemacht und gerechtfertigt (output), um damit wiederum öffentlich dargestellte Bewertungen auszulösen.

In den genannten Prozessen ist Öffentlichkeit nicht nur der Ort für mehr oder weniger organisierte bürgerschaftliche Interessenbekundungen sowie die Darstellung und Rechtfertigung politischer Entscheidungen. Vielmehr handelt es sich um Kommunikationen und Interaktionen vor Publikum, lange bestehend aus zwei Hauptgruppen: erstens die interessierten, aber zunächst in einer rezeptiven Rolle bleibenden Medienkonsument:innen; zweitens die professionellen Medienarbeiter:innen, die Informationen selektieren und anbieten, aber auch politische Vorgänge und Akteure bewerten und auf diese Weise wiederum die Meinungen der übrigen Beteiligten (inklusive des rezeptiven Publikums) beeinflussen. Diese Konstellation ist allerdings mit dem Aufkommen sozialer Medien erweitert worden. Zwar sind auch dort professionelle Journalist:innen von Bedeutung, doch hat deren Funktion als Gatekeeper nur noch in bestimmten Segmenten der sozialen Medien Bestand. Berichte professioneller Medienleute werden von Nicht-Professionellen geteilt und kommentiert, was wiederum Erstere aufmerksam beobachten und zu Anpassungsprozessen verleitet. Zugleich aber treten Kommunikatoren auf den Plan, die sich nicht um journalistische Professionalitätsstandards scheren und ausschließlich als Distributoren und Kommentatoren in eigener Sache auftreten.

Im Zuge öffentlicher Auseinandersetzungen zwischen konkurrierenden bürgerschaftlichen Gruppen, Interessenverbänden und politischen Parteien kann dem breiten Publikum letztlich eine entscheidende Rolle zukommen. Das Publikum hat die Möglichkeit, die reine Beobachterrolle aufzugeben, um sich aktiv in Auseinandersetzungen einzumischen. Das Spektrum dieser Interventionen reicht von Bekundungen des Beifalls oder Missfallens bis hin zur aktiven Unterstützung von Konfliktparteien, was einen Stellungswechsel – *from the balcony to the barricade* (Carnaghan 2016) – mit sich bringen kann. Eindeutige Reaktionen des breiten Publikums in halbdemokratischen und demokratischen Kontexten sind insbesondere dann von besonderem Gewicht für politische Eliten, wenn sie sich wahlpolitisch auswirken und ein Verlust von Macht und Ämtern droht. Öffentliche Meinung ist somit nicht nur ein Faktor, der über die Legitimität von Positionen zu einzelnen politischen Sachfragen entscheidet, sondern, vermittelt über das Wahlverfahren, auch die Zusammensetzung des Führungspersonals beeinflusst. Diese Konstellation wird durch die digitale Kommunikation partiell unterlaufen, aber in ihrem Grundmuster nicht aufgehoben.

Abbildung 5.1: Model der politischen Interessenvermittlung (Rucht 2007: 21)

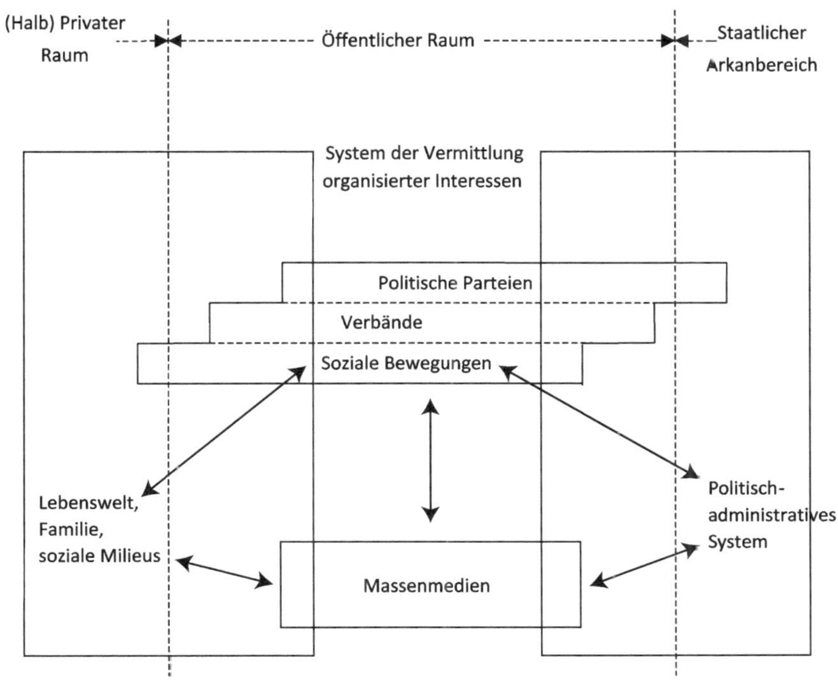

Die Struktur des intermediären Systems der politischen Interessenvertretung wird in Abbildung 5.1 visualisiert. Im Zentrum steht der öffentliche politische Raum, der einerseits an die lebensweltliche Privatsphäre, andererseits an die teilweise von der Öffentlichkeit abgeschottete politisch-administrative Sphäre angrenzt. Bewegungen, Interessengruppen und politische Parteien nehmen dabei unterschiedliche Lagen ein. Bewegungen sind relativ gut in der Lebenswelt verankert, aber verfügen, evtl. mit Ausnahme von Bewegungsparteien, kaum über Brückenköpfe im politisch-administrativen System. Wahlpolitisch erfolgreiche Parteien agieren nicht nur im öffentlich sichtbaren Bereich der etablierten Politik, sondern auch den Bereichen, die von der Öffentlichkeit abgeschirmt sind.

5.1.2 Bezugsgruppen von sozialen Bewegungen

Mit Blick auf die mögliche Schlüsselrolle des Publikums in öffentlichen Auseinandersetzungen wird deutlich, dass in Konflikten, die von Bewegungen ausgehen oder Bewegungen involvieren, eine trilaterale Grundkonstellation vorliegt. Die Bewegung interagiert nicht nur mit ihren Gegenspielern, sei es eine Regierung, ein Unternehmen, eine Branche oder eine Gegenbewegung, sondern auch, wie schon betont, in Bezug auf Dritte Parteien, insbesondere die Medienöffentlichkeit und das daran angeschlossene Publikum. In manchen Fällen sind auch Dritte Parteien in Form von Gerichten oder anderen Instanzen der Konfliktschlichtung beteiligt.

In der empirischen Realität wird diese Grundkonstellation durch Beziehungen mit weiteren Akteursgruppen angereichert, so dass ein komplexeres Bild des Interaktionszusammenhangs zu zeichnen ist (siehe Abbildung 5.2). Soziale Bewegungen interagieren mit mehreren zentralen Referenzgruppen. Dazu gehören, oft als Gegenpol oder Adressat, (1) staatliche Institutionen (Regierungen und Behörden, Parlamente, Gerichte, Polizei und andere Kontrollorgane), (2) politische Parteien, Unternehmen, Interessengruppen, (3) Gegenbewegungen, (4) Massenmedien und (5) die Träger bzw. Klientelgruppen in sog. sozialen Relais (Bildungseinrichtungen, Vereinen) und sonstigen Zirkeln (wissenschaftliche Gremien, Künstlergruppen, *Public Intellectuals* etc.), die sich möglicherweise zu den Anliegen einer Bewegung positionieren. Es versteht sich, dass auch diese Skizze die Akteursbeziehungen stark vereinfacht. Die Akteure erscheinen in der Abbildung als kompakte Blöcke, während sie realiter markante interne Differenzierungen aufweisen. Bewegungen weisen zudem Verbindungen zu politisch-ideologisch verwandten Bewegungen auf. Und sie können mit anderen Akteurstypen eine Allianz eingehen. So nimmt es nicht Wunder, dass in der Bewegungsforschung *coalition-building* wiederholt zum Thema wurde (Staggenborg 1991; Van Dyke/McCammon 2010; Daphi/Anderl/Deitelhoff 2022; Zajak/Haunss 2022).

Abbildung 5.2: Bezugsgruppen sozialer Bewegungen

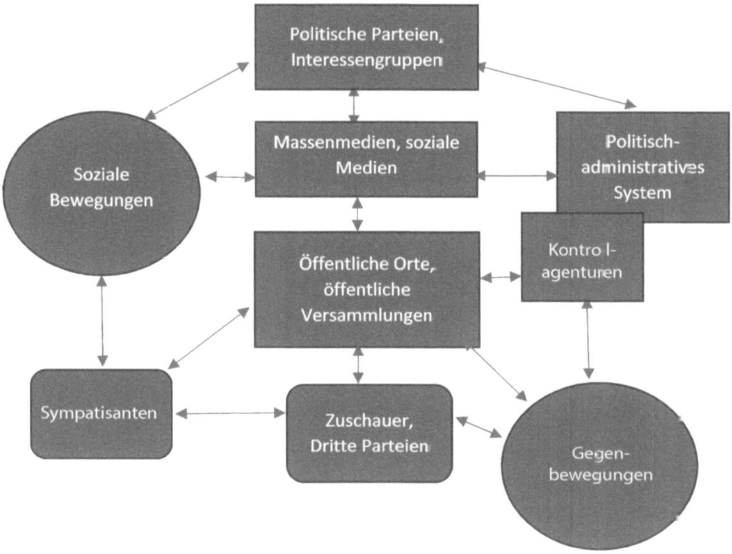

Dieses hier nur schematisch dargestellte Beziehungsgefüge hat grundsätzlich einen dynamischen Charakter. Veränderungen an einer Stelle bzw. bei einem Akteurstyp ziehen in aller Regel Veränderungen an anderer Stelle nach sich.

> *Angenommen, bei einer handgreiflichen Konfrontation von Anhängern einer Bewegung und einer Gegenbewegung kommt es auf beiden Seiten wie auch auf Seiten der intervenierenden Polizei zu mehreren Verletzten. Dieses Geschehen wird nicht nur von interessierten Passanten verfolgt, sondern auch in diversen Massenmedien berichtet und kommentiert. Exponenten der Bewegung wie der Gegenbewegung, aber auch Vertreter der Regierung, mehrerer politischer Parteien und der Polizeigewerkschaften nehmen Stellung zu den Vorgängen. Anzeigen werden erstattet (u. a. wegen Widerstands gegen die Staatsgewalt), staatsanwaltliche Untersuchungen eingeleitet und schließlich Gerichtsurteile gefällt. In Reaktion auf den Zusammenstoß beschließt die behördliche Meldestelle für Protestversammlungen, künftige Zusammentreffen von entgegengerichteten Protestgruppen durch verbindliche Auflagen zeitlich und/oder räumlich zu entzerren.*

Dieses hypothetische, aber durchaus realitätsnahe Beispiel lässt bereits die Komplexität des Interaktionsgefüges erahnen, in das Protestgruppen und soziale Bewegungen potentiell eingebunden sind. Diese Einbindung ergibt sich auf ihrer allgemeinsten Ebene durch die Grundstruktur moderner Gesellschaft mit ihren differenzierten Funktionssystemen, den Eigenarten lebensweltlicher Reproduktion und der vermittelnden Sphäre politischer Öffentlichkeit. Auf einer konkreteren Ebene bilden politische Regimetypen einen Rahmen, der die Handlungsmöglichkeiten der beteiligten Akteure begünstigt oder auch beschränkt. In Ausnahmesituationen, z. B. im Zuge eines Staatsstreichs oder einer Volkserhebung, können diese Strukturen rasch verändert werden. Neben diesen im Allgemeinen doch sehr stabilen Strukturen gibt es aber auch relativ variable Gelegenheitsstrukturen und kontingente Ereignisse und Prozesse, die sich auf Umfang und Form von Mobilisierungsprozessen auswirken. Darauf soll im Folgenden eingegangen werden.

5.1.3 Gelegenheitsstrukturen und situative Gelegenheiten

Das bereits zuvor in der Soziologie und speziell der Kriminalsoziologie eingeführte Konzept „opportunity structures"[72] wurde von Eisinger (1973) aufgegriffen, um damit die örtlich und zeitlich differierenden strukturellen Kontexte für lokale Protestgruppen und -kampagnen zu bezeichnen. Gelegenheiten, gleich ob eher struktureller oder situativer Art, werden zumeist als *günstige* Bedingungen verstanden, wobei der Bezugspunkt von Gelegenheiten (also Gelegenheiten wofür?) nicht immer explizit benannt wird. In der Regel geht es um Gelegenheiten, die Umfang und Art der Protestmobilisierung betreffen. Seltener werden dagegen Gelegenheiten thematisiert, die eine direkte Auswirkung auf den letztlichen Erfolg bzw. Misserfolg von Protestkampagnen haben (vgl. Kitschelt 1986).

In der frühen Debatte zu Gelegenheitsstrukturen standen zunächst *politische* Gelegenheitsstrukturen im Mittelpunkt (Eisinger 1973). Sidney Tarrow (1983) hat in einem Arbeitspapier darauf Bezug genommen und zwei Dimensionen von *political opportunity structure* unterschieden: *openness and closure of political access* und *stability of political alignments*. Das Konzept fand in der Bewegungsforschung rasch Anklang und wurde in der Folgezeit durch Herbert Kitschelt, Hanspeter Kriesi, Dieter Rucht und Doug McAdam modifiziert und erweitert. In einer Art Zwischenbilanz hat McAdam (1996: 27) auf eine „highly consensual list of dimensions of political opportunity" hingewiesen und vier Faktoren genannt.[73] Mit Blick auf Eigenschaften von Regimen als politischen Gelegenheitsstrukturen identifizierten Tilly und Tarrow (2007: 57) sechs Faktoren, die sich weitgehend mit den von McAdam genannten Dimensionen decken, allerdings der

72 Der Ausdruck geht vermutlich auf Robert K. Merton zurück, der ihn in dem 1938 verfassten Aufsatz *Social Structure and Anomie* erstmals verwendete.

73 McAdam nennt (1) die relative Offenheit oder Geschlossenheit des institutionalisierten politischen Systems, (2) die Stabilität oder Instabilität von Eliten, die typischerweise einen Policy-Bereich stützen, (3) das Vorhandensein oder Fehlen von Allianzen mit Eliten und (4) die Kapazität und Neigung des Staates zu Repression.

Geschwindigkeit, mit der sich Veränderungen dieser Dimensionen vollziehen, einen eigenständigen Rang einräumen.

Eine für die Mobilisierung von Protestgruppen im Allgemeinen vorteilhafte *politische* Gelegenheit bietet zum Beispiel eine Phase des Wahlkampfs, in der politische Parteien aufmerksamer als sonst die Stimmungen und Erwartungen der Bevölkerung registrieren. Doch kann der (potentielle) Effekt von „Gelegenheiten" auch negativ sein, also die Handlungsmöglichkeiten einer Bewegung beschränken oder demobilisierend wirken.

> *Ein Beispiel für eine von außen gesetzte Hürde ist die Aberkennung der Gemeinnützigkeit für Bewegungsorganisationen (wie z. B. Attac Deutschland), was ein reduziertes Spendenaufkommen zur Folge haben kann, in diesem konkreten Fall allerdings das Gegenteil bewirkte. Ein Beispiel für eine selbstgeschaffene und nicht-intendierte negative Gelegenheit ist die scharfe und weitgehend konsonante öffentliche Kritik an einer Bewegung, die es versäumt hat, sich von einer höchst problematischen Gruppe in ihren Reihen zu distanzieren. Eine wahrscheinliche Folge dessen ist ein öffentlicher Reputationsverlust, möglicherweise auch ein bewegungsinterner Streit, der zur Abwanderung von Bewegungsanhänger:innen führt. Ein weithin beachteter Konflikt entwickelte sich im Zusammenhang mit dem Aufruf, keine Waren aus Israel zu kaufen, um damit gegen die dortige Besatzungs- und Siedlungspolitik und für die Einhaltung völkerrechtlicher Standards zu demonstrieren. Diese Kampagne unter dem Stichwort BDS („Boycott – Divestment – Sanctions") stieß insbesondere in Deutschland auf viel Gegenkritik und wurde teilweise als antisemitisch gebrandmarkt, was wiederum von Seiten der Initiator:innen zurückgewiesen wurde (dazu Brumlik 2022).*

Neben politischen Gelegenheitsstrukturen sind für fast alle Bewegungen weitere Gelegenheiten bedeutsam. Zusammenfassend könnte man von einer Kontextstruktur sprechen (Rucht 1996), die auch ökonomische, kulturelle und diskursive Gelegenheiten einschließt.

Ökonomische Gelegenheitsstrukturen sind bisher in der Bewegungsforschung vernachlässigt worden. Allerdings wurde angenommen, dass akute ökonomische Krisen einen anderen Bewegungstypus hervorbringen als Phasen der Prosperität. Kerbo (1982) hat demzufolge zwischen *movements of crisis* und *movements of affluence* unterschieden, jedoch nur wenige illustrative Hinweise dazu gegeben. In Krisenzeiten rücken eher die primären Bedürfnisse, die Brot-und-Butter-Themen, in den Vordergrund. Einen idealtypischen Fall von Krisenbewegungen bilden die Hunger- und Nahrungsmittelproteste, die sich seit Jahrhunderten nachweisen lassen und auch in der Gegenwart keineswegs verschwunden sind (Thompson 1980; Gailus/Volkmann 1994; Raj/McMichael 2099; Bush 2010). Proteste dieser Art ereigneten sich in Deutschland zuletzt in den Jahren nach den Zweiten Weltkrieg; sie waren und sind jedoch weitaus häufiger in einigen Ländern Lateinamerikas, Afrikas und Asiens.

Dagegen scheinen lange Prosperitätsphasen die Entstehung von solchen Bewegungen zu begünstigen, die sich sekundären Bedürfnissen, etwa Verbesserungen der Lebensqualität, widmen. Als ein Beispiel dafür werden gegenkulturelle, hedonistische und oft studentisch geprägte Bewegungen der 1960er Jahre genannt, die aus einer Situation des Überflusses und Überdrusses erwachsen würden (Keniston 1968; Roszak 1969). Diese Deutung ist allerdings umstritten. Auf empirisch besser gesicherter Grundlage ruht die Interpretation neuer sozialer Bewegungen vor dem Hintergrund einer Verschiebung von materiellen zu postmateriellen Werten (Inglehart 1977). Letztere können nach der Maslowschen Theorie einer Bedürfnishierarchie erst dann breitenwirksam werden, wenn primäre existenzielle Bedürfnisse (vor allem Nahrung, Wohnung, Kleidung) befriedigt sind, so dass auf dieser Basis weitergehende Ansprüche erhoben werden.

Eine weitere Dimension von Gelegenheitsstrukturen ist *sozio-kultureller* Art. Sie wird in der Bewegungsforschung vor allem im Zusammenhang mit dem Framing-Ansatz thematisiert (vgl. 5.3). Ein Faktor für die Wirkung des Framing ist, wie schon vermerkt, dessen kulturelle Resonanz, also die Möglichkeit, mit Problemdeutungen, Forderungen und Lösungsangeboten an jenen Werten anzuknüpfen, die von großen Teilen der Bevölkerung anerkannt werden. Beeinflusst von diesen Werten aber auch von temporären Faktoren entwickeln sich politische und kulturelle Stimmungslagen, die zum Beispiel eher optimistische oder pessimistische Erwartungen oder auch diffuse Unzufriedenheit in Gestalt eines Wutbürgersyndroms zur Folge haben können. Größere gesellschaftliche Herausforderungen, so der Zustrom von Flüchtlingen oder die Corona-Pandemie, bieten dann eine Gelegenheit, Stimmungen zu bündeln und ihnen mit einem gesteigerten und teilweise aggressiven Protestaufkommen Ausdruck zu verleihen.

Teils in Verbindung mit kulturellen Gelegenheitsstrukturen wurde auch auf die Existenz *diskursiver* Gelegenheitsstrukturen hingewiesen (Koopmans/Statham 1999a; Ferree et al. 2002; Koopmans/Olzak 2004). Ein Element der diskursiven Struktur ist das Mediensystem. Ein plurales und offenes Mediensystem bietet auch ressourcenschwachen oder politisch unbequemen Gruppen eine Chance, für eine große Öffentlichkeit sichtbar zu werden. Wie schon erwähnt, implizieren in dieser Hinsicht demokratisch verfasste Systeme mit einer liberalen Medienlandschaft weitaus günstigere Bedingungen für widerständige Protestgruppen und soziale Bewegungen als semi-demokratische und autoritäre Regime. Mit den neuen sozialen Medien verringert sich allerdings die Abhängigkeit von den etablierten Medien. So kann einerseits die Protestkommunikation losgelöst vom medialen Mainstream erfolgen. Andererseits werden von dem eigenen Terrain ausgehend die etablierten Medien attackiert und denunziert („Lügenpresse“). Ein Ausdruck davon waren die Querdenker-Proteste in der Bundesrepublik und anderswo (Reichardt 2021; Amlinger/Nachtwey 2022).

Neben den benannten strukturellen Gelegenheiten verschiedener Art können auch *situative* Gelegenheiten Umfang und Art der Protestmobilisierung beeinflussen. Hierbei ist unter anderem an die bereits erwähnten *precipitating incidents* zu denken. Solche kontingenten Ereignisse können sich zum Vorteil oder Nachteil einer Bewegung auswirken.

Zum Beispiel haben die atomaren Katastrophen in den Atomkraftwerken in Tschernobyl (1986) und Fukushima (2011) in manchen Ländern die Anti-Atomkraft-Bewegung in ihrer ablehnenden Haltung bestärkt. In Deutschland trugen diese Katastrophen zu der Entscheidung bei, aus der atomaren Energieerzeugung auszusteigen. Ein Beispiel für einen nachteiligen Effekt eines kontingenten Ereignisses ist die zufällige Entdeckung, dass sich ein Exponent einer sozialen Bewegung dank seiner vielfältigen politischen Kontakte persönlich bereichert hat. Damit wird möglicherweise der Verdacht geweckt, es handle sich nicht um einen Einzelfall, sondern um ein systemisches Problem, das eine gesamte Führungsriege betrifft und damit die Bewegung als solche diskreditiert, so dass es zu einer Abwanderung von Aktivist:innen kommt.

Es wäre irrig anzunehmen, strukturelle und situative Gelegenheiten würden als solche eine objektive Wirkung entfalten. Sie müssen vielmehr von den Akteuren als Gelegenheiten erkannt und, sofern es sich um Chancen handelt, auch aktiv genutzt werden. Ein Aspekt dieser Einsicht in die Charakteristik von Gelegenheitsstrukturen ist der Grad ihrer Beeinflussbarkeit. Manche Gelegenheitsstrukturen müssen schlicht als eine vorerst unverrückbare Gegebenheit hingenommen werden. Aber es gibt auch Gelegenheiten, die von den handelnden Akteuren geschaffen bzw. modifiziert werden können (Tarrow 1994: 81 ff.).

5.2 Strategisches und kommunikatives Handeln

Der eingangs unterstellte, aber noch zu relativierende Status einer sozialen Bewegung als eines zielgerichteten Akteurs, der einen Konflikt mit Gegenspielern austrägt, legt es nahe, einer Bewegung (ebenso wie ihren Gegnern) eine strategische Handlungsorientierung zuzusprechen. Unter strategischem Handeln soll hier, unter Vernachlässigung der Differenz von Strategie und Taktik, im Sinne von Habermas die zweckrationale Einflussnahme auf Mit- und Gegenspieler verstanden werden.[74] Strategien sind geleitet von dem Versuch, eigene Ziele gegen

74 Als eine Variante zweckrationalen Handelns identifiziert Habermas das instrumentelle Handeln, das auf den Umgang mit materiellen Gegenständen gerichtet ist. Dazu zählen beispielsweise die Gewinnung und Verarbeitung von Rohstoffen oder die Reparatur eines Motors. Instrumentelles Handeln ist zumeist in einen sozialen Kontext eingebettet, aber dient nicht dem primären Zweck, soziale Beziehungen aufrechtzuerhalten und zu gestalten.

den Widerstand eines oder mehrerer Opponenten durchzusetzen. Dabei spielt der Einsatz materieller und/oder immaterieller Ressourcen auf beiden Seiten eine Schlüsselrolle. Den Zielen mögen unterschiedliche Motive zugrunde liegen: finanzielle Vorteile, Statussicherung, politischer Machtgewinn, Umsetzung politischer Ordnungsvorstellungen, praktische Verwirklichung universalistischer Werte und humanitärer Ideale, Chauvinismus und Rassismus. Aus der Sicht eines strategisch Handelnden geht es meist um Sieg oder Niederlage. Dies wird am deutlichsten in Situationen des mit Gewaltmitteln ausgetragenen Kampfes oder Krieges.

Politische Konflikte, an denen Bewegungen beteiligt sind, enden jedoch selten mit dem definitiven Sieg der einen und der Kapitulation der anderen Seite. Zumindest in demokratischen oder semidemokratischen Kontexten behalten beide Seiten trotz möglicher Machtasymmetrien einen Teil ihrer Ressourcen und Widerspruchsmöglichkeiten. Entsprechend sind Gewinner und Verlierer oft nicht eindeutig zu identifizieren, ziehen sich Konflikte in die Länge oder ändern sich die Kräfteverhältnisse im Zeitverlauf. Sofern sich ein Konfliktergebnis abzeichnet, ist es typischerweise ein Kompromiss, dem letztlich beide Seiten, aus welchen Gründen auch immer, zustimmen. Jedoch muss der Kompromiss nicht notwendig in der Mitte zwischen den diskrepanten Forderungen der Konfliktparteien liegen.

Die grundsätzliche Möglichkeit von Kompromissen im Zusammenhang mit sozialen Bewegungen ist nicht nur von Einstellungen der Kontrahenten, sondern auch von der Konfliktmaterie abhängig. In politikwissenschaftlichen Abhandlungen (Lowi 1972) wurde eine Typisierung von distributiven, redistributiven und regulatorischen Politiken und damit verbundenen Konflikten vorgenommen. Mit Blick auf soziale Bewegungen erscheint die Unterscheidung von Verteilungskonflikten, Ordnungskonflikten und moralischen Konflikten fruchtbarer; sie soll im Hinblick auf Möglichkeiten der Konfliktlösung betrachtet werden.

(a) *Verteilungskonflikte*, bei denen es um Fragen von mehr oder weniger geht (etwa Lohnverhandlungen, Belastungen durch Umweltstandards), lassen sich in der Regel durch Kompromisse lösen, ohne dass es dabei zu erbitterten Kämpfen kommt. Beide Seiten haben eine gewisse Verhandlungsmacht; sie wissen um die Wahrscheinlichkeit, dass ihre Maximalforderungen nicht erfüllt werden; sie lassen sich möglicherweise auf gemeinsam vereinbarte Spielregeln ein, zu denen auch die Bestellung einer Person oder Instanz gehören kann, die eine Rolle als Schlichter einnimmt.
(b) Konträr sind dagegen die Voraussetzungen und Effekte *moralischer Konflikte*, bei denen im Prinzip als nicht verhandlungsfähig angesehene Werte gegeneinanderstehen (z. B. Abtreibung, Todesstrafe). Typischerweise finden derartige Konflikte keinen geregelten Abschluss. Sie werden auch dann fortgeführt, wenn nach langen parlamentarischen und juristischen Debatten eine mehrheitlich akzeptierte Regelung durchgesetzt wurde, die beiden

Seiten ein Stück weit entgegenkommt, allerdings die moralische Kernfrage ungelöst lassen muss. Die Hardliner auf beiden Seiten werden keine Ruhe geben, sondern hoffen, ihre Position am Ende durchsetzen zu können.

(c) *Ordnungskonflikte*, die beispielsweise die Kompetenzverteilung zwischen politischen Organen (z. B. Bund und Ländern) oder die Rechte der Bürgerschaft (Mitwirkungsrechte, Klagerechte, Referenden) betreffen, können im Prinzip ausgehandelt und in Kompromissen stillgestellt werden. Allerdings besteht eine Wahrscheinlichkeit, dass sie wegen ihrer grundsätzlichen Bedeutung und ihren möglicherweise viele Politikfelder betreffenden Konsequenzen hochgradig umstritten sind. Die Kontrahenten stehen sich jedoch nicht in unauflösbarer Gegnerschaft gegenüber, sofern sie die institutionellen Grundlagen demokratischer Ordnung anerkennen und in ihren jeweiligen Voten sich darauf beziehen. Soziale Bewegungen, solange sie nicht nach einem starken oder autoritären Führer und entsprechenden ordnungspolitischen Maßnahmen rufen, zielen meist auf eine strategisch motivierte und kalkulierte Erweiterung ihrer Handlungsräume und damit auch ihrer Möglichkeiten politischer Mitsprache und Mitwirkung.

Auch wenn strategisches Handeln in öffentlichen Auseinandersetzungen überwiegt, so sind andere Handlungstypen nicht ausgeschlossen. Habermas verweist auf die Möglichkeit und den Geltungsbereich kommunikativen Handelns in Abgrenzung zum strategischen Handeln. Kommunikatives Handeln, das auf kommunikativer Macht beruht, zielt auf ein zwanglos herbeigeführtes Einverständnis. Anders als bei der sozialen und der administrativen Macht geht es nicht um die Durchsetzung eigener Ziele oder die Erlangung eigener Vorteile. Alltägliche Beispiele kommunikativen Handelns sind das mit keinerlei pädagogischen Ambitionen betriebene Spiel mit einem Kind oder der nachbarschaftliche Plausch im Treppenhaus. In anderen Kontexten richtet sich kommunikatives Handeln auf eine diskursive Verständigung über empirische oder normative Fragen (Habermas 1983a; 1991). Gegenstand empirischer Fragen sind umstrittene Tatsachenbehauptungen, also das, was ist. In einem von Habermas so genannten theoretischen Diskurs soll geklärt werden, ob die in Frage stehende empirische Behauptung wahr ist. Normative Fragen richten sich auf die Geltung einer Vorgabe für richtiges bzw. angemessenes Verhalten, also das, was sein soll. In einem praktischen Diskurs soll geklärt werden, ob eine Norm allgemeine Anerkennung finden kann.

In beiden Arten von Diskursen wird handlungspraktisch durchaus folgenreich unterstellt, dass diese Verfahren dem „eigentümlich zwanglosen Zwang des besseren Argumentes“ (Habermas 1981 I: 47) unterliegen, um einen möglichen (vorläufigen) Konsens (im Gegensatz zum machtpolitisch erzielten Kompromiss) zu erzielen. Im Akt der Argumentation gelten bestimmte Diskursregeln.[75] Diese Bedingungen der „idealen Sprechsituation", die Habermas den Vorwurf der Wirklichkeitsferne eingetragen haben (Weinrich 1972), werden von ihm ausdrücklich als „kontrafaktisch" charakterisiert.[76] Die Beteiligten wissen, dass in empirischen Auseinandersetzungen diese Bedingungen nicht stringent eingehalten werden und eingehalten werden können, z. B. angesichts der Not, unter Zeitdruck zu einer Entscheidung zu kommen. Aber sie wissen zugleich, dass solche Faktoren im Akt der Argumentation als dispensiert gelten müssen. So kann die Suche nach der Wahrheit angesichts eines äußeren Zeitdrucks unterbrochen oder abgebrochen werden. Zeitnot kann die Beteiligten veranlassen, mit einer offenen Frage pragmatisch, d. h. im Sinne eines Kompromisses, umzugehen. Aber Zeitnot kann nicht über den Wahrheitsgehalt einer Tatsachenfeststellung entscheiden. Nur eine Übereinstimmung, die unter den Bedingungen einer idealen Sprechsituation erzielt wurde, kann demnach als Konsens gelten.

Kommunikatives Handeln einschließlich des Diskurses, der durch einen manifesten Dissens ausgelöst wird, ist auch für soziale Bewegungen bedeutsam. Dies gilt sowohl für ihre internen Kommunikationen[77] und Handlungen als auch für solche, die nach außen gerichtet sind. Bezogen auf Letztere, die in diesem Kapitel im Mittelpunkt stehen, besteht die Möglichkeit, dass eine Bewegung eine konkrete Forderung mit einer Tatsachenbehauptung verknüpft. Sofern die Gegenseite auf argumentative Widerlegung der Behauptung bedacht ist, wird damit ein Diskurs eröffnet.

---

75 Die Diskursregeln wurden zunächst von Alexy (1978) formuliert und von Habermas (1983a; 1984) übernommen. Dabei handelt es sich um logisch-semantische Regeln (z. B. Widerspruchsfreiheit der Aussagen), dialektische Regeln mit ethischem Gehalt (z. B. dürfen Sprecher nur das behaupten, was sie selbst glauben) und rhetorische Regeln (z. B. jede Behauptung kann in den Diskurs eingeführt werden. Jede Behauptung darf problematisiert werden.). Im Kern wird für die Geltung von Argumenten Verständlichkeit, Wahrheit, Richtigkeit und Wahrhaftigkeit vorausgesetzt.

76 Die kontrafaktische Unterstellung der idealen Sprechsituation im Diskurs ist Habermas zufolge zugleich Modell für eine noch ausstehende, aber im Hier und Jetzt bereits antizipierte gesellschaftsweite Veränderung: „Erst die formale Vorwegnahme des idealisierten Gesprächs als einer in Zukunft zu realisierenden Lebensform garantiert das letzte tragende kontrafaktische Einverständnis, das uns vorgängig verbindet und an dem jedes faktische Einverständnis, wenn es ein falsches ist, als falsches Bewußtsein kritisiert werden kann." (Habermas 1970b: 99 f.).

77 Insbesondere radikaldemokratische Bewegungen sind darauf bedacht, Machtstrukturen in ihrer Binnenkommunikation zu minimieren. In eigener Verantwortung oder durch den Einsatz von Moderator:innen bzw. Beobachter:innen von Diskussionen wird darauf geachtet, dass Redezeiten nicht ausufern, eine Geschlechterparität der Sprecher:innen besteht, nicht immer dieselben Personen zu Wort kommen und persönliche Attacken unterbleiben. Bemühungen dieser Art waren in den letzten Jahren insbesondere bei studentischen Versammlungen, globalisierungskritischen Bewegungen und der Occupy-Bewegung zu beobachten. Zu den Versuchen diskursiver Kommunikation in Bewegungen siehe Haug/Teune (2008).

Beispielsweise könnte eine Tatsachenbehauptung von Gegnern der Todesstrafe lauten, dass sich im Vergleich von Ländern mit und ohne Todesstrafe zeige, dass diese Strafe, entgegen der Behauptung ihrer Befürworter, keine abschreckende Wirkung hat. Ebenso kann angesichts einer Kampagne für ein Rauchverbot in öffentlichen Räumen ein Diskurs darüber eröffnet werden, ob und unter welchen Bedingungen das Passivrauchen gesundheitsschädlich ist.

Derartige Diskurse werden idealerweise unter dem Bezug auf Fakten und eventuell auch auf wissenschaftliche Studien geführt. Sollte sich jedoch herausstellen, dass Konfliktparteien gezielt Daten manipulieren, so werden damit nicht nur Standards wissenschaftlicher Praxis verletzt, sondern auch das für öffentliche Auseinandersetzungen ebenso geltende Gebot der Wahrhaftigkeit. Im Nachhinein wird dann deutlich, dass die öffentliche Auseinandersetzung auf einem strategischen Handeln beruhte, bei dem eine Konfliktpartei einen Vorteil dadurch zu erlangen suchte, dass sie mindestens eine der diskursiven Regeln verletzt hat. Habermas (1981 II: 565 f.) hat ausdrücklich auf diverse Varianten pathologischer Diskurse hingewiesen.

Die Typisierung von strategischem und kommunikativen Handeln kann, wiederum mit Habermas, der hier an Sprechakttheorien von Austin und Searle anschließt, durch eine Unterscheidung von vier basalen Sprechakten bzw. Sprechhandlungen ergänzt und differenziert werden:

- Teleologische (zweckrationale) Handlungen, in denen technisch und strategisch verwertbares Wissen verwendet wird, kann im Hinblick auf Wahrheitsansprüche kritisiert werden (Habermas 1981 I: 447). Das damit verbundene Wissen kann in Form von Technologien und Strategien gespeichert werden.
- Konstative Sprechhandlungen verwenden elementare Aussagesätze. Diese können unter dem Aspekt der Wahrheit kritisiert werden und im Falle von Kontroversen in einem theoretischen Diskurs bearbeitet werden.
- Normenregulierte Handlungen verkörpern ein moralisch-praktisches Wissen. Sie können unter dem Aspekt der Richtigkeit bzw. Angemessenheit in einem praktischen Diskurs beurteilt werden.
- In dramaturgischen Handlungen werden Wünsche, Erlebnisse und Gefühlseinstellungen dargestellt. Diese Handlungen können als unwahrhaftig, d. h. als Täuschungen oder Selbsttäuschungen kritisiert werden.

Die vier genannten Handlungsformen sind auch in öffentlichen Auftritten sozialer Bewegungen anzutreffen.

(a) Eine Variante *teleologischen* Handelns, die strategische Einflussnahme auf Mit- und Gegenspieler, wurde bereits angesprochen. Es ist der wohl wichtigste Handlungsmodus sozialer Bewegungen. Die andere Variante teleologischen Handelns, die auf der Verwendung technisch verwertbaren Wissens beruht, ist unabdingbar für die Bewältigung vieler organisatorischer Aufgaben sozialer Bewegungen. Dazu gehört die Handhabung einer Software zur Erstellung einer Webseite für eine Bewegungsorganisation, die Fähigkeit und Erlaubnis zur Steuerung eines Schiffes, das für Protestaktionen auf hoher See eingesetzt werden soll, das technische Know how, das für den Betrieb eines bewegungsnahen „freien Radios“ benötigt wird, und auch die Kochkunst einer Gruppe von Freiwilligen, welche die Teilnehmer:innen an einer Platzbesetzung mit warmem Essen versorgt.

(b) *Konstative* Sprechhandlungen von Bewegungsakteuren beziehen sich vor allem auf Aussagen, mit denen Probleme und die dafür Verantwortlichen bzw. die ursächlichen Faktoren identifiziert werden. Gegenstand solcher Aussagen können konkret beobachtbare Vorgänge oder Sachverhalte sein (z. B. der Auslöser eines eskalativen Konflikts zwischen Polizei und Demonstrierenden, die Zahl der Teilnehmer:innen bei einer Großdemonstration). Sie können aber auch sehr komplexe Prozesse betreffen, deren Beurteilung letztlich eine Angelegenheit der einschlägigen Fachwissenschaften ist. Das gilt beispielsweise für die Auswirkungen radioaktiver Strahlung beim Betrieb atomarer Anlagen, die Nebenfolgen von Verfahren der Genmanipulation oder der von Menschen verursachten Erderwärmung. Über derartige Fragen wird intensiv gestritten; Bewegungsakteure machen sich fachkundig und publizieren sachbezogene Streitschriften, berufen sich auf Expert:innen[78] oder werden im Zuge jahrelanger Auseinandersetzungen selbst zu Expert:innen. In manchen Fällen wird die fachliche Auseinandersetzung im Rahmen besonderer Veranstaltungen geführt, die entweder von Bewegungsakteuren initiiert und kontrolliert werden oder zu denen Bewegungen Vertreter:innen entsenden. Dazu gehören politisch motivierte Tribunale (z. B. die seit 1966 abgehaltenen Russell-Tribunale), in denen ein Gerichtsverfahren mit entsprechenden Rollen zur Problematik von Kriegsverbrechen simuliert wird, Veranstaltungen wie der Internationale Vietnam-Kongress 1968 in Berlin oder auch von offizieller Seite organisierte Debatten wie das sog. Gorleben-Hearing zu Fragen der Atomenergie, das 1979 in Hannover stattfand. Gelegentlich werden aber auch reguläre Gerichtsverfahren von Protestgruppen im Sinne eines *strategic interest litigation* als eine Bühne genutzt, um für ihre Anliegen und Forderungen zu werben.

78 Besonders deutlich wird die Berufung auf wissenschaftliche Expertise mit Blick auf den Klimawandel. Entsprechend lautet ein Appell von Fridays for Future: „Listen to the scientists“.

Ein bekanntes Beispiel dafür ist der aufsehenerregende Prozess im französischen Bobigny im Jahr 1972, in dem fünf Frauen wegen illegal vorgenommener Abtreibungen vor Gericht standen.[79] *Ein weiteres Beispiel ist der Prozess gegen zwei Studentinnen, die abgelaufene Lebensmittel aus einem Supermarkt-Container entwendet hatten und aus prinzipiellen Gründen nicht bereit waren, die 2019 vom Amtsgericht Fürstenfeldbruck verhängte minimale Geldstrafe von 15 Tagessätzen zu akzeptieren. Somit fand der juristische Streit seine Fortsetzung in zwei höheren Instanzen. Vor allem aber wurde der juristische Vorgang erfolgreich politisiert, ablesbar an vielen Unterstützungsaktionen für die „Täterinnen", einer großen Medienresonanz, der gewundenen Erklärung des Bundesverfassungsgerichts, sich nicht mit dem Fall zu befassen, und nicht zuletzt auch der Behandlung der Materie durch zwei Bundestagsfraktionen.*

(c) Offensichtlich ist auch die Existenz von *normenregulierten* Handlungen in Bewegungskontexten. Das gilt nicht nur für jene Bewegungskampagnen, die als moralische Kreuzzüge (Gusfield 1963) bezeichnet werden. Moralische Werte spielen in den meisten sozialen und politischen Bewegungen eine eminente Rolle (Jasper 1997; Lahusen 1996). Und selbst dort, wo Protestierende de facto nackte Interessenpolitik betreiben, reklamieren sie in aller Regel moralische Gründe für ihr Tun, zum Beispiel dass der Protest gegen ein Bauprojekt umweltpolitisch motiviert sei, obgleich es faktisch darum geht, eine Wertminderung der eigenen Immobilie abzuwehren. Moralische Gesichtspunkte werden von Protestgruppen aber auch nach innen hin geltend gemacht, indem eine respektvolle Kommunikation oder Solidarität angemahnt wird.

(d) *Dramaturgische* Handlungen begleiten viele öffentliche Auftritte von Protestgruppen und sozialen Bewegungen, stehen zuweilen sogar im Mittelpunkt des Protesthandelns. Hierbei ist analytisch zu unterscheiden zwischen Gefühlen und Stimmungen, die absichtslos geäußert werden (z. B. spontane Wut oder Freude) und kalkulierten Inszenierungen, die darauf angelegt sind, das mediale Interesse am Spektakel zu bedienen oder beim Publikum oder auch Gegner bestimmte Reaktionen (Mitgefühl, Furcht, Respekt etc.) hervorzurufen. So kann Wut und Verachtung dadurch zum Ausdruck gebracht werden, dass der Gegner in Gestalt einer Strohpuppe verbrannt wird. Ein anderes Beispiel ist die Verunzierung oder Zerstörung von Symbolen, etwa Flaggen, Denkmälern oder Portraits politischer Gegner. Derartige In-

79 Unter den Angeklagten war auch eine Minderjährige, die nach einer Vergewaltigung die Schwangerschaft abgebrochen hatte. Der Prozess fand unter großer öffentlicher Anteilnahme statt. Nach Auffassung vieler Kommentator:innen bildete er einen wesentlichen Faktor für die Entkriminalisierung der Abtreibung in Frankreich (Valenti 2010).

szenierungen sind kein authentischer Ausdruck von Gefühlszuständen, sondern entspringen einem taktischen Kalkül, was auch die zuweilen aufwendige Vorbereitung manch dramaturgischer Handlungen verdeutlicht. Auch in diesen Fällen geht es nicht immer um Außenwirkung. Dramaturgisches Handeln kann auf die eigene Anhängerschaft ausgerichtet sein, indem rituell Geschlossenheit demonstriert, an Held:innen der Bewegung erinnert oder ein Etappensieg gefeiert wird.

In aller Regel kommen diese vier Handlungsmodi nicht jeweils separat zu Anwendung, sondern werden kombiniert. Deutlich wird das beim Bühnengeschehen im Rahmen von Massenkundgebungen.

Innerhalb eines einzelnen Redebeitrags oder auch den Bühnenauftritten verschiedener Personen im Rahmen einer großen Kundgebung können bestimmte Handlungstypen im Vordergrund stehen: Eine Wissenschaftlerin benennt nüchtern und in Zahlen das Ausmaß eines Problems; eine davon direkt Betroffene berichtet von ihrem persönlichen Leid; der Auftritt einer Musikgruppe sorgt für Stimmung im Publikum; ein Geistlicher erklärt, was moralisch geboten ist; ein Repräsentant einer Bewegungsorganisation benennt das eigene und das gegnerische Interesse und zeigt auf, welche Schritte im weiteren Widerstand anstehen. Auch ist es möglich, dass unterschiedliche dramaturgische Signale in ein- und derselben Protestveranstaltung ausgesandt werden. Während etwa im Rahmen eines Protestmarsches ein Großteil der Beteiligten Friedfertigkeit signalisiert, wirkt ein im Protestzug platzierter schwarzer Block von vermummten Autonomen eher bedrohlich.

5.3 Repertoires und Strategien des Protests

Einzelne Proteste von sozialen Bewegungen sind in aller Regel eingebettet in einen größeren zeitlichen und sachlichen Kontext, in dem bisherige Erfahrungen wie auch die Einordnung in längerfristige Perspektiven und Erwartungen bedeutsam sind. Nicht alle Handlungsoptionen, die theoretisch möglich sind, werden ergriffen. Eingrenzungen und Einschränkungen ergeben sich aus dem tatsächlich abrufbaren Repertoire wie auch strategischen Überlegungen, die über die konkrete Aktion hinausweisen.

5.3.1 Protestrepertoires

Das Wort Repertoire ist vor allem im Bereich der darstellenden Kunst geläufig. Dort bezeichnet es ein einstudiertes Programm oder ein Set von Rollen, die für Künstler:innen verfügbar und abrufbar sind. In dieser generalisierten Bedeutung ist das Konzept des Repertoires maßgeblich von Charles Tilly in die Protest- und Bewegungsforschung eingeführt worden. Er versteht unter Protestrepertoire bzw. *repertoire of contention* „a limited set of routines that are learned, shared and acted out through a relatively deliberate process of choice" (Tilly 1995b: 26).

Die nach außen gerichteten Handlungen sozialer Bewegungen sind nicht auf Protest beschränkt,[80] doch ist Protest, wie schon betont, das zentrale öffentlich sichtbare Handlungsmedium. Das Spektrum der Protestformen ist extrem vielfältig (Schöneberger/Sutter 2009; Bogerts/Teune 2021). Es variiert in Bezug auf Dauer, räumliche Ausdehnung, Zahl der Beteiligten, Planung und Steuerung, Intensität, Radikalität, öffentliche Sichtbarkeit, symbolische Aufladung usw.

In der Fachliteratur wurden verschiedene Typologien von Protesthandlungen vorgelegt. Manche unterscheiden nur grob zwischen friedlichen (bzw. legalen) und unfriedlichen (bzw. illegalen) Formen. Andere listen ein Dutzend oder weitaus mehr Protestformen auf (z. B. Unterschriftensammlungen, Protestmarsch, Hungerstreik, Sit-in). Im Rahmen von Protestereignisanalysen werden die einzelnen Formen meist breiteren Kategorien zugeordnet, z. B. appellative, verfahrensförmige, demonstrative, konfrontative/disruptive und gewaltförmige Proteste. Zu einigen dieser Formen, darunter Streiks, Boykotte, Protestmärsche, Aktionen zivilen Ungehorsams, Platzbesetzungen, Sabotage, Barrikaden, Hungerstreiks, Selbstverbrennungen, Gewaltaktionen (Brandanschläge, Lynchjustiz, riots, terroristische Akte) liegen spezielle Abhandlungen vor. Auch gibt es Untersuchungen, die sich bestimmten Protestformen in langen Zeiträumen (Tilly 1986b), revolutionären Phasen (Volkmann 1984) oder auch bestimmten Regionen oder sozialen Trägern zuwenden. So existiert beispielsweise eine Spezialliteratur zu Streiks, Riots, zivilem Ungehorsam, Hausbesetzungen, Gefängnisaufständen, alltäglichen Widersetzlichkeiten und vielem mehr.

Empirische Arbeiten zeigen, dass konkrete Bewegungen und ihre Teilgruppen immer nur einen Ausschnitt aus dem umfangreichen Möglichkeitsspektrum kollektiver Proteste tatsächlich nutzen. Andere Formen sind den Akteuren nicht vertraut oder unbekannt, werden aus ethischen oder praktischen Gründen abgelehnt, erscheinen als nicht zielführend, gelten als zu aufwendig, zu risikoreich oder auch zu harmlos.

Manche der Protestformen reichen weiter zurück als die Geschichte der sozialen Bewegungen. Andere, gebunden an bestimmte historische Randbedingungen,

80 Zum Beispiel können Bewegungsgruppen eine Gedenkveranstaltung durchführen, Randgruppen materiell und ideell unterstützen und eine Regierungsmaßnahme ausdrücklich gutheißen.

sind zumindest in ihrer konkreten Erscheinungsform verschwunden. So können heute nur noch wenige Zeitgenoss:innen etwas mit Begriffen wie Katzenmusik, Charivari und Getreidesturm anfangen.

Einige Grundmuster des Protests, so der Einspruch bei Gerichten, die Petition, die Versammlung auf Straßen und Plätzen, der Marsch, der Angriff auf Eigentum und Leben von Opponenten, existieren seit Jahrhunderten und werden lediglich in ihrer konkreten Ausgestaltung jeweils kontextspezifisch variiert (Rucht 2015a). Andere sind nur scheinbar neu oder kommen erst mit neuen technischen Möglichkeiten auf. Das gilt für elektronische Unterschriftensammlungen und das Instrument des *hacktivism* in der digitalen Welt. Eher jüngeren Datums scheinen Protesthandlungen zu sein, in denen sich einzelne Aktivist:innen, um die Dramatik ihrer Lage zu signalisieren, selbst einen Schaden zufügen (z. B. das Zunähen des Mundes im Falle von auf australische Inseln deportierten Flüchtlingen) oder sogar Suizid durch Selbstverbrennung begehen (dazu Biggs 2005).

Manche Protestgruppen und Bewegungen sind auf eine ganz bestimmte Aktionsform oder Protesttaktik (Taylor/van Dyke 2004) spezialisiert. Sie konzentrieren sich beispielsweise auf eine Petition, einen Konsumboykott, eine Steuerverweigerung oder eine Form zivilen Ungehorsams. Zumeist kommt jedoch im Rahmen einer größeren und längerfristig bestehenden Kampagne oder Bewegung eine breitere Palette von Protestformen zum Einsatz. Selbst in einzelnen Protestakten werden oft mehrere Aktionsformen verknüpft. Ein Beispiel dafür ist eine Sammlung von Unterschriften, die im Zuge einer abschließenden Kundgebung dem Adressaten, z. B. einem politischen Repräsentanten, übergeben werden. Ein anderes Beispiel ist eine länger währende Platzbesetzung, von der dann zusätzliche Protesthandlungen im Umland ausgehen oder in deren Rahmen kulturelle Veranstaltungen stattfinden, die inhaltlich mit dem Protestthema verknüpft werden.

So entstand im Rahmen des Protests gegen ein geplantes Atomkraftwerk eine improvisierte Bildungseinrichtung namens Volkshochschule Wyhler Wald, die auf dem besetzten Baugelände ihr Domizil hatte, was wiederum eine ähnliche Initiative der Protestbewegung gegen die Startbahn West des Frankfurter Flughafens inspirierte. Vereinzelt haben sich auch Schauspieler:innen und Musiker:innen, über singuläre Auftritte hinausgehend, mit ihren beruflichen Fertigkeiten in den Dienst von Protestanliegen gestellt. Das gilt u. a. für das Orchester „Lebenslaute", das Protestgruppen mit Darbietungen klassischer Musik unterstützt und im August 2022 an einer Blockadeaktion gegen eine geplante Autobahnstrecke in Berlin beteiligt war.

Zuweilen wird mit einer Protestkampagne lediglich ein loser Rahmen gesetzt, innerhalb dessen sich diverse Gruppen mit ihren je eigenen Protestformen beteiligen. Einigendes Band ist hier lediglich die Absicht, etwas zu blockieren oder zu verhindern, ohne eine übergreifende und koordinierte Aktion in Gang zu setzen. Man könnte hier von einem Plattform-Protest sprechen.

> *Ein prototypischer Fall für einen derartigen Plattform-Protest waren die Blockaden der Castor-Transporte von Frankreich in das atomare Zwischenlager für abgebrannte Brennstäbe in Gorleben (Rucht 2013a). Dieser Fall zeigt auch, wie eng manche Protestformen mit den jeweiligen Handlungsoptionen und Ressourcen der beteiligten Gruppen verbunden sind. Beim letzten Protest dieser Art im Jahr 2011 beteiligten sich Rentner:innen mit ihren Klappstühlen an einer als „Stuhlgang" firmierenden Blockade, veranstalteten Schüler:innen einen Laternenumzug, blockierten Bauern mit ihren Traktoren Zufahrtswege, trieb eine Schäferin eine Herde auf den Transportweg, schraubten sich Aktivisten von Greenpeace in einem auf der Straße abgesetzten Container fest, untergruben vornehmlich studentische und linke Aktivist:innen mit der Aktion des „Schotterns" das Gleisbett, auf dem der Zug mit den atomaren Behältern heranrollen musste.*

Handelt es sich in all den genannten Fällen um kollektive, öffentlich sichtbare und zumeist auch organisierte Proteste, so hat die einschlägige Forschung auch auf die Bedeutung von „alltäglichen Widersetzlichkeiten" und Formen des versteckten Widerstands („hidden transcript") hingewiesen, die teilweise subversive Züge tragen (Lüdtke 1984; 1991; 1993; Scott 1985; 1990; Sutterlüty/Poppinga 2022). Solche Akte mögen als isolierte individuelle Handlungen erscheinen, sind jedoch in aller Regel milieugebunden, interaktiv stimuliert und bedürfen nicht notwendig einer expliziten Absprache unter den Beteiligten. In diesem Sinne sind sie durchaus als Zeichen von kollektivem Protest oder Widerstand zu begreifen.

Vieles deutet darauf hin, dass in der langen zeitlichen Perspektive das Protestrepertoire, das einzelnen Gruppen und Bewegungen zur Verfügung steht, breiter geworden ist. Hauptgründe dafür sind die zunehmende soziale Mischung von Protestträgern sowie die erweiterten kommunikativen und sonstigen technischen Möglichkeiten des Protests. Insbesondere sorgen bildgestützte, über professionalisierte Massenmedien oder bewegungskontrollierte Medien verbreitete Darstellungen dafür, dass eindrucksvolle und kreative Protestformen (z. B. Flashmobs) zur Kenntnis genommen und dann auch imitiert werden. Dabei kommt es teilweise zur Übernahme von Formen, die aus ihrem ursprünglichen, inhaltlich und sozial gebundenen Kontext gelöst und in ganz anderen Kontexten eingesetzt werden. Tarrow (1993) hat hier, in Bezugnahme auf Tilly, von der Modularität des Protests gesprochen. Dieses Muster lässt sich historisch weit zurückverfolgen (Tilly 1995a; Wada 2012), hat aber nach meinem Eindruck im Zeitverlauf stark zugenommen.

So zeigten sich Rechtsradikale im Rahmen einer Veranstaltung der NPD in den frühen 2000er Jahren mit einem T-Shirt, auf dem das Portrait von Che Guevara prangte. Gegner von Regierungsmaßnahmen zur Eindämmung der Corona-Pandemie hielten bei einer Berliner Demonstration im Jahr 2021 ein Bild von Mahatma Gandhi hoch. Ebenso war zu beobachten, dass Abtreibungsgegner:innen in den USA Eingänge zu medizinischen Kliniken durch Sit-ins blockierten und dabei „We shall overcome", die Hymne der Bürgerrechtsbewegung aus dem linken und liberalen Spektrum, anstimmten.

Die Übernahme von bewegungseigenen Protesttaktiken und -symbolen durch die Gegenseite ist eher selten, aber findet gesteigerte und den Adepten hoch willkommene Aufmerksamkeit. Weniger spektakulär und zugleich häufiger ist dagegen die Übernahme von inhaltlichen oder formalen Protestelementen durch Gruppen, die sich im Einklang mit den Werten und Ideen derer fühlen, die als ursprüngliche Schöpfer oder Nutzer dieser Protestelemente aufgetreten sind. So werden vielfach Anleihen bei historischen Vorbildern gemacht. Bespielweise haben Gegner des geplanten Atomkraftwerks im südbadischen Wyhl an die Rebellionen der frühen Neuzeit erinnert und ein Symbol damaligen des bäuerlichen Widerstands, den Bundschuh, in die Ikonografie des Atomprotests in dieser Region aufgenommen.

Neben der Übernahme einzelner Protestsymbole kommt es auch verstärkt zu einer Diffusion bzw. Imitation ganzer Protestkonfigurationen, in denen bestimmte Inhalte, Werte, Aktionsformen und äußere Zeichen verbunden werden. Hierbei erweist sich die Nutzung von digitalen Medien als ein Faktor, der Diffusionsprozesse enorm beschleunigt und ausweitet.

Zwei jüngere Beispiele dafür sind die #BlackLivesMatter-Kampagne (seit 2013) und die überwiegend von feministischen Gruppen getragene #metoo-Kampagne (seit 2017). Letztere wurde vom Time Magazine zur „Person des Jahres" gekürt.[81] Beide Kampagnen hatten ihren Ursprung in den USA. Beide wurden durch Aufsehen und Empörung erregende Schlüsselereignisse ausgelöst bzw. befeuert. Die Kritik an skandalösen Akten von Gewalt nahm schnell eine grundsätzliche Dimension an. Dadurch wurde eine konkrete Problematik – Gewalt gegen Frauen im einen Fall, rassistische (Polizei-)Gewalt im anderen Fall – universalisiert und vermochte starke Resonanzen in anderen Regionen der Welt auszulösen. Diese Reaktionen erschöpften sich nicht nur in verbalen Bekundungen des Mitgefühls. Vielmehr entstanden eigenständige Protestnetzwerke, die auf ihre je spezifische Weise und oft auch bezogen auf Missstände im eigenen

81 Der Chefredakteur des Magazins: „Das ist der am schnellsten um sich greifende soziale Wandel, den wir in Jahrzehnten gesehen haben und alles begann mit dem Mut von Hunderten von Frauen – und ein paar Männern – die sich entschlossen haben, zu reden und ihre Geschichte zu erzählen." (https://www.nzz.ch/panorama/das-magazin-time-erklaert-die-metoo-kampagne-zur-person-des-jahres-ld.1336422).

sozio-kulturellen Kontext aktiv wurden, sich aber als Teil einer grenzüberschreitenden Bewegung verstanden. Ein Beleg dafür ist die Abwandlung des Slogans „Black Lives Matter" in den Slogan „All Lives Matter". So konnte Polizeigewalt, die sich in Prag gegen Sinti und Roma (Slogan: „Roma Lives Matter") oder in Pariser Vorstädten gegen arabischstämmige Jugendliche richtete, nun als Ausdruck eines verbreiteten strukturellen Rassismus gedeutet und der darauf zielende Protest als Teil einer globalen Bewegung verstanden werden. Die große Resonanz dieser Kampagne bot aber auch Anlass für kritische Reaktionen oder sogar Gegenproteste unter dem Signum von „Police Lives Matter" oder „White Lives Matter".

Neben solchen Aufsehen erregenden Akten und Kampagnen des Protests gibt es aber auch Elemente des Protestrepertoires, die aufgrund ihrer Ritualisierung kaum ein Überraschungsmoment enthalten. Sie pflegen eine Tradition. Auf diese Weise können sie identitätsstiftend wirken und eine wiederkehrende externe Aufmerksamkeit erhalten. Dazu gehören vor allem kalendarisch fixierte Proteste, die in ihrem thematischen Rahmen und in ihren Grundformen kaum variieren, aber gleichwohl jeweils zeitspezifische Akzente im Hinblick auf konkrete Inhalte und Protestformen setzen können.

Zu solchen Protesten zählen die seit 1890 stattfindenden Aktionen zum Ersten Mai, der seit 1921 am 8. März begangene internationale Frauentag, der Tag zum Gedenken des Abwurfs der Atombombe in Hiroshima am 6. August 1945 und die seit 1958 zunächst in England und dann auch in anderen Ländern durchgeführten Ostermärsche.

Eine andere Variante von im Prinzip erwartbaren Aktionen sind die sog. Gipfelproteste, die anlässlich vieler politischer und wirtschaftlicher Spitzentreffen (insbesondere G7, G8, G20, Tagungen von IWF und Weltbank, Davoser Wirtschaftsforum, Weltklimagipfel) durchgeführt werden. Diesen Protesten, die beträchtliche Größenordnungen erreichen können, gehen oft lange und intensive Vorbereitungen voraus. Meist kommt eine ganze Bandbreite von – nicht immer konsentierten und koordinierten Aktionsformen – zum Einsatz, darunter Informations- und Diskussionsveranstaltungen („Gegengipfel"), friedliche Kundgebungen, Blockadeaktionen, zuweilen auch Gewalt gegen Sachen und Personen. Auf Seiten der Demonstrierenden wie auf Seiten der Sicherheitskräfte haben sich inzwischen gewisse Routinen herausgebildet. Die öffentliche Aufmerksamkeit richtet sich vor allem auf die Frage, ob und in welchem Umfang es zu Protestgewalt kommt und wie die Staatsmacht darauf reagiert. Aus dieser Warte erscheinen die Verlautbarungen der Offiziellen wie auch die inhaltlichen Botschaften der Protestgruppen als eher zweitrangig.

Das Gegenstück zu diesen ritualisierten Auftritten bilden zum einen sog. Spontanproteste, mit denen auf nicht vorhersehbare und einschneidende externe Ereignisse reagiert wird. In solchen Fällen gilt nicht die in Deutschland bestehende Anmeldepflicht für „Aufzüge und Versammlungen unter freiem Himmel". Derartige Proteste können durch den gewaltsamen Sturz einer Regierung, eine militärische Invasion oder auch eine skandalöse Polizeiaktion ausgelöst werden. Zum anderen sind jene Proteste zu nennen, die überraschend losbrechen, schnell aus dem Ruder laufen und mit massiven Konsequenzen verbunden sind, darunter Plünderungen, schwere Sachbeschädigungen, Barrikadenbau, Brandanschläge, Körperverletzungen und Tötungen. In manchen Fällen des kollektiven Aufruhrs (*riot*) wird über Tage hinweg die „öffentliche Ordnung" außer Kraft gesetzt.

Die Erklärungen für derartige Ausschreitungen gehen weit auseinander. Manche sehen darin lediglich „blinde Zerstörungswut" am Werk und greifen auf sog. „riffraff"-Theorien[82] zurück. Seriöse Analysen zeigen dagegen, dass den meisten Unruhen eine Kombination von strukturellen und situativen Faktoren zugrunde liegt (Skolnick 1969; Paige 1971; Olzak/Shanahan/McEneaney 1996; Moran/Waddington 2016). Als zentrale strukturelle Faktoren erweisen sich politische, ökonomische und soziale Benachteiligung, fehlende Lebensperspektiven oder auch verfestigte Spannungen zwischen religiösen oder ethnischen Gruppen. Den Protest auslösende oder anheizende situative Faktoren sind zumeist Übergriffe einzelner Polizist:innen, fehlgeleitete Polizeieinsätze, Einschränkungen von Freiheitsrechten, als ungerecht empfundene Gerichtsentscheidungen und pauschale Abwertungen bestimmter Gruppen.

5.3.2 Strategien und Taktiken

Strategien, die jenseits der militärischen Praxis nicht immer ausdrücklich von Taktiken unterschieden werden, sind langfristig kalkulierte Vorgehensweisen mit Blick auf die Erreichung eines wichtigen Ziels. Dabei werden konkrete Einzelmaßnahmen und taktische Schritte in einen größeren Zusammenhang eingeordnet und aufeinander abgestimmt.

In sozialen Bewegungen, die auf weiter reichende Ziele ausgerichtet sind, können strategische Kalküle eine bedeutsame Rolle spielen. Strategien beruhen auf Planung, Prioritätensetzung, Kenntnis von Stärken und Schwächen der eigenen wie der gegnerischen Seite. Dadurch werden Orientierungsmarken für angemessenes und zielführendes Handeln gesetzt, zentrale Handlungsfelder von Nebenschauplätzen geschieden und einzelne Taktiken bzw. Handlungsformen als angemessen oder unangemessen qualifiziert.

82 Der englische Begriff „riffraff" steht für minderwertiges Gesindel.

Ein Beispiel für eine strategische Richtungsentscheidung ist die von zentralen Akteuren der Anti-Atomkraft-Bewegung propagierte Konzentration auf die ungelöste Frage der Entsorgung nuklearer Abfälle. Anders als bei den oft regional begrenzten Protesten gegen geplante oder in Bau befindliche Atomkraftwerke wird hier an einer Stelle angesetzt, die als „Achillesferse" des Atomprogramms gilt. Mit dem auf diesen Aspekt zielenden Widerstand, so die Erwartung, könnte das gesamte Atomprogramm ins Stocken geraten oder gar zum Halt gebracht werden. Vorangetrieben wurde der darauf gerichtete Widerstand auf juristischem Wege, der gesetzlich zu fixierenden Forderung nach dem „Entsorgungsnachweis", aber auch in vielfältigen Protesthandlungen vor Ort, insbesondere gegen das ursprünglich im Raum Lüchow-Dannenberg geplante atomare Endlager.

Ein bemerkenswertes taktisches Manöver kam während der Protestkampagne gegen den 2007 in Heiligendamm stattfindenden G8-Gipfel zur Anwendung. Ein Ziel der Protestierenden bestand darin, möglichst nahe an das Areal mit den Staatsgästen heranzukommen, das durch massive Zäune nach außen abgeschirmt und dessen Zufahrtswege durch ein massives Aufgebot von Polizeikräften blockiert waren. Anstelle des wohl aussichtlosen Versuchs, die Polizei durch die Masse von vorrückenden Demonstrierenden von den Zufahrtswegen abzudrängen, entschlossen sich die Protestierenden, den Weg über die offenen Wiesen und die Wälder zu nehmen. Um eine räumliche Konzentration polizeilicher Gegenmaßnahmen zu verhindern, gingen die Demonstrierenden in fünf getrennten Formationen voran, was später als sog. Fünf-Finger-Taktik in die Annalen der Protestgeschichte eingehen sollte. Die überraschte und düpierte Polizeiführung hatte dem nichts entgegenzusetzen. Ein guter Teil der Demonstrierenden konnte das Marschziel, die stählerne Umzäunung des Tagungsortes, erreichen, aber musste dann vor dieser Hürde kapitulieren.

Eine ähnliche räumliche Aufsplitterung in unterschiedliche Kontingente von Protestierenden (getrennt nach ideologischer Ausrichtung und gekennzeichnet durch unterschiedliche Farbgebung) war auch schon im Jahr 2000 bei den Protesten globalisierungskritischer Bewegungen gegen das Gipfeltreffen des IWF in Prag wie auch bei Protestaktionen im Nachgang zu der Kampagne in Heiligendamm zu beobachten. Doch schon in der viel weiter zurückreichenden Vergangenheit gab es das Muster dezentraler Proteste in Form eines sog. Wahlrechtsspaziergangs, der am 6. März 1910 in Berlin stattfand. Anstatt sich wie zunächst angekündigt zu einer zentralen Kundgebung im Treptower Park zu versammeln, verteilten sich die Protestierenden auf zahlreiche Viertel der Stadt und ließen damit die Polizei ins Leere laufen.[83]

83 In einem später verfassten Bericht heißt es mit Blick auf die Polizei, die sich auf eine große Menschenmenge in Treptow vorbereitet hatte: „Man wartete, doch nur wenige Bummelanten

Mit Blick auf Strategien sozialer Bewegungen werden in der Literatur zwei kategoriale Unterscheidungen vorgenommen, die teilweise auch in Bewegungstypologien wiederkehren. Eine erste Differenzierung, die auf die grundlegende Logik oder Strategie abstellt, ist die Unterscheidung zwischen macht- und kulturorientierten Bewegungen (Raschke 1985; Rucht 1988). Eine zweite und geläufigere Unterscheidung bezieht sich auf Bewegungen, die entweder eine pragmatische (reformistische) oder aber eine fundamentalistische (revolutionäre) Strategie verfolgen. Empirisch kommen diese Orientierungen zumeist in unterschiedlichen Mischungsverhältnissen vor. Insbesondere große und über längere Zeit bestehende Bewegungen bilden in der Regel einzelne Strömungen aus, die sich in der Art und Radikalität der Zielsetzung und der dafür eingesetzten Mittel unterscheiden. Vielfach ist eine Ausdifferenzierung in einen moderaten und einen radikalen Flügel zu beobachten (vgl. 4.7).

Etliche Protestkampagnen und soziale Bewegungen sehen sich mit der „Gewaltfrage" konfrontiert. Was ist Gewalt? Unter welchen Bedingungen erscheint welche Form und welches Maß an Gewalt als legitim? Ist es den Zielen einer Bewegung zuträglich, wenn sie mit Blick auf die Aktionsformen einen moderaten und einen radikalen Flügel ausbildet? In aller Regel verläuft das Neben- und Miteinander dieser Orientierungen nicht reibungslos. Sofern im Rahmen größerer und auf Friedfertigkeit bedachter Kampagnen auch mit unerwünschten Auftritten gewaltbereiter Gruppen zu rechnen ist, sind die Initiatoren darauf bedacht, möglichst die Kontrolle über das Geschehen durch die Erstellung eines zuvor ausgehandelten „Aktionskonsenses" zu wahren (dazu 4.7). Das galt für Protestaktionen der Friedensbewegung 2003, der Anti-Atomkraft-Bewegung, des Blockupy-Bündnisses wie auch neuerer klimapolitischer Gruppen (Ende Gelände und Extinction Rebellion).

War die Protestgewalt in der Bundesrepublik von den 1950er bis zu den 1980er Jahren überwiegend vom linken Spektrum ausgegangen, so haben sich seit den 1990er Jahren die Gewichte verschoben. Während auf der linken Seite die Eignung und Legitimität disruptiver und gewaltförmiger Mittel zumeist intensiv diskutiert wurde und wird, kommt es im rechten Lager kaum zu Grundsatzdiskussionen, in denen ethische und demokratiepolitische Motive eine bedeutsame Rolle spielen. Hier dominiert vielmehr entweder ein rein taktisches Verhältnis zur Protestgewalt oder deren prinzipielle Befürwortung im Geiste eines rigorosen Autoritarismus, der mit einer Glorifizierung von Gewalthandlungen einhergehen

erschienen, die ‚Massen' kamen nicht. Indessen entwickelte sich in den Straßen Berlins und der Vororte ein lebhaftes Treiben. Tausende von kleinen Zügen … zogen fröhlich dahin. Ja, wohin? Der Weg ging doch nicht nach Treptow? Die Leiter lächelten und schwiegen sich aus." (Zitiert nach Ludwig-Uhland-Institut 1986: 43) Am Ende kam es zu einer großen und unangekündigten Kundgebung von angeblich über 200.000 Menschen im Berliner Tiergarten; erst am Ende der Versammlung trafen die nun dorthin verlegten Polizeikräfte ein.

kann. Vor allem gegenüber ethnisch und kulturell als „fremd“ klassifizierten Migrant:innen und Asylbewerber:innen hat die rechte Protestgewalt in den vergangenen Jahren in Deutschland stark zugenommen, was sich auch in der Statistik von politisch motivierten Morden durch rechtsradikale Täter spiegelt.

Ob Protestgewalt letztlich der Zielsetzung der Protestierenden förderlich ist, lässt sich nicht pauschal beantworten. Sowohl mit Blick auf autoritäre als auch demokratische Regime ergibt sich eine gemischte Bilanz. Offener und gewaltsamer Protest gegen ein autoritäres Regime kann erfolgreich niedergeschlagen werden und – zumindest bis auf Weiteres – die Stellung des Regimes festigen. Das gilt für China nach dem Massaker von 1989 am Platz des Himmlischen Friedens. In anderen Fällen sind dagegen autoritäre Regime durch eruptive revolutionäre Gewalt (z. B. Nicaragua 1979) oder durch beharrlichen, aber eher kleinteiligen gewaltförmigen Widerstand in bürgerkriegsähnlichen Bahnen (z. B. Nepal von 1996 bis 2006) zu Fall gebracht werden. Nicht immer war das Ergebnis allerdings ein funktionierendes demokratisches System.

Innerhalb demokratischer Systeme kann Protestgewalt in Einzelfällen durchaus Erfolge im Sinne der Protestierenden zeitigen. Zum Beispiel haben die in den frühen 1990er Jahren sich häufenden Attacken auf Asylbewerber:innen in Deutschland zum sog. Asylkompromiss von 1993 geführt, der de facto eine Aufweichung des bis dahin bestehenden Asylrechts bedeutete. In vielen anderen Fällen erweist sich dagegen Protestgewalt im Rahmen demokratischer Systeme als nicht zielführend. Zwar erzeugt sie große Aufmerksamkeit. Aber zugleich verunsichert oder empört das politische Publikum, führt zu einer verstärkten staatlichen Repression und sorgt für eine potentielle Bruchstelle innerhalb des Lagers der Protestwilligen. Als eines von vielen Beispielen dafür ist der Linkterrorismus in der Bundesrepublik der 1970er zu nennen. Einen Ausweg aus dem Anliegen, hohen politischen Druck zu erzeugen, ohne sich sozial und politisch vollständig zu isolieren, verspricht hier die Taktik des zivilen Ungehorsams, in der sich die Bereitschaft zu Rechtsverletzungen mit einem Bekenntnis zu strikter Gewaltfreiheit und diskursiver Rechtfertigung verbindet. Diese Taktik kann allerdings erst vor dem Hintergrund einer liberalen Öffentlichkeit, die Gründe und Formen des Protests billigt, Wirkung erzielen. Sind die durch zivilen Ungehorsam ausgelösten Störungen von Routineprozessen primär symbolischer Natur, so gibt auch Protestformen, die einen massiven bzw. nachhaltig wirkenden Schaden hervorrufen sollen.

Ein konventionelles Beispiel dafür ist die temporäre Lahmlegung von voraussetzungsvollen Produktionsprozessen und Dienstleistungen durch gezielte – legale oder illegale – Streiks selbst relativ kleiner Funktionsgruppen, z. B. Flughafenfeuerwehr, Fluglotsen oder Piloten. Andere und offensivere Interventionen bestehen aus Sachbeschädigungen oder Sabotageakten, etwa dem Anzünden von Baufahrzeugen oder dem Umsägen von Strommasten. Neben politisch motivierten Attacken auf Infrastrukturen werden auch moderatere Eingriffe propagiert (Malm 2021). Im Rahmen der gegenwärtigen Klimabewegung zählt dazu das Ablassen der Luft aus den Reifen von Luxusautos und SUVs.

5.3.3 Qualitative und quantitative Mobilisierung

Protestgruppen und soziale Bewegungen wollen beeindrucken und beeinflussen, in manchen Fällen auch formelle Entscheidungsmacht erlangen. Ihre zentrale Ressource, das Engagement ihrer Aktivist:innen und Anhänger:innen, soll hinsichtlich der Zahl der Beteiligten sowie der Art und Intensität des Protests möglichst viel Beachtung, Zustimmung und letztlich auch Druck erzeugen. Das probate, aber nicht alleinige Mittel dazu ist die öffentlich sichtbare Mobilisierung. Dabei lassen sich grob zwei Mobilisierungsarten unterscheiden, die nur bedingt verknüpft werden können (Rucht 1988: 311 f.).

Auf der einen Seite steht die *quantitative* Mobilisierung, die auf die Macht der großen Zahl ausgerichtet ist. Massen sollen auf die Straße gebracht, Massen zu einer Unterschrift bewegt werden. Das Motto lautet: Je mehr, desto besser.[84] Mit der Zahl der Beteiligten, so das Kalkül, erhöht sich nicht nur die Sichtbarkeit, sondern auch die Legitimitätsvermutung für die proklamierten Forderungen. Im Idealfall steht dann „das Volk“ hinter den Initiatoren des Protests. Gemäß dieser Logik der quantitativen Mobilisierung ist es auch keine Nebensache, wie viele Protestteilnehmer:innen verbucht werden können. Entsprechend umstritten sind dann oft die Zahlenangaben, die von Seiten der Organisator:innen, der Polizei, den Vertreter:innen der Medien oder auch den politischen Gegner:innen eines Protests gemacht werden. Teilweise groteske Zahlendiskrepanzen, wie sie auch heute nicht selten sind, lassen sich weit zurückverfolgen. Beispielhaft dafür stehen die Berliner Wahlrechtsdemonstrationen im frühen 20 Jahrhundert[85] und die Arbeiterproteste ab Mitte des 19. Jahrhunderts.[86]

84 Ganz auf diese Logik ist auch eine Kampagnenorganisation wie Campact gepolt. So bekennt Christoph Bautz als einer der Geschäftsführer: „Ja, die Masse zählt. Das ist die Form von Politik, die einen Unterschied macht.“ (Zitiert nach Brodde 2010: 203).

85 Sprachen die Veranstalter einer Berliner Wahlrechtsdemonstration am 6. März 1910 von 30.000 Teilnehmern, so konterte der damalige Polizeipräsident von Jagow: „… durch sorgfältige Nachprüfungen … hat sich jedoch ergeben, dass die Zahl der Demonstranten damals nur 2.000 betrug.“ (Ludwig-Uhland-Institut 1986: 59). An einer nachfolgenden Berliner Kundgebung am 10. April 1910 hatte nach Angaben des SPD-Organs „Vorwärts“ eine Viertelmillion Menschen teilgenommen. Insgesamt waren an drei Orten 15 Rednertribünen aufgebaut. Zeitlich wurden die Reden mit Trompeten- und Flaggensignalen synchronisiert (ebd., 48 und 52).

86 Bei einer Kundgebung am 27. März 1848 in Lyon sprachen konservative journalistische Berichterstatter von „mehreren tausend“ Arbeitern, während die Veranstalter des Protests mit Schätzungen von 40.000 oder sogar 60.000 Beteiligten aufwarteten. Ähnliche große Diskrepanzen wurden für nachfolgende Demonstrationen in Lyon am Ersten Mai 1890 und am 16. Dezember 1912 verzeichnet (Robert 1991: 51 f.).

Die konsequente Ausrichtung von Protestorganisatoren auf „Power in Numbers“ (DeNardo 1985) legt es nahe, den Protestierenden nicht zu große Opfer abzuverlangen. Eine Unterschrift, eine Beteiligung an einem einstündigen Protest, eine kleine Geldspende mag genügen. Wird deutlich mehr von den Teilnehmer:innen erwartet, so sinkt auch deren Zahl, sofern es nicht gerade um Fragen von existentieller Bedeutung oder revolutionäre Erhebungen geht.

Das idealtypische Gegenstück zur quantitativen Mobilisierung ist die *qualitative* Mobilisierung. Hier stehen die Intensität und Dauer des Protests, der damit verbundene Aufwand und möglicherweise auch das Risiko der Protestteilnahme im Mittelpunkt gemäß der Logik: Je größer das das Opfer, desto besser.[87] Damit wird eine starke Motivation und tiefe Betroffenheit signalisiert.

> *Der Eindruck von Glaubwürdigkeit und Opferbereitschaft stellt sich dann ein, wenn, wie bei den frühen Ostermärschen in England und Deutschland, lange und mehrere Tage erforderliche Strecken zu Fuß zurückgelegt werden, wenn die Besetzer:innen eines Bauplatzes monatelang winterlicher Kälte trotzen, wenn Protestierende in autoritären Systemen buchstäblich Kopf und Kragen riskieren, wenn sich Menschen in einem Hunger- und Durststreik begeben oder, zum letzten Mittel greifend, politischen Suizid begehen. Ganz anders fallen dagegen die Reaktionen aus, wenn die starke Motivation in Akte der Zerstörung oder gar des Terrorismus mündet.*

Es liegt auf der Hand, dass mit steigender Opferbereitschaft, die auch terroristischen Gruppen nicht abzusprechen ist, die Zahl der Aktivist:innen abnimmt. Hiervon ausgenommen sind lediglich jene ekstatischen Momente einer kollektiven Erregung, in denen Massen „außer Rand und Band“ geraten und alle individuellen Risikokalküle fortgespült werden.

Abhängig von Kontextfaktoren und konkreten Aktionsformen kann die quantitative wie die qualitative Mobilisierung erheblichen Eindruck machen. Beide Modi eignen sich dazu, mediale Aufmerksamkeit zu erzeugen. Beide können aber auch – aus formal unterschiedlichen Gründen – starke Ablehnung hervorrufen. So mag ein Aufgebot großer Menschenmengen despektierliche Kommentare auf sich ziehen, in denen die Massen als kopflos, verblendet, von Agitatoren getrieben, einer Herde von Lemmingen gleichend charakterisiert werden. Das Skript für derartige Abwertungen lieferte die historische Massenpsychologie. Besonders

87 Dieser Faktor lässt sich in der Protestereignisanalyse ungleich schwerer quantifizieren als die Zahl von Protesten, von Protestteilnehmer:innen und möglicherweise auch die Dauer von Protesten. Ein minimales Gebot wäre es immerhin, neben der Zahl von Ereignissen auch die Zahl der Protestierenden im Zeitverlauf zu registrieren. Die Entwicklungen für beide Maßzahlen verlaufen nicht notwendig parallel. Zum Beispiel war die Hochphase der „68er-Bewegung“ von einem starken Anstieg der Gesamtzahl von Protesten, aber einem Rückgang der Protestteilnehmer:innen gekennzeichnet (Rucht/Neidhardt 2020: 837).

intensive Formen qualitativer Mobilisierung wiederum vermögen andere Muster sozialer Abwertung hervorzurufen. Hier seien eben Gutmenschen, selbsternannte Weltenretter, Spinner oder Sektierer am Werk, die sich durch ihr Engagement von der Masse der Gleichgültigen oder Ahnungslosen abheben und damit gleichsam selbst adeln wollten.

Mediale Aufmerksamkeit wird nicht allein durch die Größenordnung des Protests und den Grad seiner Intensität bzw. Radikalität erzeugt (Rucht 2012b). Auch die Kreativität des Protests, das Moment der Überraschung oder gar Verblüffung des Publikums kann als ein eigenständiger oder zusätzlicher Faktor wirksam werden. Ein weiterer Faktor ist das Gewicht, Prestige oder auch die Prominenz derer, die öffentlich einen Protest unterstützen. Das können etablierte Organisationen (etwa Gewerkschaften, Kirchen, Wohlfahrtsverbände, politische Parteien) sein. Mediale Aufmerksamkeit kann aber auch dadurch gesteigert werden, dass prominente Wissenschaftler:innen, Intellektuelle oder auch Stars der Kulturszene für Protestgruppen eintreten.

Idealiter müssten aus Sicht der Protestorganisator:innen möglichst alle vier Elemente – Größe, Intensität, Kreativität, Prominenz – verbunden werden, um Aufmerksamkeit und Druck zu maximieren. In der Praxis freilich stehen dem nicht nur die bereits bezeichneten konträren Implikationen von quantitativer und qualitativer Mobilisierung entgegen. Weitere Restriktionen kommen ins Spiel: Das Spektrum kreativer Proteste ist nicht unendlich. Großorganisationen, zumal solche mit einer relativ heterogenen Mitgliederbasis, sind nur schwer für Forderungen zu gewinnen, die über klientelspezifische Interessen hinausreichen. Wissenschaftler:innen tendieren aus Sorge um ihre innerwissenschaftliche Reputation zur Zurückhaltung bei politischen Positionierungen. Manche Größen aus dem Kulturbereich schrecken davor zurück, sich durch öffentliche Parteinahme von Teilen ihres Publikums zu entfremden.

Nur wenige Protestgruppen verzichten ganz darauf, öffentliche Aufmerksamkeit und Zustimmung zu erringen. Das sind insbesondere Gruppen, die mit dem etablierten Mediensystem extrem schlechte Erfahrungen gemacht haben. Sie bauen auf die direkte Kommunikation unter Gleichgesinnten. Dagegen setzt das Gros der Protestgruppen auf Formen medialer Vermittlung, die unterschiedlichen Strategien folgen. Dies ist erstens die Anpassung an die Erwartungen und Regeln des Mediensystems, zweitens die Kritik der Strukturen und Mechanismen etablierter Medien, drittens der Aufbau und die Nutzung alternativer und selbst kontrollierter Medien, mit denen die herkömmlichen Medienfilter umgangen werden können. Diese drei Strategien, ergänzt durch den Verzicht auf mediale Kommunikation, habe ich an anderer Stelle als Quadruple A (Abstention, Adaption, Attack, Alternatives) typisiert und an Beispielen erläutert (Rucht 2004). Mit der breiten und intensiven Nutzung digitaler und insbesondere sozialer Medien, mit denen teilweise die Filter traditioneller Medien umgangen werden können, verschieben sich die relativen Gewichte dieser vier Strategien. Die Option „Alternatives“ gewinnt an Bedeutung. Neben der Frage, welche Kanäle und Strategien im Umgang mit Medien gewählt werden, geht es allerdings auch um das Wie der Kommunikation, somit die „Verpackung“ von Kommunikationsinhalten.

5.4 Externes Framing

Die obigen Überlegungen zur Durchführung, Präsentation und Begründung von Protesthandlungen lassen sich trefflich mit Hilfe des Framing-Konzepts analysieren. Dieses wurde bereits im Abschnitt 4.5 in seinen Grundzügen erläutert und hinsichtlich seiner Ausrichtung auf die Anhängerschaft einer Bewegung diskutiert. Hier soll es dagegen vor allem um das nach außen gerichtete Framing gehen. Auch in diesem Fall erweist sich die Differenzierung von *diagnostic, prognostic* und *motivational framing* als hilfreich und instruktiv.

Hauptadressat des externen Framings ist das Publikum, das von der kleinen lokalen Öffentlichkeit bis hin zur globalen Öffentlichkeit reichen kann. Es gilt einem möglicherweise zunächst uniformierten und indifferenten Publikum zu vermitteln, dass die Protestierenden ein relevantes und drängendes Problem ansprechen. In der Regel wird dabei mit Blick auf einen bestimmten Kreis von Betroffenen und Leidtragenden an weithin anerkannte Wertmaßstäbe und Gerechtigkeitsvorstellungen appelliert oder aber auf eine breite oder gar universelle Bedrohung hingewiesen, die es in einer gemeinsamen Anstrengung abzuwenden gelte. Externen Adressaten soll einsichtig gemacht werden, worin das Problem besteht und warum überhaupt protestiert wird. Somit steht zunächst das *diagnostic framing* im Vordergrund. Sofern sachbezogene Aufklärung über einen Missstand und daran geknüpfte moderate Forderungen auf taube Ohren stoßen, wird das Framing geschärft; es wird versucht, durch zugespitzte Diagnosen, prägnante Frames und offensive Aktionen Aufmerksamkeit zu finden. In dieser Phase steht das Nein und die Benennung von Verursachern und Schuldigen im Vordergrund.

Ist die grundsätzliche Ausgangsproblematik auch in der breiten Öffentlichkeit hinreichend bekannt, so gewinnen Hinweise auf mögliche Linderung oder Beseitigung des Problems (*prognostic framing*) an Bedeutung. Damit kommen Fragen der strategischen und technischen Umsetzung von Problemlösungen, möglicherweise auch das Ausloten von Kompromissen, ins Spiel. Der über die eigene Anhängerschaft hinausgehende Aufruf zur Unterstützung (*motivational framing*) ist in Relation zum internen *motivational framing*, das die Aktionsmobilisierung in den Mittelpunkt rückt, eher von sekundärer Bedeutung, wird sich doch ein großer Teil des Publikums kaum an Protesten beteiligen. Mit Blick auf das gegnerische Lager erübrigt sich das dieses *Framing* ohnehin.

Einzelne *Frames* werden in knappen Formeln verdichtet (z. B. „Abtreibung ist Holocaust“). Sie können aber auch sehr elaboriert sein und dann kognitive, emotionale und evaluative Komponenten verbinden. Frames, die jeweils einen spezifischen Aspekt eines allgemeineren Problemsyndroms beleuchten, lassen sich u. U. einem übergeordneten *Master Frame* zuordnen, das mit einer mehr oder weniger ausgearbeiteten politischen Ideologie verbunden sein kann.

> *Bei den Protesten gegen die Tagung von Weltbank und Internationalem Währungsfonds in Berlin im Jahr 1988 hatte sich ein breites Spektrum von 133 Gruppen und Organisationen beteiligt. In diesem Zusammenhang haben die Unterstützergruppen für ihre je spezifischen Anliegen geworben und entsprechendes Informationsmaterial bereitgestellt. Dabei wurde auf die durch die internationalen Organisationen vernachlässigten oder sogar verschärften Probleme hingewiesen, darunter Hunger und Elend in Ländern des globalen Südens, die prekäre Lage der dortigen Frauen, ungerechte Welthandelsbeziehungen, die Finanzierung korrupter Eliten im Süden durch reiche Länder im Globalen Norden etc. Darüber hinaus erstellte und verteilte das Bündnis der Protestgruppen auch ein zentrales Flugblatt, auf dessen Rückseite alle unterstützenden Gruppen aufgelistet wurden. Die Vorderseite enthielt die wesentlichen Begründungen für den Protest, dessen einzelne Kritikpunkte mit einem übergeordneten Master Frame verbunden wurden, das Gerhards/Rucht (1992) als Neokolonialismus-Frame gedeutet haben. Im Hintergrund dieses Frames, der in dem kurzen Fronttext des Flugblatts nur angedeutet wurde, steht eine elaborierte politische Ideologie.*

Externes Framing wird nicht nur von Protestgruppen, sondern von anderen Akteuren unternommen. Opponenten entwickeln Gegenframes, um sich selbst ins rechte Licht zu rücken, ihre Herausforderer zu spalten oder auch pauschal zu diskreditieren, so dass es zu einem regelrechten *framing contest* kommt (Ryan 1991: Kapitel 4). Hierbei wird auch um prägnante Begrifflichkeiten, darunter die Etikettierung des eigenen und des gegnerischen Lagers, gerungen. Protestierende werden u. U. als Romantiker, Utopisten, Gutmenschen, Wirrköpfe oder Chaoten bezeichnet, während der Gegenseite Machtbesessenheit, Sturheit, Arroganz, Reformunwilligkeit und dergleichen zugeschrieben wird. Deutlich wird dieser Streit um Etikettierungen an Begriffen wie Antiglobalisierer oder Globalisierungskritiker, Abtreibungsgegner oder Lebensschützer, militante Umweltaktivisten oder Öko-Terroristen.

Neben den direkten Kontrahenten sind auch Medien und andere Akteure am *framing contest* beteiligt. In ihrer expliziten wie auch ihrer eher verdeckten Kommentierung verwenden Medien wertgeladene Begriffe zur Bezeichnung von Problemen, Akteuren und Handlungen, zeigen Verständnis für eine oder mehrere Konfliktparteien, bewerten Lösungsvorschläge hinsichtlich ihrer Notwendigkeit, Effektivität und Angemessenheit. Auf ihre eigene Weise und mittels einer sprachlich vorgestanzten Terminologie sind auch Gerichte und Expert:innen am externen Framing beteiligt. Eine gezielte und gewaltfreie Regelverletzung, die Aktivist:innen als einen Akt zivilen Widerstands bezeichnen, kann von einem Gericht je nach den konkreten Umständen als eine straffreie Handlung oder aber als ein zu sanktionierender Akt der Nötigung oder Gewalt eingestuft werden. Hierbei werden, ebenso wie im politischen Konflikt, auch die Motive der Beteiligten zum Gegenstand konkurrierender Bewertungen. Protestierende, zumal Regeln verletzende Protestierende, aber auch ihre Gegner berufen sich dabei auf weithin anerkannte Werte wie Menschenwürde, Bürgerrechte, soziale Gerechtigkeit, Frieden, Schutz der natürlichen Lebensgrundlagen, nationale Stärke und Unabhängigkeit, Heimat, Tradition etc., um ihre Position als legitim erscheinen zu lassen. Der Gegenseite wird vorgeworfen, in Wertkonflikten eine falsche Priorisierung vorzunehmen, mit doppelten Standards zu operieren oder hehre Werte lediglich rhetorisch zu beschwören, aber in Wahrheit ganz andere Motive zu haben.

5.5 Ausdrucksformen und Stilmittel

Zielt das Framing vor allem auf die Formulierung von Protestbotschaften, so ist daneben, oft aber auch in enger Verbindung mit dem Framing, auf eine Reihe weiterer Ausdrucksformen und Stilmittel der Protestkommunikation hinzuweisen. Aus dem größeren Reservoir dieser Mittel sollen nachfolgend nur wenige herausgegriffen werden.

Utopien und Dystopien können einen prominenten Platz gerade in solchen Protest- und Bewegungskontexten einnehmen, die eine auf das soziale Ganze gerichtete Vorausschau betreiben. Die Utopie stellt das Leit- und Leuchtbild einer erstrebenswerten Zukunft vor Augen, einer Welt, in der Harmonie, Gerechtigkeit und allseitige Zufriedenheit herrschen soll. Dabei ist mit Ernst Bloch (1959: 226) zwischen der abstrakten und der konkreten Utopie zu unterscheiden. Erstere ist insofern eine „abstrakt ausschweifende, schlecht vermittelte" Utopie, als sie auf illusionären Träumen gründet, von allen Realbedingungen abstrahiert und aufgrund ihrer Unerfüllbarkeit zwangsläufig Enttäuschung und Defaitismus nach sich zieht. Die konkrete Utopie stellt sich dagegen den Bedingungen der „Prozeßwirklichkeit" und damit der Frage, wie man einer imaginierten besseren Welt, die nicht im Einzelnen gedacht werden kann und soll, Stück für Stück näherkommen kann. Diese Art von Utopie, so die Erwartung, gibt sozialen Bewegungen die grundsätzliche Richtung vor; sie verleiht Hoffnung und Kraft, vielleicht sogar Begeisterung.

> *Gedanken und Entwürfe der einen oder anderen Art manifestieren sich in den teilweise konkretistisch gefassten Modellvorstellungen der utopischen Sozialisten, in einzelnen Passagen von Marx' Frühschriften, in programmatischen Texten wie dem Port Huron Statement der US-amerikanischen Students for*

a Democratic Society von 1962 und auch in manchen Debatten der bundesrepublikanischen Studentenbewegung der späten 1960er Jahre.[88]

Utopien liegen nicht notwendig in weiter Ferne. Sie können auch in Gestalt von *prefigurative politics* konkrete Praktiken im Hier und Jetzt anleiten (Maeckelbergh 2013; Yates 2015; Gordon 2017; Raekstad/Gradin 2019). Ausgangspunkt ist die Erwartung, man könne in einem kleinen und selbst gestalteten Rahmen bereits ansatzweise jene solidarischen und egalitären Kommunikations- und Lebensformen erproben, deren gesellschaftsweite Realisierung (vorerst) ausgeschlossen ist. In einer quasi-experimentellen Situation werde so die utopische Möglichkeit konkret erfahrbar.

Geben Utopien die zu beschreitende Richtung an, so markieren Dystopien den Weg ins Verderben. Letztere beschreiben ein abstrakt vorgestelltes oder auch konkret ausgemaltes Unheil, das es unter allen Umständen zu vermeiden gilt. Die vorgestellte Dystopie kann mit dem Rat verknüpft sein, die exakte Gegenrichtung einzuschlagen. Sie kann aber auch offenlassen, welche Wege jenseits des Unheilpfads gewählt werden sollen. Wie Utopien können auch Dystopien eine enorme Mobilisierungskraft, eine energiegeladene Haltung des Abwendens und Abstoßens, entfalten.

Beispiele für Dystopien, die soziale Bewegungen angetrieben haben, reichen von den Visionen eines nationalistischen und rassistischen Schriftstellers wie Oswald Spengler[89]*, der den Untergang des Abendlandes beschwor und zum „cäsaristischen Endkampf" aufrief, bis hin zu heutigen Neonazi-Gruppen, die vor einer diktatorisch angeleiteten „Umvolkung" warnen. Aufrüttelnde Dystopien finden sich aber auch im links-progressiven Lager, sei es die Vision einer sich auf alle Regionen und Sphären erstreckenden kapitalistischen äußeren und inneren Landnahme, das von George Orwell gezeichnete Reich der Lüge und Kontrolle, die von Günther Anders aufgezeigte Möglichkeit einer Zerstörung von Humanität und eines globalen atomaren Vernichtungskriegs oder die greifbare Gefahr eines planetaren ökologischen Kollaps', die Gruppierungen wie Fridays for Future und Die Letzte Generation auf die Straßen treibt.*

Zeichnen sich die vorgestellten Utopien und Dystopien in aller Regel durch eine Wahrscheinlichkeitsvermutung und den Gestus der Ernsthaftigkeit aus, so kann

88 Siehe zum Beispiel das „Gespräch über die Zukunft", dokumentiert in Kursbuch 14, 1968, 146–174.

89 Ein kurzes Zitat aus Spenglers *Jahre der Entscheidung* mag dies illustrieren: „Wenn in den Vereinigten Staaten das weiße Proletariat losbricht, wird der Neger zur Stelle sein und hinter ihm werden Indianer und Japaner auf ihre Stunde warten." Und die Folgerung: „Es bleibt als formgebende Macht nur der kriegerische, preußische Geist, überall, nicht nur in Deutschland." (Spengler 1961 [1933]: 211 f.).

die Protestkommunikation auch spielerische, ironische, subversive und provokative Mittel beinhalten, um Missstände anzuprangern und Taten anzumahnen. Protest kann, wie ein Buchtitel verkündet, auch Spaß machen (Brodde 2010). Ausdruck davon sind Spottlieder und wilde Tänze, das Schminken von Gesichtern, die Auftritte der *Rebel Clowns Army*, das manche Proteste begleitende musikalische Beiprogramm, witzige Plakate und Slogans oder das theatralische Spiel, in dem man die Rolle und die Insignien des politischen Gegners übernimmt. Hier ergeben sich fließende Übergänge zum Einsatz von künstlerischen Mitteln, zu dem professionelle Akteure beitragen.

Ein weiteres Element der Protestkommunikation ist der Körpereinsatz, die Verwendung körperbezogener Symbole oder auch physischer Bauten und Barrieren. Hier sind der Phantasie kaum Grenzen gesetzt, was den Protest für die Aktivist:innen selbst wie für die mediale Berichterstattung attraktiv macht.

> *Ein performatives Ausdrucksmittel ist das physische Arrangement der Teilnehmer:innen. Sie symbolisieren Geschlossenheit als eine dicht gedrängte Masse. Sie formen mit ihren Körpern Buchstaben oder Zeichen, die solche Ausmaße annehmen können, dass sie nur aus größerer Höhe dechiffrierbar sind. Andere Präsentationsformen sind kleinteiliger. Aktivist:innen setzen sich auf den Boden oder präsentierten sich nackt, um Friedfertigkeit und Wehrlosigkeit zu signalisieren. Sie kleiden sich schwarz und vermummen ihre Gesichter, um bedrohlich zu wirken und zugleich die Feststellung ihrer personalen Identität zu erschweren. Sie nutzen Insignien, etwa den Federschmuck indigener Stämme und Völker, um kulturelle Eigenständigkeit zu reklamieren. Wiederum andere Gruppen errichten Barrikaden oder suchen Räume auf längere Sicht zu okkupieren. Dazu zählen Baumhäuser und Widerstandsdörfer (bis hin zur symbolischen Verkündung der Republik Freies Wendland im Rahmen der Anti-Atomkraft-Bewegung im Jahr 1980).*

Mit der Verfügbarkeit digitaler Kommunikationsmittel hat auch die Verbreitung von so genannten Memes enorm zugenommen (Denisova 2019; Bülow/Johann 2019). Gemeint sind in erster Linie visuelle und audio-visuelle Zeichen und Signale, die in pointierter Form eine Botschaft vermitteln bzw. eine bestimmte Assoziation hervorrufen sollen. Klassische Memes im Kontext von Protesthandlungen sind hochgereckte Fäuste als Zeichen entschlossenen Widerstands, die roten Fahnen sozialistischer und die schwarzen Fahnen anarchistischer Gruppen, die Friedenstaube, die Regenbogenfahne, das Hakenkreuz und die heute wieder gezeigte Reichkriegsflagge.

> *Zu Memes können aber auch Gegenstände des Alltags avancieren, die im Kontext des Protests eine neue Bedeutung erlangen. Ein Beispiel dafür ist die Verwendung von Regenschirmen durch Tausende von Aktivist:innen der Demokra-*

tiebewegung in Hongkong, die dann zum Namensgeber der Bewegung wurde. Ein anderes Beispiel sind aus Draht geformte Kleiderbügel, die Gegner:innen restriktiver Abtreibungsregelungen in die Luft recken. Sie wollen damit auf jene Abtreibungen hinweisen, die angesichts von strafbewehrten Abtreibungsverboten mit derartigen Hilfsmitteln heimlich vorgenommen werden und für Schwangere tödlich enden können.

Der engere, an bildhafte Symbole geknüpfte Begriff von Memes kann auch in der Weise ausgeweitet werden, dass er Alltagshandlungen einschließt, die erst durch ihre Kontextualisierung zur Protesthandlung werden.

Ein eindrucksvolles Beispiel dafür lieferten jene Mädchen und Frauen im Iran, die sich demonstrativ die Haare abschneiden, um damit ihren Widerstand gegen das dortige Mullah-Regime zum Ausdruck zu bringen. Das geschieht auf Straßen und Plätzen, aber kann auch vom Wohnzimmer aus via soziale Medien verbreitet werden. Hintergrund dieser Aktion, die keiner erklärenden Worte bedarf, ist die Verhaftung und der Tod der 22-jährigen Jina Masha Amini im September 2022. Ihr Vergehen bestand darin, ihr Kopftuch nicht in der vorgeschriebenen Weise getragen und damit zu viele Haare gezeigt zu haben.

Oft werden Memes aber auch in ironisch-satirischer Absicht von Protestierenden eingesetzt, um die Gegenseite der Lächerlichkeit preiszugeben, wie es unter anderem im Rahmen der Studentenbewegung in der Bundesrepublik geschah (AG Spass Muss Sein! 1994; Teune 2007).

Ein Beispiel für die satirische Verwendung eines Memes war das Mitführen oder Hochhalten von Klobürsten durch linke Demonstrierende in Hamburg im Januar 2014.[90] *Hintergrund dieser Aktionen war ein zeitlich vorangegangener Protest, der sich gegen die Einschränkung von Grundrechten durch polizeiliche Auflagen in so genannten Gefahrengebieten richtete. Bei dieser Demonstration hatten Polizist:innen die Rücksäcke von Demonstrierenden akribisch durchsucht. In Reaktion darauf führten bei nachfolgenden Aktionen Demonstrierende Taschen und Rucksäcke mit sich, die mit Alltagsgegenständen, etwa schmutziger Wäsche, gefüllt waren. Bei dieser Gelegenheit konfiszierte ein übereifriger Polizist auch vorübergehend eine Klobürste, die ein Demonstrant an seinem Gürtel mitgeführt hatte. Nachdem die polizeiliche Amtshandlung beiläufig im ARD-Nachtmagazin gezeigt worden war, kam es in der Folgezeit zu einer Serie von Demonstrationen, in denen Klobürsten wie Kultobjekte herumgeschwenkt wurden, um damit das Verhalten der „Staatsmacht" ad absurdum zu führen. Dieses Motiv inspirierte dann auch den Einsatz von Klobürsten bei anderen*

90 https://www.ssoar.info/ssoar/handle/document/40022.

Gelegenheiten, so im Zusammenhang mit Protesten gegen den G7-Gipfel in Hamburg im Jahr 2017 und auch durch Dissidenten, die im Januar 2021 das autoritäre Regime in Belarus öffentlich herausforderten.

Das in Protestkreisen wie im sympathisierenden Umfeld immer wiederkehrende Stilmittel der Ironie und Subversion kann auch systematischer und professioneller eingesetzt werden. Vereinzelt haben sich Kleingruppen und Künstlerkollektive auf derartige Protestformen spezialisiert (Marchardt 2019).

Dazu zählen bzw. zählten die seit den späten 1990er Jahren auftretenden The Yes Men, das Hamburger Radioballett und das ebenfalls in Hamburg ansässige Künstlerkollektiv Geheimagentur, der Berlin Busters Social Club, das Zentrum für politische Schönheit und das ebenfalls in Berlin beheimatete Künstler:innenkollektiv Peng. Gruppen dieser Art sind keineswegs neu. Vorläufer sind die Subversive Aktion, die mit der Studentenbewegung der 1960er Jahre eine Verbindung einging, ferner die weiter zurückreichende Situationistische Internationale, die wiederum vom Dadaismus beeinflusst wurde, der bereits während des Ersten Weltkriegs in der Schweiz seinen Ausgang nahm. Auch als Einzelpersonen haben Künstler ihre Fähigkeiten in den Dienst politischer Anliegen gestellt. Zu nennen sind die in der Weimarer Republik bekannt gewordenen Grafiker John Heartfield und Gerd Arntz, Letzterer ein Mitglied der ebenfalls in dieser Zeit aktiven „Kölner Progressiven", aber auch nachfolgende Künstler wie Klaus Staeck und Wolfgang Beuys, die in der Bonner Republik aktiv geworden sind.

Ein Beispiel für einen ironischen künstlerischen Kommentar ist ein 1972 veröffentlichtes Plakat des SPD-Mitglieds Klaus Staeck. Es zeigt eine wuchtige moderne Villa mit dem zusätzlichen Schriftzug: „DEUTSCHE ARBEITER! Die SPD will Euch Eure Villen im Tessin wegnehmen." Es ist bemerkenswert, dass die ironische Note von manchen Rezipienten missverstanden wurde, die da meinten, Arbeiter besäßen doch gar keine Villen im Tessin.

Ein eindrückliches Beispiel subversiven Protests ist die Initiative einer anonymen Gruppe, die ein behördliches Schreiben fälschte, das an einzelne Haushalte einer Schwarzwälder Kommune gerichtet war.[91] *Darin werden die Adressaten von ihrem vorgeblichen Bürgermeister aufgefordert, sich umgehend zur Musterung einzufinden, da eine Einheit der Bundeswehr, mit der die Stadt eine Patenschaft eingegangen sei, personeller Verstärkung für einen Einsatz in Afghanistan bedürfe. Auch wenn am Ende niemand der Aufforderung gefolgt sein mag, so blieb der Brief nicht ohne Wirkung. Er irritierte und verstörte ein-*

91 https://www.schwarzwaelder-bote.de/inhalt.gammertingen-gefaelschte-briefe-rufen-zur-musterung.0c83914d-3dd8-4746-9f90-783a97b6a3b1.html.

zelne Empfänger, löste eine mediale Berichterstattung aus, zog einen Offenen Brief des echten Bürgermeisters nach sich (Die Aktion sei „an Geschmacklosigkeit und krimineller Absicht nicht zu übertreffen") und vermochte wahrscheinlich auch Diskussionen über Sinn und Unsinn des Auslandseinsatzes in Afghanistan auszulösen.

Die Beziehung zwischen Kunst und Protest wäre einer ausführlicheren, hier nicht zu leistenden Analyse wert. In fast alles Bereichen der darstellenden und der bildenden Kunst sind Individuen und Zirkel anzutreffen, die künstlerische Mittel für soziale und politische Botschaften einsetzen und damit auch bestimmte Protestgruppen und Bewegungen stärken, sich teilweise sogar als deren integraler Bestandteil verstehen (van den Berg/Jordan/Kleinmichel 2019). Manche dieser Künstler:innen offerieren ein von politischen Aussagen freies Kunstprodukt, das durch vor- oder nachgelagerten politischen Positionierungen eingerahmt wird. Es handelt sich gleichsam um einen Protest *neben* der Kunst. Andere platzieren eine politische Botschaft unmittelbar in einem eigens dafür geschaffenen künstlerischen Produkt. Für wiederum andere ist die Kunst lediglich ein routiniert eingesetztes Werkzeug im Dienst des Protests. In einem systematischeren Zugriff kann der Bezug zwischen Kunst und Protest in einer Vierfeldertafel typisiert werden, die durch die beiden Achsen von Dienstleistung vs. Aktionismus und der primären Ausrichtung auf die Sphären von Kunst oder Protest gebildet wird (siehe Tabelle 5.1).

Tabelle 5.1: Typologie zum Verhältnis von Kunst und Protest

Modus	Primär kunstbezogen	Primär protestbezogen
Dienstleistend	Kunst ohne Protestinhalt, aber im Kontext von Protest (Daniel Barenboim)	Kunst im Dienst von Protest (Sergej Eisenstein, Agitprop)
Aktionistisch	Kunstwerk integriert Protest (Ton Steine Scherben)	Protest als Kunst (Zentrum für politische Schönheit)

Die hier nur kurz vorgestellten Ausdrucksformen und Stilmittel des Protests bieten lediglich einen kleinen Ausschnitt aus dem reichhaltigen Repertoire der Möglichkeiten. Nicht immer sind diese Formen nur auf Außenwirkung bedacht. Je nach ihrem Zuschnitt können sie auch dazu dienen, die eigene Anhängerschaft zu motivieren, zu bestärken oder auch einfach nur zu unterhalten.

5.6 Zusammenfassung

Bewegungen sind Teil eines Konfliktfeldes, das mit der Einbeziehung des Publikums grundsätzlich eine triadische Struktur aufweist. Während eine Bewegung kaum darauf hoffen kann, ihre Opponenten durch die schiere Kraft von Worten und Symbolen zu einer Umkehr zu bewegen, kann eine Parteinahme großer Teile des Publikums bzw. der Massenmedien den Ausgang eines Konflikts erheblich beeinflussen, in manchen Fällen sogar definitiv entscheiden. Dabei kommt ein Protestrepertoire zu Anwendung, das Gruppen und Bewegungen erlernt haben und zumeist in strategischer Absicht einsetzen. Zugleich werden im Rahmen eines *framing contest* Deutungen vorgebracht, mit denen Probleme, Problemursachen und Wege zu deren Lösung benannt und zur Mobilisierung für konkretes Protesthandeln eingesetzt werden. Dieses nach außen gerichtete Framing (externes Framing) lässt sich von dem Framing unterscheiden, das auf die eigene Klientel zugeschnitten ist (internes Framing).

Obgleich in Konflikten, die durch Bewegungen initiiert werden, immer auch Fragen diskursiver und politischer Macht und damit strategisches Handeln eine zentrale Rolle spielen, sind die Aktivitäten von Bewegungen nicht auf diesen Handlungsmodus beschränkt. Auseinandersetzungen beziehen sich auch auf den Wahrheitsgehalt konstativer, also Tatsachen behauptender Aussagen, den Inhalt und Rang von Leitwerten sowie die Suggestivkraft und Glaubwürdigkeit expressiver und performativer Handlungen. Wenngleich in manchen Situationen einer dieser Handlungstypen dominant sein kann, ist doch festzuhalten, dass in komplexeren Protestereignissen und Kampagnen diese Handlungselemente eng verwoben sind. Zudem ist festzuhalten, dass in Konflikten, die durch Protestgruppen und soziale Bewegungen ausgelöst werden, immer auch Machtfragen eine Rolle spielen, wobei in äußerster Konsequenz auch physische Gewalt auf Seiten der Herausforderer wie deren Gegner eingesetzt werden kann.

Kapitel 6: Wirkungen

In einer ersten Annäherung wurden Bewegungen und bewegungszugehörige Gruppen als primär zweckrationale Akteure beschrieben, die bestimmte Ziele verfolgen und dabei vor allem das Mittel kollektiver und öffentlicher Proteste einsetzen (siehe Abschnitt 1.2). In der Arbeitsdefinition sozialer Bewegungen wurden allerdings die Ziele nicht inhaltlich konkretisiert, sondern lediglich abstrakt benannt, nämlich als das Streben nach einer Veränderung (oder Verteidigung) grundlegender gesellschaftlichen Machtstrukturen und Werte. Damit wird ein hoher Anspruch angedeutet, der allerdings nicht alle Handlungen einer sozialen Bewegung anleitet. Vielmehr werden in einzelnen Protesten und auch Protestkampagnen, die Teil von sozialen Bewegungen sein können, zumeist spezifischere und weniger ambitionierte Ziele verfolgt. So können innerhalb der Frauenbewegung, die sich der Abschaffung aller patriarchaler, die Ungleichheit der Geschlechter zementierenden Strukturen verschrieben hat, einzelne Gruppen oder Strömungen für Teilziele wie Lohngleichheit zwischen Männern und Frauen oder die stärkere Repräsentation von Frauen in politischen und wirtschaftlichen Führungspositionen eintreten. Gleich ob Fernziele oder Nahziele betrachtet werden – die Wirkung[92] einer Bewegung wird zumeist daran gemessen, ob bzw. in welchem Maß sie ihre expliziten Ziele erreicht. Diese Perspektive erweist sich allerdings als zu eng. Insbesondere sind nicht-intendierte Effekte sowie bewegungsinterne Wirkungsdimensionen und -faktoren einzubeziehen.

Intendierte und nicht-intendierte Wirkungen

Eine grundlegende Unterscheidung ist die zwischen intendierten und nicht-intendierten Wirkungen. Diese Unterscheidung kann an jegliches instrumentelle und auch jegliches soziale Handeln angelegt werden.[93] Kriterium für intendierte

92 Den Begriff Wirkung gebrauche ich deskriptiv im Sinne jeglicher Effekte menschlichen Handelns unabhängig von dessen Intentionen und der Selbstwahrnehmung. In der Literatur werden, weitgehend synonym, auch die Begriffe *outcomes, impacts* oder *effects* verwendet.

93 Grundlegend für die Beachtung nicht-intendierter Handlungsfolgen sind die Arbeiten von Merton (1936) und Schelling (1978). Merton benennt vier Faktoren, die zu nicht-intendierten Folgen zweckgerichteten Handelns führen können: structurally limited knowledge, narrow perspective of actors, imperious immediacy of interest, and self-defeating prophecies. Schelling ergänzt Mertons Überlegungen zur Kluft zwischen individuellen Präferenzen und tatsächlichen Handlungsfolgen (auf der Aggregatebene) durch eine soziologische Erklärung, die auf Interaktionssysteme und die damit verbundenen wechselseitigen Erwartungen zielt. Daraus

Wirkungen ist die erklärte, vielleicht auch teilweise verheimlichte bzw. nur implizit benannte Zielsetzung von Bewegungsakteuren. Selbst wenn intendierte Wirkungen tatsächlich erreicht werden, so ist dies eventuell mit Nebenfolgen verbunden, die nicht gewollt oder auch nicht antizipiert wurden.[94] Zu Recht stellt Tilly fest: „Movements also leave political by-products that lie outside their programs and sometimes even contradict them …" (Tilly 1999: 268)

So können zum Beispiel erfolgreiche Bemühungen um eine annähernde Geschlechterparität in Parlamenten und anderen Gremien dazu führen, dass mit der wachsenden Präsenz von Frauen wichtige Entscheidungen in andere und stärker von Männern dominierte Zirkel verlagert werden (Banaszak/Beckwith/Rucht 2003). Ein anderes Beispiel für eine nicht-intendierte Wirkung ist das Handeln einer radikalen Gruppe, die ihrem eigenen Anliegen bzw. dem Anliegen der Gesamtbewegung dadurch schadet, dass sie massive staatliche Repressionsmaßnahmen auslöst, wie es in China im Jahr 1989 der Fall war (Deng 2012). Dieser im Allgemeinen unerwünschte Effekt kann allerdings auch bewusst in der Absicht provoziert werden, das ansonsten bloß latente staatliche Gewaltpotential einem in dieser Hinsicht als naiv eingestuften Publikum vor Augen zu führen.

Noch gravierender sind jene strukturellen und insofern langfristig bleibenden Wirkungen, die exakt zum Gegenteil dessen führen, wofür eine Bewegung angetreten ist.

So argumentieren manche sozialistischen Beobachter:innen, die kommunistische bzw. sozialistische Arbeiterbewegung habe dank ihrer Teilerfolge, etwa der Sicherung wohlfahrtsstaatlicher Leistungen oder der Praxis institutionell eingehegter Tarifauseinandersetzungen, dazu beigetragen, ihre grundlegende Systemkritik aufzugeben und das kapitalistische System, das es abzuschaffen galt, letztlich zu stabilisieren.

Als ein weiteres Exempel nicht-intendierter Wirkungen wird vereinzelt die Studentenbewegung der 1960er Jahre genannt. So meinte der marxistische Intellektuelle Régis Debray (1978), die Pariser Mai-Revolte hätte der Gesellschaft Frankreichs einen Wachstumsschub beschert, indem sie eine neue bürgerliche

ergeben sich Konsequenzen, die keiner der Beteiligten wollte, unabhängig von dem Sachverhalt, dass alle Handelnden im Zuge der Interaktion jeweils eigene Interessen verfolgten. „How well each does for himself in adapting to his social environment is not the same thing as how satisfactory a social environment they create for themselves." (Schelling 1978: 19).

94 Die Sensibilität für nicht-intendierte Nebenfolgen ist mit der Reichweite technologischer, politischer und sonstiger Interventionen stark gewachsen. Insofern wird auch von einer anderen, zweiten oder auch reflexiven Moderne gesprochen (siehe Beck/Giddens/Lash 1996).

Gesellschaft schuf, die den Weg für die kapitalistische Hochindustrialisierung ebnete.

Frappierende Beispiele für nicht-intendierte Wirkungen sozialer Bewegungen bieten auch die zunächst erfolgreichen Kämpfe zur Abschaffung kolonialer Herrschaft oder einer Kleptokratie reicher Grundbesitzer. Viele dieser Kämpfe erbrachten am Ende nicht die erhofften Gewinne an Freiheit und sozialer Gerechtigkeit, sondern bedeuteten – teilweise auch unter der Regie linker Regierungen – einen Schritt vom Regen in die Traufe.

Bewegungsinterne Wirkungen

Der Fokus auf die von Bewegungen deklarierten gesellschaftlichen Ziele verstellt den Blick darauf, dass Bewegungen, gewollt oder ungewollt, im Zuge ihrer Aktivitäten auch auf sich selbst zurückwirken (Earl 2000: 4). Das kann ihre Ziele, die Zusammensetzung und Lebensweise ihrer Anhängerschaft, die Organisationsstruktur und das Aktionsrepertoire der Bewegung betreffen. Zudem kann das Handeln einer Bewegung auch Auswirkungen auf eine thematisch verwandte Bewegung wie auch auf eine Gegenbewegung haben (Whittier 2004). Im Hinblick darauf wären nicht nur intendierte, sondern auch nicht-intendierte Wirkungen zu berücksichtigen.

Eine intendierte interne Wirkung könnte darin bestehen, dass Bewegungen, die für den Klimaschutz eintreten und deshalb staatliche Maßnahmen zur Reduktion des Energieverbrauchs fordern, zugleich ihre Anhängerschaft ermuntern, in der eigenen Lebenspraxis und auf freiwilliger Basis mit gutem Beispiel voranzugehen und damit auch reale Effekte erzielen. Ein Beispiel für eine nicht-intendierte bewegungsinterne Wirkung ist eine als friedlich geplante, aber de facto eskalierende Aktion, die zur Festnahme und nachfolgenden Verurteilungen zahlreicher Aktivist:innen führt, von denen ein Teil, abgeschreckt durch diese Handlungskonsequenzen, sich von allem weiteren Engagement zurückzieht.

Intendierte wie nicht-intendierte Wirkungen sind nicht nur innerhalb einer Bewegung, sondern auch zwischen einander nahestehenden Gruppen und Bewegungen festzustellen.

Ein Beispiel bieten die an ganz unterschiedlichen Problemen anknüpfenden Bürgerinitiativen, die jeweils ein großtechnisches Bauprojekt ausschließlich mit verfahrensrechtlichen Mitteln und Verwaltungsklagen verhindern wollten. Die Erfahrungen aus früheren Konflikten lehren, dass diese Interventionen oft zu spät kommen. Verfahrensrechtliche Einsprüche können erst in fortgeschrittenen Planungsphasen vorgebracht werden, in denen bereits Fakten geschaffen wurden und die für Genehmigungen zuständigen Behörden sich positiv auf das Projekt eingestimmt haben. Ausgehend von dieser Erfahrung haben viele Bürgerinitiativen den Schluss gezogen, sich von Anfang an und mit allen verfügbaren Mitteln zur Wehr zu setzen, also nicht erst im Stadium des Planfeststellungsverfahrens zu intervenieren.

6.1 Wirkungsdimensionen

Für eine unverkürzte Wirkungsbilanz sozialer Bewegungen ist eine ganze Reihe von Wirkungsdimensionen zu beachten.[95] Einen schematischen Überblick bietet Tabelle 6.1, in deren rechter Spalte auch Beispiele für die jeweilige Wirkungsdimension angeführt werden.

Table 6.1: Dimensionen und Beispiele für Wirkungen von Bewegungen

Bereich	Wirkungsdimension	Beispiele
Extern	Politischen Regime	Revolution 1989 in der DDR
	Ökonomische Ordnung	Wende zum „pragmatischen Neoliberalismus“ in Chile ab 1983
	Informations- und Partizipationsrechte	Einführung der Verbandsklage; Absenkung der Hürden für Volksbegehren und Volksentscheid
	Politische Institutionen und Kompetenzen	Einrichtung von Gleichstellungsstellen für Frauen
	Einzelnen Fachpolitiken	Erhöhung des gesetzlichen Mindestlohns; Verschärfung von Immissionsschutzgesetzen
	Bewegungsnahe Parteien und Verbände	Gründung von SPD und KPD; Gründung von Bündnis 90/Die Grünen; Greenpeace
	Allianzstrukturen, Strategien und Taktiken	Beitritt einer großen Gewerkschaft zur globalisierungskritischen Organisation von Attac Deutschland
	Gegnerische Strategien und Taktiken	Die rechtslastige Identitäre Bewegung übernimmt Protesttaktiken aus dem linken Lager
	Öffentliche Agenda und Diskurse	Durch anhaltende Proteste der Anti-Atomkraft-Bewegung rückt die ungelöste Entsorgungsfrage auf die Agenda
	Medien bzw. Dritte Parteien	Gründung eines „Nachrichtendienstes zur Verbreitung unterbliebener Nachrichten“
	Einstellungen und Verhalten der Bevölkerung	Einfluss auf Wahlverhalten; liberalere Einstellung zu gleichgeschlechtlichen Lebensweisen

95 Zum Versuch einer Wirkungsbilanz von Protest in Deutschland seit 1949, gegliedert nach Mikro-, Meso- und Makroeffekten, siehe Marg (2021).

Bereich	Wirkungsdimension	Beispiele
Intern	Ziele, Strukturen, Strategien und Taktiken der Bewegung	Das Aufkommen radikaler Umwelt- und Tierschutzgruppen veranlasst die etablierten Verbände zu einer offensiveren Haltung
	Einstellungen und Verhalten von Bewegungsanhänger:innen	Männer in Bewegungsorganisationen lernen, Frauen in Führungsrollen zu akzeptieren

Es ist offenkundig, dass die Eingriffstiefe bzw. Reichweite der möglichen Wirkungen von Bewegungen enorm variiert. Am einen Ende der Skala stehen kleine Veränderungen, etwa die graduelle Verschärfung einer Immissionsschutzrichtlinie oder die Erweiterung der Mindestflächen für Zuchtschweine in der Massentierhaltung. Am anderen Ende der Wirkungsskala steht ein grundlegender Systemwandel, etwa die Transformation von einem autoritären in ein demokratisches System. Die Fülle von spezifischeren Änderungen, die ein derartiger Systemwandel nach sich zieht, ist in ihren konkreten Formen von der Bewegung, die den Systemwechsel ausgelöst hat, weder gefordert oder antizipiert worden. Es handelt sich somit um indirekte Konsequenzen des auf das Ganze gerichteten Bewegungshandelns. Im mittleren Wirkungsbereich liegen strukturelle Effekte von Bewegungsaktivitäten, durch die beispielsweise die prozeduralen Voraussetzungen für Bürgerbeteiligung verbessert wurden. In manchen Fällen waren derartige Wirkungen das ausdrückliche und zentrale Ziel einer Kampagne. In anderen Fällen ergaben sie sich im Nebeneffekt von Kampagnen, die vorrangig Veränderungen in einzelnen Fachpolitiken anstrebten, aber zunächst an prozeduralen Hürden scheiterten, die dann erst erkannt und zum Gegenstand einer eigenständigen Kampagne wurden.

Neben greifbaren und vielleicht auch messbaren Wirkungen des Bewegungshandelns ist auf die Möglichkeit diffuser Effekte zu verweisen, an deren Zustandekommen eine Vielzahl von anderen Akteuren beteiligt war, ohne dass eindeutige kausale Zurechnungen möglich sind. Dies kann beispielsweise auf Meinungsverschiebungen in der Gesamtbevölkerung zutreffen, die sich auf die gesetzliche Regelung von Abtreibung, den Ausstieg aus der Atomenergie, Maßnahmen zur Bekämpfung einer Pandemie, Waffenlieferungen in ein Krisen- oder Kriegsgebiet und vieles mehr beziehen.

Diffuse Befindlichkeiten können sich aber auch als relative träge, themenübergreifende Grundstimmungen manifestieren, die dann einen Rückzug ins Private (und Skepsis gegenüber Neuerungen) oder aber eine Hinwendung zum bürgerschaftlichen Engagement (und der Bereitschaft zu gesellschaftlichen und politischen Reformen) zur Folge haben, wie es Albert O. Hirschman (1979) beschrieben hat.

6.2 Schwierigkeiten einer Wirkungsbilanz

Die Probleme einer Wirkungsbilanz, die auf eindeutigen Kausalketten basiert, wurden bereits ansatzweise erkennbar. Die Wirkungsanalyse gehört zu den größten Herausforderungen der Bewegungsforschung. In den letzten Jahrzehnten haben sich mehrere Autor:innen verstärkt dieser Aufgabe zugewandt, ohne jedoch zu konsistenten Befunden zu kommen. Das hat nicht mit mangelnden Anstrengungen, sondern mit der Komplexität der Thematik zu tun. Es ist deshalb anbracht, sich zunächst die Probleme einer Wirkungsbilanz vor Augen zu führen.

(1) Eine erste Schwierigkeit ergibt sich aus der diffusen bzw. sehr abstrakten Zielsetzung mancher Bewegungen. Eine Bewegung, die für eine gerechte Welt kämpft, globale Solidarität predigt und Slogans wie „Eine andere Welt ist möglich“ oder „we are the 99 percent“ verbreitet, kann ihre Ziele durchaus unterschiedlich interpretieren. Außerdem erschwert die Unbestimmtheit abstrakter Zielsetzungen die Feststellung, ob die Bewegung auf diesem Weg überhaupt vorankommt.

(2) Die Zielsetzung einer Bewegung kann sich im Verlauf von deren Existenz wandeln. Ziele können verbreitert oder verengt, radikaler oder gemäßigter gefasst werden. Die Veränderung der Zielsetzung kann von außen aufgezwungen werden oder aber aus einem Lernprozess erfolgen, der aus freien Stücken erfolgt. Sofern Wirkungen des Bewegungshandelns überhaupt feststellbar sind, stellt sich die Frage, ob diese Effekte im Hinblick auf die ursprüngliche oder die später veränderte Zielsetzung bilanziert werden sollen.

(3) Damit verbunden ist die Frage des Zeithorizonts der Wirkungsanalyse. Was in kurzfristiger Perspektive als ein Erfolg oder auch ein Misserfolg erscheint, kann in einer längerfristigen Perspektive zu einer gegenteiligen Beurteilung führen. Es ist durchaus denkbar, dass aus dem Scheitern zum Zeitpunkt T1 eine Lehre gezogen wird, die zum Zeitpunkt T2 einen Erfolgsfaktor bildet. Angesichts solcher Möglichkeiten ist Vorsicht insbesondere bei kurzfristigen Wirkungsbilanzen geboten.

(4) Zurechnungen von Ursache und Wirkung werden durch die Existenz von multikausalen Zusammenhängen erschwert. Dies gilt zumal in einem Konfliktfeld mit vielen Beteiligten. Deren einzelne Beiträge für eine auf Aggregatebene feststellbare Wirkung sind oft schwerlich zu gewichten. Die Bevölkerungsmeinung zu vielen Entscheidungsmaterien, so zum Beispiel zu einem internationalen Freihandelsabkommen, wird von vielen Seiten beeinflusst. Darunter sind Fachwissenschaftler:innen, Medien, Interessengruppen aus der Wirtschaft, politische Parteien und soziale Bewegungen aus dem In- und Ausland.

(5) Eine weitere Schwierigkeit ergibt sich daraus, dass zwischen unabhängigen und abhängigen Variablen eine Gruppe von intervenierenden Faktoren

wirksam sein kann, die ihrerseits wiederum eine (oder mehrere) mehrstufige Kausalketten bilden. Die Interaktionseffekte solcher Kausalketten sind kaum zu ermitteln, so dass Kausalitätsbehauptungen zuweilen rein spekulativer Natur sind. Ein zusätzliches Problem kausaler Zurechnung ergibt sich aus der Möglichkeit einer Kreiskausalität, das heißt der gleichzeitigen Einwirkung von A auf B und von B auf A. Ein solche Situation ist z. B. dann gegeben, wenn ein Streit, der zunächst dem Muster von Rede und Gegenrede folgt, in eine eskalierende Interaktion mündet, in der die Streithähne, ohne noch bewusst aufeinander einzugehen, sich gleichzeitig beschimpfen.

(6) Im Unterschied zu Regelmäßigkeiten in der Natur (z. B. dem Wechsel der Jahrzeiten) oder in technisch kontrollierbaren Prozessen (wie der automatischen Regulierung einer Heizung) sind soziale Prozesse von Erfahrungen und Deutungen abhängig. Hierbei spielen subjektive, wertgebundene, evaluative und auch emotionale Faktoren eine Rolle. Zwar folgen viele soziale Interaktionen gewissen Wahrscheinlichkeiten, doch kann hier, entgegen der neuerdings zunehmenden Rede von sozialen Mechanismen (Hedström/Swedberg 1998), kaum mit vorab eindeutig definierbaren Effekten gerechnet werden. Der Zeitpunkt und Ort einer Sonnenfinsternis lassen sich präzise berechnen. Doch wie viel Hunger und wie viel Unterdrückung Menschen hinzunehmen bereit sind, bleibt unbestimmt und wird erst retrospektiv erkennbar. Verschärft wird diese Ungewissheit durch die hohe Variabilität von Erwartungen und Werten, die sich im intrakulturellen Rahmen, im Kulturvergleich und auch im Zeitvergleich zeigt. Manche Menschen sind bereit, für ihre Überzeugungen zu sterben; andere nehmen gravierende Belastungen in Kauf, um wenigstens ihr nacktes Überleben zu sichern. Menschen können ihre Lebensumstände reflektieren, sie als menschengemacht erkennen und deshalb auch als veränderbar ansehen. Die Fähigkeit zu einer aus Reflexion resultierenden Imagination und Selbstorganisation beinhaltet auch, dass vormals undenkbare soziale Innovationen zustande kommen. Zugleich ist in Rechnung zu stellen, dass soziale Innovationen im Zusammenhang mit sozialen Konflikten nicht notwendig auf eine einzige Konfliktpartei beschränkt bleiben, was die Vorhersehbarkeit des Ausgangs von Konflikten zusätzlich mindert.

(7) Eine zusätzliche und prinzipiell nicht antizipierbare Hürde für eine auf die Zukunft bezogene Kausalanalyse ergibt sich aus dem möglichen Einfluss von kontingenten Faktoren (*precipitating incidents*). Diese sind qua definitionem nicht kalkulierbar. Sie können einen Konfliktverlauf unerwartet anheizen oder dämpfen. Sie können eine überraschende Wende herbeiführen. Beispiele für derartige Faktoren sind eine Naturkatastrophe oder eine technologisch bedingte Katastrophe, der Tod eines Demonstranten oder eines Polizisten, die unverhoffte Großspende eines Mäzens für eine ressourcenschwache Bewegungsorganisation, die Aufdeckung eines Skandals oder

ein Großereignis, z. B. eine Entscheidung zur Beteiligung an einem Krieg, wodurch das laufende Protestgeschehen an den Rand gedrängt wird.

Die genannten Bedingungen erschweren nicht nur generell kausale Wirkungsanalysen, sondern verunmöglichen mittel- und langfristige Prognosen über den Verlauf und die Effekte sozialer Bewegungen. Es ist kein Zufall, dass viele große Mobilisierungswellen, darunter auch Rebellionen und Revolutionen, die Zeitgenossen völlig überrascht haben. Ebenso wurden Rebellionen und Revolutionen vorhergesagt, die nicht zustande kamen. Möglich ist allerdings der Entwurf von Szenarien, die auf einer soliden Kenntnis der Ausgangslage basieren und dann, unter dem Vorbehalt einer Reihe von Wenn-Dann-Aussagen, einzelne Szenarien für wahrscheinlich oder unwahrscheinlich erklären. Ein solches Vorgehen, dass auf den ersten Blick nur eine Sache der Wissenschaften zu sein scheint, ist auch bei den Strategen sozialer Bewegungen (und darüber hinaus im Alltagsverhalten der meisten Menschen) anzutreffen.

6.3 Faktoren für Erfolg und Misserfolg

Externe Beobachter und mehr noch die vorausschauenden Praktiker:innen in sozialen Bewegungen stellen die Schlüsselfrage, wie und unter welchen Bedingungen eine Bewegung erfolgreich sein kann. Diese Frage beschäftigt ebenso die Opponenten sozialer Bewegungen, die die Handlungsbedingungen von Bewegungen in Rechnung stellen wollen. Eine allgemeine Theorie und praktische Anleitung, mittels derer der Erfolg einer Bewegung zu sichern wäre, steht aus den bereits genannten Gründen nicht in Aussicht. Sofern dennoch praxisorientierte „Erfolgsrezepte" zirkulieren, beinhalten sie Binsenweisheiten der folgenden Art: Einigkeit macht stark. Antizipiere die Strategien und Handlungen Deines Gegners. Nutze die Schwächen Deines Gegners. Überrasche den Gegner. Suche starke Verbündete. Lege Dir eine längerfristige Strategie zurecht. Optimiere Dein Framing. Manche dieser Ratschläge haben sich zu weit über ihren Entstehungskontext hinaus bekannten Formeln entwickelt. So lautet ein Slogan aus der Arbeiterbewegung: „Alle Räder stehen still, wenn Dein starker Arm es will". Noch größere Bekanntheit erlangte wohl der Aufruf im Kommunistischen Manifest: „Proletarier aller Länder, vereinigt Euch!"

Derartige Ratschläge mögen unmittelbar einleuchten. Auch lassen sich dafür passende historische und aktuelle Beispiele zitieren. Doch sie sind wenig hilfreich. Allerdings gibt es ein Erfahrungswissen, das mündlich oder schriftlich weitergereicht wird. Inzwischen existiert eine Reihe von Handlungsempfehlungen für Bewegungs- und Protestakteure in Form von Webseiten, Broschüren, Aufsätzen oder ganzen Büchern, die in manchen Fällen auch theoretisch unterfüttert sind.

Im anglo-amerikanischen Bereich lauten programmatische Titel „Rules for Radicals" (Alinsky 1971), „Handbook of Resistance" (Courpasson/Vallas 2016) und „The Art of Resistance" (Bläske et al. 2020). Im deutschsprachigen Raum finden sich Titel und Untertitel wie „Die Kunst des neuen Demonstrierens" (Kessler 2013), „Die Kunst des kreativen Straßenprotests" (Amann 2011), „BürgerProtest – aber mit System" (Lang 2012), „Jetzt Reicht's. 50 Anleitungen zum Bürgerprotest" (Honolka 2013) und „Handbuch für erfolgreiche Demonstrationen, Attacken und Aktionen" (Benz/Warter 2010).[96] Einige dieser Schriften widmen sich speziell Kommunikationstechniken und dem Umgang mit Medien (Ryan 1991; Autonome a.f.r.i.k.a gruppe 2012); andere fokussieren spezielle Aktionsformen, darunter illegale Aktionen (Bergstedt/Neuhaus 2008) oder auch verschiedene Themen des Protests (Strike Debt 2014).

Schriften dieser Art konzentrieren sich auf organisatorisch-technische und kommunikative Aufgaben. Doch sie können kaum die notwendige strategische Reflexion ersetzen, die immer eine Vielzahl von Faktoren in Rechnung zu stellen hat, darunter die Art des Konfliktgegenstands (z. B. Verteilungskonflikte oder moralische Konflikte) sowie die jeweiligen Mittel und Möglichkeiten der Konfliktparteien.

Einige gehaltvolle Hinweise auf die Erfolgsbedingungen sozialer Bewegungen bietet die Literatur zu Gelegenheitsstrukturen (Abschnitt 5.1.3) und zum Framing (4.4 und 5.4). Allerdings zielen diese Publikationen in erster Linie auf Bewegungsakteure; die Gelegenheitsstrukturen der Gegenseite sowie das Wechselspiel von Aktion und Reaktion werden nur vereinzelt in den Blick genommen. Zudem thematisiert diese Literatur vor allem die Bedingungen für die Aktionsmobilisierung, die eine notwendige, aber noch nicht hinreichende Bedingung für den möglichen Erfolg einer Bewegung darstellt. Eine der wenigen Ausnahmen unter den praxisorientierten Beiträgen ist die dezidiert auf strategische Fragen ausgerichtete Handreichung von Felix Kolb (o. J.) mit dem Titel *Movement Action Success Strategy* (MASS), die vor dem Hintergrund einer relativ breit angelegten wissenschaftlichen Studie des Autors über den Zusammenhang von politischen Gelegenheiten und dem Erfolg sozialer Bewegungen entstand (Kolb 2007). Diese ausführliche Studie macht auch deutlich, dass nicht die Stärke einer Bewegung,

96 Manche dieser Ratschläge sind sehr detailliert. So hat die Christliche Initiative Romero im Verbund mit anderen Gruppen im Juni 2022 eine Zeitungsbeilage erstellt, in der für ein Lieferkettengesetz geworben wird (Motto: „Unternehmen verpflichten, Menschen und Umwelt zu schützen"). In einem Beitrag mit der Überschrift „Seien Sie Teil der Bewegung" werden diverse Handlungsempfehlungen gegeben. Um Radfahrer und Autofahrer anzusprechen, heißt es: „Dazu stellen sich vier Personen im Abstand von ca. 30–40 Metern mit je einem Schild (DIN A0) an eine gut befahrene Straße. Wichtig: Achten Sie auf ihre Sicherheit, indem Sie ausreichend Abstand von der Fahrbahn halten und reflektierende Kleidung tragen. Auf ein Schild können Sie z. B. ‚Menschen sollten von ihrer Arbeit leben können, oder?' schreiben, auf dem nächsten Schild bitten Sie, zu nicken …".

sondern vielmehr politische Rahmenbedingungen maßgeblich für den Erfolg oder Misserfolg einer Bewegung verantwortlich sind.

Herbert Blumer hat in einem 1957 publizierten Aufsatz mit dem Titel „Collective Behavior" die Erfolgsbedingungen sozialer Bewegungen in einer sehr prägnanten Form aufgelistet:

> „*[A] movement has to be constructed* and has to carve out a career in what is practically always an opposed, resistant, or at least indifferent world. Thus, conscious movements have to depend on effective agitation, the skillful fomentation and exploitation of restlessness and discontent, an effective procedure for the recruitment of members and followers, the formation of a well-knit and powerful organization, the development and maintenance of enthusiasm, conviction, and morale, the intelligent translation of ideology into homely and gripping form, the development of skillful strategy and tactics, and, finally, leadership which can size up situations effectively, time actions, and act decisively. These are the ingredients of successful movements." (1957: 147)

Nachfolgend sind im Rahmen der akademischen Bewegungsforschung etliche Arbeiten, darunter auch Sammelbände, entstanden, in denen die Frage nach den Wirkungen sozialer Bewegungen im Mittelpunkt steht (Piven/Cloward 1977; Giugni 1998; Giugni/McAdam/Tilly 1999; Amenta et al. 2010; Bosi/Giugni/Uba 2016; Useem/Goldstone 2022). Auch liegen Ratschläge vor, wie mit der Komplexität von Erklärungsansätzen zu den Wirkungen sozialer Bewegungen umgegangen werden soll.[97] Weiterhin sind Dutzende von Arbeiten publiziert worden, die auf empirischer Grundlage die Erfolgsbedingungen sozialer Bewegungen zu fassen suchen, dabei jedoch selten die Bandbreite der von Blumer angesprochenen Faktoren behandeln.

Eine erste Gruppe von Studien bezieht sich auf eine relativ große Zahl von unterschiedlichen Konflikttypen. Chenowith/Stephan (2012) haben in einer sekundäranalytischen Studie 323 Konflikte untersucht, die sich zwischen 1900 und 2006 in vielen Ländern der Welt ereignet haben. Ihr Hauptbefund lautet, dass Gruppen und Bewegungen, die gewaltlose Taktiken des Widerstands genutzt haben, eher erfolgreich waren als solche, die Gewalt angewandt haben. Diese Studie weist allerdings einige methodische Defizite auf, die an der Aussagekraft

97 Tilly verwirft den induktiven und empathischen Ansatz und meint: „Only one response will work. That is (1) to formulate clear theories of the causal processes by which social movements produce their effects; (2) to limit investigations to the effects made plausible by these theories; (3) to work *upstream* by identifying instances of the effects, then seeing whether the hypothesized causal chain was actually operating; (4) to work downstream by identifying instances of the causal chain in operation, then seeing whether and how its hypothesized effects occurred; (5) to work midstream by examining whether the internal links of the causal chain operated as the theory requires; and (6) to rule out, to the extent possible, competing explanations of the effects." (Tilly 1999: 270).

der Ergebnisse zweifeln lassen.[98] Eine andere einflussreiche Studie stammt von William Gamson (1975), der 53 Konfliktfälle in den USA untersucht hat. Er kam zu dem Ergebnis, dass die Erfolgswahrscheinlichkeit steigt, wenn kompakte Organisationen mit relativ konkreten Zielen als Hauptakteure auftreten. Eine relativ breite empirische Basis liegt auch der bereits erwähnten Untersuchung von Kolb (2007) zugrunde, die sich auf zwei Konfliktfelder, die Bürgerrechtsbewegung in den USA und – mit eigenen Daten – die Auseinandersetzungen um die zivile Nutzung der Atomenergie in 18 Ländern konzentriert.

Einer zweiten Gruppe von Studien liegt ein ganz anderes Design zugrunde, insofern hier eine einzelne Kampagne oder eine einzelne Bewegung analysiert wird. Anhand einer Fallstudie soll geklärt werden, warum es letztlich zu einem Sieg oder einer Niederlage kam. Dazu zählen die Analysen von Mansbridge (1986) zum Scheitern des Equal Rights Amendment in den USA, von Luders (2007) zu den Wirkungen der Bürgerrechtsbewegung in den USA und von Cress/Snow (2000) zu den Effekten der *homeless mobilization* in den USA.

Daneben ist auf die Fülle von historischen Arbeiten zu einzelnen Protesten, Aufständen, Revolten und Bewegungen hinzuweisen, die jedoch meist den theoretischen und konzeptionellen Werkzeugkasten der Bewegungsforschung ignorieren. Das Verdienst dieser Fallstudien besteht darin, die Komplexität von Kontextbedingungen zu verdeutlichen und dichte Beschreibungen zu liefern. Ihr Manko ist die fehlende Generalisierbarkeit und damit auch ein weitgehend fehlender Beitrag zu Theoriebildung.

Eine dritte Gruppe von Studien zu den Erfolgen und Misserfolgen sozialer Bewegungen vergleicht wenige Fälle: mehrere Bewegungen in einem Land oder auch eine oder mehrere Bewegungen in einigen Ländern.[99] Die Arbeit von Banaszak (1996) zum Kampf um das Frauenwahlrecht in der Schweiz (differenziert nach den 25 Kantonen) und in den USA (in 48 Bundesstaaten) stellt heraus, dass in den USA ein breites Bündnis von Frauengruppen, die auch konfrontative Taktiken angewandt haben, ein wesentlicher Faktor für die relativ frühe Einführung des Frauenwahlrechts war. Dagegen haben in der Schweiz die konsensorientierte Kultur, das Beharren auf lokaler Autonomie und die zentrale Rolle einer Allparteien-Koalition in der Regierung die Einführung des Frauenwahlrechts lange verzögert. Zur Gruppe vergleichender Fallstudien gehören auch Arbeiten

98 Effekte werden in den zwölf Monaten nach dem Höhepunkt des Konflikts bilanziert. Es werden nur entweder friedliche oder gewaltförmige Handlungen mit einer Beteiligung von mindesten 1000 Personen betrachtet. Die empirisch häufige Kombination beider Formen findet keine Berücksichtigung. Problematisch erweisen sich bei näherer Betrachtung einzelne Zuordnungen. Beispielsweise wird die Abschaffung einer feudalen Monarchie in Nepal dem Wirken gewaltfreier Gruppen zugeschrieben, während der ungleich wichtigere mehrjährige militärische Widerstand maoistischer Gruppen zwar erwähnt wird, aber nicht in die Kodierung eingeht.

99 Kitschelt (1986); Cress/Snow (2000); Giugni (2007); Rucht (1990; 1994); Uba (2005); Banaszak (1996).

zu Revolutionen und revolutionären Bewegungen (Hobsbawm 1962; Skocpol 1975; Paige 1975; Tilly 1993; Goldstone 1991; Goodwin 2001), die sich allerdings nicht immer auf die Erfolgsfaktoren konzentrieren. Eine zentrale Einsicht einiger dieser Studien lautet, dass den revolutionären Aktionen zumeist längere Phasen der Erosion von Machtstrukturen und des Legitimitätsverlustes der Machthaber vorausgehen, so dass den dann auftretenden Bewegungen eher die Rolle von Katalysatoren als Verursachern eines krisenhaften Prozesses zukommt.

Nach meinem Eindruck ist diese dritte Gruppe von Studien am ertragreichsten. Aufgrund ihres Designs werden hier die Defizite der beiden anderen Studienarten gemieden: einerseits die mit steigender Fallzahl sehr grobschlächtige Kategorisierung von unabhängigen und abhängigen Variablen einschließlich der Ignoranz gegenüber speziellen Kontextfaktoren; andererseits die für viele Fallstudien geltende Tendenz, nicht an theoretische Fragen anzuschließen. Stattdessen besteht die Neigung zu detailreichen Deskriptionen, die offenlassen, inwieweit der untersuchte Fall als typisch oder untypisch für eine Klasse von Fällen gelten kann.

6.4 Zusammenfassung

Was können und müssen Bewegungsaktivist:innen tun, um erfolgreich zu sein? Eine Antwort auf diese brennende Frage fällt nicht nur den bewegten Akteuren, sondern auch der professionellen Bewegungswissenschaft schwer. Aus Sicht der Letzteren ist es zunächst wichtig, sich von einem engen Verständnis von Erfolg und Misserfolg zu lösen, das ausschließlich die erklärten Zielsetzungen zum Maßstab erhebt. Vielmehr sollte eine breite Sicht auf die möglichen Wirkungen von Bewegungen eingenommen werden, um das Nebeneinander von intendierten und nicht-intendierten Folgen, bewegungsexternen wie bewegungsinternen Wirkungen sowie die unterschiedlich langen Zeithorizonte zu berücksichtigen.

Eine zweite und ernüchternde Einsicht dieses Kapitels besteht darin, die prinzipielle Komplexität der Faktoren anzuerkennen, die das Bewegungshandeln prägen und direkt oder indirekt auch die Wirkungen von Bewegungen bestimmen. Eine Kausalanalyse steht vor einer Reihe systematischer und schwer überwindbarer Hürden, die eine Vorhersage von Bewegungswirkungen (und damit auch von Erfolg oder Misserfolg) kaum möglich machen. Gehaltvolle Erklärungen müssen sich weitgehend auf retrospektive Analysen von gut überschaubaren bzw. bereits zum Abschluss gekommenen Prozessen beschränken. Dass sich die Befunde einzelner Untersuchungen widersprechen, hängt vermutlich mit Besonderheiten der jeweiligen Fälle zusammen, erschwert allerdings eine generalisierende Theoriebildung.

Die empirischen Analysen zu Bewegungseffekten lassen sich in drei Gruppen zusammenfassen. Eine erste Gruppe zielt auf möglichst hohe Fallzahlen und folgt weitgehend dem Muster der quantitativen Variablensoziologie, die im Prinzip theoretische Annahmen überprüfbar macht. Jedoch bleiben die Datenqualität und interpretatorischen Folgerungen oft mangelhaft. Das Gegenstück dazu sind singuläre Fallstudien, die, im Unterschied zur ersten Gruppe, die Komplexität von spezifischen Kontextbedingungen und daraus resultierenden Prozessen verdeutlichen können, allerdings keine Verallgemeinerung von Befunden erlauben. Am ertragreichsten erscheint somit die dritte, eine mittlere Strategie einschlagende Gruppe von Untersuchungen, denen eine – möglichst strategisch begründete – Auswahl einer überschaubaren Zahl von Fällen zugrundliegt, die systematisch verglichen und auf theoretische Annahmen bezogen werden und ihrerseits Hypothesen für weitere Untersuchungen generieren können.

Kapitel 7: Methoden zur Analyse sozialer Bewegungen

Mit der Etablierung und Professionalisierung der Protest- und Bewegungsforschung wurden auch die Anstrengungen intensiviert, diesen Gegenstand mit angemessenen methodischen Instrumenten zu erfassen. Das grundlegende Rüstzeug dazu liefert der Kanon sozialwissenschaftlicher Methoden, die zunehmend eine Sache von Spezialist:innen für einzelne Verfahren geworden sind. Die Protest- und Bewegungsforschung schöpft aus diesem breiten Angebot. Teilweise können gängige methodische Verfahren ohne besondere Modifikationen auf Protest und soziale Bewegungen angewendet werden. Das gilt etwa für Netzwerkanalysen (Diani/McAdam 2003), die Nutzung von Fokus-Gruppen (Munday 2006; della Porta 2014: 289–307) und das weite Feld von Narrations-, Diskurs- und Framinganalysen (z. B. Ferree et al. 2002; Polletta 2006).[100] Teilweise werden aber auch die allgemein verfügbaren sozialwissenschaftlichen Methoden auf den Gegenstand der Protest- und Bewegungsforschung angepasst oder weiterentwickelt. Das gilt zum Beispiel auf die teilnehmende Beobachtung von Massenprotesten.

Das vorliegende, relativ knapp gehaltene Kapitel erhebt nicht den Anspruch, mit eigenen Ideen und Vorschlägen die Methodendiskussion zu bereichern. Auch kann hier nicht auf die einzelnen Verfahren und ihre bisherigen Anwendungen eingegangen werden. Ausgeklammert werden insbesondere jene Methoden, die man als gegenstandsneutral ansehen kann. Ihre Anwendung im Feld der Protest- und Bewegungsforschung unterscheidet sich nicht wesentlich von der in anderen Themenbereichen.[101] Somit konzentriert sich dieses Kapitel nach einem Überblick zu den frühen methodischen Reflexionen auf drei Verfahren, die in

100 Im deutschen Sprachraum sind Reiner Keller (2011) und Siegfried Jäger (2012) wichtige Vertreter der Diskursanalyse. Sie haben diese Methode allerdings bislang nicht auf soziale Bewegungen angewandt.

101 Dies gilt meines Erachtens für Comparative Historical Analysis, Historical Methodologies, In-Depth Interviews, Life Histories, Focus Groups, (standardisierte) Surveys, Social Network Analysis, Online Research und Image Analysis. Bei diesen Verfahren kann ich keine gegenstandsspezifische Methodologie erkennen. Aus Besonderheiten von Protestbewegungen (etwa ihrer hochgradig informellen Struktur oder ihrem Bedürfnis, sich externer und speziell staatlicher Kontrolle zu entziehen) ergeben sich sicherlich Probleme des Feldzugangs und der Datengewinnung, die jedoch nicht die jeweilige Methodologie als solche berühren. So kann zum Beispiel die Methode der Fokusgruppen gleichermaßen auf Aktivist:innen von Bewegungen wie auf Beschäftigte in einer Verwaltung oder Mitglieder einer Partei angewendet werden. Selbstredend unterscheiden sich dann die Ansprache der Gruppe und die Inhalte der jeweils gestellten Fragen bzw. gesetzten Impulse.

der Bewegungswissenschaft nicht nur häufig angewendet, sondern hier auch bedeutsame Anpassungen und Erweiterungen hervorgebracht haben, nämlich (1) die teilnehmende Beobachtung, (2) die Protestereignis- und Claim-Analyse und (3) die Befragung von Protestierenden am Ort des Geschehens.

7.1 Auf dem Weg zu methodischer Professionalität

Jahrzehntelang hatte die Literatur zu kollektivem Verhalten und sozialen Bewegungen methodischen Fragen wenig oder gar keine Aufmerksamkeit geschenkt. Das änderte sich erst ab den 1960er Jahren mit der Etablierung zweier ganz unterschiedlicher Richtungen. Zum einen machten sich Forscher:innen an die quantitative Erfassung von Protesthandlungen. Eine Pionierarbeit war das 1963 erstmals erschienene *World Handbook of Political and Social Indicators*,[102] das in zwei weiteren Ausgaben fortgeschrieben wurde (Taylor/Hudson 1972; Taylor/Jodice 1983), allerdings auch gravierende methodische Schwächen aufweist. Ein zweiter Wegbereiter dieser Methode war Charles Tilly, der mehrere Datensammlungen und Analysen zu kollektiven Protesten in weiter zurückliegenden historischen Epochen vorgelegt hat (Tilly 1978; 1986a; 1995a). Im Anschluss an diese Arbeiten entstand eine Fülle von Arbeiten zur quantifizierenden Erfassung und Analyse von Protesthandlungen (siehe Abschnitt 7.3).

Zum anderen entwickelte Alain Touraine (1978) die qualitativ ausgerichtete Methode der „soziologischen Intervention", mittels derer die Forschenden in lose strukturierten Gesprächen mit Bewegungsaktivist:innen deren Weltsichten und Perspektiven zu ergründen suchen. Maßgeblich war dabei das Kriterium der Forschenden, ob die Kämpfe am Zentralproblem einer Gesellschaftsformation (*historicité*) anknüpfen und damit den Rang einer sozialen Bewegung erlangen oder vielmehr auf gesellschaftlichen Nebenschauplätzen angesiedelt sind. Es ist bemerkenswert, dass das von Touraine 1981 geleitete Forschungsinstitut nach einer methodischen Leitlinie (*Centre d'analyse et de l'intervention sociologique*/CADIS) und nicht etwa nach seinem Gegenstandsbereich benannt wurde. Allerdings blieb diese Methode im Wesentlichen auf den Kreis um Touraine beschränkt (Corcuff 2009). Alberto Melucci, ursprünglich stark von Touraine beeinflusst, hat sich später zu Touraines Methode kritisch geäußert und eine interessante experimentelle Methode entwickelt, die vor allem auf die Erfassung kollektiver Identität zielt (Melucci et al. 1984), aber keine Nachahmer fand.

Eine erste breitere Bestandaufnahme der methodischen Möglichkeiten und Probleme des Studiums sozialer Bewegungen erfolgte im Rahmen einer Konfe-

102 Träger war das *World Data Analysis Program* der Yale University. Die erste Ausgabe des Handbuchs wurde 1963 von Arthur S. Banks, Bruce M. Russett, and Robert B. Textor herausgegeben und erschien im Folgejahr bei Yale University Press (Russett et al. 1964).

renz des *European Consortium for Political Research* in Bochum im Jahr 1990. Die Ergebnisse wurden in einem nachfolgenden Sammelband von Diani/Eyerman (1992) dokumentiert, ergänzt um drei weitere Beiträge von Klandermans, Kriesi und Melucci. Fortan wurden Methodenfragen intensiver behandelt. Das geschah in Methodenkapiteln bzw. Anhängen zu einzelnen empirischen Studien, in Aufsätzen, die sich speziell einer bestimmten Methode widmeten, und schließlich auch in voluminösen Sammelbänden. Die erste große Dokumentation ist der von Klandermans/Staggenborg (2002) editierte Band. Ein noch breiter angelegter und aktuellerer Sammelband wurde von della Porta (2014) herausgegeben. Neben einzelnen Artikeln dieses Bandes, die eher allgemeine Fragen, Querschnittsaspekte oder besondere Forschungskontexte behandeln (z. B. *The Ethics of Social Movement Research; Triangulation, Fieldwork in the Context of Violent Conflict and Authoritarin Regimes*), werden dreizehn Methoden vorgestellt. Die entsprechenden Kapitelüberschriften lauten: Qualitative Comparative Analysis (QCA), Comparative Historical Analysis, Historical Methodologies, Participant Observation, Discourse and Frame Analysis, In-Depth Interviews, Life Histories, Focus Groups, Surveying Protesters, Protest Event Analysis and Its Offspring, Social Network Analysis, Methodological Practices in Social Movement Online Research, Working with Images.

Über die Häufigkeit, mit der diese Methoden in der Protest- und Bewegungsforschung benutzt werden, liegen keine umfassenden Daten vor. Eine von mir 2013 durchgeführte kleine Befragung der Autor:innen, die für einen Sammelband zum Stand der Bewegungsforschung in Europa Kapitel zu einzelnen Ländern beigesteuert haben, ergab hinsichtlich der Frage „Which method in social movement studies has been mostly used in your country during the last ten years/during the last five years?" Folgendes: Narrative Interviews wurden als am wichtigsten einschätzt, gefolgt von Fallstudien. Im Zeitverlauf zugenommen hat participant observation/action research"; abgenommen hat die Nutzung von protest event analysis (Rucht 2016a).

Tabelle 7.1: Am meisten genutzte Methoden in der Bewegungsforschung (absolute Zahlen) (Rucht 2016: 470)

	Last ten years			Last five years		
	Mostly used	Second most	Sum	Mostly used	Second most	Sum
Participant observation / action research	2	2	4	2	5	7
Narrative interview	6	8	14	6	9	15
Structured interview	1	–	1	1	1	2
Standardised questionnaire	1	–	1	3	2	5
Content analysis	1	2	3	1	2	3
Protest event analysis	7	4	11	3	4	7
Case study	5	7	12	6	4	10
Mixture of methods	5	3	8	4	–	4
Other	1	–	1	1	–	1

Es fehlen ländervergleichende Daten, die zeigen können, ob sich die methodischen Präferenzen langfristig verändert haben. Eine inzwischen veraltete und weitgehend auf die USA bezogene Bestandsaufnahme stammt von Crist/McCarthy (1996). Insbesondere die Angaben zum *resource mobilization approach* zeigen dessen zunehmende und eine ganze Weile anhaltende Bedeutung ab den 1980er Jahren (McCarthy/Zald 2002). Dass es darüber hinaus bedeutende Verschiebungen in der Folgezeit gibt, ist wahrscheinlich. So hat nach meinem Eindruck in den letzten Jahren der Anteil quantitativer Analysen in der Protest- und Bewegungsforschung zugenommen, wobei sich dieser Trend insbesondere bei jüngeren Wissenschaftler:innen abzeichnet. Gründe dafür sind die teils obligatorisch gewordene Methoden- und Statistikausbildung in sozialwissenschaftlichen Studiengängen, die Verfügbarkeit leistungsfähiger elektronischer Hard- und Software sowie der einfache Zugang zu digitalen Massendaten, die beispielsweise die Analyse der Kommunikation in digitalen Netzwerken (Twitter, Telegram, TikTok usw.) erlauben. Die Nutzung von Online-Quellen begründet allerdings keine eigene Methodologie im Rahmen der Protest- und Bewegungsforschung. *Online Research* basiert auf einem technologisch definierten Datenzugang, der – exklusiv oder ergänzend – auch für Surveys, Protestereignisanalyse, Diskursanalyse, Netzwerkanalyse, Bild- und Filmanalysen etc. eingesetzt werden kann.

Nachfolgend konzentriere ich mich wie schon angekündigt auf lediglich drei methodische Verfahren, die in der neueren Bewegungsforschung eine wichtige Rolle spielen. Für weitere Verfahren, etwa Netzwerkanalyse, Bildanalyse oder Diskursanalyse, sei auf die Fachliteratur verwiesen.

7.2 Teilnehmende Beobachtung von Protesten

Die Beobachtung und Beschreibung öffentlicher Auftritte von Protestgruppen und sozialen Bewegungen ist der historisch älteste und zugleich einfachste Zugriff, anhand dessen einige grundlegende Informationen gewonnen werden können. In einer simplen und kaum wissenschaftlich zu nennenden Form bedeutet das schlicht, sich am Rande oder inmitten der Protestierenden zu platzieren, um ohne besondere Vorgaben Eindrücke zu sammeln oder die Eindrücke anderer (etwa von Journalist:innen) zu übernehmen. Die Beliebigkeit, Selektivität und Subjektivität eines solchen Verfahrens liegen auf der Hand. Auf einer solchen Basis entstanden wohl die Beschreibungen und Urteile der frühen Massenpsychologie samt ihrer generalisierenden Annahmen über Ansteckungsprozesse, rauschhafte Gefühlsausbrüche, Preisgabe von Individualität und kritischem Urteil etc.

Im Laufe der Zeit wurden die Verfahren der teilnehmenden Beobachtung systematisiert und in ihrem Aufwand erheblich gesteigert. Zunächst waren es einzelne Forscher:innen, die sich auf bestimmte Aspekte des Protestgeschehens (etwa sichtbare Zeichen und Symbole, Redebeiträge, Forderungen etc.) konzentrierten, Notizen machten und Material (Flugblätter, Audio-Mitschnitte) sammelten. Sofern es sich um relativ kleine und klar strukturierte Auftritte (z. B. eine Mahnwache) handelte, mochte ein solches Verfahren ausreichen. Die Rolle als wissenschaftlicher Beobachter unterschied sich nicht prinzipiell von der eines Journalisten oder einer aufmerksamen Passantin. Derartige Verfahren sind jedoch völlig unzureichend, wenn es sich um Proteste großer Menschenmassen handelt, die kaum von einem Standort zu überschauen sind oder die aufgrund ihrer verzweigten räumlichen Struktur eine Mehrzahl von Beobachter:innen erfordern, die zeitgleich an verschiedenen Orten präsent sind. Das gilt beispielsweise für einen Sternmarsch, der von mehreren Ausgangspunkten startet und in eine große Abschlusskundgebung mündet, an deren Rändern es möglicherweise zu Auftritten von Gegendemonstranten und einem körperlichen Gerangel kommt, das sich in den angrenzenden Straßen fortsetzt. Für die Dokumentation eines solchen komplexen Geschehens bedarf es etlicher Beobachter:innen, die möglichst einheitliche Kriterien der Datenerhebung anwenden sollten. Sie können auch spezielle Aufgaben übernehmen, zum Beispiel die Ermittlung von Teilnehmerzahlen, die Beobachtung des Verhaltens der Polizei und der von den Protestorganisatoren eingesetzten Ordner.

Relativ früh hat vor allem Clark McPhail, der in der Tradition des symbolischen Interaktionismus steht, eine Systematik der teilnehmenden Beobachtung von Straßenprotesten skizziert (McPhail/Miller 1973; McPhail/Wohlstein 1983). Später wurden diese Überlegungen weiter ausgearbeitet und systematisiert (Schweingruber/McPhail 1999). Gemäß dem vorgeschlagenen Verfahren werden vorher eingewiesene bzw. trainierte Beobachter:innen gezielt im Aktionsraum der Protestveranstaltung platziert. Dort füllen sie in regelmäßigen Zeitabständen einen Fragebogen (Codesheet) aus. Die möglichen Angaben beziehen sich auf sechs Akteursgruppen und 40 verschiedene Formen des kollektiven Verhaltens, z. B. Beifallskundgebungen im Verlauf einer Rede, Niederknien, Lachen (McPhail 1991: 164 ff.). Dieses Verfahren wurde induktiv anhand von früheren teilnehmenden Beobachtungen entworfen, allerdings nach meiner Kenntnis weder von McPhail selbst noch von anderen Forscher:innen in dieser elaborierten Form genutzt. Dagegen kamen diverse Verfahren zur Schätzung von Teilnehmerzahlen bei Massenprotesten zur Anwendung (dazu McPhail/McCarthy 2004; Rucht 2015b). Angeregt wurden diese Verfahren, darunter auch die Ermittlung von Teilnehmerzahlen aufgrund von Luftaufnahmen aus dem Helikopter, durch die oft erstaunlich großen Diskrepanzen der Angaben von Protestorganisator:innen, Polizei und Journalist:innen zur Zahl der Protestierenden. Widersprüchliche und teilweise groteske Übertreibungen der Protestbeteiligung haben im Zuge der Pegida-Proteste dazu geführt, dass sich eine Arbeitsgruppe der Universität Leipzig unter dem Namen „ausgezählt“ ab 2015 darangemacht hat, die Größenordnung von Protestveranstaltungen speziell in Dresden aufgrund von Videoaufzeichnungen zu ermitteln.

Im Januar 2015 habe ich im Rahmen einer Forschungsgruppe und mit Hilfe studentischer Helfer:innen an der teilnehmenden Beobachtung (gekoppelt mit einer Befragung) einer Protestveranstaltung von Pegida in Dresden mitgewirkt. Während rund die Hälfte des 53köpfigen Teams mit der Befragung befasst war, widmete sich die andere Hälfte, jeweils in Zweiergruppen, speziellen Aufgaben der Beobachtung. Darunter fiel die Dokumentation des Geschehens auf und hinter der Bühne, des Verhaltens der Protestierenden in verschiedenen Phasen des Protestmarsches und der anschließenden Kundgebung, der gezeigten Plakate, Fahnen und sonstigen Protestsymbole, der vom Veranstalter eingesetzten Ordner, der Polizei, der Passanten usw. Die Vorgaben für das Beobachterteam waren allerdings weniger strikt als bei Schweingruber/McPhail (1999). Das öffentliche und insbesondere das journalistische Interesse an unserer Untersuchung richtete sich vor allem auf die Ergebnisse der Befragung, so dass wir in dem entsprechenden Forschungsbericht nicht ausführlich auf die Wahrnehmungen der Beobachter:innen eingegangen sind (Daphi et al. 2015).

Teilweise ohne Vorplanung sind zu herausragenden Protestereignissen auch wissenschaftlich orientierte Fallstudien entstanden, die sich neben schriftlichen und visuellen Dokumenten auf Berichte teilnehmender Beobachter:innen bzw. Aktivist:innen stützen. Exemplarisch genannt seien hier Studien zu den regierungskritischen Protesten auf dem Platz des himmlischen Friedens in Peking 1989 (Brown 2021), die Wendedemonstrationen in Leipzig 1989 (Hofmann/Rink 1993), die Proteste gegen die Tagung der Welthandelsorganisation in Seattle 1999 (Cockburn/St. Clair/Sekula 2000), den G8-Gipfel in Genua 2001 (Baer/

Dellwo 2011), den G8-Gipfel in Heiligendamm 2007 (Rucht/Teune 2008; Teune 2012) und den G20-Gipfel in Hamburg 2017 (Haunss et al. 2017). Ebenso sind in manchen Berichten von Untersuchungskommissionen über Riots in den USA, Großbritannien und Frankreich die Eindrücke teilnehmender Beobachter:innen einbezogen worden, wenngleich in diesen Fällen aufgrund der Dynamik der Ereignisse keine Methode der begleitenden systematischen Beobachtung zur Anwendung kommen konnte. Mit der wachsenden Zahl und Vernetzung von Bewegungsforscher:innen steigt jedoch die Wahrscheinlichkeit, dass sich im Vorfeld absehbarer Großereignisse Wissenschaftler:innen zusammentun, um, neben den immer häufiger genutzten Befragungen, auch Methoden der teilnehmenden Beobachtung einzusetzen. Bislang fehlt allerdings einer halbwegs standardisierte Systematik der Beobachtungsverfahren, die es erlauben würde, verschiedene Protestereignisse stringent zu vergleichen.

7.3 Protestereignisanalyse und Claim-Analyse

Charles Taylor und Charles Tilly wurden bereits als Pioniere jener Methode erwähnt, die später unter dem Namen Protestereignisanalyse zu einem festen Bestandteil der Protest- und Bewegungsforschung werden sollte. Dieses Verfahren ist eine spezielle Variante der Inhaltsanalyse. Zu seiner praktischen Durchführung liegen inzwischen ausführliche Beschreibungen und Anweisungen vor (Rucht/Ohlemacher 1992; Koopmans/Rucht 2002; Hutter 2014b; 2019). Die Methode dient dazu, über eine große Zahl von Protestereignissen Daten in standardisierter Form zu erheben und mittels statistischer Verfahren auszuwerten. Die Datenerfassung erfolgt anhand eines Kodier- bzw. Variablenschemas (*Codesheet*), dem bei anspruchsvollen Anwendungen ein umfangreiches Regelwerk zugrunde liegt (*Codebook*). Es enthält die Definition der Erhebungseinheit Protestereignis, die Beschreibung der Variablen und Variablenausprägungen, den Umgang mit Grenzfällen, mit widersprüchlichen oder auch ungenauen Informationen usw. In Deutschland sind jüngst Bemühungen in Gang gekommen, dieses Verfahren zu standardisieren und das entwickelte Instrumentarium zur allgemeinen Nutzung anzubieten.[103]

103 Diese Bemühungen kommen aus dem Umfeld des Instituts für Protest- und Bewegungsforschung (Sommer/Steinhilper/Zajak 2021b) und haben ihren institutionellen Ort am Deutschen Zentrum für Integrations- und Migrationsforschung (DeZIM). Sie bauen auf dem Prodat-Projekt auf, das am Wissenschaftszentrum Berlin für Sozialforschung angesiedelt war und dort inzwischen in leicht modifizierter Form in einem Projekt „Politischer Protest und Radikalisierung (Protest-Monitoring)" fortgeschrieben wird. Siehe https://www.wzb.eu/de/forschung/wandel-politischer-systeme/zentrum-fuer-zivilgesellschaftsforschung/projekte/politischer-protest-und-radikalisierung-protest-monitoring.

Das primäre Interesse gilt einigen Basisdaten, insbesondere Berichtsquelle, Ort, Zeitpunkt, Inhalt, Größe, Dauer und Form des Protests. Zusätzlich können viele weitere Daten erhoben werden, z. B. soziale und organisatorische Träger des Protests, Adressaten, Mobilisierungsraum, Anwesenheit und Interventionen der Polizei, Sach- und Personenschaden, Angaben zu Gegendemonstrationen usw.

Als Berichtsquellen werden je nach Sachlage und Verfügbarkeit historische Archive, Tageszeitungen, Agenturberichte, Anmeldungen von Protestaktionen bei Behörden und Polizeiberichte zu stattgefundenen Protesten genutzt. Am weitesten verbreitet ist der Rückgriff auf Tageszeitungen, die zunehmend auch elektronisch verfügbar sind und damit Möglichkeiten der automatisierten Datenerfassung eröffnen. Alle diese Quellen sind selektiv und bilden lediglich einen Teil der tatsächlichen Protestgeschehens ab. Relativ umfassend sind lediglich Aufstellungen der angemeldeten Proteste, die jedoch, so zumindest in Deutschland, wenig differenziert erfasst und allenfalls in hoch aggregierter Form, meist nur als bloße Zahl von Ereignissen, auf Anfrage mitgeteilt werden. Was sich tatsächlich ereignet hat, wird nicht dokumentiert oder nicht zugänglich gemacht.

Mit Blick auf die mediale Berichterstattung ist festzuhalten, dass eine Vielzahl kleiner, unspektakulärer oder sich ständig wiederholender Proteste keinen Nachrichtenwert hat und somit ausgeblendet wird. Abgesehen von anwesenden Zuschauern bleiben diese Proteste unter dem Radar der öffentlichen Wahrnehmung. Allerdings kann die Selektivität der Quellen durch zusätzliche Erhebungen grob bestimmt werden, um gravierende Fehlinterpretationen zu vermeiden. Die starke Selektivität von Tageszeitungen mit nationaler Reichweite, die, mit Ausnahme von Lokalzeitungen, nur einen sehr kleinen Teil des Protestgeschehens (*selection bias*) berichten und dabei bestimmte Merkmale von Protesten hervorheben oder aber unterschlagen (*description bias*), ist nicht per se ein Mangel. Für die öffentliche Meinungsbildung und auch für die politischen Entscheidungsträger zählen die Proteste, die berichtet und damit überhaupt breit wahrnehmbar werden. Das sind insbesondere große Proteste und Proteste, bei denen es zu Regelverletzungen kommt (Rucht 2016b). Untersuchungen in Frankreich haben ergeben, dass nur rund zwei bis fünf Prozent der von der Polizei registrierten Proteste in mindestens einer Zeitung erwähnt werden (Fillieule/Tartakowsky 2013: 145). Eine ähnliche Größenordnung wurde auch in Deutschland ermittelt, sofern die überregionale Presse betrachtet wird.[104]

Charles Tilly war ein wichtiger Wegbereiter einer systematischen und quantitativen Erfassung von Protestakten über längere Zeiträume. Das Quellenmaterial, das aus historischen Archiven, Zeitungen und Zeitschriften, Gerichtsakten etc. stammt, wurde mit Blick auf einzelne Variablen anhand expliziter Regeln und

104 Hocke (2002: 151) hat am Beispiel der Stadt Freiburg ermittelt, dass rund 38 % der von der Polizei registrierten Proteste in der Lokalzeitung Badische Nachrichten und nur 4,6 % in der Süddeutschen Zeitung und/oder der Frankfurter Rundschau berichtet wurden.

Anweisungen kodiert. Dieses Regelwerk ist teilweise in den methodischen Anhängen von Tillys Werken dokumentiert (Tilly 1978; 1995a). Die datengestützte Analysen, die auf der Zuarbeit vieler Helfer:innen beruhen, bezogen sich insbesondere auf Frankreich und Großbritannien. Tillys Methode inspirierte Sidney Tarrow, eine auf Protestereignisanalysen basierende Studie über den Protestzyklus von 1965 bis 1975 in Italien durchzuführen (Tarrow 1989). Bereits einige Jahre zuvor hatte Hanspeter Kriesi (1985) eine Protestereignisanalyse für die Schweiz unternommen. Dem folgte die erste ländervergleichende Protestereignisanalyse von Kriesi und seinen Mitarbeitern (Kriesi et al. 1995), die sich auf Deutschland, Frankreich, die Schweiz und die Niederlande im Zeitraum von 1975 bis 1989 bezog. Zudem publizierten die drei Ko-Autoren dieser Studie jeweils separate Monographien für die drei erstgenannten Länder. Eine weitere umfangreiche Protestereignisanalyse wurde unter Leitung von Dieter Rucht und Friedhelm Neidhardt für die Bundesrepublik Deutschland von 1950 bis 1996 durchgeführt[105] und später bis zum Jahr 2002 erweitert. Dieses Projekt brachte auch methodologisch orientierte Publikationen hervor (Rucht/Ohlemacher 1992; Rucht/Neidhardt 1998; Koopmans/Rucht 2002). Es wird derzeit unter der Federführung von Swen Hutter bis in die Gegenwart fortgeschrieben. Erste Ergebnisse wurden publiziert (Hutter/Schäfer 2020).

Die genannten frühen Protestereignisanalysen inspirierten eine Vielzahl weiterer Forscher:innen aus verschiedenen Ländern zu ähnlich angelegten Arbeiten, die hier nicht alle aufgezählt werden. Entsprechende Daten beziehen sich unter anderem auf Länder in Asien, Osteuropa, Südeuropa und Skandinavien. Allerdings differieren die erhobenen Zeiträume und die Definitionen der Erhebungseinheiten und der einzelnen Variablen, so dass die Ergebnisse aus den verschiedenen Ländern nur bedingt vergleichbar sind. Neu hinzugekommen sind Projekte, die das Protestaufkommen in ausgewählten Kommunen[106] oder einzelnen Bundesländern (Bischoff/Quent 2017 zu Thüringen) untersuchen. Ebenso wurden Projekte durchgeführt, die sich auf eine bestimmte Klasse von Ereignissen beschränken, aber dann auch zeitlich und räumlich weit ausgreifen. Beispielsweise haben Chenowith/Stephan (2011), wie schon erwähnt, Daten zu gewaltlosem und gewaltsamem Widerstand im Zeitraum von 1900 bis 2006 in allen Teilen der Welt gesammelt und ausgewertet. Eine zentrale Frage dieses Projekts war, welche der beiden Widerstandsformen eher Erfolge zeitigte.

Eine andere Weiterentwicklung der Protestereignisanalyse ist die *Claim-Analyse*, die insbesondere von Ruud Koopmans initiiert und praktiziert wurde

105 Vgl. dazu insbesondere Rucht (2001b; 2003). Siehe auch Hutter/Teune (2012).

106 Hierzu zählt das von Sabrina Zajak geleitete Projekt „Lokale Konflikte und Migration“ am Deutschen Zentrum für Migrations- und Integrationsforschung in Berlin sowie das von Priska Daphi (Bielefeld) und Sebastian Haunss (Bremen) geleitete Projekt „Proteste und gesellschaftlicher Zusammenhalt: Lokale Konfliktdynamiken im Vergleich“ im Rahmen des Forschungsinstituts Gesellschaftlicher Zusammenhalt.

(Koopmans/Statham 1999b). Erhebungseinheit sind nicht Protestereignisse, sondern die von unterschiedlichen Gruppen (Parteien, Verbände, Protestgruppen usw.) artikulierten politischen Forderungen (*claims*).

Inzwischen hat die Protestereignisanalyse (einschließlich deren Kritik) einen soliden Stand erreicht und kann als weitgehend ausgereift gelten. Innovationen beziehen sich nicht auf Inhalte und Systematik der Datenerhebung, sondern vor allem auf die Nutzung elektronischer Quellen und Suchverfahren. Anfangs große Hoffnungen auf eine vollautomatische Recherche und Kodierung haben sich nur partiell erfüllt. Jedoch werden inzwischen die Vorteile der elektronischen Identifikation von potentiell relevanten Berichtsquellen (dazu Wilkerson/Casas 2017) in einigen Projekten genutzt, wobei eine nicht unerhebliche Nacharbeit durch menschliche Coder erforderlich ist, um die Spreu vom Weizen zu trennen (Lorenzini et al. 2022).

7.4 Surveys von Protestierenden vor Ort

Halbstandardisierte und standardisierte Befragungen (Surveys) sind das tägliche Brot eines wichtigen Zweigs der empirischen Sozialforschung, wobei in diesem Feld vor allem kommerzielle Umfrageinstitute tätig sind. Analog zur Wahlforschung kann auch die Bewegungsforschung anhand von Umfragen ermitteln, wer in der Bevölkerung sich an bestimmten Protesten beteiligt hat oder beteiligen würde. Allerdings sind insbesondere die Antworten zu Fragen nach eventueller Protestbeteiligung sowie der Beteiligung an regelverletzenden Protesten, wie sie verschiedentlich auch im Eurobarometer und ähnlichen Erhebungen (European Social Survey, International Social Survey, World Values Survey) ermittelt wurden, nur mit Vorbehalt zu verwenden. Im Vergleich zu solchen konventionellen Surveys, die seit einigen Jahren meist per Telefon oder Online durchgeführt werden, steht die Befragung von Protestierenden am Ort des Geschehens vor besonderen Herausforderungen.

Verschiedentlich haben einzelne Forscher:innen bei zumeist überschaubaren Protesten die Methode der teilnehmenden Beobachtung durch unstrukturierte Gespräche oder formelle Interviews anhand eines Fragebogens ergänzt (z. B. Katz/List 1981; Scaminaci/Dunlap 1986 III). Die Zahl der Befragten war zumeist klein und erlaubte keine statistischen Analysen. Eine frühe Befragung von 270 Protestierenden vor Ort wurde durch ein Team von 15 Interviewer:innen bei einem Friedensmarsch im Oktober 1968 in London unternommen (Barker et al. 1968). Hier standen bereits die Fragen im Mittelpunkt, die auch heute interessieren: Wer sind die Protestierenden? Was brachte sie zur Teilnahme? Was sind ihre Überzeugungen?[107] Eine im Westen kaum beachtete Befragung von Demonstrierenden in Leipzig haben Förster/Roski (1990) in drei Wellen während der Endphase der DDR durchgeführt. Eine weitere Befragung von Teilnehmer:innen an den so genannten Transformationsprotesten stammt von Hofmann/Rink. Einige Ergebnisse werden von Breitenborn/Rink (1991) berichtet.[108]

Doch erst in den 2000er Jahren machten sich Wissenschaftler:innen dann daran, anhand einer möglichst repräsentativen Stichprobe eine große Zahl von Demonstrierenden zu befragen. Ein solches Unternehmen ist keineswegs trivial. Je nach den Umständen der Befragung kann es die Forscher:innen vor erhebliche Herausforderungen stellen. Dazu gehören zum Beispiel (a) die Sicherung einer Zufallsauswahl der Befragten, was insbesondere bei Großdemonstrationen mit Zehntausenden oder Hunderttausenden eine sorgfältige Planung erfordert, (b) eine aufgrund äußerer Bedingungen schwierige Befragungssituation im Falle tumultartiger stationärer Proteste oder eines mobilen Protestgeschehens, (c) das mögliche Misstrauen der Befragten, die eine soziale Kontrolle oder das Aushorchen einer Bewegung befürchten, was mit einer hohen Quote von Verweigerungen verbunden sein kann. Innerhalb von wenigen Jahren wurden jedoch Erfahrungswerte im Umgang mit diesen Herausforderungen gesammelt, so dass auch hier, wie bei der Protestereignisanalyse, von einem konsolidierten methodischen Verfahren gesprochen werden kann.

Wichtige Impulse für eine systematische Befragung einer größeren Menge von Demonstrierenden gab der belgische Politikwissenschaftler Stefaan Walgrave. Er hatte mit Kollegen Erhebungen dieser Art zunächst bei einem belgischen Protest von nationaler Bedeutung durchgeführt (Van Aelst/Walgrave 2001), dann, zusammen mit Dieter Rucht und anderen, eine internationale Befragung anlässlich eines weltweiten Aktionstages im Vorfeld des anstehenden Irakkriegs im Jahr 2003 organisiert (Walgrave/Rucht 2010). Seit dieser Befragung wurde die Methode inzwischen mehrfach von der Forschungsgruppe am Wissenschaftszentrum Berlin und später von Mitgliedern des Instituts für Protest- und Bewegungsforschung genutzt und weiter ausgebaut. Befragt wurden unter anderem Demonstrierende gegen die Hartz IV-Regelungen in vier Städten, gegen das Stuttgarter Bahnprojekt S 21, gegen den G20-Gipfel in Hamburg und Aktivist:innen, die sich an Demonstrationen der Klimaschutzbewegung Fridays for Future beteiligten. Im letztgenannten Fall erfolgte die Befragung in Bremen und Berlin im Rahmen eines internationalen Verbundprojekts (und eines einheitlichen Fragebogens), wobei die Befragung in Deutschland wiederholt wurde, um Veränderungen im Zeitverlauf nachzugehen (Sommer et al. 2020).

107 Ein interessantes Ergebnis ergab sich auf die Frage, ob die Interviewten Gewalt im Kontext des Marsches erwarteten (70 % bejahten) und ob sie annehmen, persönlich davon betroffen zu werden (10 % bejahten) (ebd., S. 93 f.).

108 Einige Ergebnisse dieser Befragung werden von Breitenborn/Rink (1991) berichtet.

Hervorzugeben ist weiterhin ein von Walgrave und Klandermans initiiertes europäisches Verbundprojekt (CCC-project), in dem Protestierende zu verschiedenen Anlässen nach einem einheitlichen Schema befragt wurden (Walgrave/Wouters/Ketelaars 2016; Klandermans et al. 2017; Stekelenburg et al. 2012). Die einzelnen Schritte und Vorkehrungen bei derartigen Befragungen sind in eigenen Dokumenten und Publikationen beschrieben (für einen Überblick siehe Walgrave/Verhulst 2011; Stekelenburg/Klandermans/Walgrave 2018).

Hinzuweisen ist hier lediglich auf einige generellen Aspekte, die sich als *learning by doing* anhand der Berliner Erfahrungen mit dieser Methode herauskristallisiert haben (Teune/Ullrich 2005; Diefenbach et al. 2021). Erstens sollte die Ansprache der zu befragenden Personen möglichst durch ein Zweierteam vorgenommen werden, wobei der sog. *Pointer* für die regelgerechte, das heißt dem Zufallsprinzip folgende Auswahl der Person zuständig ist, während die zweite Person die Ansprache der Zielperson und die Durchführung des Interviews übernimmt.

Zweitens ist es möglich und zuweilen opportun, die Befragung nicht vor Ort durchzuführen, sondern per Handzettel (wiederum verteilt nach dem Zufallsprinzip) bzw. persönlicher Ansprache auf ein speziell für diesen Zweck erstelltes Online-Tool hinzuweisen, das es erlaubt, die Fragen in Ruhe zu beantworten. Anhand eines für jede Person spezifischen Zugangscodes wird sichergestellt, dass nur Personen, die am Protest teilgenommen haben, den Fragebogen ausfüllen können. Mögliche Verzerrungen durch die Nutzung des Online-Tools, zu dem eher jüngere und gut gebildete Befragte neigen, können dadurch kontrolliert werden, dass eine Teilgruppe der Demonstrierenden vor Ort nach dem Zufallsprinzip um ein Kurzinterview gebeten wird. Dabei werden u. a. die sozio-demografischen Merkmale der Angesprochenen erhoben und mit der Gruppe derer verglichen, die an der Online-Befragung teilgenommen haben.

Eine dritte Neuerung bezieht sich auf die Nutzung technischer Mittel bei der Datenaufnahme. Das Arbeiten mit einer Papierversion des Fragebogens vor Ort kann sich, zum Beispiel wegen schlechten Wetterbedingungen, als schwierig erweisen. Deshalb wurden andere technische Optionen genutzt.[109]

Einiges, darunter auch das große mediale Interesse, spricht dafür, dass in Zukunft die Methode der Befragung von Protestierenden verstärkt genutzt werden wird. Das erlaubt es, die schon lange üblichen, aber dekontextualisierten Bevölkerungsumfragen zur Protestbeteiligung um aussagekräftige und kontextsensitive Daten zu ergänzen.

109 In einigen Fällen wurden die Interviewer mit einem digitalen Tablet ausgestattet. Damit können die Befragten oder die Interviewer per Fingerdruck auf dem Bildschirm die entsprechenden (standardisierten) Antworten markieren. Alternativ dazu ist es auch möglich, den zu Befragenden, die in aller Regel mit einem Smartphone ausgestattet sind, den Fragebogen vor Ort zu überspielen. Dann kann die Beantwortung entweder vor Ort oder zuhause erfolgen und das Ergebnis per Mausklick an das Forschungsteam zurückgeschickt werden.

7.5 Zusammenfassung

In den letzten Jahrzehnten wurde die Methodik zum Studium von Protesten und sozialen Bewegungen erheblich ausgebaut und verfeinert, was auch in einer speziell darauf ausgerichteten Literatur seinen Niederschlag findet. Nach einem knappen Überblick zu den Methoden, die in der Protest- und Bewegungsforschungsforschung zur Anwendung kommen, wurden in diesem Kapitel drei Verfahren herausgegriffen, die, im Unterschied zu den allgemein gängigen und in vielen Feldern angewandten Forschungsmethoden, eine Anpassung an den besonderen Gegenstand erfordern. Dies sind die teilnehmende Beobachtung von Protesten, die Protestereignisanalyse und Claim-Analyse sowie die Befragung von Protestierenden vor Ort. Mit dieser restriktiven Auswahl wird nicht ausgeschlossen, dass auch andere, hier nicht im Einzelnen behandelte Verfahren für Zwecke der Protest- und Bewegungsforschung kleinere Anpassungen erfordern, die allerdings eher inhaltlicher als methodischer Art sein dürften.

Generell ist es, wie in jedem thematisch eingegrenzten Teilbereich der Sozialwissenschaften, ratsam, sich bereits vor Beginn der empirischen Erhebung mit dem jeweiligen Gegenstandsbereich und den Umständen des Protests vertraut machen, um dann, in Kenntnis der Anforderungen und Eigenart der angewendeten Methode(n), auch zu methodisch möglichst abgesicherten Antworten auf die gestellten Fragen zu kommen.

Kapitel 8: Theorien von Gesellschaft und sozialer Bewegung

„Ohne soziale Bewegungen gäbe es keine Soziologie." (Touraine 1976: 50)[110] Auch wenn dieses Diktum überzeichnet, so ist es doch erstaunlich, dass manche Gesellschaftstheoretiker soziale Bewegungen mit keiner Silbe erwähnen. Auf der anderen Seite glauben etliche Vertreter:innen der Bewegungsforschung, ohne einen Bezug auf Gesellschaftstheorien[111] auskommen zu können. Dagegen halte ich es für erforderlich, die Brücken zwischen beiden Bereichen zu stärken. Bewegungen lassen sich nur in dem Maße verstehen, wie auch der gesellschaftliche Kontext verstanden wird, der sie hervorgebracht hat und auf den sie einwirken wollen. Diese These leitet das vorliegende Kapitel. Zunächst geht es darum, wie sozialwissenschaftliche Klassiker soziale Bewegungen wahrgenommen haben. In einem zweiten Schritt behandle ich neuere Gesellschaftstheorien und deren Perspektive auf soziale Bewegungen, um dann, drittens, einen eigenen Ansatz zu skizzieren. Dieser ist theoretisch informiert, aber verfolgt nicht den – ohnehin kaum einlösbaren – Anspruch, eine allgemeine Theorie sozialer Bewegung zu formulieren.

8.1 Der Blick der Klassiker auf soziale Bewegungen

Die Gründerväter der Soziologie im ausgehenden 19. und im frühen 20. Jahrhunderts wie auch die in dieser Phase blühende Massenpsychologie bildeten zentrale Bezugspunkte für jene Autoren, die sich mit sozialen Bewegungen befasst haben. Hierbei zeigen sich deutliche Unterschiede zwischen den USA und Europa. In den USA wurden soziale Bewegungen zunächst als ein Spezialfall kollektiven Verhal-

110 Im Titel eines 1983 gehaltenen Vortrages beim Deutschen Soziologentag in Bamberg stellte Touraine die Frage, ob soziale Bewegungen ein „Spezialgebiet oder zentrales Problem soziologischer Analyse" seien. Die Antwort lautet, dass die „Erforschung sozialer Bewegungen ... zum Kernstück soziologischer Analyse [wird], sobald diese unser historisches Werden hinterfragt" (Touraine 1984: 151).

111 Es existiert ein ganzes Bündel allgemeiner sozialwissenschaftlicher Theorien: marxistische Theorien, Machttheorien, Handlungstheorien, Phänomenologie, Pragmatismus, Tauschtheorien, symbolischer Interaktionismus, Ethnomethodologie, Strukturalismus, Strukturfunktionalismus, Poststrukturalismus, methodologischer Individualismus und Theorien rationaler Wahl, um nur die wichtigsten zu benennen. Mehr oder weniger selektiv werden solche Theorien auch innerhalb der Bewegungsforschung aufgegriffen und auf deren spezifischen Gegenstand bezogen.

tens thematisiert. Dort spielte die Massenpsychologie eine größere und länger anhaltende Rolle als in Europa, wo diese Strömung ihren Ausgang genommen hatte. Der Themenbereich soziale Bewegungen bzw. *collective behavior* wurde in den USA als ein eigenständiges Feld etabliert und schon früh in einschlägigen soziologischen Einführungswerken kanonisiert (Park/Burgess 1921a). Dagegen blieb diese Thematik in Europa ein Randthema, dem sich einzelne Autoren meist nur im Kontext anderer und breiter ansetzender Fragen zugewandt haben. Allerdings wurde hier – im Unterschied zu den USA – Aspekten der Organisation, Rationalität und Ideologie sozialer Bewegungen weitaus mehr Beachtung geschenkt, was vermutlich der starken Stellung der Arbeiterbewegung und dem Einfluss des Marxismus in Europa zu verdanken ist.

Charles Tilly, bestens vertraut mit der amerikanischen und der europäischen Literatur zu sozialen Bewegungen, hat mit leichten Vorbehalten („somewhat arbitrarily") vier theoretische Linien benannt, die das Studium kollektiven Verhaltens beeinflusst haben (Tilly 1978: 49). Er verbindet sie mit den Namen von John Stuart Mill (*exchange systems*), Emile Durkheim (*integration systems*), Max Weber (*threat systems*) sowie Karl Marx und Marxismus (*threats and exchange*). In ähnlicher Weise haben McAdam und Tarrow (2021) auf vier Traditionsstränge des Studiums sozialer Bewegungen hingewiesen. Dies sind die Ansätze von Emil Durkheim, Karl Marx und dem Postmarxismus, Max Weber und schließlich historisch vergleichenden Analysen, verbunden mit Autoren wie Edward P. Thompson, Eric Hobsbawm und Barrington Moore Jr. Bei diesen Zuschreibungen fällt auf, dass die Phänomenologie als ein wesentlicher Theoriestrang klassischer Soziologie unerwähnt bleibt.

Der zentrale Stellenwert von (Klassen-)Bewegungen im Rahmen der Marxschen Gesellschaftstheorie ist offenkundig. Marx war nicht nur Gesellschaftstheoretiker, sondern analysierte auch scharfsinnig Bewegungen seiner Zeit, etwa die Pariser Commune von 1871. Mit der Existenz der proletarischen Bewegung ergebe sich Marx zufolge erstmals die historische Möglichkeit, dass der Sprung von der „Vorgeschichte" in eine von Menschen gemachte Geschichte gelingen kann. An diese Vorstellung der geschichtsmächtigen Kraft sozialer Bewegungen, sei es im Rückblick, sei es im Vorgriff auf gesellschaftliche Kämpfe, hat eine lange Reihe von Theoretikern angeknüpft, die im weitesten Sinne der marxistischen Tradition zugerechnet werden können. Dazu zählt auch der in seinen jungen Jahren noch stark von Marx beeinflusste Werner Sombart (1896). In seiner Schrift mit dem Titel „Sozialismus und soziale Bewegung im 19. Jahrhundert" hat er sich „einer bestimmten, der modernen, sozialen Bewegung" zugewandt und diese als die sozialistische und proletarische Bewegung ausgewiesen. Dabei betonte er den gesellschaftlichen Bezug von sozialer Bewegung: „Unter einer sozialen Bewegung verstehen wir den Inbegriff aller derjenigen Bestrebungen einer sozialen Klasse, die darauf gerichtet sind, eine bestehende soziale Ordnung in einer den Interessen dieser Klasse entsprechenden Weise prinzipiell umzugestalten."

(Ebd., 2) Als konstitutive Elemente einer sozialen Bewegung nennt Sombart (a) die Verankerung der sozialen Ordnung in der Ordnung der Produktion und der Verteilung materieller Güter, (b) die damit unzufriedene soziale Klasse und (c) „ein *Ziel*, das Ideal der neuen Gesellschaft" (ebd., 3).

In Europa sind soziale Bewegungen bis in die Mitte des 20. Jahrhunderts vor allem ein Thema von Historiker:innen gewesen, welche zu einer deskriptiven und ereignisgeschichtlichen Darstellung sozialer und politischer Kämpfe neigten. Der Begriff soziale Bewegung wurde zwar weithin verwendet, aber theoretisch kaum reflektiert. Dies gilt, mit gewissen Einschränkungen, sogar für die strukturorientierte Sozialgeschichte, die in der zweiten Hälfte des 20. Jahrhunderts entstanden ist. Die Mehrzahl der soziologischen Klassiker, sofern sie soziale Bewegungen überhaupt thematisierten, wies Bewegungen dagegen eine randständige Rolle zu oder rückte an Stelle des Bewegungsbegriffs andere Konzepte in den Mittelpunkt.

Emile Durkheim typisierte zwei elementare Stadien gesellschaftlicher Entwicklung. Sofern der Übergang vom mechanischen zum organischen Stadium sehr abrupt verläuft, kommt es zu sozialen Verwerfungen in Gestalt von Anomie, die sich vor allem auf individueller Ebene manifestiert (z. B. als Suizid oder Kriminalität). In der Beschreibung von Erregungszuständen, wie sie in religiösen Ritualen vorkommen, betonte Durkheim (1994 [1912]: 536) die Gleichartigkeit der dabei erzeugten Vorstellungen und Gefühle (Pettenkofer 2010: 223). Damit griff er, wenngleich ohne explizite Referenz, einen Grundgedanken der zeitgenössischen Massenpsychologie auf. Allerdings verwendete Durkheim weder ausdrücklich den Begriff soziale Bewegung noch gestand er dieser Sozialformation eine historische Gestaltungskraft zu. Das hat Charles Tilly (1981) dazu gebracht, einem seiner Aufsätze den Titel *Useless Durkheim* zu geben.

Auch Ferdinand Tönnies, der Le Bon nicht unkritisch gegenüberstand, bot in seinem Hauptwerk „Gemeinschaft und Gesellschaft" (1897) keine instruktiven Anknüpfungspunkte für die Analyse sozialer Bewegung. Er behandelte diverse gemeinschaftliche Formationen (wie Haushalt, Dorf, Stadt) und gesellschaftliche Gebilde (Korporationen, öffentliche Meinung, Staat, Gelehrten-Republik), betrachtete Formen des Kollektivwillens (Eintracht, Sitte, Religion) und unterschied zwischen der großen Menge und dem Volk (Tönnies 1920). Zuweilen werden Bewegungstypen (religiöse Bewegungen, Bewegungen ökonomischer, politischer oder moralischer Art) wie auch Einzelbewegungen (darunter die Arbeiterbewegung, die Frauenbewegung, die bürgerliche Bewegung, Volksbewegungen) von Tönnies benannt. Doch erfuhren sie weder in seinem Hauptwerk noch in seiner späteren Schrift „Kritik der öffentlichen Meinung" (1922) eine systematische Berücksichtigung und wurden kein Thema einer eingehenden Betrachtung.[112]

112 Allerdings anerkennt Tönnies die Bedeutung der öffentlichen Meinung für Bewegungen: „Alle werben … um die Gunst des Publikums, ja sie kämpfen und streben danach, diese ganz für sich zu gewinnen, was selten gelingt." (Tönnies 1922: 65).

Gleiches gilt auch für Georg Simmel, dessen Reflexionen über Gruppen, Geselligkeit, Wechselwirkungen, Streit und die Rolle von Dritten durchaus Anknüpfungsmöglichkeiten für eine Thematisierung sozialer Bewegungen bieten würden. Simmel, „eher Anreger als Systematiker" (Habermas 1983b: 244), befasste sich zwar mit der Ausbildung von individueller Persönlichkeit in der Massengesellschaft, doch thematisierte nur beiläufig die Handlungen von Massen. Dabei übernahm er wie viele seiner Zeitgenossen die Vorurteile der Massenpsychologie.[113]

Max Webers gesellschaftstheoretische Analysen sind systematischer sowie weitaus stärker empirisch und komparativ fundiert als die von Durkheim, Tönnies und Simmel. Weber erkannte vor allem den möglichen Beitrag religiöser Bewegungen zu großen historischen Veränderungen. Doch zu den sozialen und politischen Bewegungen der Vergangenheit und Gegenwart schwieg er sich weitgehend aus. Er mied den Begriff sozialer Bewegung nicht nur dann, wenn er, en passant, auf Klassen- und Ständekämpfe der Antike einschließlich der Sklavenaufstände hinwies (Weber 1976: 534), sondern auch mit Blick auf Protestformen der Besitzlosen im Mittelalter und der Proletarier seiner Zeit. Revolutionen verschiedenster Art erwähnte Weber an vielen Stellen seines Werkes, aber erhob sie nicht, wie viele andere soziale Gebilde, zum Gegenstand einer eigenständigen und systematisch-vergleichenden Betrachtung. Aus Sicht der Bewegungsforschung sind vor allem Webers Überlegungen zur charismatischen Führung von Interesse. Wie kann Gefolgschaft gesichert werden, gleich ob es sich um eine aristokratische Massenherrschaft oder die Massenherrschaft in der modernen Demokratie handelt?

Mit Ausnahme von Marx und Engels haben also die nachfolgenden soziologischen Klassiker den sozialen Bewegungen keinen festen Platz in ihren Gesellschaftstheorien eingeräumt. Und sofern sie Bewegungen thematisiert haben, lehnten sie sich meist unkritisch an die Massenpsychologie an, die um die Wende zum 20. Jahrhundert einen regelrechten Boom erlebte. Zu nennen sind in diesem Zusammenhang die Arbeiten von Gabriel Tarde (1890) und Gustave Le Bon (1895) in Frankreich, Scipio Sighele (1897) und Pasquale Rossi (1898) in Italien und Wilfred Trotter (1916) in England. Später hat sich auch Sigmund Freud diesen Interpretationen angeschlossen und der „so glänzend vorgetragenen Schilderung der Massenseele" in „dem mit Recht berühmt gewordenen Buch

113 Leitend ist der Gedanke einer „qualitativen Unterschiedenheit in den Gefühlen, Handlungen, Vorstellungen der in einer Masse befindlichen Individuen von den seelischen Vorgängen, die sich nicht innerhalb der Menge, sondern im individuellen Fürsichsein abspielen" (Simmel 1992 [1908]: 629; vgl. auch S. 619). Simmel verweist auf eine „Kollektivnervosität" und die Tendenz, „daß in einer versammelten Menge den temperamentvollsten, radikalsten, lungenkräftigsten Elementen die Führung zufallen wird, nicht aber den intellektuell bedeutendsten, denen sehr oft die leidenschaftliche Subjektivität, die mitreißende Suggestivkraft fehlt" (ebd., 619). An anderer Stelle bescheinigt er der Masse „das Ausschalten der individuellen und objektiven Werturteile durch das ‚Mitgerissenwerden' " (1997 [1917]: 26).

von Le Bon *Psychologie der Massen*" Anerkennung gezollt (Freud 1967 [1921]: 11 und 22).[114] Le Bon bescheinigte der „Massenseele" Triebhaftigkeit, Gefühlsüberschwang, Reizbarkeit, Abwesenheit von logischem Denken und Unfähigkeit zu kritischem Urteil. Mit „Rassenseele" bezeichnete er den Fundus gemeinsamer, ererbter und unbewusst bleibender Gefühle und Denkweisen als allgemeinen Charaktereigenschaften der Rasse. Durch die Aktivierung der Rassenseele und die Ausformung der Massenseele konstituiere sich die Gemeinschaftsseele, die mit einer Entpersönlichkeit und einem Abstieg des Menschen auf der Kulturleiter einhergehe. Das Individuum, das ein gebildeter und kritischer Geist sein kann, verwandelt sich in der Masse zum Triebwesen und Barbaren, zum „Sklaven der empfangenen Anregungen", fähig zu „Heldentum oder Edelmut", aber auch zur „blutigsten Grausamkeit" (Le Bon 1973: 14 f.; 115 f.).

Die Massenpsychologie versteht kollektive (Massen-)Aktionen weder als Ausdruck struktureller gesellschaftlicher Bedingungen noch kann sie sich auf diesen gesellschaftlichen Kontext einen angemessenen theoretischen Reim machen (Nye 1973; Barrows 1981; Buß 1984a; Moscovici 1986; McPhail 1991; König 1992). Hochgradig mit Vorurteilen belastet[115], sitzt sie angesichts der sozialen Unruhen ihrer Zeit einer politisch interessierten Fehldeutung auf. Mit wenigen Ausnahmen[116] ignoriert die Massenpsychologie die organisierte und rationale Dimension kollektiver Auftritte und Proteste. Nicht gesellschaftliche Dysfunktionen, Unrecht und Benachteiligung, sondern als pathologisch geltende psychische Dispositionen (Gefühle, Erregbarkeit, Reizbarkeit, Verführbarkeit, Ansteckung und der Menschen innewohnende „Herdentrieb") gelten als Motoren des Massenhandelns. Dieses bedrohe die Stabilität einer im Ganzen als vernünftig geltenden

---

114 Eine psychoanalytisch inspirierte Interpretation des Massenhandelns lieferte Everett D. Martin (1920).

115 Kritisch dazu äußerten sich bereits Karl Mannheim (1935) und Theodor Geiger (1951). Im Übrigen tendierten Soziologen zu einer Differenzierung, die den Psychologen eher fremd war, der Trennung von latenter und aktueller Masse (Geiger 1926), von latenter und wirksamer Masse (Vleugels 1930) oder auch von abstrakten und konkreten Massen (von Wiese 1929). Geiger verweist mit dem Begriff der „Masse in Latenz" auf die Formierung des neuzeitlichen Proletariats als einer Großgruppe, die den Gegenpol zur herrschenden Oberschicht darstellt. Die aktuelle Masse ist die greifbar gewordene, sich öffentlich darstellende revolutionäre Masse, eine „Gemeinschaft im großen Nein" (Geiger 1926: 96), „verbunden mit einer zumindest rudimentären Vorstellung von einer neuen besseren Welt" (Buß 1984a: 27).

116 Anders als Le Bon hat Tarde (1901) die Öffentlichkeit der Masse gegenübergestellt. Auch unterschied er zwischen der unorganisierten und der organisierten Masse. Diese Differenz haben Park/Burgess mit der Trennung von impulsgesteuerter Masse (*mass*) und auf Reflexion und Meinungsvielfalt basierender Öffentlichkeit (*public*) aufgegriffen. Park/Burgess zufolge nimmt Interaktion in der Öffentlichkeit die Form der Diskussion an. „Individuals tend to act upon one another critically; issues are raised and parties form. Opinions clash and thus modify and moderate one another." (Park/Burgess 1921b: 869) Auch bei McDougall (1920) findet sich die Unterscheidung zwischen der unorganisierten Masse (*crowd*) und der hoch organisierten Masse. Letzterer schreibt er fünf Bedingungen zu (darunter eine gewisse Kontinuität und eine interne Differenzierung), die dem heutigen Verständnis von sozialer Bewegung nahekommen.

und keiner theoretischen Durchdringung bedürftigen sozialen Ordnung. In der stark von französischen Autoren geprägten Massenpsychologie, für die die Pariser Commune von 1871 einen unmittelbaren Erfahrungshintergrund bildete, hallt der ultrakonservative Geist nach, der auf die Französische Revolution reagierte. So beschreibt etwa Hippolyte Taine in seinem mehrbändigen Werk „Les origines de la France contemporaine (1775–1893)" die Revolutionäre als „rohe und unwissende Massen", „niedrigstes Gesindel", „Abschaum der Gesellschaft" und „Banditen" (zitiert nach König 1992: 144).

Die europäische Soziologie nimmt in der ersten Hälfte des 20. Jahrhunderts massenpsychologische Deutungen auf, aber entwickelt keine eigenständige und kohärente Deutung von sozialen Bewegungen.[117] Von einer Theoretisierung und Institutionalisierung dieses Forschungsgegenstandes kann keine Rede sein, wenngleich einzelne Autoren, im deutschen Sprachraum etwa Robert Michels, Theodor Geiger, Emil Lederer und Karl Mannheim, durchaus bestimmte Aspekte sozialer Bewegungen – darunter Institutionalisierung, Ideologiebildung und Organisation – aufgegriffen haben. Dies gilt mit Einschränkungen auch für britische Autoren wie Sidney Webb (1910), Karl Polanyi (1944) und eine Reihe weniger bekannter Autoren. Von einem halbwegs kohärenten Forschungsfeld, das sich auf soziale Bewegungen konzentrieren würde, kann jedoch in Europa keine Rede sein.

Deutlich anders verlief dagegen die Entwicklung in den USA. Spuren der massenpsychologischen Deutung sozialer Bewegung finden sich auch innerhalb der von Park und Burgess begründeten, primär soziologisch ausgerichteten Chicago School.[118] Eine Besonderheit dieser einflussreichen Richtung ist die lose Einbettung des Themas *collective behavior* (und sozialer Bewegung als einer Variante) in einen kaum näher umrissenen gesellschaftstheoretischen Rahmen, der Einflüsse des amerikanischen Pragmatismus (John Dewey, William James) und europäischer Klassiker der Soziologie (Ferdinand Tönnies, Georg Simmel) erkennen lässt. In zentralen Publikationen wie der *Introduction to the Science of Sociology* (Park/Burgess 1921a) wurde – nach meiner Kenntnis weltweit erstmals – das Themenfeld *von collective behavior* und *social movements* in den Kanon soziologischen Wissens und soziologischer Ausbildung aufgenommen. Zentrale Ideen waren die Erklärung sozialer Phänomene als Ergebnis sozialer Interaktion: „Institutions and social structures of every sort may be regarded as products of collective action." (Park 1967 [1927]: 187) Damit verbunden wurden die Konzepte von *social unrest* und *circular reaction* in Abgrenzung zu rein psychologischen und auch behavioristischen Sichtweisen. Herbert Blumer (1939), ein Schüler Parks, hat diese Interpretationslinie fortgesetzt, teilweise auch

117 Der Theologe und Philosoph Paul Tillich (1922) sah in der Ausweitung des Phänomens Masse ein Anzeichen für gesellschaftliche Desintegration.

118 Einflussreich war hier insbesondere Charles H. Cooley (1909), der wiederum Ideen des Pragmatismus von Charles S. Peirce und John Dewey aufgegriffen hatte.

durch eigene Konzepte ergänzt. In seinen späteren Arbeiten, so dem Beitrag *Social Unrest and Collective Protest* (verfasst 1970, publiziert 1978), bereitete er in vieler Hinsicht den Weg für Arbeiten, die sich ganz auf soziale Bewegungen konzentrierten.[119]

Nur wenige US-amerikanische Autoren, so der von Parsons' Strukturfunktionalismus beeinflusste Neil Smelser (1972a [1963]), mit Einschränkungen auch Herbert Blumer (1939; 1946; 1957), haben an der engen Verknüpfung von Theorie sozialer Bewegung und Gesellschaftstheorie festgehalten. Mit der Ausdifferenzierung eines eigenständigen, auf soziale Bewegungen konzentrierten Forschungsfeldes ging jedoch das Band zwischen Gesellschaftstheorie und Theorie sozialer Bewegung weitgehend verloren.[120]

8.2 Neuere Gesellschaftstheorien und Bewegungstheorien

Für die USA ist vor allem die Kontinuität der Forschungslinie hervorzuheben, die mit dem *Collective Behavior*-Ansatz[121] verbunden ist. Wenngleich deutlich abgeschwächt, reicht diese Linie bis in die Gegenwart. Exemplarisch sind in diesem Zusammenhang die Arbeiten von Herbert Blumer (1939), Hadley Cantril (1939), Turner/Killian (1957) und, theoretisch wohl am anspruchsvollsten, Neil Smelser (1963).[122] Während in den von Parsons beeinflussten Studien die Gesell-

119 Blumer gibt hier Hinweise auf Delegitimation und Unzufriedenheit als Faktoren für *social unrest*, für Problemwahrnehmungen („social unrest as a defining process“) und Überzeugungssysteme („transcendental world of belief“). Er verweist weiterhin auf Arenen, die Rolle von Autoritäten und von Öffentlichkeit, die Verstärkung durch dramatische Ereignisse und, mit Blick auf kollektiven Protest, die Bedeutung der mit der Zielverwirklichung verbundenen Handlungsdimensionen: expressive, unifying, symbolic, and coercive (1978: 41).

120 Dieser Eindruck wird nicht dadurch entkräftet, dass in vielen Arbeiten zu sozialen Bewegungen gesellschaftstheoretische Anleihen und Anknüpfungen vorgenommen werden. Allerdings bleibt es dabei oft beim bloßen *name dropping* und selektiven Zitaten, die eine Theoretisierung eher suggerieren als wirklich umsetzen. Davon auszunehmen ist allerdings eine Reihe von Bewegungsforscher:innen, die um gesellschaftstheoretische Anschlüsse bemüht sind, sei es hinsichtlich des generellen Gegenstands sozialer Bewegungen wie auch einzelner seiner Dimensionen. Zu nennen sind in diesem Zusammenhang Schriften von Alain Touraine (1973a), Alberto Melucci (1989), Ron Eyerman/Andrew Jamison (1991), Stephen Buechler (2000) und Mark I. Lichbach (1995; 1998). Doch auch in diesen Schriften erfolgt die Bezugnahme auf Gesellschaftstheorie nicht immer stringent.

121 Kurt Lang und Gladys Engel Lang (1961) haben ihrer umfangreichen Monografie den *Titel Collective Dynamics* gegeben, um sich von der eher Kontinuität und Statik betonenden Richtung von Park und Burgess abzuheben (ebd., S. V). Dieser Vorschlag fand allerdings in der Folgezeit keine Resonanz. Lang/Lang weisen auch darauf hin, dass *collective behavior* in Parks Verständnis „the entire subject matter of sociology“ umfasst (ebd.).

122 Smelsers (1962) ambitionierte Theorie (*value add-theory*) jeglicher Formen kollektiven Verhaltens lässt die Massenpsychologie hinter sich. Kollektives Verhalten (mit den Haupttypen von Panik, Manie, feindseliger Ausbruch, normorientierte Bewegung, wertorientierte Bewegung) entsteht kraft aufeinander aufbauender Bedingungen bzw. Determinanten von (1) struktureller

schaft in sehr abstrakten Kategorien gefasst wurde und Parsons (1993) mit seiner Analyse des Nationalsozialismus meines Erachtens wenig Erhellendes anzubieten wusste, fanden empirisch gehaltvollere Ansätze, die soziale Bewegungen in ihrem gesellschaftlichen Kontext interpretierten, in den USA nur wenig Resonanz. Das zeigt sich deutlich an der randständigen Position von Rudolf Heberle[123], der aus Nazi-Deutschland in die USA emigriert war und dort 1951 ein grundlegendes, aber nur wenig beachtetes Werk zu sozialen Bewegungen publiziert hatte.[124] Heberle, der zuvor eine Dissertation über die sozialdemokratische Bewegung in Schweden und später ein Buch über den Werdegang des Nationalsozialismus verfasst hatte (Heberle 1945), wusste um die Prägung einer sozialen Bewegung durch ihren gesellschaftlichen Kontext. Im Gegensatz zu den meisten Massenpsychologen war ihm auch klar, dass soziale Bewegungen einer organisatorischen Infrastruktur bedürfen.[125]

Die Rolle von Bewegungsorganisationen wurde in der US-amerikanischen Forschung vereinzelt gesehen[126], aber fand erst mit der Wende zum Ansatz der Ressourcenmobilisierung breite Anerkennung. Die linksorientierten und ge-

Anfälligkeit, (2) struktureller Spannung, (3) Wachstum und Verbreitung einer generalisierten Vorstellung, (4) Auslöse- und Beschleunigungsfaktoren, (5) Mobilisierung der Teilnehmer und (6) Einsatz und Wirkung sozialer Kontrollen. Aus der Kombination verschiedener Ausprägungen dieser Determinanten erwachsen dann bestimmte Formen des kollektiven Verhaltens, z. B. Panik. Zur Würdigung und Kritik dieser Theorie siehe Currie/Skolnick (1970), Buß (1984a: 33 f.) und Gary Marx (2012).

123 Heberles Promotion widmete sich der schwedischen Sozialdemokratie. Beeinflusst war Heberle u. a. von seinem Schwiegervater Alfred Meusel, der sich mit Bewegungen befasst hatte (Meusel 1925) und seinerseits stark von Tönnies geprägt war. Die Nähe zur Sozialdemokratie (Tönnies trat 1930 in die SPD ein) galt auch für Meusel und Heberle.

124 Im Werk von Turner/Killian (1987: 387) taucht Heberle nur in einer Fußnote auf, in der die Verfasser darauf hinweisen, dass sie den Begriff *texture* von Heberle übernommen haben. Tilly erwähnt Heberle beiläufig in einem Arbeitspapier (1979: 9), aber nicht in seinem einflussreichen Buch von 1978 und auch, nach meiner Kenntnis in keiner seiner zahlreichen nachfolgenden Publikationen, mit Ausnahme eines weiteren Arbeitspapiers aus dem Jahr 1978.

125 Kritisch vermerkt Heberle (1951: 3), dieser Aspekt fehle zum Beispiel in dem Buch von Harry W. Laidler (1946) über Sozialismus und die sozialistische Bewegung, das Dimensionen wie Organisation, Strategie und Taktik außer Acht lasse. Ähnliches konstatiert er für die psychologisch ausgerichtete Arbeit von Cantril (1941), die vor allem aus Fallstudien besteht. Positiv hebt Heberle dagegen die Studie von Neumann (1942) hervor, in der die Bedeutung von Regimestrukturen und die Dynamik politischer Bewegungen anhand von Beispielen aus Russland und dem Nazi-Deutschland behandelt wird.

126 Siehe zum Beispiel Perlman (1922; 1928). Auch spätere Autoren, die in der Traditionslinie von *collective behavior* stehen, haben die Rolle von Organisation in Bewegungen anerkannt. So erwähnt Blumer neben diffusen Bewegungen auch „organized and consciously directed movements“ (1957: 145), „the formation of a well-knit and powerful organization“ (ebd., 147). Seine Definition von sozialer Bewegung bleibt aber unspezifisch: „Whatever be its type, a social movement signifies either a collective effort to transform some given area of established relations involving, however unwittingly, large numbers of participants … it is a large-scale social enterprise or occurence in which the behavior of people collectively is being built up or wrought out in new forms.“ (Ebd., 145) Die historische Relevanz sozialer Bewegungen wird

sellschaftstheoretisch interessierten Sozialwissenschaftler in die USA, darunter C. Wright Mills und einige Emigranten aus Europa (z. B. Hans Gerth), standen am Rande des akademischen *Mainstream* und schenkten sozialen Bewegungen wenig Beachtung. Das änderte sich erst mit der zunehmenden Anerkennung der Bürgerrechtsbewegung und der Studentenbewegung, an der sich auch Sozialwissenschaftler:innen (z. B. William Gamson[127], Kenneth Keniston und Richard Flacks) beteiligt hatten. In Kenntnis dieser Bewegungen lag es den Autor:innen fern, einer massenpsychologischen Deutung zu folgen.

Blumer konstatiert in seiner Bilanz, das Feld *Collective Behavior* habe zweifellos ein wachsendes Interesse erfahren, doch vermerkt schon einleitend: „Yet, although much has been added to our knowledge of separate topics within the last two decades no significant contribution has been made to the general analysis of collective behavior." (Blumer 1957: 127) Allerdings weist er in einer Fußnote darauf hin, dass er das Buch von Turner/Killian (1957), „an excellent treatment in the field of collective behavior" (ebd.), noch nicht im Detail einbeziehen konnte. Abgesehen von diesem Vorbehalt lautet jedoch das generelle Urteil: „The field ist clearly in need of systematic conceptual analysis" (ebd., 128). In seiner thematischen Gliederung unterscheidet Blumer die Felder (a) crowdlike behavior, (b) mass behavior, (c) the public and public opinion, (d) progaganda, psychological warfare and communist tactics sowie (e) social movements. Abschließend stellt er bedauernd fest: „The growth in amount of concern has not been matched by development in theoretical analysis. The field remains without a unifying conceptual scheme." (Ebd., 151)

Eine sehr informative, freilich ganz auf die USA bezogene Übersicht zum Stand der (damaligen) Theoriebildung und Forschung zu kollektivem Verhalten bietet der Beitrag von Marx/Wood (1975). Er dokumentiert die Konsolidierung dieses Feldes. Zudem deutet sich in diesem Text die Verschiebung vom breiteren Rahmenthema kollektiven Verhaltens hin zum engeren Gebiet der sozialen Bewegungen an. Die bis dato gängige Unterscheidung von kollektivem und konventionellem Verhalten erweise sich zunehmend als fragwürdig. Bezogen auf beide Bereiche zeichneten sich nun übergreifende theoretische Rahmungen ab. Die Autoren nennen beispielhaft *„symbolic interactionism, Marxist theory, structural-functional analysis, and even cost-benefit analysis"*. Sie erwähnen zudem den Aspekt von „social organization" als Teil kollektiven wie auch konventionellen Verhaltens (1975: 368). Der Zugriff auf den Gegenstand soziale Bewegungen erfolgt anhand von analytischen Stichpunkten. Genannt werden *strains underlying collective behavior, ideology, mobilization, recruitment* sowie

ausdrücklich anerkannt: „social movements are one of the chief ways through which modern societies are remade." (Ebd.)

127 Siehe: http://michiganintheworld.history.lsa.umich.edu/antivietnamwar/exhibits/show/interviews/william-gamson. Siehe auch Gamson (2011).

dynamics, development, and consequences. Auffallend ist, dass in diesem Überblick einzig die Theorie kollektiven Verhaltens von Neil Smelser (1972a [1963]) eine gesonderte, relativ ausführliche und durchaus kritische Betrachtung erfährt. Hier spiegelt sich noch das Gewicht des vor allem von Parsons begründeten Strukturfunktionalismus. Am Ende des Beitrags von Marx/Wood stehen, dem Vorbild der Zehn Gebote nachempfunden, nicht weniger als 22 an die Forschung adressierte Gebote, auf die noch zurückzukommen ist.

Mit der dritten und aktualisierten Neuausgabe des Grundlagenwerks von Turner/Killian (1987), in der auch die neuesten Entwicklungen der Forschung zu *Collective Behavior* aufgegriffen werden, hat dieses lange dominierende Konzept einen gewissen Abschluss gefunden. Im Vorwort vermerken die Autoren, seit den vorangegangenen Ausgaben ihres Bandes sei das Feld gewachsen und habe an Reife gewonnen (ebd., xiii). Zudem sei es nun mit einer eigenen Sektion in der *American Sociological Association* vertreten. Mit dieser Neuausgabe von 1987 deutet sich eine veränderte Gewichtung der Grundformen kollektiven Verhaltens an. Die der Einführung folgenden Hauptteile des Buches widmen sich den Bereichen *Crowds, Publics* und *Social Movements*, wobei letzteren nun am meisten Platz eingeräumt wird. Ein fünfter Teil befasst sich mit *Collective Behavior and Society*. Fortan ist soziale Bewegung die zentrale Kategorie, während das breitere Konzept kollektiven Verhaltens in den Hintergrund rückt. Das spiegelt sich auch in dem kritischen Überblick von Morris/Herring (1987), der sich ausdrücklich sozialen Bewegungen zuwendet. Einleitend wird vermerkt: „There has been an explosion of theoretical and empirical writings on social movements and collective action within the last decade.“ (Ebd., 138)

Während in der Zwischenbilanz von Marx/Wood auf den rasch gewachsenen Literaturstand hingewiesen wird[128], kann von einer derartigen Entwicklung in Europa, so auch in Deutschland, keine Rede sein. Wie schon vermerkt: Die umfangreiche historische Forschung zu Revolten, Revolutionen und sozialen Bewegungen (insbesondere zur Arbeiterbewegung) ignorierte weitgehend die soziologische Theoriebildung. Und soweit sich einzelne sozialwissenschaftliche Autor:innen nicht nur beiläufig Theorien über soziale Bewegungen zugewandt haben, sind ihre Fixpunkte entweder der Marxismus[129] oder die US-amerikani-

128 Für die kurze Zeit seit 1969 registrieren die Autoren das Erscheinen von mindestens 24 Büchern zu Themen kollektiven Verhaltens, während in den davor liegenden 25 Jahren weniger als halb so viele Bücher veröffentlicht wurden (Marx/Wood 1975: 363). In seiner frühen und knappen Bilanz stellte Strauss (1947: 352) fest, das Feld kollektiven Verhaltens, obgleich eines der ältesten soziologischen Gebiete, „is one of the must unworked of our research areas … collective behavior phenomena have been almost wholly neglected as objects for serious investigation“.

129 Marxistisch inspirierte Gesellschaftstheoretiker hatten und haben zweifellos soziale Bewegungen im Blick. Dazu gehören, mit Blick auf die letzten Jahrzehnte, Autor:innen wie Herbert Marcuse, Immanuel Wallerstein, Giovanni Arrighi, Chantal Mouffe, David Graeber, David Harvey, Colin Barker und John Krinsky. Sie tendieren aber zu einer stark generalisierenden Be-

schen Arbeiten zu kollektivem Verhalten. Heberles englischsprachiges Buch zu sozialen Bewegungen (1951) erschien 1967 in einer deutschsprachigen Ausgabe unter dem Titel „Hauptprobleme der Politischen Soziologie". Smelsers *Theory of Collective Behavior* (1963) wurde 1972 in einer deutschen Ausgabe veröffentlicht. Weiterhin publizierten Heinz/Schöber (1973) eine zweibändige Textsammlung zu „Theorien kollektiven Verhaltens", in der ausnahmslos Autoren aus den USA vertreten sind. Hier wird bereits die Akzentverschiebung vom breiten Terrain kollektiven Verhaltens auf das Bewegungsthema erkennbar, ablesbar am Untertitel „Beiträge zur Analyse sozialer Protestaktionen und Bewegungen" wie auch in der im einleitenden Text enthaltenden Umschreibung kollektiven Verhaltens als „Protestaktionen, Unruhen und soziale Bewegungen" (1973: 11). Deren organisierter, geplanter, arbeitsteiliger und strategischer Charakter wird ausdrücklich anerkannt.[130] Diese wichtigen Übersetzungen US-amerikanischer Texte fanden jedoch im deutschsprachigen Raum wenig Nachhall. Zum Ersten war die Traditionslinie von jenen marxistisch bzw. sozialdemokratischen Soziologen, die an sozialen Bewegungen Interesse hatten, durch den Nationalsozialismus gekappt worden. Das gilt etwa für Theodor Geiger und Emil Lederer. Zum Zweiten wirkte auch in den 1950er und frühen 1960er Jahren der massenpsychologische Ballast in der Thematisierung kollektiven Verhaltens nach, was auch in manchen Interpretationen des Nationalsozialismus zum Ausdruck kam.

Erst mit der Studentenbewegung und dem Aufkommen der neuen sozialen Bewegungen änderte sich die Lage. In Frankreich trat mit Alain Touraine ein theoretisch ambitionierter Autor hervor, der ein handlungstheoretisches Paradigma[131] vertrat, allerdings die florierende US-amerikanische Literatur zu *collective behavior* nur sehr selektiv zur Kenntnis nahm. In Italien kam neben dem Sozialwissenschaftler Alessandro Pizzorno, der sich vor allem mit industriellen Beziehungen und Arbeitskonflikten befasst hatte, dem ursprünglich stark von Touraine beeinflussten Alberto Melucci eine Pionierrolle für die Analyse sozialer

trachtungsweise. Auf der einen Seite gibt es Lobgesänge auf historisch-progressive Bewegungen und hohe Erwartungen an die revolutionäre Kraft kommender Bewegungen. Auf der anderen Seite finden Bewegungen, die sich nicht in die Rubrik von aussichtsreichen Klassenkämpfen und die „worldwide family of antisystemic movements" (Arrrighi/Hopkins/Wallerstein 1989: 115) einordnen lassen, kaum Beachtung.

130 Im Übrigen bekennen sich die Herausgeber, nachdem sie einen kurzen Über- und Ausblick auf die Theorieentwicklung geboten haben, dazu, „das *Marx'sche Paradigma* – den Historischen Materialismus – als allgemeine theoretische Orientierung zu benutzen" (Heinz/Schöber 1973: 17). Es böte „einen einheitlichen und umfassenden Rahmen für die Erklärung kollektiven Verhaltens" (ebd., 28). Dem folgt allerdings nur eine knappe Erläuterung.

131 Touraine war 1952/53 als Stipendiat an drei US-amerikanischen Universitäten und hatte dort auch das Werk von Talcott Parsons kennengelernt, von dem er sich jedoch deutlich abgrenzte, wie verstreuten Bemerkungen zu entnehmen ist (z. B. Touraine 1992: 332). Eine andere Abgrenzung vollzog Touraine gegenüber dem marxistischen Strukturalismus, wie er vor allem von Louis Althusser vertreten wurde.

Bewegungen zu (Melucci 1976; 1977).[132] Ab Ende der 1970er Jahre thematisierte Melucci, bald auch in englischsprachigen Publikationen (1980; 1981), zunächst die neuen sozialen Bewegungen, dann aber soziale Bewegungen schlechthin (1989; 1995; 1996). In Spanien begann die Befassung mit neuen sozialen Bewegungen deutlich später mit Autoren wie Manuel Castells (1996; 1997) und Enrique Laraña (1993). In Deutschland lieferte Otthein Rammstedt (1978) eine wichtige historisch wie soziologisch informierte Darstellung sozialer Bewegungen, in die auch Diskussions- und Wissensbestände aus den USA eingeflossen sind. Wenige Jahre danach setzte in Deutschland und anderen europäischen Ländern eine intensive Beschäftigung mit neuen sozialen Bewegungen ein und brachte einen regelrechten Boom an Publikationen hervor (Hirsch/Roth 1980; Raschke 1980; Evers/Szankay 1981; 1983; Brand 1982; Roth 1982; 1983; Rucht 1982; 1983; Brand/Büsser/Rucht 1983; Schimank 1983; Nelles 1984).

Karl-Werner Brand (1982) wandte sich den Entstehungsursachen neuer sozialer Bewegungen zu und unterschied zyklische und lineare (evolutionäre) Erklärungsansätze. Letztere werden ausdifferenziert mit Blick auf (1) politisch-institutionelle Ursachen, (2) „überschießende Erwartungen und Bedürfnisse („rising demands"; mit vier Unterkategorien) sowie (3) Reaktion auf verschärfte Problemlagen („need defence"; mit sechs Unterkategorien). Mit seinem „historisch-systematischen Grundriß" sozialer Bewegungen, der erkennbar durch das Aufkommen neuer sozialer Bewegungen inspiriert wurde, lieferte Joachim Raschke (1985) ein großes Standardwerk. Allerdings findet sich dort keine Aufzählung oder gar vergleichende Diskussion von Theorien sozialer Bewegungen. Diese werden vielmehr punktuell im Kontext der Behandlung analytischer Dimensionen sozialer Bewegungen (wie Ziele, Mobilisierung, Aktion, Vermittlung, Kontrolle usw.) einbezogen. Davon ausgenommen ist lediglich das Kapitel zu den Ursachen sozialer Bewegung, in dem Raschke drei Richtungen (strukturanalytischer, sozialpsychologischer und interaktionistischer Ansatz) unterscheidet.

Bis ungefähr Mitte der 1980er Jahre blieben die USA das *power house* für theoretische und empirische Arbeiten zu sozialen Bewegungen.[133] Dort fand die Bewegungsforschung in der 1980 gegründeten Sektion *Collective Behavior and Social Movements* innerhalb der *American Sociological Association* eine starke institutionelle Vertretung.[134] In Europa blieb dagegen die Bewegungsforschung, mit Ausnahme des von Touraine geleiteten Forschungszentrums in Paris, lange eine Angelegenheit weniger Einzelpersonen, die prioritär zumeist andere Themen

132 Touraine war Betreuer von Meluccis Dissertation, die 1977 an der Università Paris-Sorbonne eingereicht wurde. Allerdings hat sich Melucci später kritisch zu der missionarischen Haltung Touraines geäußert, die mit der Methode der „soziologischen Intervention" verbunden ist (1996: 387 f.). Siehe dazu Melucci (1989: 200 f.) und Rucht (1991).

133 Den damaligen Stand der Forschung bilanziert der Beitrag von Morris/Herring (1987).

134 Die Sektion entwickelte sich sehr dynamisch und zählte zu den größten innerhalb der soziologischen Fachgesellschaft. Im Berichtsjahr 2021 gehörten ihr 723 Mitglieder an.

verfolgten. Auf internationaler Ebene konstituierte sich die Bewegungsforschung in den 1990er Jahren in Gestalt zweier *Research Committees*[135] im Rahmen der *International Sociological Association*.

In der zweiten Hälfte der 1980er Jahre kam es zu einem intensiven transatlantischen Austausch zwischen der bereits institutionalisierten Bewegungsforschung in den USA und dem sich erst allmählich formenden Forschungsfeld in Europa. Das spiegelte sich in gemeinsamen Konferenzen und Publikationen. Am Anfang dieses Prozesses wurden noch die unterschiedlichen Forschungsfragen und -perspektiven konstatiert und kontrastiert. So vermerkte Melucci (1980: 212), die Europäer konzentrierten sich mehr auf das „Warum", die US-Amerikaner eher auf das „Wie" der Mobilisierung durch soziale Bewegungen. Die wechselseitige Rezeption führte jedoch bald zu Angleichungsprozessen, so dass sich die differierenden Perspektiven abschliffen und in einen äußerst produktiven Austausch mündeten. Ein Resultat sind die aus internationalen Konferenzen hervorgegangenen Sammelbände von Klandermans/Kriesi/Tarrow (1988a), Klandermans (1989), McAdam/McCarthy/Zald (1996), Rucht/Koopmans/Neidhardt (1998), Kriesi/della Porta/Rucht (1999) und della Porta/Tarrow (2005). Auf europäischer Ebene wurde 1992 in Berlin die „First European Conference on Social Movements" durchgeführt, der weitere solcher Konferenzen im spanischen Vitoria (1996) und im irischen Cork (1999) folgten.

In dieser kreativen Phase kam es zu einer starken Ausdifferenzierung von Forschungsfragen und Forschungsperspektiven. Die soziologischen Großtheorien, sofern sie überhaupt für die Bewegungsforschung von Bedeutung waren, traten zugunsten von Theorien mittlerer Reichweite in den Hintergrund.[136] Zugleich mehrten sich komparative Analysen mit dem Schwerpunkt auf vier Kernbewegungen (Klandermans/Tarrow 1988b: 18–23): Studentenbewegung, Umweltbewegung, Frauenbewegung und Friedensbewegung. In theoretischer Hinsicht wurden nun spezifische Perspektiven bzw. Ansätze entwickelt, die teilweise auch als „partial theory" firmieren. Sie sind mit folgenden Stichworten verbunden: *political process, political opportunities, resource mobilization, collective identity,* und *framing*. In der Anerkennung dieser Ansätze, die einzelne Autoren teilweise auch in ihren Arbeiten kombinierten, bildete sich bei allen Differenzen im Detail ein relativ breiter Konsens heraus, wie er beispielsweise in dem Sammelband von McAdam/McCarthy/Zald (1996) erkennbar wird. Hier werden im Untertitel mit „Political Opportunities, Mobilizing Structures, and Cultural Framings" drei aktuelle Forschungsstränge benannt, die auch die Struktur des Bandes bestimmen. Damit hat sich für einige Zeit ein Quasi-Establishment der transatlantischen

135 Dies sind „Social Classes and Social Movements" (gegründet 1993 und hervorgegangen aus einer schon seit 1990 bestehenden Arbeitsgruppe) und „Social Movements, Collective Action and Social Change" (gegründet 1994).

136 Vgl. auch die Übersicht von Edwards/McCarthy (1992) zu „Social Movement Schools".

Bewegungsforschung herausgebildet, dem allerdings nicht alle Autor:innen zuzurechnen sind. Das gilt beispielsweise für jene, die an älteren Theorien relativer Deprivation (Runciman 1966) anknüpfen, aber auch für Vertreter:innen des methodologischen Individualismus und von Theorien rationaler Wahl (Muller/Opp 1986; Opp 1994; 1999). Es fällt auf, dass die strukturfunktionalistische, von Parsons beeinflusste Theorielinie, wie sie Smelser verkörperte, an Bedeutung verloren hat.

Eine ebenfalls eher randständige Theoretisierung von Protest und sozialen Bewegungen orientiert sich am radikalen Funktionalismus, wie ihn insbesondere Niklas Luhmann vertritt. Luhmann hat sich – in der Tendenz geringschätzig – zu Protest in funktional differenzierten Gesellschaften geäußert (Luhmann 1996). An seine theoretischen Überlegungen hat insbesondere eine Reihe deutscher Autor:innen angeknüpft und ausführlichere Abhandlungen zu sozialen Bewegungen vorgelegt.[137]

Mit der Zunahme von theoretischen wie empirischen Arbeiten wuchs zugleich der Bedarf an Übersichten und ordnenden Systematisierungen des expandierenden Forschungsfeldes. Binnen weniger Jahre wurden einige Forschungsansätze konturiert, die sich unterschiedlichen Dimensionen sozialer Bewegungen zuwandten und insofern auch in einem eher komplementären als konkurrierenden Verhältnis stehen. Diese Arbeiten nutzen mit einer gewissen Selbstverständlichkeit und vielfach ohne weitere Diskussion den Begriff und das Konzept soziale Bewegung.

Das in den USA entwickelte Konzept kollektiven Verhaltens spielte, wie schon dargelegt, in Europa lediglich eine marginale Rolle. Eine der wenigen Ausnahmen bildet die zweibändige Publikation von Bader (1991) mit dem Haupttitel „Kollektives Handeln".[138] Den Diskussionsstand, der sich in den 1990er Jahren abzeichnete, spiegelt exemplarisch der einführende Beitrag von Kai-Uwe Hellman (1998) im Sammelband „Paradigmen der Bewegungsforschung" (Hellmann/Koopmans 1998).[139] Mit Blick auf neuere Entwicklungen benennt Hellmann fünf Paradigmen: „(1) der Structural Strains-Ansatz, (2) der Collective Identity-Ansatz, (3)

137 Zum Beispiel Hellmann (1996); Nassehi (2020).

138 Bader schließt allerdings nicht an die US-amerikanischen Arbeiten zu *collective behavior* an, sondern interpretiert den Begriff kollektiven Handelns relativ eigenständig durch eine Reihe von Abgrenzungen (z. B. gegenüber kollektivem Verhalten) und Setzungen: Es ist immer soziales Handeln. Es konstituiert soziale Beziehungen. Es ist ein nicht-institutionalisiertes und außeralltägliches Handeln. Es ist ein Konflikthandeln (Bader 1991: 69 f.). Er unterscheidet zudem grob zwischen drei Formen kollektiven Handelns: soziale Konflikte, *collective popular action* und soziale Bewegungen. Letztere versteht er im Sinne von Raschkes vielzitierter Definition: „Soziale Bewegung ist ein mobilisierender Akteur, der mit einer gewissen Kontinuität auf der Grundlage hoher symbolischer Integration und geringer Rollenspezifikation mittels variabler Organisations- und Aktionsformen das Ziel verfolgt, grundlegenden sozialen Wandel herbeizuführen, zu verhindern oder rückgängig zu machen." (Raschke 1985: 77).

139 Vgl. auch den Überblick zum Stand der Bewegungsforschung von Rucht (2014).

der Framing-Ansatz, (4) der Resource Mobilization-Ansatz und (5) der Political Opportunity Structures-Ansatz."[140] Die Anlage dieses Bandes reflektiert auch die perspektivische Erweiterung von den neuen sozialen Bewegungen hin zu einer grundlegenden Analyse von sozialen Bewegungen. Das kommt darin zum Ausdruck, dass die fünf Paradigmen nicht nur im Hinblick auf die neuen sozialen Bewegungen, den ersten Hauptteil des Buches, sondern auch auf den Rechtsextremismus, den zweiten Hauptteil, angewandt und in der zusammenfassenden Bilanz von Koopmans diskutiert werden. Die Häufung der englischsprachigen Fachtermini, die auch in anderen europäischen Ländern Verbreitung finden, ist ein klarer Hinweis darauf, wie sehr sich inzwischen das Forschungsfeld soziale Bewegungen internationalisiert hat.

Die Ausdifferenzierung von bewegungssoziologischen Ansätzen und deren Kanonisierung zeigt sich auch in anderen Arbeiten dieser Jahre. So enthält Stephen M. Buechlers Buch mit dem Haupttitel „*Social Movements in Advanced Capitalism*" (2000) im zweiten Kapitel eine systematische Darstellung von Theorien sozialer Bewegungen (siehe auch Buechler 2001). Hier nimmt der Autor eine Zweiteilung vor in klassische Theorie kollektiven Verhaltens und neuere Theorie sozialer Bewegung. Der erstgenannten Gruppe zugeordnet werden Symbolischer Interaktionismus, Strukturfunktionalismus und Relative Deprivation. Zu den neueren Theorien zählt der Autor das Paradigma der Ressourcenmobilisierung, Theorie des Sozialkonstruktivismus und die Theorie Neuer Sozialer Bewegung (siehe auch Buechler 2011). Eine jüngere deutschsprachige Einführung in Theorien sozialer Bewegung von Beyer/Schnabel (2017) bietet eine ähnliche Systematisierung wie Buechler, berücksichtigt allerdings auch neuere Entwicklungen.[141] Hervorzuheben ist zudem die eigenständige theoretische Deutung radikalen Protests und politischer Bewegungen von Andreas Pettenkofer (2010). Er kritisiert rationalistische und neofunktionalistische Paradigmen in der Bewegungsforschung und schließt vielmehr an soziologische Klassiker an (vor allem Durkheim, Weber, Dewey und Mead).

Die oben angedeutete Konsolidierung der Bewegungswissenschaft in den 1980er und 1990er Jahren mit der Betonung des organisatorisch-strukturellen Unterbaus und der strategischen Ausrichtung sozialer Bewegungen provozierte gegen Ende der 1990er Jahre eine Gegenströmung, die vor allem die kulturellen

140 Ähnlich ist die Kategorisierung von Bader, die sich auf Theorien kollektiven Verhaltens bezieht. Unter der Überschrift „The present state of the art" nennt er: Marxistischer Ansatz, Massenpsychologischer Ansatz, Relativer Deprivationsansatz, Egoistisch-utilitaristische Ansätze und „Polity-Approach" (1991: 9 ff.).

141 Buechler nennt den *Dynamics of Contention*-Ansatz von McAdam/Tarrow/Tilly, den *Cultural Turn* in der Bewegungsforschung sowie jüngste theoretische Entwicklungen, verbunden mit den Stichworten einer neoliberalen und global vernetzen Welt, Digitalisierung der *Social Networks*, Theorie der Anerkennung (insbesondere von Judith Butler) und Aspekten von Körperlichkeit, Emotionen und Atmosphären. Speziell zu Emotionen siehe Flam/King (2005).

und moralischen Dimensionen sozialer Bewegungen in den Mittelpunkt rückte, ohne jedoch auf die massenpsychologischen Annahmen zurückzufallen (Jasper 1997; Goodwin 1999; Goodwin/Jasper 1999; Goodwin/Jasper/Polletta 2000). Allerdings erscheint der damit verbundene Gestus einer dringend gebotenen paradigmatischen Wende etwas überzogen, wurde doch die kulturelle Dimension sozialer Bewegungen bereits in früheren Arbeiten betont (Gusfield 1955; Swidler 1996; Laraña/Johnston/Gusfield 1995; Melucci 1996). Auch hatte diese Dimension in jüngeren Publikationen zu kollektiver Identität und zum Framing bereits einen Platz gefunden.

Nach den Initiativen zugunsten eines *cultural turn* scheint sich in den vergangenen Jahren eher eine Grundhaltung des theoretischen Pluralismus, verbunden mit der Anerkennung des relativen Werts unterschiedlicher Ansätze und Theoreme, durchzusetzen. Das zeigt sich u. a. an der Veröffentlichung von Hank Johnston (2014) mit dem Titel „What is a Social Movement". Im zweiten Kapitel mit der Überschrift „The Study of Social Movements" präsentiert der Autor einen knappen Überblick. Nach den einleitenden Bemerkungen zu Le Bons Massenpsychologie behandelt Johnston die weiteren Interpretationslinien unter den Stichworten von *Collective Behavior, Chicago School, Breakdown Theories, Deprivation, Frustration and Aggression, Normalizing Protest, the Economic Metaphor, und Social Movements as Contentious Politics.*

Der Ansatz von *Contentious Politics*, maßgeblich von Charles Tilly geprägt, war auch Namensgeber für den gemeinschaftlichen Vorstoß von McAdam/Tarrow/Tilly (1996; 2001). Sie suchten das Thema soziale Bewegungen in einen breiteren Rahmen (zusammen mit Revolutionen, Demokratisierung etc.) einzubetten und ebenfalls eine Art von paradigmatischer Wende zu begründen. Doch auch in diesem Fall wirken der Gestus der Innovation und die Abgrenzung von der bisherigen Forschungstradition, die summarisch als *The Classic Social Movement Agenda* (2001: 14–18) bezeichnet wird, überzogen. So war bereits das Konzept *Collective Behavior* durchaus breit angelegt und schloss beispielsweise auch Revolutionen als eine besondere Form von Massenbewegung ein.[142] Erstaunlich ist insbesondere die Empfehlung der Autoren, man solle von den bislang eher statisch ausgerichteten Analysen zu dynamischen Analysen übergehen, haben doch sie selbst, wie viele andere, schon vor langer Zeit prozessorientierte Analysen vorgelegt (Tilly 1978; McAdam 1982; Tarrow 1989). Im Vordergrund des *contentious politics*-Ansatzes steht die Identifikation von Mechanismen, die, so die Behauptung, in allen thematisierten Bereichen anzutreffen seien. Eine genu-

142 „A revolution is a mass movement which seeks to change the mores by destroying the existing social order. Great and silent revolutionary changes have frequently taken place in modern times, but as these changes were not recognized at the time and were not directly sought by any party they are not usually called revolutions. They might properly be called ‚historical revolutions,' since they are not recognized as revolutions until they are history." (Park/Burgess 1921b: 934).

in theoretische Perspektive, die vor allem auf Erklärungen zielen würde, wird allerdings nicht eingenommen.

Einen dezidiert erklärenden Anspruch verfolgen dagegen Autor:innen, die im weiteren Sinne eine *Rational Choice*-Theorie vertreten. Hier steht die sehr spezielle Frage im Mittelpunkt, unter welchen Bedingungen sich Personen an kollektiven Protesten bzw. sozialen Bewegungen beteiligen. Handlungskapazitäten werden ausschließlich Individuen und nicht etwa Gruppen und Organisationen zugesprochen. Letztere sind somit kaum ein Gegenstand der Analyse. Allerdings hat insbesondere Karl-Dieter Opp (2009) seinen ursprünglichen mikroanalytischen Ansatz erweitert und versucht, die anderen Theorietraditionen entstammenden Konzepte mittlerer Reichweite – *resource mobilization, political opportuniy, collective identity, framing* – in eine umfassende Theorie zu integrieren. Dieses Vorhaben, das in einer weiteren Publikation (Opp 2022) fortgesetzt wird, bleibt allerdings insofern problematisch, als der Autor an seinem theoretischen Anker, dem methodologischen Individualismus und dem davon abgeleiteten Kosten-Nutzen-Kalkül handelnder Personen, als einer universellen Theorie festhält. Die benannten Konzepte mittlerer Reichweite kommen somit lediglich als Randbedingungen individuellen Handelns in den Blick. Auch wenn der Universalitätsanspruch dieses Vorhabens nicht überzeugend wirkt, ist anzuerkennen, dass Opp die Vielschichtigkeit der Motive individuellen Handelns einschließlich der Rolle von Normen, Emotionen, etc. in Rechnung stellt und damit über das enge Konzept rationaler Wahl hinausgeht.

Neben der neueren Fachliteratur zu sozialen Bewegungen sind in den letzten Jahrzehnten mehrere soziologische „Großtheorien" vorgelegt worden, in denen soziale Bewegungen zumindest am Rande bedacht werden. Allerdings haben die entsprechenden Ausführungen dazu einen eher illustrativen als systematischen Charakter. Das gilt für so unterschiedlich ausgerichtete Autoren wie Pierre Bourdieu, Shmuel Eisenstadt, Jürgen Habermas, Anthony Giddens, Jeffrey Alexander und einige marxistische Autor:innen (Holloway 2002; Hardt/Negri 2002).

Eine dieser umfassend angelegten Großtheorien stammt von Niklas Luhmann. Er postuliert eine entwicklungsgeschichtliche Abfolge von segmentär, hierarchisch und schließlich funktional differenzierten Gesellschaften. Und wie bei Durkheim haben in dieser Beschreibung soziale Bewegungen keinen systematischen Platz. Luhmann thematisiert sie lediglich als relativ folgenlose Erscheinungen von Gegenwartsgesellschaften. Er versteht Bewegungen, zumeist als Protestbewegungen bezeichnet, primär als Abwehrreflex gegen gesellschaftliche Differenzierungsprozesse. Diese Überlegungen wurden auch von anderen Autoren aufgegriffen und relativ pauschal zu einem Charakteristikum der neuen sozialen Bewegungen erhoben (Mehlich 1983; Schimank 1983; Ahlemeyer 1995;

Hellmann 1996; Nassehi 2020). Dagegen sieht Habermas nicht nur die defensive Stoßrichtung der neuen sozialen Bewegungen als einer Reaktion auf eine von Systemen ausgehenden Kolonialisierung der Lebenswelt (dazu weiter unter), sondern anerkennt auch die offensiven Verkörperungen dieser Bewegungen, für die er exemplarisch die Frauenbewegung anführt.

Feinmaschigere Periodisierungen moderner Gesellschaften bzw. des modernen Kapitalismus, sofern sie nicht rein deskriptiv angelegt sind, erwähnen soziale Bewegungen nicht oder nur am Rande. In Typisierungen von liberalem, organisiertem und wohlfahrtsstaatlichem Kapitalismus bzw. Spätkapitalismus, dem womöglich ein Postkapitalismus folgt, wird der Stellenwert von sozialen Bewegungen nicht oder nur in Andeutungen behandelt. Gleiches gilt auch für die Literatur, die auf die parallel existierenden und jeweils raum-zeitlich gebundenen *varieties of capitalism* (Hall/Soskice 2001) aufmerksam gemacht hat.

Dagegen billigt ein Autor wie Shmuel Eisenstadt (1999), der an langfristigen gesellschaftlichen und besonders kulturellen Entwicklungen in komparativer Perspektive interessiert ist, sozialen Bewegungen grundsätzlich eine historisch bedeutsame Rolle zu. Er vertritt eine differenzierte Modernisierungstheorie, die das Postulat linearen Fortschritts vermeidet und stattdessen auch die Möglichkeit von Regression, Entdifferenzierung und unterschiedlichen Entwicklungspfaden in Rechnung stellt. Mit dem Verweis auf „multiple modernities" bezweifelt er die Annahme einer generellen Konvergenz moderner Gesellschaften.[143]

Neben den Theoretiker:innen, die an einer Entwicklungsgeschichte von Gesellschaft interessiert sind und vor diesem Hintergrund Gesellschaften der Gegenwart einordnen, gibt es auch Theoretiker:innen, die bei der Analyse von Gegenwartsgesellschaften entweder strukturbezogene oder akteurbezogene Ansätze bevorzugen. In Ersteren werden soziale Bewegungen, so sie denn überhaupt thematisiert werden, als Ausdruck struktureller Spannungen oder Widersprüche verstanden, die als Entstehungsbedingungen gesetzt sind und sich den (korrigierenden) Einflussversuchen sozialer Bewegungen entziehen. Soziale Bewegungen erscheinen dann als verständliche und zugleich ohnmächtige Versuche eines Ausbruchs aus einer Ordnung, die sich aufgrund funktionaler Erfordernisse und systemischer Leistungen geradezu zwangsläufig ergibt. In diesem Zusammenhang wurde bereits Luhmann erwähnt.

143 „[T]he developments in the contemporary era did not bear this assumption of ‚convergence' and have emphasized the great diversity of modern societies, even of societies similar in terms of economic development like the major industrial societies …" (Eisenstadt 1999: 39) „Thus, while the spread or expansion of modernity has indeed taken place throughout most of the world, it did not give rise to just one civilization, one pattern of ideological and institutional response, but to at least several basic variants – and to continual refracting thereof." (Ebd., 48)

Aus der Gegenposition handlungstheoretischer Ansätze werden soziale Bewegungen als wirkmächtige Akteure verstanden, die innerhalb der sie begrenzenden Strukturen durchaus Handlungsoptionen haben, ja sogar scheinbar übermächtig erscheinende Strukturen verändern oder überwinden können. In dieser Perspektive, so bei Alain Touraine, wird vor allem die reflexive, proaktive, kreative und potentiell geschichtsmächtige Rolle sozialer Bewegungen betont.

Schließlich gibt es Gesellschaftstheoretiker, die die Dualität von struktur- und handlungstheoretischen Prämissen in einem integrativen Ansatz zu überwinden suchen. Während manche von ihnen soziale Bewegungen nicht ausdrücklich ansprechen, wenden sich andere sozialen Bewegungen zu, ohne diese jedoch zu einem zentralen Gegenstand ihrer Überlegungen zu machen. In diesem Zusammenhang sind vor allem die Arbeiten von so unterschiedliche Linien vertretenden Autoren wie Jürgen Habermas, Pierre Bourdieu, Anthony Giddens und – mit Einschränkungen – Jeffrey Alexander zu nennen. Wie schon angedeutet, interpretiert Habermas insbesondere die neuen sozialen Bewegungen als eine offensive oder auch defensive Reaktion auf die von Funktionssystemen ausgehende Tendenz zur Kolonialisierung der Lebenswelt. Bourdieu betont die in den einzelnen gesellschaftlichen Feldern sich vollziehenden Kämpfe um symbolisches Kapital, in denen individuelle, aber auch kollektive und bewegungsförmige Strategien eingesetzt werden. Giddens ist vor allem durch seine Strukturierungstheorie hervorgetreten, verfolgt aber keinen strukturalistischen Ansatz, sondern betont neben der einschränkenden Funktion von Strukturen auch deren kreative und innovative Handlungen ermöglichende Funktion. In diesem Zusammenhang behandelt er auch die Rolle sozialer Bewegungen (1984: 199 ff.; 1985: 312 ff.).

Versucht man, dieses unübersichtliche Feld zu systematisieren, so können folgende Kriterien angelegt werden. Mit Blick auf die paradigmatische Grundorientierung lassen sich drei Positionen unterscheiden: strukturzentrierte, akteurszentrierte sowie diese Pole integrierende Theorien. Mit Blick auf den Fokus der Theoriebildung gilt das vorrangige Interesse entweder einer allgemeinen Theorie von Gesellschaft (bei randständiger Beschäftigung mit sozialen Bewegungen), einer generellen Theorie sozialer Bewegungen (bei randständiger Befassung mit allgemeiner Gesellschaftstheorie) oder aber einer engen und systematischen Verknüpfung beider Theoriefelder. Daraus ergeben sich neun Kombinationsmöglichkeiten, die, mit der exemplarischen Nennung von Autor:innen, in Tabelle 8.1 ausgewiesen sind.

Tabelle 8.1: Verbindungen von Theorien der Gesellschaft und Theorien sozialer Bewegung

	Fokus Gesellschaftstheorie	Fokus Theorie sozialer Bewegung	Verknüpfung beider Theoriebereiche
Strukturzentriert	N. Luhmann D. Apter S. Eisenstadt	C. Tilly H. Kriesi S. Tarrow	N. Smelser
Akteurszentriert	M. Hardt/A. Negri	A. Touraine J. Jasper	S. Buechler
Verbindung von Struktur und Akteur	J. Habermas P. Bourdieu A. Giddens	A. Melucci	?

Im Gesamtbild ergibt sich ein zwiespältiger Eindruck hinsichtlich der Brückenschläge zwischen Gesellschaftstheorien und Theorien sozialer Bewegung. Die klassische „bürgerliche“ Soziologie hat wenig zum Verständnis sozialer Bewegungen beigetragen und diese, wenn überhaupt, nur am Rande thematisiert. Die ebenfalls „bürgerlich“ grundierte Massenpsychologie rückte kollektives Verhalten und damit auch soziale Bewegungen (wenngleich ohne Verwendung dieses Begriffs) ins Zentrum, aber war unfähig, eine unvoreingenommene, theoretisch anspruchsvolle und empirisch gehaltvolle Sichtweise einzunehmen. Im Kern muss sie als eine Abwehrreaktion auf die sozialistischen Bestrebungen ihrer Zeit verstanden werden (Kroner 1972).

Die US-amerikanische Interpretationslinie von kollektivem Verhalten fokussierte zunehmend das Feld sozialer Bewegungen, aber vernachlässigte, von wenigen Ausnahmen abgesehen, den gesellschaftlichen Kontext von Bewegungen. In Europa unterblieb bis in die 1970er Jahre eine systematische Befassung mit sozialen Bewegungen. Davon auszunehmen sind lediglich die zahlreichen historischen Studien sowie marxistisch inspirierte Arbeiten, die insbesondere mit den Namen von Edward P. Thompson und Eric Hobsbawm verbunden sind (Berger/Cornelissen 2019).

Mit dem Aufkommen der neuen sozialen Bewegungen wuchs das Interesse, diese Bewegungen in einem gesellschaftstheoretischen Rahmen zu verorten. Das geschah ganz überwiegend in kapitalismuskritischen Theorien. Diese Tendenz hat sich jedoch seit einigen Jahren abgeschwächt. Hetland/Goodwin (2013) sprechen somit von „The Strange Disappearance of Capitalism from Social Movement Studies“. Diesem Trend stellen sich jedoch einige Autor:innen entgegen (z. B. Barker et al. 2013).[144] Der Mainstream der Bewegungsforschung hat sich mittlerweile

144 Hinzu kommen etliche kapitalismuskritische Autor:innen, die nicht Bewegungsforscher:innen im engeren Sinne sind, aber doch in ihren gesellschaftstheoretischen Analysen auch soziale Bewegungen in den Blick nehmen. Für den deutschsprachigen Raum siehe zum Beispiel Brand/Wissen (2007), Dörre (2021; 2022), Heitmeyer (2001; 2018) und von Redecker (2020); für die USA siehe Moore (1991) und Steinmetz (1994). Deutlicher ist dagegen diese Verbindung in

auf ein Bündel von Theorien mittlerer Reichweite verständigt, aber befasst sich nicht intensiv mit Gesellschaftstheorie. Die soziologischen Großtheorien der letzten Jahrzehnte greifen zuweilen Bewegungen auf, aber sprechen sie meist nur in illustrativer Weise an. Die Spezialliteratur zu sozialen Bewegungen wird nur höchst selektiv rezipiert. Zudem besteht hier die Neigung, die Vielfalt der Anliegen und Formen von sozialen Bewegungen auf eine generalisierende Formel zu bringen. Zugespitzt formuliert: Das noch nie besonders enge Band zwischen Gesellschaftstheorie und Theorie sozialer Bewegungen ist kaum mehr existent.

8.3 Konstruktive Vorschläge

Angesichts der in den letzten Jahrzehnten vernachlässigten Bemühungen, die Struktur- und Akteurperspektive zu integrieren und zugleich Theorien von Gesellschaft mit Theorien sozialer Bewegung enger zu verbinden, zielen meine eigenen Überlegungen auf einen doppelten Brückenschlag. Das geschieht hier nur skizzenhaft, wird aber an anderer Stelle ausführlicher dargelegt (Rucht, im Erscheinen). Mein Anspruch ist allerdings nicht die Formulierung einer allgemeinen Theorie sozialer Bewegungen im Kontext einer Theorie modernen Gesellschaften.[145] Vielmehr geht es um einen *Ansatz* (im Unterschied zu einer konsistenten Theorie mit Erklärungsanspruch). Er soll es erlauben, soziale Bewegungen hinsichtlich einiger grundlegender Aspekte innerhalb ihres hier lediglich abstrakt gefassten gesellschaftlichen Kontexts zu analysieren.[146] Bei der

---

einigen poststrukturalistischen Arbeiten (Vey/Leinius/Hagemann 2019) und feministischen Analysen, die vor allem im angloamerikanischen Sprachraum entstanden sind (Butler 1990; 1993; Brooks 1997).

145 Sofern eine Theorie einen Sachverhalt *erklären* soll, kann es streng genommen keine allgemeine Theorie eines komplexen Gegenstandsbereichs wie Staat, Wirtschaft, Familie oder soziale Bewegung geben. Mit der Benennung eines solchen Gegenstandsbereichs ist noch keine Frage formuliert, die es zu beantworten gilt. Erst mit der Antwort auf Kausalfragen, die auf einen oder mehrere Aspekte eines Gegenstandsbereichs zielen, kommt Theorie ins Spiel. Im Falle sozialer Bewegungen lauten exemplarische Fragen: Warum entstehen soziale Bewegungen? Was braucht es, damit soziale Bewegungen erfolgreich sind? Welche Faktoren tragen dazu bei, dass sich soziale Bewegungen radikalisieren? Fragen dieser Art setzen Wirklichkeitsannahmen voraus. Im konkreten Fall: Es gibt soziale Bewegungen. Soziale Bewegungen sind nicht immer erfolgreich. Soziale Bewegungen können Radikalisierungstendenzen aufweisen. Die deskriptive Wirklichkeitserfassung, die einer daran geknüpften Erklärung vorausgeht, beruht auf mehr oder weniger systematischen Beobachtungen, die ihrerseits Begriffe, Konzepte und Konstrukte voraussetzen, um Phänomene als abgrenzbare Objekte oder Prozesse zu identifizieren. Die dafür notwendigen Definitionen erläutern das Gemeinte. Aber sie erheben – zumindest als Nominaldefinitionen – keinen Anspruch auf Wahrheit. Das ist jedoch Anspruch von Theorie.

146 Wenn landläufig dennoch von einer Theorie im Hinblick auf einen Gegenstandsbereich gesprochen wird, so handelt es sich in der Regel um einen *Ansatz* oder eine Perspektive, die auf bestimmten paradigmatischen oder metatheoretischen Prämissen beruht und einzelne als zentral erachtete Dimensionen oder Aspekte in den Vordergrund rückt (z. B. Macht, Tausch,

Beschreibung dieses Kontexts stehe ich auf den Schultern einer ganzen Reihe von Autoren, darunter Alfred Schütz, Norbert Elias, Jürgen Habermas, Pierre Bourdieu, und Anthony Giddens. Als Motto meines Unterfangens könnte das erste der von Marx/Wood (1975: 415) formulierten Gebote dienen: „Du sollst allgemeine soziologische Theorien beachten und kollektives Verhalten nicht als eine negativ definierte Residualkategorie behandeln." (meine Übersetzung).[147]

8.3.1 Drei Perspektiven

Der hier skizzierte Ansatz verbindet drei Perspektiven, die durch die Stichworte Interaktion, Konstruktivismus und Prozessorientierung gekennzeichnet werden. In der ausführlicheren englischsprachigen Darstellung spreche ich mit Blick auf *interaction, constructivism* und *process-orientation* vom ICP-Approach.

- Für die *interaktionistische Perspektive* bilden vor allem der von Edmund Husserl begründete und von Alfred Schütz weitergeführte phänomenologische Ansatz die Grundlage. Angelpunkt der Betrachtung ist hier der Nachvollzug des sinnhaften Handelns in der Interaktion von alter und ego.
- Mit Blick auf den *konstruktivistischen Ansatz*[148] vertrete ich eine moderate Version, die nicht, wie der radikale Konstruktivismus[149], verschiedene Betrachtungen eines Wirklichkeitsausschnitts als gleichermaßen gültig (und insofern als relativ beliebig) ansieht, sondern darauf beharrt, dass erfahrungsgestützte und methodisch kontrollierte Verfahren eine plausible und realitäts-

Sinn, Organisation, Kommunikation, Integration). Derartige Ansätze enthalten generalisierte Annahmen oder Hypothesen über empirische Zusammenhänge, die als Alltagserfahrungen trivial bzw. evident sind oder aber auf Grundlage systematischer Erhebungen als Tatsachen behauptet werden. An sozialwissenschaftliche Theorien werden mehrere, allerdings teilweise in Spannung zueinanderstehende Gütekriterien angelegt, insbesondere Allgemeinheit, Einfachheit, Genauigkeit und Widerspruchsfreiheit (Weick 1979; 1995). Goudsblom (1979) nennt als Gütekriterien soziologischer Arbeit (1) die Genauigkeit bei der Darstellung empirischer Tatsachen, (2) die Systematik des Zugriffs, (3) die Reichweite der Aussagen und (4) deren Relevanz. Zu unterschiedlichen Verständnissen von Theorie siehe DiMaggio (1995).

147 Im Original: „Thou shalt be mindful of general theories in sociology and not treat collective behavior as a negatively defined residual category."

148 Exemplarisch zu nennen sind Berger/Luckmann (1966) für die Soziologie, Finnemore/Sikkink (2001) für die Politikwissenschaft, Hall (1997) für cultural studies und Vygotsky (1978), Gergen (1999) und Raskin (2002) für die Psychologie. Eine konstruktivistische Perspektive wird bereits von Herbert Blumer eingenommen. Sie findet sich auch in Andeutungen in Arbeiten von Edward P. Thompson und dann dezidierter bei Snow/Benford (1988), Melucci (1989; 1996) und Gamson (2003).

149 Dazu Schmidt (1987) und Glasersfeld (1995). Eine abgeschwächte Variante des radikalen Konstruktivismus ist der von Kraus (2019) vertretene Relationale Konstruktivismus. Er geht von den Konstruktionsprozessen des erkennenden Subjekts aus, aber betont die materiellen und sozialen Relationen, die kognitive Konstruktionsprozesse beeinflussen.

nahe Analyse und Interpretation erlauben. Allerdings wird anerkannt, dass Realität nicht als solche zugänglich und begreifbar ist, sondern unausweichlich auf einem rekonstruktiven Zugang zur empirischen Wirklichkeit beruht.

- Die *prozessorientierte Perspektive* trägt dem Umstand Rechnung, dass soziales Handeln immer als ein Produkt vorausgegangener Entwicklungen verstanden werden muss (Sewell 2005). Dabei sind Strukturen in Rechnung zu stellen, die im Sinne von Anthony Giddens' Konzept der *duality of structure* das soziale Handeln sowohl begrenzen als auch ermöglichen. Obgleich die prozessorientierte Perspektive der interaktiven und konstruktivistischen Perspektive inhärent ist, wird sie wegen ihrer grundsätzlichen Bedeutung für die Entschlüsselung von Entwicklungen und Strukturen (als geronnenes Zwischenresultat zurückliegender Entwicklungen) gesondert ausgewiesen.

Mit diesen drei Perspektiven wird ein relativ inklusiver Ansatz verfolgt, der die Frontstellungen eines falschen Dualismus von Struktur versus Akteur, Funktion versus Norm und strategischem Handeln versus kommunikativem Handeln zu vermeiden sucht. Allerdings handelt es sich bei diesem Ansatz um keinen Container, in dem so gut wie alles seinen Platz finden kann. So grenze ich mich vom Universalitätsanspruch des methodologischen Individualismus ab und relativiere damit auch die Bedeutung von Rational-Choice-Theorie für das Verständnis von sozialer Bewegung. Wichtig erscheint mir vielmehr die Anerkennung des Prinzips der Emergenz sozialer Phänomene (im Unterschied zur bloßen Aggregation individueller Handlungen), wobei ich hier an Überlegungen von Norbert Elias (1991) und Renate Mayntz (2009b) anknüpfe.

8.3.2 Revisionen von Habermas' Theorie der modernen Gesellschaft

In der Analyse moderner Gesellschaft folge ich zu weiten Teilen Jürgen Habermas. Er versteht moderne Gesellschaften als systemisch stabilisierte Handlungszusammenhänge sozial integrierter Gruppen, die in einer doppelten Perspektive verstanden werden müssen. Dies ist zum einen die Perspektive von Funktionssystemen wie Wirtschaft und Politik. In diesen Systemen und ihren Untersystemen, z. B. dem Aktienmarkt als Teil des Wirtschaftssystems, handeln strategisch orientierte Akteure. Strategisches Handeln bedeutet zweckrationale Einflussnahme auf Mit- und Gegenspieler. Aber die Systeme selbst haben keine Ziele, keine Absichten, keine Strategien. Sie müssen primär über ihre Funktionen erschlossen werden. In der Lebenswelt dagegen, so Habermas, geht es im Kern um kommunikatives und nicht um strategisches Handeln.[150] Das geschieht in Prozessen der Sozia-

150 Bereits Weber unterschied mehrere Modi sozialen Handelns. Habermas hat im Anschluss an die Sprechakttheorie vier Formen des sozialen Handelns bzw. von Aussagen typisiert, die im

lisation, der kulturellen Reproduktion und der sozialen Integration. Allerdings weiche ich teilweise von Habermas'schen Konzeptionen ab und modifiziere bzw. erweitere diese.

Erstens gilt es, das funktionalistische Konzept generalisierter Handlungsmedien zu relativieren, wie es von Parsons, später auch von Luhmann und Habermas vertreten wurde. Demnach ist beispielsweise Geld das Medium des ökonomischen Systems, Macht das Medium des politischen Systems. Dagegen spricht, dass in jedem gesellschaftlichen Subsystem nicht nur ein Steuerungsmedium als weitgehend exklusives Integrationsmittel existiert. Vielmehr gelingt systemische Integration nur durch das Zusammenspiel mehrerer Medien. So bedarf es im Zusammenhang mit geldvermittelten Transaktionen innerhalb des ökonomischen Systems des interpersonellen Vertrauens als einer Grundlage von Verträgen. Ebenso beruht politische Macht in demokratischen Systemen nicht allein auf dem Vermögen bzw. der Chance, einen „Willen gegen Widerstreben“[151] durchzusetzen, sondern auf einem normativen Grundkonsens, darunter allgemein geteilten Gerechtigkeitsvorstellungen, die teilweise verfassungsrechtlich verankert sind, teilweise auch in öffentlichen Diskursen artikuliert und verteidigt werden.

Zweitens sollen die Wechselbeziehungen zwischen Systemen und Lebenswelt differenzierter als in der Habermaschen Konzeption gefasst werden. Habermas unterstellt eine schroffe Dualität (kritisch: Berger 1982; Joas 2002) und problematisiert auf dieser Grundlage vor allem, dass Funktionssysteme, sofern sie in die Sphäre der Lebenswelt übergreifen und eingreifen, mit ihrer kolonialisierenden Tendenz die sozialintegrativen Leistungen der Lebenswelt zu untergraben drohen. Dieser Sachverhalt ist nicht zu bestreiten. Allerdings kann es auch innerhalb der Lebenswelt zu endogen bedingten Desintegrationstendenzen kommen. Ebenso sind innerhalb gesellschaftlicher Funktionssysteme, und nicht nur in der Lebenswelt, sozialintegrative Mechanismen wirksam. Die rigide Gegenüberstellung von mediengesteuerten Subsystemen und verständigungsorientierter Lebenswelt erweist sich auch insofern als problematisch, als Habermas zumindest implizit der Lebenswelt (potentielle) Machtressourcen zurechnet. Ausgehend von der Privatsphäre wird dem Wirtschaftssystem Arbeitskraft bereitgestellt. Ausgehend von der Öffentlichkeit wird dem politischen System (bzw. Verwaltungssystem) Massenloyalität gewährt (Habermas 1981: 472–476). Doch in beiden Fällen handelt es sich um Machtressourcen, die strategisch einsetzbar sind: Arbeitskraft kann durch Streiks zurückgehalten, Massenloyalität durch politischen Protest oder Wahlboykott verweigert werden. Macht ist somit der Lebenswelt im Ha-

---

Abschnitt 5.2 kurz vorgestellt wurden.

151 „*Macht* bedeutet jede Chance, innerhalb einer sozialen Beziehung den eigenen Willen auch gegen Widerstreben durchzusetzen, gleichviel, worauf diese Chance beruht.“ (Weber 1976 [1921/22]: 28).

bermas'schen Sinne inhärent und kann nicht zureichend als ein von außen erfolgender kolonialisierender Eingriff verstanden werden.[152]

Drittens hat Habermas zumindest in seiner Theorie des kommunikativen Handelns das Konzept der Lebenswelt derart ausgedehnt, dass es die Sphäre der Öffentlichkeit inklusive der Massenmedien einschließt.[153] Dies erscheint nicht nur mit Blick auf die Massenmedien, sondern auch auf andere Formen der Öffentlichkeit (Präsenzöffentlichkeiten, Veranstaltungsöffentlichkeiten; dazu Gerhards/Neidhardt 1990) nicht überzeugend. Mit der definitorischen Fixierung von Öffentlichkeit als Modus verständigungsorientierten Handelns gewinnt Habermas zwar einen kritischen Maßstab, um die allseits bekannten und auch von ihm konstatierten empirischen Abweichungen von diesem Modus als Pathologien auszuweisen. Dazu gehören fraglos Tendenzen der strukturellen Vermachtung und überbordenden Kommerzialisierung der öffentlichen Sphäre. Würde man jedoch den Maßstab verständigungsorientierten Handelns zur alleinigen Richtschnur von Öffentlichkeit erheben, so hätten auch die Modi der Unterhaltung, der öffentlichen Selbstdarstellung, der kommerziellen und politischen Werbung, der privatwirtschaftlichen Rechtsform vieler Medien, ja selbst jegliche Form einer strategisch betriebenen Interessenvertretung im öffentlichen Raum als Deformationen von Öffentlichkeit zu gelten. Hierin eingeschlossen wäre auch Vertretung der Interessen von sozial schwachen und benachteiligten Gruppen durch advokatorische Gruppen, sofern Letztere auf Instrumente strategischer Öffentlichkeitsarbeit zurückgreifen. Im Unterschied zu Habermas halte ich es somit für angebracht, große Bereiche der Öffentlichkeit nicht der Lebenswelt zuzurechnen und zum engeren, von Husserl und Schütz geprägten phänomenologisch-hermeneutischen Verständnis von Lebenswelt zurückzukehren. Dafür verwende ich den Begriff der *alltäglichen* Lebenswelt. Die operative Basis dieser Lebenswelt sind vor allem die direkten Interaktionen zwischen physisch Anwesenden im privaten oder halböffentlichen Raum (dazu Berger/Luckmann 1995).

---

152 Karl-Werner Brand hat mich an dieser Stelle darauf hingewiesen, dass nicht nur Macht, sondern auch strukturelle, klassen- oder milieuspezifische Merkmale der Lebenswelt inhärent sind. So haben sich im Rahmen des Neoliberalismus bestimmte Formen der Subjektivierung ausgebildet, die mit Stichworten wie Selbstoptimierung und flexibles Subjekt belegt werden.

153 In seiner „Theorie des kommunikativen Handelns" stellt Habermas den systemisch integrierten Handlungsbereichen von Wirtschaft und Staat die sozial integrierten Handlungsbereiche der Privatsphäre und der Öffentlichkeit gegenüber. Die Kleinfamilie bildet den institutionellen Kern der Privatsphäre. „Den institutionellen Kern der Öffentlichkeit bilden jene durch Kulturbetrieb, Presse und später Massenmedien verstärkten Kommunikationsnetze, die die Teilnahme eines Publikums ... an der Reproduktion der Kultur und die Teilnahme des Staatsbürgerpublikums an der durch öffentliche Meinung vermittelten sozialen Integration ermöglichen." (1981 II: 471 f.) Die diesen Passagen zugeordnete schematische Übersicht (ebd., 473) weist die Privatsphäre und die Öffentlichkeit als die beiden institutionellen Ordnungen der Lebenswelt aus.

Viertens folgt aus diesem engeren Verständnis von Lebenswelt, dass die politische Öffentlichkeit nicht kategorial der Lebenswelt zugeschlagen wird, sondern, wie es Habermas in späteren Schriften andeutet, als ein relativ autonomer Bereich neben den gesellschaftlichen Funktionssystemen und der alltäglichen Lebenswelt zu verstehen ist.[154] Zugleich wird die politische Öffentlichkeit als das zentrale Handlungsfeld betrachtet, in dem – neben anderen Akteuren – auch soziale Bewegungen ihre Weltsicht, ihre Kritik an Gesellschaft und Politik und nicht zuletzt ihre Forderungen geltend machen. Eine Theoretisierung sozialer Bewegungen muss somit einer Bestimmung der Funktionen und Strukturen von Öffentlichkeit Rechnung tragen, die ihrerseits im Rahmen einer umfassenderen Theorie moderner Gesellschaft zu verorten ist.

Gemäß dem Postulat einer prozessorientierten Perspektive sollte eine Theorie moderner Gesellschaft in Verbindung mit einer Betrachtung sozialer Bewegungen dynamisiert werden. Demnach wäre die Rolle sozialer Bewegungen im Rahmen verschiedener Gesellschaftsformationen und deren Entwicklungsetappen zu betrachten, ohne dabei vorschnell auf eine archimedische Erklärung – soziale Bewegungen als Folge raschen gesellschaftlichen Wandels, struktureller Spannungen, als Abwehr funktionaler Differenzierung, als Ausdruck eines Klassenkampfs usw. – zurückzugreifen. Es gälte somit, dem sich historisch wandelnden Zusammenhang von Gesellschaftsformation, sozialem Wandel und sozialen Bewegungen nachzugehen. Ein solches Programm übersteigt allerdings den Anspruch und Rahmen des vorliegenden Buches.[155]

Eine weitere, hier ebenfalls ausgeklammerte Aufgabe einer breit ansetzenden Perspektive bestünde darin, Bewegungen innerhalb ihres jeweiligen politischen Handlungsraums zu analysieren. Hierbei wäre grob zwischen demokratisch-repräsentativen Systemen mit bürgerrechtlichen Freiheiten und rechtsstaatlichen Garantien, strikt autoritären (oder gar) diktatorischen Systemen und den dazwischen liegenden Mischformen zu unterscheiden. Eine Schlüsselrolle kommt hier den Strukturen politischer Öffentlichkeit zu.

In demokratischen Systemen können sich Bewegungen frei organisieren und ihre Kritik an institutionellen Regeln und politischen Entscheidungen weitgehend ungehindert artikulieren. Das Gros der Bewegungsaktivitäten richtet sich nicht gegen die grundsätzliche institutionelle Ausgestaltung des Systems, sondern vielmehr gegen konkrete Dysfunktionen oder Missstände. Der antisystemische Protest, sei er radikaldemokratisch oder antidemokratisch, bleibt auf die Ränder des politischen Spektrums beschränkt.

---

154 „In komplexen Gesellschaften bildet die Öffentlichkeit eine intermediäre Struktur, die zwischen dem politischen System einerseits, den privaten Sektoren der Lebenswelt und funktional spezifizierten Handlungssystemen andererseits vermitteln." (Habermas 1992: 451).

155 Angedeutet ist eine solch lange Perspektive in Rucht (1994). Sie bedarf jedoch einer weiteren Ausarbeitung und empirischen Konkretisierung, die ich mir vorgenommen habe.

In autoritären Systemen können ebenfalls einzelne Dysfunktionen und Probleme, z. B. Korruption, politische Zensur oder die unzureichende Versorgung mit Nahrungsmitteln, zum Thema von Bewegungsaktivitäten werden. Doch richtet sich hier die oppositionelle Bewegungsenergie[156] meist auf die Überwindung des Systems im Ganzen. Allerdings können sich diese Bestrebungen nicht frei entfalten. Angesichts harter Repression werden sie in private Zirkel abgedrängt oder führen zu eruptiven Massendemonstrationen und Volksaufständen. Diese werden entweder unter Kontrolle gebracht, erzwingen partielle Zugeständnisse oder den Fall eines Regimes, wie es auf einige Diktaturen in Lateinamerika und in Ost- und Mitteleuropa zutraf.

8.3.3 Sozialer Wandel und soziale Bewegungen

Mit Blick auf sozialen Wandel im Großen wie im Kleinen, auch mit Blick auf einen sozialen Wandel unter Mitwirkung sozialer Bewegungen, ist die Notwendigkeit einer theoretischen Verbindung der Mikro- und Makroebene sozialen Handelns evident. Eine Konzeptualisierung dieser Verbindung hat James Coleman (1986) in seinem *bath tube*-Modell (zuweilen auch als *Coleman's boat* bezeichnet) vorgeschlagen (siehe Abbildung 8.1). Damit reagiert er auf die Neigung mancher Theoretiker, gesellschaftliche Veränderungen auf der Makroebene mit Faktoren erklären zu wollen, die auf dieser Makroebene angesiedelt sind.

In Abgrenzung zu funktionalistischen Theorien setzt Coleman auf eine allgemeine Theorie zweckorientierten Handels, die individuelles wie auch kollektives Handeln einbezieht und über kleinräumige soziale Handlungsfelder hinausgeht. Handlungen sind durch ihre (antizipierten) Konsequenzen gleichsam „verursacht" (Coleman 1986: 1312). Dabei folgt er weder einer behavioristischen Linie (wie George Homans) noch greift er auf die Sozialpsychologie zurück.

Coleman hat sein Makro-Mikro-Makro-Modell in mehreren Varianten vorgestellt, die sich allerdings in ihrer Grundstruktur kaum unterscheiden. Der Clou seiner Argumentation lautet, dass makrostrukturelle Bedingungen auf die Werthaltungen von Individuen einwirken und diese Haltungen verändern. Aus der Summenwirkung veränderter Werthaltungen auf der Individualebene ergeben sich wiederum makrostrukturelle Konsequenzen.

156 Autokratische Regime werden nicht nur durch oppositionelle Bewegungen herausgefordert, sondern in manchen Fällen auch durch regimetreue Bewegungen unterstützt, ja sind sogar erst durch derartige Bewegungen an die Macht gelangt.

Abbildung 8.1: Makro-mikro-makro-Beziehungen: methodologischer Individualismus (Coleman 1986: 1322)

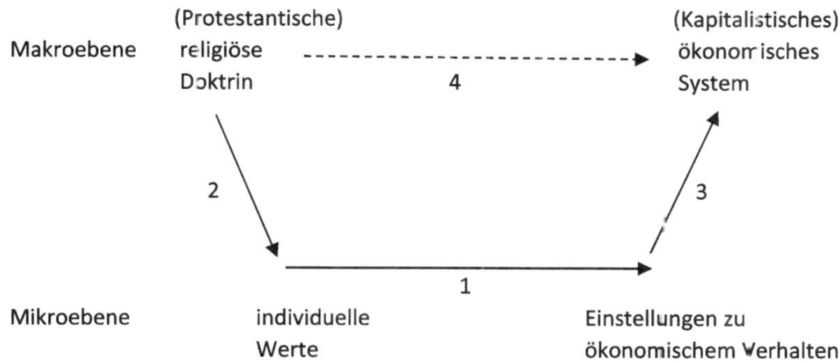

Coleman versteht sein Modell als Alternative zu dem, was er „methodological holism" nennt. Für Letzteren sei Max Webers Erklärung für das Entstehen des modernen Kapitalismus ein klassisches Beispiel. Weber, so Colemans Interpretation, unterstelle einen direkten Kausaleffekt von einem Makrophänomen (der protestantischen Religion) auf ein anderes Makrophänomen (den Aufstieg des Kapitalismus; siehe Pfeil 4 in Abbildung 8.1). Damit würde er die Rolle individuellen Handelns vernachlässigen.

Weiterhin grenzt sich Coleman von anderen, ihm als unzureichend erscheinenden Erklärungen ab. So habe sich Parsons vor allem auf die Wirkung von individuellen Werten auf individuelles Verhalten konzentriert (die mit Pfeil 1 bezeichnete Relation), während wiederum Marx, in Colemans Interpretation, die Beziehung zwischen einem Makrofaktor und individuellen Interessen und Werten thematisierte (Pfeil 2). Allerdings habe Marx nicht erklärt, wie sich gemeinsame Interessen in klassenbewusste Aktionen übersetzen und damit systemische Effekte zeitigen würden (Pfeil 3). Dieser Kritik liegt allerdings die Annahme zugrunde, dass nur Individuen handlungsfähig seien. Coleman versteht die zielgerichtete kollektive Aktion im Kern als ein aggregiertes Resultat individueller Handlungen.

Colemans Modell hat den Vorzug, dass es die Akteure im Kontext von Strukturen berücksichtigt. Allerdings weist es auch einige Schwächen auf. Erstens verankert er seine Handlungstheorie im methodologischen Individualismus (ebd., 1322) und gibt keine Antwort auf dessen Kritiker, die von Emile Durkheim bis zur Gegenwart reichen.[157] Vielmehr behandelt er individuelle und korporative Akteure einschließlich formaler Organisationen „who make the system" (ebd.)

157 Vgl. dazu die Ausführungen von Schelling (1978); Krohn/Krüppers (1992); Blau (1997); Mayntz (2009a; 2009b).

in gleicher Weise und teilt die Annahme, dass kollektives Handeln vollständig aus individuellen Entscheidungen und Handlungen erklärt werden kann. Die Möglichkeit von Emergenz im Sinne einer Eigenlogik kollektiven Handelns, das sich nicht in individuelles Handeln auflösen lässt, bleibt außer Betracht.

Zweitens wird nicht die Möglichkeit erwogen, dass ein Makrofaktor direkt einen anderen Makrofaktor beeinflussen kann, wie es, Coleman zufolge, Max Weber mit seiner Protestantismusthese unterstellt hat. Drittens lässt Coleman die Existenz und spezifische Handlungslogik auf der Mesoebene außer Betracht. Auf dieser Ebene sind vor allem die (politische) Öffentlichkeit und die Fülle kollektiver Akteure zu verorten, darunter Bürgerinitiativen, Interessenverbände und soziale Bewegungen. Gerade mit Blick auf Letztere ist es geboten, Colemans Modell durch die Einbeziehung der Meso-Ebene zu erweitern.

Akzeptiert man die Prämisse, dass individuelles Handeln kategorial von kollektivem Handeln zu unterscheiden ist, so ergibt sich ein komplexeres Modell der Erklärung sozialen Wandels (siehe Abbildung 8.2), welcher nicht zuletzt auch durch Bewegungen herbeigeführt oder mitgestaltet werden kann. In dieser revidierten Fassung beeinflussen makrostrukturelle Bedingungen zum Zeitpunkt T1 die Situation von Individuen (Mikroebene), die sich von diesen Bedingungen negativ betroffen fühlen. Bereits existierende oder neu entstehende kollektive Akteure (Mesoebene) interpretieren diese Bedingungen. Sie werben für ihre Sichtweise und die daraus abgeleiteten Forderungen. Unter günstigen Bedingungen wird diese Zustimmung in eine kollektive Aktion (Mesoebene) übersetzt, an der sich vormals nicht miteinander verbundene Individuen oder Mitglieder bereits bestehender Gruppen und Organisationen beteiligen. Im Zusammenspiel mit der veröffentlichten Meinung, politischen Parteien und politischen Entscheidungsträgern kann dann die kollektive Aktion zu sozialem Wandel, also neuen makrostrukturellen Verhältnissen, zum Zeitpunkt T2 führen.

Der Mehrwert dieses revidierten Modells ergibt sich aus der Einbeziehung von Akteuren auf der Mesoebene. Deren Rolle ist nicht allein aus individuellen Entscheidungen und individuellen Akten der Unterstützung ableitbar. Das Handeln von Gruppen und Organisationen folgt Mustern und Logiken, die sich zumindest teilweise von individuellem Handeln unterscheiden. Mit dem kollektiven Handeln verbindet sich auch eine Reihe prinzipieller – und nicht nur gradueller – Vorteile, zum Beispiel solchen, die sich aus einer möglichen Arbeitsteilung ergeben. Diese Vorteile gelten nicht nur für formale Organisationen, worauf Geser (1992) hingewiesen hat, sondern auch für lose strukturierte Kollektive einschließlich sozialer Bewegungen (Schimank 2016: 327 ff.).

Abbildung 8.2: Kausalmodell für sozialen Wandel durch kollektive Akteure

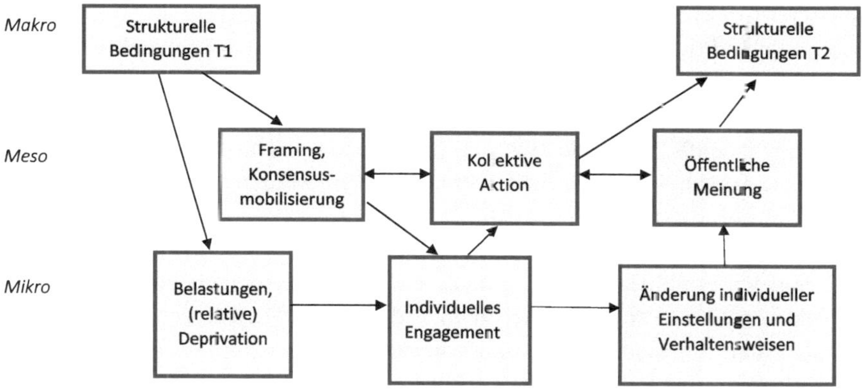

Auch im Rahmen eines handlungstheoretischen Paradigmas wäre zu berücksichtigen, dass sozialer Wandel nicht ausschließlich als ein Ergebnis zielgerichteten Handelns sozialer Bewegungen und/oder politischer Eliten zu verstehen ist. Abgesehen von nicht-intendierten Handlungsfolgen kann sozialer Wandel auch aus den aggregierten Effekten zahlloser unkoordinierter individueller Handlungen resultieren und dabei makrostrukturelle Resultate zeitigen, die so nicht gewollt waren. Ein Beispiel dafür sind die negativen Folgen der raschen Verstädterung im 19. und 20. Jahrhundert, darunter Wohnungsnot, Lärmbelastung und die Verschmutzung von Luft und Wasser. Und auch mit Blick auf soziale Bewegungen ist anzunehmen, dass einfache Kausalmodelle nicht geeignet sind, die komplexe Konstellation von Faktoren zu berücksichtigen, für die die Mesoebene einzubeziehen ist. Basierend auf dem Vorschlag, die Öffentlichkeit als einen eigenständigen dritten Sektor neben gesellschaftlichen Funktionssystemen und der täglichen Lebenswelt zu begreifen, wären nicht nur die vertikalen Beziehungen und Interaktionen zwischen den drei Ebenen, sondern auch die horizontalen Austauschprozesse zwischen der Öffentlichkeit einerseits und den gesellschaftlichen Funktionssystemen und der täglichen Lebenswelt andererseits zu bedenken.

8.3.4 Eine Rekonzeptualisierung sozialer Bewegungen

Die obigen Überlegungen führen zu einer Rekonzeptualisierung von sozialen Bewegungen. Damit sollen einseitige Interpretationen überwunden werden, welche einen archimedischen Punkt oder ein einziges Prinzip ins Zentrum rücken, sei es das Verständnis sozialer Bewegungen in Reaktion auf raschen sozialen Wandel (Emile Durkheim), strukturelle Spannungen (James Davies; Neil Smelser) oder funktionale Differenzierung (Niklas Luhmann), sei es das Ringen um Historizität (Alain Touraine), die immerwährende Konkurrenz um verschiedene Kapitalsorten in diversen gesellschaftlichen Feldern (Pierre Bourdieu), die Produktion von Wissen (Ron Eyerman/Andrew Jamison) oder Kämpfe um Anerkennung (Axel Honneth; Judith Butler). Vielmehr teile ich die Einsicht von Joseph Gusfield: „The plenitude of social movements that exist and persist in modern societies makes any single scheme of analysis too partial for expansion to all or even most movements.“ (Gusfield 1994: 75) Somit plädiere ich für ein differenziertes Konzept, das, ohne hier im Einzelnen ausgeführt werden zu können, folgende Gesichtspunkte in Rechnung stellt.

(1) Obgleich es üblich ist, eine soziale Bewegung als einen zielgerichteten kollektiven Akteur zu charakterisieren und ich diese Sicht in der eingangs vorgestellten Arbeitsdefinition übernommen habe, erscheint es angemessener, Bewegung als ein *zielgerichtetes Handlungssystem* zu verstehen. Dies bedeutet mehr als den Austausch eines Etiketts. Es wird vielmehr eine neue Perspektive eröffnet. Die konventionelle Sicht auf soziale Bewegungen hat ihre partielle Berechtigung. Bewegungen bekennen sich zu bestimmten Zielen und agieren zuweilen in einer einheitlichen Weise, die die meisten bewegungszugehörigen Gruppen einschließt. Besonders deutlich wird das in den Hochphasen einer kollektiven Erregung. In diesem Sinne beruhen Bewegungen, im Unterschied etwa zu losen Diskussionszirkeln, auf einer *gerichteten* kollektiven Identität. In anderen Situationen und Phasen sind Bewegungen jedoch nicht auf koordinierte Aktionen gepolt. Vielmehr befassen sich einzelne Gruppen und Organisationen innerhalb einer Bewegung mit ganz verschiedenen Aufgaben, zum Beispiel der Reflexion über die künftige strategische Ausrichtung, der Kritik an einer Führungsperson, der Warnung, sich an einer bestimmten, von einer anderen Gruppe organisierten Aktion zu beteiligen, der Sammlung von Sachinformation, der Dokumentation von Presseberichten über bisherige Aktivitäten, der Feier eines historischen Ereignisses usw. Diese Handlungen erfolgen weitgehend unabhängig voneinander, können in Einzelfällen auch im Widerspruch zueinanderstehen. Zu beobachten sind dann einzelne Handlungen, die zwar einer Bewegung als einem lose verbundenen Kommunikationssystem zugerechnet werden, sich jedoch schwerlich als Handlungen *der* Bewegung verstehen lassen. Mit dieser Perspektive auf ein Handlungs*system* wird die von Melucci[158] kritisierte Neigung vermieden, eine Bewegung zu reifizieren und in Analogie zu einer als Handlungseinheit auftretenden Person zu interpretieren.[159]

158 Melucci wendet sich gegen den Sachverhalt „that the term social movements continues to be used by many researchers in a naïvely descriptive manner to refer to a supposedly unified ‚subject‘, such as the ‚youth movement‘, the ‚women's movement‘ …“ (Melucci 1989: 29).

159 Das Titelbild von Hobbes' Leviathan symbolisiert die Einheit des Staates, der symbolisch dargestellt wird mit dem naturalistisch gestalteten Kopf des Königs, aber einem Körper, der sich aus vielen einzelnen Menschen zusammensetzt.

(2) Soziale Bewegungen konstituieren sich durch Kommunikations- und Interaktionssequenzen, die Reden und Handeln beinhalten. Diese sind als rekursive Prozesse zu verstehen, in denen Pfadabhängigkeiten, kulturelle Ressourcen (Werte), kollektives Gedächtnis und Wissensproduktion, Hoffnungen und Befürchtungen von Bedeutung sind. All diese Prozesse sind als sinnhaft zu entschlüsseln. Dabei bildet die Eigeninterpretation der Akteure ein wichtiges, aber nicht hinreichendes Datum, eine soziale Tatsache im Sinne Durkheims. Allerdings muss die Forschung über diese Interpretationen hinausgehen und zum Beispiel den latenten Sinn des Bewegungshandelns, dessen funktionale Leistungen und nicht-intendierte Folgen erfassen.
(3) Soziale Bewegungen sind Teil eines Konfliktfeldes, in dem sie auf andere Gruppen, Organisationen oder auch Institutionen Bezug nehmen und teilweise auch direkt mit diesen interagieren. Das geschieht in verschiedenen Arenen[160] oder, im Sinne von Bourdieu, in Feldern (Fligstein/McAdam 2012). Letzter Bezugspunkt sozialer Bewegungen ist, im Unterschied zu politischen Kampagnen, die grundlegende Struktur einer Gesellschaft einschließlich deren Machtverteilung und basalen Werten. Allerdings wird dieser ultimative Bezugspunkt weder in jeder Phase einer Bewegung noch in jeder konkreten Aktion oder Kampagne explizit benannt. Ebenso muss die Vision einer anderen Gesellschaft nicht notwendig ausgemalt werden; sie kann vielmehr sehr vage formuliert oder nur ex negativo angedeutet werden, wie es im Slogan „Another world is possible" der globalisierungskritischen Bewegungen anklingt. In der Regel fokussieren einzelne Proteste oder Protestkampagnen auf spezifischere Ziele und Forderungen, die jedoch mit breiteren und fundamentaleren Zielen verbunden werden können. So mag beispielsweise der Kampf um die Liberalisierung der Abtreibung als Teil der umfassenderen Mission verstanden werden, eine patriarchale Gesellschaft zu überwinden. Ebenso ist es möglich, wenngleich nicht zwingend, dass eine Kampagne zum Verbot der Kinderarbeit als Teil eines umfassenderen Kampfes gegen den Kapitalismus gesehen wird.
(4) Der für soziale Bewegungen weitaus wichtigste Schauplatz ist die politische Öffentlichkeit. Hier präsentiert sich die Bewegung mit ihrem Personal, ihren zentralen Forderungen und Protesthandlungen, mit Appellen an das Publikum und Angriffen auf Gegner. Die politische Öffentlichkeit ist analytisch von zwei anderen elementaren Komponenten moderner Gesellschaften zu trennen: einerseits den gesellschaftlichen Funktionssystemen und anderer-

160 Die wichtigsten Arenen sozialer Bewegungen sind die Straße und die Massenmedien. Aber auch Parlamente, Wahlkampfveranstaltungen, Bürgerversammlungen, Kommissionen, Gerichte, quasi-gerichtliche Tribunale, verfahrensrechtliche Anhörungen, Aktionärsversammlungen oder internationale Konferenzen werden zuweilen als Arenen für Auftritte von Protestgruppen genutzt. Zur Rolle von Arenen im Kontext sozialer Bewegungen siehe Duyvendak/Jasper (2015).

seits der alltäglichen Lebenswelt. Soziale Bewegungen wurzeln in der alltäglichen Lebenswelt als dem Nahraum unmittelbarer und authentischer Erfahrung der Bedürfnisse, Ansichten und Verhaltensweisen anderer. Die Lebenswelt ist auch ein Reservoir kulturellen Wissens und entsprechender Techniken. Zugleich beziehen und überschneiden sich soziale Bewegungen mit gesellschaftlichen Funktionssystemen, von denen dem politischen System eine besondere Bedeutung für soziale Bewegungen zukommt. Generell stehen Bewegungen eher an den Rändern oder außerhalb solcher Funktionssysteme. Aber es gibt auch Situationen, in denen sie näher an die Kerne von Funktionssystemen heranrücken, zum Beispiel dem politischen System durch die Etablierung einer Bewegungspartei, durch eine Allianz mit Teilen der politischen Eliten oder eine politische Entscheidung qua Volksbegehren. Überschneidungen mit dem ökonomischen System sind in der Regel weniger bedeutsam. Allerdings gibt es Situationen, in denen Bewegungen folgenreich in das ökonomische System eingreifen. Massive Streiks oder Konsumentenboykotte können die Profitraten von Unternehmen mindern. Die von Bewegungen ausgehenden Impulse für Umwelt- und Klimaschutz vermögen zur Restrukturierung ganzer Industriezweige und dem Aufbau neuer Branchen zu führen. Dagegen haben die bewegungseigenen ökonomischen Ressourcen nur eine geringe wirtschaftliche Bedeutung. Zwar sind die jährlichen Haushalte mancher Bewegungsorganisationen enorm angestiegen, doch gibt es heute kaum Bewegungen, die, wie die historische Arbeiterbewegung, eine phasenweise bedeutsame ökonomische Basis in Gestalt von Produktions- und Konsumgenossenschaften, Wohnungsbaugesellschaften, Zeitungs- und Buchverlagen sowie Sozialverbänden aufweisen.

(5) Die Einbettung sozialer Bewegungen in Konfliktkonstellationen legt es nahe, Bewegungen als strategisch orientierte Akteure zu verstehen, die in Kämpfe um Anerkennung und Macht verwickelt sind. Je nach der Art des Anliegens vertreten Bewegungen dabei die Interessen der eigenen Klientel (etwa der Lohnarbeiter:innen), die Interessen der Allgemeinheit (so beim Klimaschutz oder dem Kampf gegen die Meeresverschmutzung) oder auch, in anwaltschaftlicher Rolle, die Interessen einer marginalisierten Gruppe, der es an Organisations- und Konfliktfähigkeit mangelt (zum Beispiel Obdachlose). Generell lässt sich die Handlungslogik von Bewegungen nicht auf den Typus strategischen Handelns reduzieren, wie es noch in der eingangs vorgestellten Arbeitsdefinition anklang. Vielmehr verbinden Bewegungen zweckrationales, konstatives, normenreguliertes und dramaturgisches Handeln. Das relative Gewicht dieser vier Handlungstypen variiert in Abhängigkeit von dem spezifischen Anliegen der Bewegung, den gewählten Arenen und Strategien, die ihrerseits von makrostrukturellen und kulturellen Randbedingungen, aber auch von situativen Faktoren beeinflusst werden. In den Kämpfen um politischen Einfluss und kulturelle Hegemonie überwiegt

das zweckrational-strategische Handeln gegenüber den Varianten kommunikativen Handelns. In den internen Interaktionen sozialer Bewegungen ist dagegen mehr Raum für kommunikatives Handeln. Allerdings sollte das Innenleben von Bewegungen nicht als ein Hort gegenseitiger Unterstützung und verständigungsorientierten Handelns idealisiert werden. Neben Solidarität und Empathie sind auch interne Machtkämpfe, Aggression und Ausgrenzung zu beobachten.

(6) Das zentrale „Kapital" sozialer Bewegungen ist das vor allem in der Aktionsmobilisierung sichtbare Engagement (*commitment*) ihrer Aktivist:innen und Unterstützer:innen, dem in der Regel eine Phase der Konsensusmobilisierung vorausgeht.[161] Das Engagement ist besonders stark, wenn (a) die Motive der Teilnehmenden und die Ziele der Bewegung konvergieren (Rammstedt 1978: 132 ff.) und (b) die Aktivist:innen glauben, eine Situation, die sie als bedrohlich oder ungerecht empfinden, überwinden zu können und zu müssen. Solche Gefühle und Überzeugungen sind das Rohmaterial, das Initiatoren und Organisatoren nutzen und formen, um es in kollektive Aktionen zu überführen, bei denen der Protest eine konstitutive Rolle spielt. Das Ausmaß und die Formen der Mobilisierung hängen sowohl von bewegungsinternen Faktoren (Ressourcen, Grad an Übereinstimmung, strategischen Fähigkeiten) als auch von externen Faktoren ab. Zu Letzteren zählen politische, ökonomische, kulturelle und diskursive Gelegenheiten, die Stärke und die Vorgehensweisen von Gegnern, die Reaktionen von Dritten Parteien und die kulturelle Resonanz auf die von Bewegungen vertretenen Werte und Forderungen.

(7) Im Verlauf ihrer Existenz erlernt oder übernimmt eine Bewegung ein Handlungsrepertoire in Abhängigkeit von den bereits genannten internen und externen Faktoren, aber auch von Erfahrungen aus der Vergangenheit und Erwartungen an die Zukunft. In der Regel bilden sich in komplexeren Bewegungen zwei oder mehr Fraktionen, die sich bezüglich der Breite und Radikalität der Ziele und Mittel sowie der Neigung zu einer eher quantitativen oder qualitativen Mobilisierung (geringe Investitionen von vielen Unterstützer:innen versus hohe Investitionen von wenigen Aktivist:innen) unterscheiden. Interne Differenzierung, die oftmals weitaus komplexer ist als die Ausformung eines pragmatischen und eines radikalen Flügels, ist ein zusätzlicher Grund, um eine soziale Bewegung als ein gerichtetes Handlungssystem anstatt eines in sich geschlossenen und kompakt auftretenden Akteurs zu begreifen. Ungeachtet ihrer Ausdifferenzierung entlang ideo-

161 Klandermans (2004: 369) definiert *consensus mobilization* als „dissemination of the views of the movement organization" und sieht darin eine Vorstufe für *action mobilization* (siehe auch Klandermans 1984).

logischer und strategischer Fragen weisen jedoch Bewegungen insgesamt, möglicherweise im Gegensatz zu einzelnen Bewegungsorganisationen und erst recht zu großen Unternehmen und staatlichen Verwaltungen, eine geringe Rollenspezifizierung auf. Wer welche Aufgaben übernimmt, ist keinem Skript und schon gar nicht einem verbindlichen Regelwerk zu entnehmen, sondern schält sich in hochgradig informellen Kommunikationsprozessen heraus und kann kurzfristigen Änderungen unterliegen.

(8) Die strukturellen Komponenten sozialer Bewegungen (Gruppen, Organisationen, Netzwerke und Netzwerke von Netzwerken) weisen jeweils spezifische Identitäten mit hoher Bindungskraft auf, die von einer eher diffusen kollektiven Identität der Bewegung oder sogar einer darüber hinausrechenden Identität einer Bewegungsfamilie (dazu della Porta/Rucht 1995) überwölbt werden. Die stärker profilierten Identitäten einzelner Gruppen und Strömungen sind handlungspraktisch oft bedeutsamer als die Identität einer Gesamtbewegung. Das birgt auch das Risiko der Fragmentierung oder gar der Spaltung. Generell sind kollektive Identitäten keine feststehenden Eigenschaften, sondern entstehen und verändern sich in fortlaufenden internen und externen Interaktionen. Sie beruhen auf sozialen Konstruktionen, mittels derer sich Gruppen und ganze Bewegungen mit ihren Werten, Zielen und Mitteln darstellen, die aber auch die Identifikation und Konstruktion ihrer Gegner betreffen.[162] Extrem scharfkantige Identitäten, die an die Struktur von Sekten gemahnen, begünstigen eine hohe Opferbereitschaft von relativ wenigen; sie gehen mit einer Tendenz zur sozialen Schließung einher. Schwache und diffuse Identitäten erlauben die Integration heterogener Gruppen und die Einbindung von Massen, aber bergen die Gefahr der Fragmentierung (Rucht 1995). Die Kunst der Identitätsbildung liegt somit in einer schwierigen Balance des *bonding* und *bridging*.

(9) In einer historischen Perspektive können Formen von Protest, Aufruhr und Rebellion über Jahrtausende zurückverfolgt werden. Aber soziale Bewegungen im engeren Sinne, d. h. als eine sich als geschichtsmächtig verstehende Kraft unabhängig von einer traditionalen oder göttlichen Ordnung, kommen erst mit dem Zeitalter der Aufklärung und der Entstehung moderner Demokratien auf. Im langen Rückblick, und ohne dies hier weiter auszuführen, vertrete ich die These, dass seit den anti-feudalen, aus der Aufklärung hervorgegangenen Bewegungen die historische Eingriffstiefe von

162 Touraine versteht soziale Bewegung als eine Verbindung der Prinzipien von Identität, Opposition und Totalität. Letztere bezeichnet ein historisches Aktionssystem, in das die um Herrschaft ringenden sozialen Klassen eingebunden sind (1973a: 361 ff.).

sozialen Bewegungen abgenommen hat.[163] Somit gibt es eine tendenzielle Verschiebung von Kämpfen um die gesellschaftliche Ordnung schlechthin zu stärker bereichsbezogenen Kämpfen innerhalb einer in ihren Grundzügen weitgehend akzeptierten und relativ inklusiven sozialen Ordnung. Das gilt zumindest für die Sphäre westlicher Demokratien. Gleichzeitig haben sich die Bewegungsanliegen, das Spektrum der in Bewegungen aktiven sozialen Gruppen und Milieus sowie das Repertoire der Aktionsformen deutlich verbreitert.

Im Lichte dieser Überlegungen kann die eingangs vorgestellte Arbeitsdefinition sozialer Bewegungen in folgender Weise modifiziert und präzisiert werden. Eine soziale Bewegung ist ein zielgerichtetes Handlungssystem in modernen Gesellschaften, das in der alltäglichen Lebenswelt verankert ist und in öffentlichen Konflikten mit Gegenspielern vor den Augen eines Publikums an Konturen gewinnt. Die einer Bewegung zugehörigen Gruppen, Organisationen und Netzwerke agieren weitgehend autonom und stützen sich auf eine je spezifische kollektive Identität mit hoher Bindungskraft, aber rechnen sich zugleich der übergreifenden sozialen Bewegung zu. Soziale Bewegungen im engeren Sinne streben nach einer grundlegend anderen gesellschaftlichen Ordnung oder stellen sich gegen solche Bestrebungen. Die zentrale Handlungsarena sozialer Bewegungen ist die politische Öffentlichkeit. Das zentrale Mittel bilden kollektive Proteste, mit denen sich Komponenten einer Bewegung mit ihrem Personal, ihren Werten und Anliegen und ihren Aktionsformen präsentieren und dabei vor allem um die Aufmerksamkeit und möglichst auch die Unterstützung durch das breite Publikum ringen. Im außengerichteten Handeln sozialer Bewegungen überwiegt die zweckrationale Orientierung, in der Binnenkommunikation dagegen das kommunikative Handeln. In beiden Fällen spielen aber auch die Modi des wertorientierten und des expressiv-performativen Handelns eine wichtige Rolle. Die zentrale Währung einer sozialen Bewegung ist das freiwillige Engagement (*commitment*) der Aktivist:innen und Unterstützer:innen, das durch eine fortlaufende Identifikations- und Motivationsarbeit erhalten werden muss, um die ständig präsente Möglichkeit der Abwanderung zu verhindern. Dieses Engagement ist besonders stark, wenn, in der Wahrnehmung der Beteiligten, die individuellen Motive mit dem Ziel der Bewegung übereinstimmen.

163 In diese Richtung weisen auch die Annahmen von Ellul (1974) und Touraine (1980), das Zeitalter der großen Revolutionen sei vorüber. Das mag vor allem für die demokratischen Länder des Westens gelten. Dagegen kam es in den ehemaligen staatssozialistischen Ländern in den 1980er Jahren, im Iran im Jahr 1979 und auch einigen Ländern des Globalen Südens zu revolutionären Umbrüchen.

8.4 Zusammenfassung

Etliche Klassiker der Soziologie und Sozialpsychologie haben die Bedeutung sozialer Bewegungen für den gesellschaftlichen Wandel hervorgehoben, jedoch, mit Ausnahme marxistisch bzw. sozialistisch orientierter Autor:innen, in einem doppelten Sinne aus der Distanz behandelt. Zum einen galt ihnen das ungestüme und oft auch gewalthaltige Potential sozialer Bewegungen als suspekt. Zum anderen blieben sie als Beobachter auf Abstand, haben sich also kaum auf eine empirisch fundierte bzw. auf einer Nahsicht beruhenden Analyse eingelassen.

Diese distanzierte Haltung wurde in neueren Analysen weitgehend aufgegeben. Neuere Analysen sind, wie im zweiten Teil des Kapitels dargestellt, theoretisch stärker unterfüttert, betrachten Bewegungen aus sehr unterschiedlichen theoretischen Blickwinkeln, konzentrieren sich stärker auf Theorien mittlerer Reichweite und widmen sich relativ detailliert einzelnen Dimensionen und Aspekten sozialer Bewegungen. Im Zuge dieser Entwicklungen wurde allerdings das Band zwischen Gesellschaftstheorien und Theorien sozialer Bewegung geschwächt.

Um diesem Defizit zu begegnen, habe ich im dritten Teil des Kapitels einige konstruktive Vorschläge gemacht. Den Hintergrund dazu bildet eine Verbindung dreier Perspektiven, die mit den Stichworten von sozialer Interaktion, sozialer Konstruktion und Prozessorientierung umschrieben wurden. Als wichtigster Ausgangspunkt einer gesellschaftstheoretischen Fundierung dient mir Habermas' Theorie des kommunikativen Handelns, für die ich allerdings, gerade mit Blick auf soziale Bewegungen, mehrere Revisionen vorgeschlagen habe. Diese Überlegungen münden in einer Rekonzeptualisierung von sozialer Bewegung. Im Unterschied zu der in Kapitel 1 vorgestellten Arbeitsdefinition wird eine soziale Bewegung nicht mehr ausschließlich als ein zielgerichteter und strategisch orientierter Akteur, sondern als ein *gerichtetes Handlungssystem* verstanden, in dem mehrere Handlungsmodi ineinandergreifen.

Kapitel 9: Stand und Perspektiven der Protest- und Bewegungsforschung

Die Bewegungsforschung hat sich in den USA ab den 1920er Jahren als ein Teilgebiet des breit gefassten Untersuchungsfeldes *Collective Behavior* entwickelt und erst Jahrzehnte danach mit einer hohen Zahl von Forschungsarbeiten und Publikationen verselbständigt. In Europa gab es dagegen nur verstreute Arbeiten zu diesem Gegenstand. Ab den 1970er Jahren gewann der Forschungsbereich aber auch hier an Konturen. Inzwischen ist er, zunehmend auch unter Beteiligung von Autor:innen aus weiteren Ländern, als ein eigenständiger Zweig anerkannt. Die von Diani/Císař (2014) durchgeführte Analyse der Netzwerke von Bewegungsforscher:innen zeigt, dass sich ein kompaktes transatlantisches Kooperationsgeflecht herausgebildet und in den 2000er Jahren zu einer Europäisierung der Forschungsagenda geführt hat (ebd., 189). Ein Ausdruck der Konsolidierung der Bewegungsforschung ist die thematische Widmung von einzelnen Professuren, die Aufnahme des Themas in Lehrveranstaltungen[164], Lehrbüchern[165], Handbüchern[166], Textbüchern[167] und Lexika[168], die Etablierung von Forschungsgruppen,

164 Hier sind die USA ein Vorreiter. Burgess (1944: 271) weist darauf hin, dass es in den vergangenen vier Jahren an der Temple University Kurse zum Thema „Modern Social Movements“ gegeben habe und zählt eine Reihe der dabei behandelten Themen (darunter Anti-Semitism und The Ku Klux Clan) auf.

165 Siehe zum Beispiel Rucht/Neidhardt (2020).

166 Snow/Soule/Kriesi (2004); della Porta/Diani (2015); van der Heijden (2014). Für den deutschen Sprachraum siehe das Handbuch von Roth/Rucht (2008) sowie die umfangreiche und anschaulich gestaltete Publikation der Bundeszentrale für politische Bildung (2021).

167 In den USA erschien bereits früh das erste und mit rund 900 Seiten sehr umfangreiche Textbuch zu sozialen Bewegungen (Davis 1930). Nachfolgende englischsprachige Textsammlungen wurden von Evans (1973), Lyman (1995), McAdam/Snow (1997), Ruggiero/Montagna (2008) und Jasper/Staggenborg (2009) herausgegeben. In Deutschland gibt es bis heute keine derartige Publikation.

168 In Frankreich wurde ein umfangreiches Lexikon zu sozialen Bewegungen publiziert (Fillieule/Mathieu/Péchu 2009).

Forschungszentren[169] und Fachzeitschriften[170], die Erweiterung und Verfeinerung diverser methodischer Verfahren (Klandermans/Staggenborg 2002; della Porta 2014), die Durchführung aufwendiger und teilweise auch international ausgerichteter Forschungsprojekte sowie die stark angestiegene Zahl von Veröffentlichungen auf allen Kontinenten, welche wiederum eine Nachfrage nach Orientierung und Systematisierung erzeugt.[171] Die Anerkennung als ein eigener Forschungszweig kommt auch darin zum Ausdruck, dass Massenmedien verstärkt eine fachliche Expertise einholen, wenn sie über aktuelle Proteste berichten.

Ähnlich wie es innerhalb des breiten Themenfeldes von kollektivem Handeln bzw. *collective behavior* zu einer Ausdifferenzierung und Verlagerung zugunsten des Konzepts soziale Bewegung in den USA kam, so scheint sich seit einigen Jahren zumindest in Europa eine Verlagerung vom Thema soziale Bewegung in Richtung sozialer und politischer Proteste anzubahnen.[172] In der öffentlichen Debatte wird dabei der Protestbegriff von seiner Konnotation als Querulantentum und bloßem Nein-Sagen gelöst. Protest gilt zunehmend als ein Modus „normaler" und „rationaler" Interessenvertretung (Roth 2018b) – ein Gedanke, der bereits bei Lipsky (1968) anklingt. In der wissenschaftlichen Debatte scheint dabei die analytische Differenz zwischen Protest und sozialer Bewegung verloren zu gehen. Selbst relativ kleine und thematisch enge Protestkampagnen firmieren dann als (soziale) Bewegungen.

Zu Vermischungen anderer Art kommt es auch mit Blick auf die Rollen von Wissenschaftler:innen und Aktivist:innen. Viele derer, die sich wissenschaftlich mit sozialen Bewegungen befasst haben, weisen einen aktivistischen Hinter-

169 Zu nennen sind hier insbesondere das Pariser *Laboratoire des Mouvement Sociaux* und seine Nachfolgeeinrichtungen (*Centre d'Etudes des Mouvement Sociaux* seit 1970; *Centre d'Analyse et d'Intervention Sociologique* seit 1981; heute: *Centre d'Etudes des Mouvement Sociaux*/CEMS), weiterhin das *Centre for the Study of Political and Social Movements* an der britischen University of Kent (gegr. 1992), die Forschungsabteilung Öffentlichkeit und soziale Bewegungen am Wissenschaftszentrum Berlin für Sozialforschung (entstanden 1987/88) und verschiedene Nachfolgegruppen, das dort seit 2017 bestehende Zentrum für Zivilgesellschaftsforschung, das außeruniversitäre Institut für Protest- und Bewegungsforschung (ipb) in Berlin (gegr. 2012), das *Center for the Study of Social Movements* (CSSM) an der University of Notre Dame (USA) (gegr. 2006) und das *Centre on Social Movement Studies* (Cosmos) an der Scuola Normale Superiore in Florenz (gegr. 2012).

170 *Mobilization* (seit 1996), *Social Movement Studies* (seit 2002), Forschungsjournal Neue Soziale Bewegungen (gegr. 1988, später umbenannt in Forschungsjournal Soziale Bewegungen), *Interface: A Journal for and about Social Movements* (seit 2009), *Contention. The Multidisciplinary Journal of Political Protest* (seit 2013) und die Serie *Moving the Social – Journal of Social History and History of Social Movements* (davor als Buchreihe in deutscher Sprache, seit 2012 in englischer Sprache).

171 Mit dieser Entwicklung entsteht auch ein Bedarf an Bestandsaufnahmen und Übersichten. Zur jüngeren Literatur siehe Roth (2018b) und Weisskircher (2022).

172 Die Figur des oder der Protestierenden findet nicht nur in der Wissenschaft, sondern auch in den Medien zunehmende Beachtung, sichtbar unter anderem daran, dass das *Time Magazine* im Jahr 2011 das Abstraktum „The Protester" zur „Person of the Year" erklärte.

grund auf.[173] Das ist nicht von Nachteil, wird doch dadurch das Verständnis für die Arbeitsweise von Bewegungen und vor allem für deren interne Prozesse gefördert. Nach meinem Eindruck hat sich die Kenntnis oder gar Mitwirkung von wissenschaftlich Tätigen in der Bürgerrechtsbewegung in den USA, der Studentenbewegung der 1960er Jahre in vielen Ländern und später den neuen sozialen Bewegungen[174] in der Summe positiv auf die Qualität der Analyse sozialer Bewegungen ausgewirkt. Trotz der bis heute anzutreffenden Sympathien vieler Bewegungsforscher:innen mit progressiven Bewegungen der Vergangenheit und Gegenwart (vgl. Croteau/Hoynes/Ryan 2005) überwiegt heute ein kühler Tatsachenblick auf diesen Gegenstand. Die Rollentrennung von wissenschaftlicher Tätigkeit und politischem Engagement findet prinzipielle Billigung. Davon auszunehmen ist lediglich eine Reihe von Autor:innen, die dem marxistischen, feministischen und/oder poststrukturalistischen Lager angehören. Sie bekennen sich, wenngleich in unterschiedlicher Abstufung, zu einer parteilichen Wissenschaft bzw. zur Rolle des *activist-researcher* (Hale 2008; Jones 2017; Mulligan 2020). In partiell kritischer Distanz zu dieser Rolle vertrete ich ein Konzept des *engaged scholarship* (Rucht 2018b).

In verschiedenen Bilanzen der letzten Jahrzehnte wurden die Leistungen und Defizite der Bewegungsforschung vorgestellt (Marx/Wood 1975; Morris/Herring 1987; Rucht 1991; 2014; 2016a; McAdam/McCarthy/Zald 1996a; Neveu 2000; Fillieule/Accornero 2016). Das soll hier nicht im Einzelnen nachgezeichnet werden. Manche Schwächen sind inzwischen weitgehend überwunden, andere dagegen bis heute nicht beseitigt. Letzteres betrifft meines Erachtens auch das bereits zitierte erste Gebot von Marx/Wood: „Du sollst allgemeine soziologische Theorien beachten." Es ist die Mahnung, Gesellschaftstheorien und Theorien sozialer Bewegungen zu verbinden. Solche Anstrengungen sollten von beiden Seiten ausgehen. Einerseits wäre es angebracht, dass die Gesellschaftstheorie das Thema soziale Bewegung nicht nur beiläufig oder in bloß illustrativer Absicht aufgreift, sondern, möglichst in Kenntnis der Fachliteratur, die Entstehung, Rolle und Wirkung sozialer Bewegungen systematisch berücksichtigt. Anderseits sollte sich die sich zunehmend spezialisierende Bewegungsforschung nicht betriebsblind werden. Das bedeutet, auf konzeptioneller wie empirischer Ebene die „bewe-

173 30 von 36 (Ko-)Autor:innen des Sammelbands von Fillieule/Accornero (2016) haben 2013 meinen zweiseitigen Fragebogen beantwortet. Die Frage „Do you have a background as a movement activist?" erbrachte folgende Resultate: yes, in the past: 12; yes, in past and present: 8; yes, only since a year or less: 0; no: 10. Die Frage: „Do most social movement scholars in your country have a background as a movement activist?" ergab: yes: 15; no: 7; don't know: 8.

174 Die sympathisierende Haltung wurde teilweise selbstbewusst vertreten. So vermerkten Grottian/Nelles im Vorwort eines Sammelbandes, der ganz überwiegende Teil der Autor:innen verkörpere einen Typus, „der seine sozialwissenschaftliche Qualifikation mit der Interessenlage der neuen sozialen Bewegungen verknüpft sehen möchte" (1983: XI). Dagegen warnte Michael Th. Greven (1988) vor einer solchen parteilichen Haltung, was wiederum zu Repliken führte (Brand 1989; Roth/Rucht 1989).

gungszentrierte Perspektive“[175] zu überwinden und verwandte Phänomene, aber auch Interaktionen mit den Referenzgruppen von sozialen Bewegungen, darunter staatliche Einrichtungen, politische Parteien, Verbände, Interessengruppen und Massenmedien, stärker zu beachten. Im Hinblick darauf ist das zweite der von Marx/Wood angeführten Gebote einschlägig: „II Du sollst soziale Bewegungen in ihren organisierten und sonstigen Kontexten studieren.“

Aus der Liste von Marx/Wood sollen hier einige weitere, mir unmittelbar einleuchtende und auch heute noch bedenkenswert erscheinende Gebote zitiert werden:

> „VIII Du sollst versuchen, von statischen bereichsübergreifenden zu dynamischen und interaktiven Modellen der Entwicklung sozialer Bewegungen zu kommen.“
> „XXI Du sollst jenseits der kausalen historischen Einwirkungen, der breiten strukturellen Bedingungen und dem Personenprofil der Teilnehmenden den interaktiven und emergenten Charakter vieler Formen kollektiven Verhaltens anerkennen.“
> „XXII Du solltest nicht allzu optimistisch hinsichtlich der Entwicklung einer Wissenschaft des kollektiven Verhaltens sein, aber Du solltest es dennoch versuchen.“[176]

Aus meiner Sicht hat die Bewegungsforschung in den letzten drei Jahrzehnten erhebliche Fortschritte gemacht. Zu verweisen ist vor allem auf (1) die Ausarbeitung von Konzepten mittlerer Reichweite, (2) die Bemühungen zur Verknüpfung dieser Konzepte[177], (3) die Abkehr von der Fixierung auf neue soziale Bewegungen zugunsten einer allgemeineren Konzeptualisierung sozialer Bewegungen, (4) die Betrachtung der Interaktionen zwischen sozialen Bewegungen, Interessengruppen und politischen Parteien, (5) die methodisch immer stärker ausgefeilten qualitativen wie quantitativen Untersuchungsinstrumente sowie (6) die empirisch gehaltvollen Vergleiche von Bewegungen in einem Land oder in mehreren

175 Siehe McAdam/Tarrow 2010: 529: „First, we felt that the social movement field was excessively centered on contemporary western, reformist movement organizations. We are also concerned that the field had become excessively ‚movement-centric,‘ ignoring the interaction between movements and other parties to the conflicts they were engaging.“

176 Hier die entsprechenden Zitate im Original:
„II Thou shalt study social movements in their organizational and environmental contexts.“
„VIII Thou shalt seek to move from static cross-sectional to dynamic interactive models of social movement development.“
„XXI Thou shalt appreciate the interactive and emergent character of much collective behavior beyond the causal impact of history, of broad structural conditions, and of the personality of participants.“
„XXII Thou shalt not be too optimistic about building a science of collective behavior but thou shalt try anyway.“ (Marx/Wood 1975: 416 f.).

177 Dazu Bader (1991); Neidhardt/Rucht (1993); Buechler (2000); Opp (2009; 2022).

Ländern. Gleichwohl sind die hier zitierten wie auch einige weitere Postulate von Marx und Wood nur sehr partiell eingelöst worden.

Eine zusätzliche und bislang nur unzureichend erfüllte Aufgabe sehe ich im weit ausholenden diachronen Vergleich sozialer Bewegungen in unterschiedlichen Entwicklungsphasen moderner Gesellschaften wie auch im Rahmen unterschiedlicher politischer Regime unter Einschluss von Ländern des Globalen Südens. Die Protest- und Bewegungsforschung, die sich lange auf Gruppierungen konzentriert hat, denen sie politisch-ideologisch nahesteht, wird durch das Aufkommen rechtspopulistischer und rechtsradikaler Gruppierungen herausgefordert. Mit der Erweiterung des Blickfeldes eröffnen sich weitere Möglichkeiten für komparative Analysen und die Erprobung von Theorien auf anderem als dem vertrauten Terrain. Zugleich wird dadurch aber auch der normativ begründete Auftrag von *engaged scholarship* auf einen Objektbereich ausgedehnt, der Anlass zu Sorge gibt.

Literatur

Agnoli, Johannes/Brückner, Peter (1967) *Die Transformation der Demokratie*: Berlin: Voltaire-Verlag.

AG Spaß Muss Sein! (Hrsg.) (1994) *Spassguerilla*. Münster: Unrast.

Ahlemeyer, Heinrich W. (1995) *Soziale Bewegungen als Kommunikationssystem*. Opladen: Leske + Budrich.

Alberoni, Francesco (1984) *Movement and Institution*. New York: Columbia University Press.

Alexy, Robert (1978) Eine Theorie des praktischen Diskurses, in Willi Oelmüller (Hrsg.), *Normenbegründung – Normendurchsetzung. Materialien zur Normendiskussion*, Bd. 2. Paderborn: Schöningh, 22–58.

Alinsky, Saul D. (1971) *Rules for Radicals. A Pragmatic Primer for Realistic Radicals*. New York: Vintage.

Allerbeck, Klaus R. (1973) *Soziologie radikaler Studentenbewegungen. Eine vergleichende Untersuchung in der Bundesrepublik Deutschland und den Vereinigten Staaten*. München-Wien. Oldenbourg.

Aman, Marc (2011) *go. stop. act! Die Kunst des kreativen Straßenprotests*. Grafenau/Frankfurt/M.: Trotzdem Verlag.

Amenta, Edwin et al. (2010) The Political Consequences of Social Movements. *Annual Review of Sociology*, 36(1): 287–307.

Amlinger, Carolin/Nachtwey, Oliver (2022) *Gekränkte Freiheit. Aspekte des libertären Autoritarismus*. Berlin: Suhrkamp.

Anderson, Benedict (1983) *Imagined Communities: Reflection on the Origin and Spread of Nationalism*. London: Verso.

Armstrong, Elizabeth A./Bernstein, Mary (2008) Culture, Power, and Institutions: A Multi-Institutional Politics Approach to Social Movements. *Sociological Theory*, 16(1): 74–98.

Arrighi, Giovanni/Hopkins, Terence/Wallerstein, Immanuel (1989) *Antisystemic Movements*. London and New York: Verso.

Autonome a.f.r.i.k.a gruppe (Hrsg.) (2012) *Handbuch der Kommunikationsguerilla*. Berlin/Hamburg: Assoziation A.

Ayres, Jeffrey M. (1999) From the Streets to the Internet: The Cyber-Diffusion of Contention. *The Annals of the American Academy of Political and Social Science*, 566(1): 132–143.

Bader, Veit Michael (1991) *Kollektives Handeln. Protheorie sozialer Ungleichheit und kollektiven Handelns*. Bd. II. Opladen: Leske + Budrich.

Bader-Zaar, Birgitta (2011) Abolitionism in the Atlantic World: The Organization and Interaction of Anti-Slavery Movements in the Eighteenth and Nineteenth Centuries. Webpublikation http://www.ieg-ego.eu/baderzaarb-2010-en (aufgerufen am 07.07.2022).

Baer, Willi/Dellwo, Karl-Heinz (Hrsg.) (2011) *Die blutigen Tage von Genua: G8-Gipfel, Widerstand und Repression*. Hamburg: Laika Verlag.

Bahr, Hans-Eckehard (Hrsg.) (1972) *Politisierung des Alltags. Gesellschaftliche Bedingungen des Friedens: Berichte und Analysen*. Darmstadt und Neuwied: Luchterhand.

Bailey, Brian J. (1998) *The Luddite Rebellion*. New York: NYU Press.

Baldassarri, Delia/Diani, Mario (2007) The Integrative Power of Civic Networks. *American Journal of Sociology*, 113(3): 735–780.

Banditt, Christopher (2015) Das „Kuratorium für einen demokratisch verfassten Bund deutscher Länder". https://www.boell.de/de/2015/09/17/die-verfassungsdiskussion-der-wiedervereinigung (aufgerufen am 24.11.2022).

Banks, Joseph A. (1972) *The Sociology of Social Movements*. London: Macmillan.

Bansazak, Lee-Ann (1996) *Why Movements Succeed or Fail: Opportunity, Culture, and the Struggle for Women Suffrage*. Princeton, NJ: Princeton University Press.
Banaszak, Lee Ann/Beckwith, Karen/Rucht, Dieter (eds.) (2003) *Women's Movements Facing the Reconfigured State*. Cambridge: Cambridge University Press.
Barber, Benjamin (1984) *Strong Democracy: Participatory Politics for a New Age*. Berkeley/CA: University of California Press.
Baringhorst, Sigrid (2019) Auswirkungen der Digitalisierung auf soziale Bewegungen – Annahmen, Befunde und Desiderata der Forschung, in Jeanette Hofmann et al. (Hrsg.), *Politikwissenschaft und die digitale Gesellschaft*. Bielefeld: transcript, 151–170.
Baringhorst, Sigrid et al. (2017) Webzentrierte Hybridkampagnen – Ausdruck postdemokratischer Protestpartizipation? In Priska Daphi et al. (Hrsg.), *Protest in Bewegung. Zum Wandel von Bedingungen, Formen und Effekten politischen Protests. Leviathan, Sonderheft 33*, Nomos: Baden-Baden, S. 171–198.
Barker, Colin/Cox, Laurence/Krinsky, John/Nilsen, Alf Gunvald (eds.) (2013) *Marxism and Social Movements*. Leiden and Boston: Brill.
Barker, Paul/Taylor, Humphrey/de Kadt, Emanuel/Hopper, Earl (1968) Portrait of a Protest. *New Society*, Vol. XII (October 31), 631–634.
Barrows, Susanna (1981) *Distorting Mirrors: Visions of the Crowd in Late Nineteenth Century France*. New Haven/London: Yale University Press.
Beck, Ulrich/Giddens, Anthony/Lash, Scott (1996) *Reflexive Modernisierung. Eine Kontroverse*. Frankfurt/M.: Suhrkamp.
Beckmann, Michael (1979) *Theorie der sozialen Bewegung. Anwendung sozialpsychologischer Hypothesen zur Erklärung der Entstehungsbedingungen sozialer Bewegungen*. München: Minerva.
Bennett, Lance/Segerberg, Alexandra (2013) *The Logic of Connective Action: Digital Media and the Personalization of Contentious Politics*. Cambridge: Cambridge University Press.
Benz, Sandra/Warter, Vera (2010) *Handbuch für erfolgreiche Demonstrationen, Attacken und Aktionen*. Eigenverlag Benz/Warter.
Berger, Peter/Luckmann, Thomas (1966) *The Social Construction of Reality: A Treatise in the Sociology of Knowledge*. Garden City: Anchor Books.
Berger, Peter/Luckmann, Thomas (1995) Reconstructive Genres of Everyday Communication, in Uta M. Quasthoff (ed.), *Aspects of Oral Communication*. New York: de Gruyter, 289–304.
Berger, Johannes (1982) Die Versprachlichung des Sakralen und die Entsprachlichung der Ökonomie. *Zeitschrift für Soziologie*, 11(4): 353–365.
Berger, Stefan (2000) *Social Democracy and the Working Class in Nineteenth and Twentieth Century*. London: Longman.
Berger, Stefan/Cornelissen, Christoph (2019) Marxism and Social Movements: A Forgotten History? In Stefan Berger and Christoph Cornelissen (eds.), *Marxist Historical Cultures and Social Movements During the Cold War*. Cham/Switzerland: Palgrave Macmillan, 1–32.
Berger, Stefan/Scalmer, Sean/Wicke, Christian (eds.) (2021) *Remembering Social Movements: Activsm and Memory*. London: Routledge.
Bergmann, Werner (1985) Das frühe Mönchtum als soziale Bewegung. *Kölner Zeitschrift für Soziologie und Sozialpsychologie*, 37(1): 30–59.
Bergstedt, Jörg/Patrick Neuhaus (2008) *Direct Action Reader*. Flensburg: SeitenHieb-Verlag.
Betancourt, Michael (2016) *The Critique of Digital Capitalism: An Analysis of the Political Economy of Digital Culture and Technology*. Brooklyn, NY: Punctum Books.
Beyer, Heiko/Schnabel, Annette (2017) *Theorien Sozialer Bewegungen. Eine Einführung*. Frankfurt/M.: Campus.
Biggs, Michael (2005) Dying Without Killing: Self-Immolations, 1963–2002, in Diego Gambetta (ed.), Making Sense of Suicide Missions. Oxford: Oxford University Press, 173–208.
Bischof, Susann/Quent, Matthias (2017) Was bewegt die Zivilgesellschaft? Protestereignisanalyse als Indikator für soziale Konfliktpotenziale, in *Wissen schafft Demokratie. Schriftenreihe des Instituts für Demokratie und Zivilgesellschaft*. Jena, 01/2017, 125–148. https://www.researchgate.net/publication/320149091_Was_bewegt_die_Zivilgesellschaft_Protestereignisanalyse_als_Indikator_fur_soziale_Konfliktpotenziale (aufgerufen am 24.11.2022).

Bläske, Stefan et al. (ed.) (2020) *The Art of Resistance: On Theatre, Activism and Solidarity.* Berlin: Verbrecher Verlag.
Blau, Peter M. (1997) On Limitations of Rational Choice Theory for Sociology. *The American Sociologist*, 28(2): 16–21.
Blickle, Peter (2006) *Der Bauernkrieg. Die Revolution des Gemeinen Mannes.* München: C. H. Beck.
Bloch, Ernst (1959) *Das Prinzip Hoffnung.* Drei Bände. Frankfurt/M.: Suhrkamp.
Bloch, Ernst (1970) Marx als Denker der Revolution, in Marx und die Revolution. Vorträge von Bloch/Marcuse/Habermas/Fischer/Künzli/Fetscher/Marković/Tadić/Fromm. Frankfurt/M.: Suhrkamp, 7–11.
Blumer, Herbert (1939) Collective Behavior, in Robert E. Park (ed.), *Principles of Sociology.* New York: Barnes & Noble, 219–280.
Blumer, Herbert (1946) Collective Behavior, in Alfred McClung Lee (ed.), *A New Outline of the Principles of Sociology* (Second edition). New York: Barnes & Noble, 167–219.
Blumer, Herbert (1957) Collective Behavior, in Joseph B. Gittler (ed.), *Review of Sociology.* New York: Wiley, 127–158.
Blumer, Herbert (1978) Social Unrest and Collective Protest, in Norman K. Denzin (ed.), *Studies in Symbolic Interaction*, Vol. 1, Greenwich, CT: JAI Press, 1–54.
Bock, Hans Manfred (1976) *Geschichte des „linken Radikalismus" in Deutschland. Ein Versuch.* Frankfurt/M.: Suhrkamp.
Bogerts, Lisa/Teune, Simon (2021) Wie wird protestiert? In Bundeszentrale für politische Bildung (Hrsg.), *Protest. Deutschland 1949–2020.* Projektleitung Martin Langebach. Bonn: Bundeszentrale für politische Bildung, 64–79.
Boltanski, Luc (1993) *La souffrance à distance.* Paris: Editions Métailié.
Bosi, Lorenzo/Giugni, Marco/Uba, Katrin (eds.) (2016) *The Consequences of Social Movements.* Cambridge: Cambridge University Press.
Bota, Alice (2021) *Die Frauen von Belarus. Von Revolution, Mut und dem Drang nach Freiheit.* Berlin: Berlin Verlag.
Brand, Karl-Werner (1982) *Neue soziale Bewegungen. Entstehung, Funktion und Perspektive neuer Protestpotentiale.* Opladen: Westdeutscher Verlag.
Brand, Karl-Werner (1989) Bewegungswissenschaft oder Bewegungsforschung? – Einige ‚ganz unironische' Anmerkungen zu Michael Th. Grevens Beitrag. *Forschungsjournal Neue Soziale Bewegungen*, 2(1): 50–53.
Brand, Karl-Werner/Büsser, Detlef/Rucht, Dieter (1983) *Aufbruch in eine andere Gesellschaft. Neue soziale Bewegungen in der Bundesrepublik.* Frankfurt/M.: Campus.
Brand, Ulrich/Wissen, Markus (2017) *Imperiale Lebensweise. Zur Ausbeutung von Mensch und Natur im globalen Kapitalismus.* München: Oekom.
Breindl, Yana (2010) Critique of the Democratic Potentials of the Internet: A Review of Current Theory and Practice. *TripleC*, 8(1): 43–59. https://www.triple-c.at/index.php/triplec/article/view/159 (aufgerufen am 8.8.2022).
Bremer, Helmut/Lange-Vester, Andrea (2007) *Soziale Milieus und Wandel der Sozialstruktur.* Wiesbaden: Springer Fachmedien.
Breitenborn, Uwe/Rink, Dieter (1991) Die Leipziger Montagsdemos. Wandlungen einer basisdemokratischen Institution. *Blätter für deutsche und internationale Politik*, Nr. 5, 584–589.
Brodde, Kirsten (2010) *Protest! Wie ich die Welt verändern und dabei auch noch Spaß haben kann.* München: Ludwig Verlag.
Brooks, John Graham (1903) *The Social Unrest Studies in Labour and Socialist Movements.* New York: Macmillan.
Brooks, Ann (1997) *Postfeminisms: Feminism, Cultural Theory and Cultural Forms.* London, New York: Routledge.
Brown, Jeremy (2021) *June Forth: The Tiananmen Protests and Beijing Massacre of 1989.* Cambridge University Press.
Brumlik, Micha (2022) *Postkolonialer Antisemitismus?* 2. durchgesehene Auflage. Hamburg: VSA Verlag.

Bruns, Karin (1996) Völkische und deutschnationale Frauenvereine im ‚zweiten Reich', in Uwe Puschner, Walter Schmitz und Justus H. Ulbricht (Hrsg.), *Handbuch zur „Völkischen Bewegung" 1871–1918*. München u. a.: K. G. Saur, DC-XXIII, 376–395.

Buechler, Steven M. (2000) *Social Movements in Advanced Capitalism*. New York and Oxford: Oxford University Press.

Buechler, Steven M. (2011) *Understanding Social Movements: Theories from the Classical Era to the Present*. Boulder: Paradigm.

Bülow, Lars/Johann, Michael (Hrsg.) (2019) *Politische Internet-Memes – theoretische Herausforderungen und empirische Befunde*. Berlin: Frank & Timme.

Bundeszentrale für politische Bildung (Hrsg.) (2021) *Protest. Deutschland 1949–2020*. Projektleitung Martin Langebach. Bonn: Bundeszentrale für politische Bildung.

Burgess, Stewart J. (1944) The Study of Modern Social Movements as a Means for Clarifying the Process of Social Action. *Social Forces*, 22(3): 269–275.

Burstein, Paul (1999) Social Movements and Public Policy, in Marco Giugni, Doug McAdam, and Charles Tilly (eds.), *How Social Movements Matter*. Minneapolis: University of Minnesota Press, 3–21.

Buß, Eugen (1984a) Entstehungsbedingungen von Masse, in Helge Pross und Eugen Buß (Hrsg.), *Soziologie der Masse*. Heidelberg: Quelle & Meyer, 24–57.

Buß, Eugen (1984b) Zusammenfassung und Schluß, in Helge Pross und Eugen Buß (Hrsg.), *Soziologie der Masse*. Heidelberg: Quelle & Meyer, 171–182.

Buß, Eugen/Heinemann, Alois (1984) Struktur und Führung von Masse, in Helge Pross und Eugen Buß (Hrsg.), *Soziologie der Masse*. Heidelberg: Quelle & Meyer, 95–117.

Bush, Ray (2010) Food Riots: Poverty, Power and Protest. *Journal of Agrarian Change*, 10(1): 119–129.

Butler, Judith (1990) *Gender Trouble: Feminism and the Subversion of Identity*. New York and London: Routledge.

Butler, Judith (1993) Kontingente Grundlagen. Der Feminismus und die Frage der „Postmoderne", in Seyla Benhabib, Judith Butler, Drucilla Cornell, und Nancy Fraser, *Der Streit um Differenz. Feminismus und Postmoderne in der Gegenwart*. Frankfurt/M.: Fischer, S. 31–58.

Butzlaff, Felix (2016) *Die neuen Bürgerproteste in Deutschland. Organisationen – Erwartungen – Demokratiebilder*. Bielefeld: transcript.

Cantril, Hadley (1941) *The Psychology of Social Movements*. New York: John Wiley & Co.

Castells, Manuel (1996) *The Network Society. The Information Age: Economy, Society and Culture*, Vol. 1. Maiden/Oxford: Blackwell.

Castells, Manuel (1997) *The Power of Identity. The Information Age: Economy, Society and Culture*. Vol. 2. Maiden/Oxford: Blackwell.

Carnaghan, Ellen (2016) From Balcony to Barricade: Nationalism and Popular Mobilisation in Georgia, Ukraine, and Russia. *Europe-Asia Studies*, 68(9): 1579–1607.

Chenoweth, Erica/Stephan, Maria (2011) *Why Civil Resistance Works: The Strategic Logic of Nonviolent Conflict*. New York: Columbia University Press.

Choudry, Aziz (2015) *Learning Activism: The Intellectual Life of Social Movements*. Toronto: University of Toronto Press.

Crist, John R./McCarthy, John D. (1996) If I Had a Hammer: The Changing Methodological Repertoire of Collective Behavior and Social Movements Research. *Mobilization*, 1(1): 87–102.

Cockburn, Alexander/St. Clair, Jeffrey/Sekula, Allan (2000) *Five Days That Shook the World: Seattle and Beyond*. London: Verso.

Cohen, Jean L. (2019) Hollow parties and their movement-ization: The populist conundrum. *Philosophy and Social Criticism*, 45(9–10): 1084–1105.

Cohn, Samuel K. (2004) *Popular Protest in Late Medieval Europe: Italy, France, and Flanders*. New York: Palgrave.

Cohn, Samuel K. (2006) *Lust for Liberty. The Politics of Social Revolt in Medieval Europe, 1200–1425*. Cambridge, MA and London: Harvard University Press.

Cohn, Samuel K. (2013) *Popular Protest in Late Medieval English Towns*. Cambridge: Cambridge University Press.

Coleman, James S. (1986) Social Theory, Social Research, and a Theory of Action. *American Journal of Sociology*, 91(6): 1309–1335.
Cooley, Charles H. (1909) *Social Organization: A Study of the Larger Mind*. New York: Charles Scribner's Sons.
Corcuff, Philippe (2009) L'intervention sociologique, in Olivier Fillieule, Lilian Mathieu, Cécile Pécu (eds.), *Dictionnaire des mouvements sociaux*. Paris: Presses de Sciences Po, 313–318.
Courpasson, David/Vallas, Steven (2016) *Handbook of Resistance*. Newbury Park/CA: SAGE.
Cress, Daniel M./Snow, David A. (2000) The Outcomes of Homeless Mobilization: The Influence of Organization, Disruption, Political Mediation, and Framing. *American Journal of Sociology*, 105(4): 1063–1104.
Croteau, David/Hoynes, William/Ryan, Charlotte (eds.) (2005) *Rhyming Hope and History: Activism and Social Movement Scholarship*. Minneapolis: University of Minnesota Press.
Crouch, Colin (2008) *Postdemokratie*. Frankfurt/M.: Suhrkamp.
Currie, Elliott/Skolnick, Jerome H. (1970) A Critical Note on Conceptions of Collective Behavior. *The Annals of the American Academy of Political and Social Science*, Vol. 391, 34–45.
Dahrendorf, Ralf (1965) *Gesellschaft und Demokratie in Deutschland*. München: Piper.
Dahlgren, Peter (2000) The Internet and the Democratization of Civic Culture. *Political Communication*, 17(4): 335–340.
Daphi, Priska (2011) Soziale Bewegungen und kollektive Identität. Fortschritte und bleibende Lücken. *Forschungsjournal Soziale Bewegungen*, 24(4): 13–25.
Daphi, Priska et al. (2015) Protestforschung am Limit. Eine soziologische Annäherung an Pegida. Berlin: ipb-Working Paper, Februar. https://protestinstitut.eu/wp-content/uploads/2015/03/protestforschung-am-limit_ipb-working-paper_web.pdf (aufgerufen am 24.11.2022).
Daphi, Priska (2017) *Becoming a Movement: Identity, Narrative and Memory in the European Global Justice Movement*. London: Rowman & Littlefield.
Daphi, Priska/Rucht, Dieter (2011) Wir und die anderen. Klärungen und Anwendungen des Konzepts kollektive Identität (Editorial). *Forschungsjournal Soziale Bewegungen*, 24(4): 2–4.
Daphi, Priska/Deitelhoff, Nicole/Rucht, Dieter/Teune, Simon (Hrsg.) (2017) *Protest in Bewegung? Zum Wandel der Bedingungen, Formen und Effekte des politischen Protests*. Leviathan Sonderband 33. Nomos: Baden-Baden.
Daphi, Priska/Anderl, Felix/Deitelhoff, Nicole (2022) Bridges or Divides? Conflicts and Synergies of Coalition Building across Countries and Sectors in the Global Justice Movement. *Social Movement Studies*, 21(1–2): 8–24.
Daphi, Priska/Zamponi, Lorenzo (2019) Exploring the Movement-Memory Nexus: Insights and Ways Ahead. *Mobilization*, 24(4): 399–417.
Davis, Jerome (ed.) (1930) *Contemporary Social Movements*. New York: Appleton Century, Inc.
Dawson, Carl A./Gettys, Warner E. (1929) *An Introduction to Sociology*. New York: Ronald Press.
Debray, Régis (1978) *Mai 68, une contre-révolution réussie*. Paris: Maspero.
Decker, Oliver/Kiess, Johannes/Brähler, Elmar (2013) *Rechtsextremismus der Mitte. Eine sozialpsychologische Gegenwartsdiagnose*. Gießen: Psychosozial-Verlag.
della Porta, Donatella (ed.) (2007) *The Global Justice Movement. Cross-National and Transnational Perspectives*. Boulder/London: Paradigm Publishers.
della Porta, Donatella (ed.) (2014) *Methodological Practices in Social Movement Research*. Oxford: Oxford University Press.
della Porta, Donatella (2020) Protests as critical junctures: some reflections towards a momentous approach to social movements. *Mobilization*, 19(5): 556–575.
della Porta, Donatella/Rucht, Dieter (1995) Left-Libertarian Movements in Context: A Comparison of Italy and West Germany, 1965–1990, in Bert Klandermans and Craig Jenkins (eds.), *The Politics of Social Protest: Comparative Perspectives on States and Social Movements*. Minneapolis and St. Paul: University of Minnesota Press, 229–272.
della Porta, Donatella/Diani, Mario (1999) *Social Movements: An Introduction*. Oxford: Blackwell.
della Porta, Donatella/Diani, Mario (eds.) (2015) *The Oxford Handbook of Social Movements*. Oxford: Oxford University Press.

della Porta, Donatella/Tarrow, Sidney (eds.) (2005) *Transnational Protest & Global Activism.* Lanham etc.: Rowman & Littlefield.
DeNardo, James (1985) *Power in Numbers: The Political Strategy of Protest and Rebellion.* Princeton, NJ: Princeton University Press.
Dencik, Lina/Leistert, Oliver (eds.) (2015) *Critical Perspectives on Social Media and Protest: Between Emancipation and Social Control.* London: Rowman & Littlefield.
Deng, Fang (2012) *Unintended Outcomes of Social Movements: The 1989 Chinese Student Movement.* London: Routledge.
Denisova, Anastasia *(2019) Internet Memes and Society: Social, Cultural and Political Contexts.* New York: Routledge.
Diani, Mario (1992) The concept of social movement. *The Sociological Review,* 40(1): 1–25.
Diani, Mario/Eyerman, Ron (eds.) (1992) *Studying Collective Action.* London: Sage.
Diani, Mario/McAdam, Doug (eds.) (2003) *Social Movements and Networks: Relational Approaches to Collective Action.* Oxford: Oxford University Press.
Diani, Mario/Císař, Ondřej (2014) The Emergence of a European Social Movement Research Field, in Sokratis Koniordos and Alexandros-Andreas Kyrtsis (eds.), *Routledge Handbook of European Sociology.* London and New York: Routledge, 172–195.
Diefenbach, Aletta/Knopp, Philipp/Kocyba, Piotr/Sommer, Sebastian (2021) Rechte Bewegungen und ihre Protestformen erforschen. Erfahrungen und Reflexionen aus der qualitativen und quantitativen Forschung. Berlin: ipb working paper IV/2021. https://protestinstitut.eu/publikationen/rechte-proteste-erforschen-erfahrungen-und-reflexionen-aus-der-qualitativen-und-quantitativen-forschung/ (aufgerufen am 24.11.2022).
DiMaggio, Paul J. (1995) Comments on „What Theory is Not". *Administrative Science Quarterly,* 40(3): 391–397.
Doherty, Brian/Hayes, Graeme/Rootes, Chris (2016) Social Movement Studies in Britain: No Longer the Poor Relation? In Olivier Fillieule and Guya Accornero (eds.), *Social Movement Studies in Europe: The State of the Art.* New York and Oxford: Berghahn, 191–213.
Dörre, Klaus (2021) Umkämpfte Globalisierung und soziale Klassen. 20 Thesen für eine demokratische Klassenpolitik, in Mario Candeias (Hrsg.), *Klassentheorie. Vom Making und Remaking.* Hamburg: Argument, 524–555.
Dörre, Klaus (2022) Kontrollverluste, Autoritarismus und Extremismus in der Großen Transformation, in Günter Frankenberg und Wilhelm Heitmeyer (Hrsg.), *Treiber des Autoritären. Pfade von Entwicklungen zu Beginn des 21. Jahrhunderts.* Frankfurt/M.: Campus, 219–253.
Dreyfuss, Carl (1933) *Beruf und Ideologie der Angestellten.* München/Leipzig: Duncker & Humblot.
Dumoulin, Jenn (2001) Ideology: Where Does It Come From and How It Is Used. *Academia Letters,* Article 391 (March). https://doi.org/10.20935/AL391 (aufgerufen am 24.11.2022).
Duyvendak, Jan W./Jasper, James M. (eds.) (2015) *Players and Arenas: The Interactive Dynamics of Protest.* Amsterdam: Amsterdam University Press.
Earl, Jennifer (2000) Methods, Movements, and Outcomes. *Research on Social Movements', Conflicts and Change,* 22(1): 3–25.
Edwards, Bob/McCarthy, John D. (1992) Social Movement Schools. *Sociological Forum,* 7(3): 541–550.
Edwards, Bob/Marullo, Sam (1995) Organizational Mortality in a Declining Social Movement: The Demise of Peace Movement Organizations in the End of the Cold War Era. *American Sociological Review,* 60(6): 908–927.
Eisenstadt, Shmuel N. (1999) Multiple Modernities in an Age of Globalization, in Claudia Honegger et al. (Hrsg.), *Grenzenlose Gesellschaft. Verhandlungen des 29. Kongresses der DGS.* Opladen: Leske + Budrich, 37–67.
Eisinger, Peter K. (1973) The Conditions of Protest Behavior in American Cities. *American Political Science Review,* 67(1): 11–28.
Eley, Geoff (2002*) Forging Democracy: The History of the Left in Europe 1850–2000.* Oxford: Oxford University Press.
Elias, Norbert (1991) *The Society of Individuals.* Oxford: Basil Blackwell.
Ellul, Jacques (1974) *Von der Revolution zur Revolte.* Hamburg: Hoffmann und Campe.

Engels, Friedrich (1964) [1845] *Die Lage der arbeitenden Klasse in England. Nach eigener Anschauung und authentischen Quellen*. Berlin: Dietz Verlag.

Engels, Friedrich (1960) [1850]) Die Deutschen Bauernkriege, in *Karl Marx – Friedrich Engels – Werke*, Band 7, Berlin/DDR: Dietz Verlag, 327–413.

Entman, Robert M. (1993) Framing: Toward Clarification of a Fractured Paradim. *Journal of Communication*, 34(4): 51–58.

Ertl, Sarah (2015) *Protest als Ereignis. Zur medialen Inszenierung von Bürgerpartizipation*. Bielefeld: transcript.

Evans, Robert R. (ed.) (1973) *Social Movements: A Reader and Source Book*. Chicago: Rand McNally and Co.

Evers, Adalbert/Szankay, Zoltan (1981) Das gerissene Band – Überlegungen zum neueren Verhältnis von sozialem Wissen und sozialer Bewegung. *Prokla* Nr. 43, 43–59.

Evers, Adalbert/Szankay, Zoltan (1983) Was entsteht mit den neuen sozialen Bewegungen? In Peter Grottian und Wilfried Nelles (Hrsg.), *Großstadt und neue soziale Bewegungen*. Basel: Birkhäuser, 22–56.

Eyerman, Ron/Jamison, Andrew (1991) *Social Movements: A Cognitive Approach*. Cambridge, UK: Polity Press.

Fahlenbrach, Kathrin (2002) *Protest-Inszenierungen. Visuelle Kommunikation und kollektive Identitäten in Protestbewegungen*. Wiesbaden: VS Verlag.

Ferdinand, Peter (2007) The Internet, Democracy and Democratization. *Democratization*, 7(1): 1–17.

Ferree, Myra Marx/Gamson, William A./Gerhards, Jürgen/Rucht, Dieter (2002) *Shaping Abortion Discourse. Democracy and the Public Sphere in Germany and the United States*. Cambridge: Cambridge University Press.

Fillieule, Olivier (2009) De l'objet de la définition à la définition de l'objet. De quoi traite finalement la sociologie des mouvements sociaux? *Politique et Sociétés*, 28(1): 15–36.

Fillieule, Olivier (ed.) (2005) *Le désengagement militant*. Paris: Belin.

Fillieule, Olivier (2016) From Splendid Isolation to Joining the Concert of Nations: Social Movement Studies in France, in Olivier Fillieule and Guya Accornero (eds.), *Social Movement Studies in Europe: The State of the Art*. New York and Oxford: Berghahn, 250–268.

Fillieule, Olivier/Mathieu, Lilian/Péchu, Cécile (eds.) (2009) *Dictionnaire des mouvements sociaux*. Paris: Presses de Sciences Po.

Fillieule, Olivier/Tartakowsky, Danielle (2013) *La Manifestation*. 2. Auflage. Paris: Presses de la Fondation Nationale des Sciences Politiques.

Fillieule, Olivier/Accornero, Guya (eds.) (2016) *Social Movement Studies in Europe: The State of the Art*. New York and Oxford: Berghahn.

Finnemore, Martha/Sikkink, Kathryn (2001) Taking Stock: The Constructivist Research Program in International Relations and Comparative Politics. *Annual Review of Political Science*, 4(1): 391–416.

Flesher Fominaya. Cristina (2010) Collective Identity in Social Movements. Central Concepts and Debates. *Sociology Compass*, 4(6): 393–404.

Flam, Helena/King, Debra (eds.) (2005) *Emotions and Social Movements*. London: Routledge.

Fligstein, Neil/McAdam, Doug (2012) *A Theory of Fields*. Oxford: Oxford University Press.

Förster, Peter/Roski, Günter (1990) *DDR zwischen Wende und Wahl. Meinungsforscher analysieren den Umbruch*. Berlin: Christoph Links Verlag.

Frankel Paul, Ellen/Miller, Fred D. Jr./Paul, Jeffrey (1993) *Altruism*. Cambridge: Cambridge University Press.

Fraser, Nancy (2003) Rethinking recognition: overcoming displacement and reification in cultural politics, in Barbara Hobson (ed.), *Recognition Struggles and Social Movements*. Cambridge: Cambridge University Press, 21–32.

Freeman, Jo (1970) The Tyranny of Structurelessness. London: Dark Star. Available at: https://www.scinapse.io/papers/2047653533 (aufgerufen am 8.8.2022).

Freeman, Jo (ed.) (1983) *Social Movements of the Sixties and Seventies*. New York & London: Longman.

Freud, Sigmund (1967 [1921]) *Massenpsychologie und Ich-Analyse*. Frankfurt/M.: Fischer Taschenbuch Verlag.
Friedemann, Peter (1991) Mit wem zog die neuen Zeit? Maidemonstrationen am Ende der Weimarer Republik aus regionalgeschichtlicher Perspektive, in Bernd J. Warneken (Hrsg.), *Massenmedium Straße. Zur Kulturgeschichte der Demonstration*. Frankfurt/M.: Campus, 182–201.
Fulda, Bernhard (2009) *Press and Politics in the Weimar Republic*. Oxford: Oxford University Press.
Gailus, Manfred (Hrsg.) (1984) *Pöbelexzesse und Volkstumulte in Berlin. Zur Sozialgeschichte der Straße (1830–1980)*. Berlin: Verlag Europäische Perspektiven.
Gailus, Manfred/Volkmann, Heinrich (Hrsg.) (1994) *Der Kampf um das tägliche Brot. Nahrungsmangel, Versorgungspolitik und Protest 1770–1990*. Opladen: Verlag für Sozialwissenschaften.
Gamson, William A. (1975) *Strategy of Social Protest*. Homewood, ILL: Dorsey.
Gamson, William A. (1992a) *Talking Politics*. New York: Cambridge University Press.
Gamson, William A. (2003) Media Images and Social Construction of Reality. *Annual Review of Sociology*, 18(1): 373–393.
Gamson, William A. (2011) The Changing Perception of Emotional Culture and Consciousness Among Social Movement Scholars. *Mobilization*, 16(3): 251–264.
Gamson, William A./Modigliani, Andre (1989) Media Discourse and Public Opinion on Nuclear Power: A Constructionist Approach. *American Journal of Sociology*, 95(1): 1–37.
Gassert, Philipp (2018) *Bewegte Gesellschaft. Deutsche Protestgeschichte seit 1945*. Stuttgart: Kohlhammer.
Gay, Peter (1967/1969) *The Enlightenment: An Interpretation*. Two vols. New York: Knopf.
Geiger, Theodor (1926) *Die Masse und ihre Aktion. Ein Beitrag zur Soziologie der Revolutionen*. Stuttgart: Enke.
Geiger, Theodor (1932) *Die soziale Schichtung des deutschen Volkes. Soziographischer Versuch auf statistischer Grundlage*. Stuttgart: Enke.
Geiger, Theodor (1951) Die Legende von der Massengesellschaft. *Archiv für Rechts- und Sozialphilosophie*, 39(3): 305–323.
Geiling, Heiko (1996) *Das andere Hannover. Jugendkultur zwischen Rebellion und Integration in der Großstadt*. Hannover: Offizin Verlag.
Gerbaudo, Paolo (2012) *Tweets and the Streets: Social Media and Contemporary Activism*. London: Pluto Press.
Gergen, Kenneth J. (1999) *An Invitation to Social Construction*. Thousand Oaks and New Delhi: Sage.
Gerhards, Jürgen/Neidhardt, Friedhelm (1990) Strukturen und Funktionen moderner Öffentlichkeit. Fragestellungen und Ansätze. WZB Discussion Paper No. FS III 90–10. Berlin: Wissenschaftszentrum Berlin.
Gerhards, Jürgen/Rucht, Dieter (1992) Mesomobilization: Organizing and Framing in Two Protest Campaigns in West Germany. *American Journal of Sociology*, 98(3): 555–595.
Gerlach, Luther P./Hine, Virginia P. (1970) *People, Power, and Change: Movements of Social Transformation*. Indianapolis: Bobbs-Merill.
Geser, Hans (1992) Towards an Interaction Theory of Organizational Actors. *Organization Studies*, 13(3): 429–451.
Giugni, Marco G. (1998) Was it Worth the Effort? The Outcomes and Consequences of Social Movements. *Annual Review of Sociology*, 98: 371–93.
Giugni Marco (2007) Useless protest? A time-series analysis of the policy outcomes of ecology, antinuclear, and peace movements in the United States, 1977–1995. *Mobilization* 12(1), 53–77.
Giugni, Marco G./McAdam, Doug/Tilly, Charles (eds.) (1999) *How Social Movements Matter*. Minneapolis and London: University of Minnesota Press.
Giddens, Anthony (1984) *The Constitution of Society*. Cambridge: Polity Press.
Giddens, Anthony (1985) *The Nation-State and Violence*. Cambridge: Polity Press.
Gitlin, Todd (1980) *The Whole World is Watching: Mass Media in the Making and Unmaking of the New Left*. Berkeley: University of California Press.

Glasersfeld, Ernst von (1995) *Radical Constructivism: A Way of Knowing and Learning*. London: Routledge Falmer.
Goertz, Hans-Jürgen (1980) *Die Täufer – Geschichte und Deutung*. München: C. H. Beck.
Godineau Dominique (1988) *Citoyennes tricoteuses. Les femmes du peuple à Paris pendant la Révolution française*. Aix-en-Provence: Alinéa.
Goldstone, Jack A. (1991) *Revolution and Rebellion in the Early Modern World: Population Change and State Breakdown in England, France, Turkey, and China, 1600–1850. Berkeley: University of California Press.*
Goldstone, Jack A. (1998) Social Movements or Revolutions? On the Evolution and Outcomes of Collective Action, in Marco G. Giugni, Doug McAdam, and Charles Tilly (eds.), *From Contention to Democracy*. Lanham: Rowman and Littlefield, 125–145.
Goodwin, Jeff (2001) *No Other Way Out: States and Revolutionary Movements, 1945–1991*. Cambridge: Cambridge University Press.
Goodwin, Jeff/Jasper, James M. (1999) Caught in a Winding, Snarling Wine: The Structural Bias of Political Process Theory. *Sociological Forum*, 14(1): 27–54.
Goodwin, Jeff/Jasper, James M. (eds.) (2009) *The Social Movement Reader: Cases and Concepts*. Oxford: Oxford University Press.
Goodwin, Jeff/Jasper, James M./Polletta, Francesca (2000) The Return of The Repressed: The Fall and Rise of Emotions in Social Movement Theory. *Mobilization*, 5(1): 65–83.
Gordon, Uri (2017) Prefigurative Politics Between Ethical Practice and Absent Promise. *Political Studies*, 66(2): 521–537.
Goudsblom, Johan (1979) *Soziologie auf der Waagschale*. Frankfurt/M: Suhrkamp.
Gras, Alain (1979) Sociologie des ruptures: Les pièges du temps en sciences sociales. Paris: Presses Universitaires des France.
Greven, Michael Th. (1988) Zur Kritik der Bewegungswissenschaft. *Forschungsjournal Neue Soziale Bewegungen*, 1(4): 51–60.
Grießinger, Andreas (1981) *Das symbolische Kapital der Ehre. Streikbewegungen und kollektives Bewußtsein deutscher Handwerksgesellen im 18. Jahrhundert*. Frankfurt/M., Berlin, Wien: Ullstein.
Grottian, Peter/Nelles, Wilfried (Hrsg.) (1983) *Großstadt und neue soziale Bewegungen*. Basel: Birkhäuser.
Gurr, Ted (1970) *Why Men Rebel*. Princeton, NJ: Princeton University Press.
Gusfield, Joseph R. (1955) Social Structure and Moral Reform: A Study of the Woman's Christian Temperance Union. *The American Journal of Sociology*, 61(3): 221–232.
Gusfield, Joseph R. (1963) *Symbolic Crusade: Status Politics and the American Temperance Movement*. Urbana, Ill.: University of Illinois Press.
Gusfield, Joseph R. (1966) Functional Areas of Leadership in Social Movements. *The Sociological Quarterly*, 7(2): 137–156.
Gusfield, Joseph R. (1968) The Study of Social Movements, in *International Encyclopedia of the Social Sciences*, Vol. 14, 445–452.
Gusfield, Joseph R. (1994) The Reflexivity of Social Movements: Collective Behavior and Mass Society Theory Revisited, in Enrique Laraña, Hank Johnston, and Joseph R. Gusfield (eds.), *New Social Movements: From Ideology to Identity*. Philadelphia: Temple University Press, 58–78.
Habermas, Jürgen (1970a) Bedingungen für eine Revolutionierung spätkapitalistischer Gesellschaftssysteme, in *Marx und die Revolution. Vorträge von Bloch et al.* Frankfurt/M.: Suhrkamp, 24–44.
Habermas, Jürgen (1970b) Der Universalitätsanspruch der Hermeneutik, in Rüdiger Bubner et al. (Hrsg.), *Hermeneutik und Dialektik. Festschrift für H.-G. Gadamer*, Band I, Tübingen: J. C. B. Mohr (Paul Siebeck, 73–103.
Habermas, Jürgen (1981) *Theorie des Kommunikativen Handelns. Bd. 1: Handlungsrationalität und gesellschaftliche Rationalisierung. Bd. 2: Zur Kritik der funktionalistischen Vernunft*. Frankfurt/M.: Suhrkamp.
Habermas, Jürgen (1982) *Zur Logik der Sozialwissenschaften*. Frankfurt/M.: Suhrkamp.

Habermas, Jürgen (1983a) Diskursethik. Notizen zu einem Begründungsprogramm, in ders., *Moralbewußtsein und kommunikatives Handeln*. Frankfurt/M.: Suhrkamp, 53–126.
Habermas, Jürgen (1983b) Simmel als Zeitdiagnostiker (Nachwort), in Georg Simmel, *Philosophische Kultur. Gesammelte Essays*. Berlin: Wagenbach, 243–253.
Habermas, Jürgen (1984) *Vorstudien und Ergänzungen zur Theorie des kommunikativen Handelns*. Frankfurt/M.: Suhrkamp.
Habermas, Jürgen (1991) *Erläuterungen zur Diskursethik*. Frankfurt/M.: Suhrkamp.
Habermas, Jürgen (1992) *Faktizität und Geltung. Beiträge zur Diskurstheorie des Rechts und des demokratischen Rechtsstaats*. Frankfurt/M.: Suhrkamp.
Habermas, Jürgen (1994) *Die Moderne, ein unvollendetes Projekt*. Leipzig: Reclam.
Habermas, Jürgen (2021) Überlegungen und Hypothesen zu einem erneuten Strukturwandel der politischen Öffentlichkeit. *Leviathan*, 49(37): 470–500.
Haines, Herbert H. (1981) Black Southern Student Sit-In Movement: An Analysis of Internal Organization. *American Sociological Review*, 46(6): 744–767.
Haines, Herbert H. (1984) Black radicalization and the funding of civil rights: 1957–1970. *Social Problems*, 32(1): 31–43.
Haines, Herbert H. (2013) Radical Flank Effects, in *The Wiley-Blackwell Encyclopedia of Social and Political Movements*. https://doi.org/10.1002/9780470674871.wbespm174 (aufgerufen am 24.11.2022).
Hale, Charles R. (ed.) (2008) *Engaging Contradictions: Theory, Politics, and Methods of Activist Scholarship*. Berkeley, CA: University of California Press.
Hall, Stuart (ed.) (1997) *Representation. Cultural Representation and Signifying Practices*. London: Sage.
Hall, Peter A./Soskice, David (2001) *Varieties of Capitalism: The Institutional Foundations of Comparative Advantage*. Oxford: Oxford University Press.
Hardt, Michael/Negri, Antonio (2002) *Empire. Die neue Weltordnung*. Frankfurt/M.: Campus.
Haug, Christoph/Teune, Simon (2008) Identifying Deliberation in Social Movement Assemblies: Challenges of Comparative Participant Observation. *Journal of Public Deliberation*, 4(1): Available from: https://www.researchgate.net/publication/200530187_Identifying_Deliberation_in_Social_Movement_Assemblies_Challenges_of_Comparative_Participant_Observation (accessed Dec 05, 2022).
Haug, Christoph/Rucht, Dieter (2013) Structurelessness: an evil or an asset? A case study, in Donatella della Porta and Dieter Rucht (eds.), *Meeting Democracy: Power and Deliberation in Global Justice Movements*. Cambridge: Cambridge University Press, 179–213.
Haunss, Sebastian (2004) *Identität in Bewegung: Prozesse kollektiver Identität bei den Autonomen und in der Schwulenbewegung*. Wiesbaden: VS Verlag, 214–231.
Haunss, Sebastian (2016) Precarious Research in a Social Movement Society, in Olivier Fillieule and Guya Accornero (eds.), *Social Movement Studies in Europe: The State of the Art*. New York and Oxford: Berghahn, 456–487.
Haunss, Sebastian (2021) Protestthemen im Wandel der Zeit, in Bundeszentrale für politische Bildung (Hrsg.) (2021) *Protest. Deutschland 1949–2020*. Projektleitung Martin Langebach. Bonn: Bundeszentrale für politische Bildung, 80–95.
Haunss, Sebastian et al. (2017) #NoG20. Ergebnisse der Befragung von Demonstrierenden und der Beobachtung des Polizeieinsatzes. Berlin. ipb working paper https://protestinstitut.eu/publikationen/nog20-ergebnisse-der-befragung-von-demonstrierenden-und-der-beobachtung-des-polizeieinsatzes/ (aufgerufen am 24.11.2022).
Haunss, Sebastian/Sommer, Moritz (Hrsg.) (2020) *Fridays for Future – Die Jugend gegen den Klimawandel*. Bielefeld: transcript.
Heberle, Rudolf (1945) *From Democracy to Nazism*. Baton Rouge: Louisiane State University.
Heberle, Rudolf (1951) *Social Movements. An Introduction to Political Sociology*. New York: Appleton-Century-Crofts.
Heberle, Rudolf (1967) *Hauptprobleme der Politischen Soziologie*. Stuttgart: Enke.
Hedström, Peter/Swedberg, Richard (eds.) (1998) *Social Mechanisms: An Analytical Approach to Social Theory*. Cambridge: Cambridge University Press.

Hellmann, Kai-Uwe (1996) *Systemtheorie und neue soziale Bewegungen. Identitätsprobleme in der Risikogesellschaft.* Westdeutscher Verlag. Opladen: Westdeutscher Verlag.
Hellmann, Kai-Uwe (1998) Paradigmen der Bewegungsforschung. Forschungs- und Erklärungsansätze – ein Überblick, in Kai-Uwe Hellmann und Ruud Koopmans (Hrsg.), *Paradigmen der Bewegungsforschung. Entstehung und Entwicklung von Neuen Sozialen Bewegungen und Rechtsextremismus.* Opladen: Westdeutscher Verlag, 9–30.
Hellmann, Kai-Uwe/Koopmans, Ruud (Hrsg.) (1998) *Paradigmen der Bewegungsforschung. Entstehung und Entwicklung von Neuen Sozialen Bewegungen und Rechtsextremismus.* Opladen: Westdeutscher Verlag.
Heinz, Walter R./Schöber, Peter (Hrsg.) (1973) *Theorien kollektiven Verhaltens. Beiträge zur Analyse sozialer Protestaktionen und Bewegungen.* Zwei Bände. Darmstadt und Neuwied: Luchterhand.
Heitmeyer, Wilhelm (2001) Autoritärer Kapitalismus, Demokratieentleerung und Rechtspopulismus. Eine Analyse von Entwicklungstendenzen, in Wilhelm Heitmeyer und Dietmar Loch (Hrsg.), *Schattenseiten der Globalisierung. Rechtsradikalismus, Rechtspopulismus und Regionalismus in westlichen Demokratien.* Frankfurt/M.: Suhrkamp, 497–530.
Heitmeyer, Wilhelm (2018) *Autoritäre Versuchungen. Signaturen der Bedrohung.* Berlin: Suhrkamp.
Heitmeyer, Wilhelm/Günter Frankenberg (Hrsg.) (2022) *Treiber des Autoritären. Pfade von Entwicklungen zu Beginn des 21. Jahrhunderts.* Frankfurt/M.: Campus.
Helms, Elissa (2014) The Movementization of NGOs? Women's Organizing in Postwar Bosnia-Herzegovina, in Victoria Bernal and Inderpal Grewal (eds.), *Theorizing NGOs: States, Feminisms, and Neoliberalism.* Durham, NC: Duke University Press, 21–49.
Hetland, Gabriel/Goodwin, Jeff (2013) The Strange Disappearance of Capitalism from Social Movement Studies, in Colin Barker, Laurence Cox, John Krinsky, and Alf Gunvald Nilsen (eds.), *Marxism and Social Movements.* Leiden and Boston: Brill, 83–102.
Hindman, Matthew (2009) *The Myth of Digital Democracy.* Princeton and Oxford: Princeton University Press.
Hinks, Peter/McKivigan, John (eds.) (2006) *Encyclopedia of Antislavery and Abolition* (2 vol.). Westport/USA: Greenwood Press.
Hirsch, Joachim/Roth, Roland (1980) „Modell Deutschland" und neue soziale Bewegungen. *Prokla* Bd. 10, Nr. 40, 14–39.
Hirschman, Albert O. (1982) *Shifting Involvements: Private Interest and Public Action.* Princeton, NJ: Princeton University Press.
Hobsbawm, Edward J. (1952) The Machine Breakers. *Past & Present,* 1(1): 57–70.
Hobsbawm, Eric (1962) *The Age of Revolution. Europe 1789 bis 1848.* London: Weidenfeld and Nicolson.
Hocke, Peter (2002) *Massenmedien und lokaler Protest. Eine empirische Fallstudie zur Medienselektivität in einer westdeutschen Bewegungshochburg.* Wiesbaden: Westdeutscher Verlag.
Hofmann, Werner (1970) *Ideengeschichte der sozialen Bewegung des 19. und 20. Jahrhunderts.* Berlin: Walter de Gruyter.
Holloway, John (2002) *Change the World Without Taking Power.* London: Pluto Press.
Honneth, Axel (1992) *Kampf um Anerkennung: Zur moralischen Grammatik sozialer Konflikte.* Frankfurt/M.: Suhrkamp.
Honolka, Harro (2013) *Jetzt reicht's. 50 Anleitungen zum Bürgerprotest.* Frankfurt/M.: Westend Verlag.
Hradil, Stefan (1992) Soziale Milieus und ihre empirische Untersuchung, in Wolfgang Glatzer (Hrsg.), *Entwicklungstendenzen der Sozialstruktur.* Frankfurt/M.: Campus, 6–35.
Hübinger, Gangolf (2008) „Sozialmoralisches Milieu". Ein Grundbegriff der deutschen Geschichte, in Steffen Sigmund, Gert Albert, Agathe Bienfait, und Matheusz Stachura (Hrsg.), *Soziale Konstellation und historische Perspektive. Festschrift für M. Rainer Lepsius.* Wiesbaden: VS Verlag für Sozialwissenschaften, 207–227.
Hufton, Olwen (2017) *Frauenleben: Eine europäische Geschichte 1500–1800.* Frankfurt/M.: S. Fischer Verlag.
Hugo, Victor (1862) *Les misérables.* Paris: Pagnerre.

Hutter, Swen (2014a) *Protesting Culture and Economics in Western Europe: New Cleavages in Left and Right Politics*. Minneapolis and London: University of Minnesota Press.
Hutter, Swen (2014b) Protest event analysis and its offspring, in Donatella della Porta (ed.), *Methodological practices in social movement research*. Oxford: Oxford University Press, 335–367.
Hutter, Swen (2019) Exploring the full conceptual potential of protest event analysis. *Sociological Methodology* 49(1): 58–63.
Hutter, Swen/Teune, Simon (2012) Politik auf der Straße: Deutschlands Protestprofil im Wandel. *Aus Politik und Zeitgeschichte*, 62(25/26): 9–17.
Hutter, Swen/Schäfer, Ines (2020) Politischer Protest im wiedervereinigten Deutschland. Dossier „Lange Wege der Deutschen Einheit", hrsg. von der Bundeszentrale für politische Bildung https://www.bpb.de/themen/deutsche-einheit/lange-wege-der-deutschen-einheit/47408/politischer-protest-im-wiedervereinigten-deutschland/ (aufgerufen am 14.12.2022).
Inglehart, Ronald (1977) *The Silent Revolution. Changing Values and Political Styles Among Western Publics*. Princeton, NJ: Princeton University Press.
Jäger, Siegfried (2012) *Kritische Diskursanalyse*. 6. Auflage. Münster: Unrast Verlag.
Jami, Waleed A./Peoples, Clayton (2022) Political opportunity, democracy, and 40 years of protest, 1981–2020: A cross-national analysis. *Social Science Quarterly*, 103(5): 1440–1458. https://onlinelibrary.wiley.com/doi/abs/10.1111/ssqu.13202.
Jasper, James M. (1997) *The Art of Moral Protest: Culture, Biography, and Creativity in Social Movements*. Chicago and London: The University of Chicago Press.
Jasper, James M. (2014) *Protest: A Cultural Introduction to Social Movements*. Cambridge, UK and Malden, MA: Polity.
Jasper, James M./Goodwin, Jeff (1999) Trouble in Paradigms. *Sociological Forum*, 14(1): 107–125.
Jenkins, Craig (1981) Sociopolitical Movements, in Samuel L. Long (ed.), *Handbook of Political Behavior*, Vol. 4, New York and London: Plenum Press, 81–153.
Jenkins, Craig (1983) Resource Mobilization Theory and the Study of Social Movements. *Annual Review of Sociology*, 9(1): 527–553.
Jenkins, Craig (1985) *The Politics of Insurgency: The Farm Worker Movement in the 1960s*. New York: Columbia University Press.
Johnston, Hank (2014) *What is a Social Movement?* Cambridge: Polity Press.
Jones, Denisha (2017) Research as Resistance: Activist Research as a Framework and Methodology for Social Change, in Viktor Wang and Thomas G. Reio Jr. (eds.), Handbook of Research on Innovative Techniques, Trends, and Analysis for Optimized Research Methods. Hershey/PA: Information Science Reference, 17–29.
Joas, Hans (2002) Die unglückliche Ehe von Hermeneutik und Funktionalismus, in Axel Honneth und Hans Joas (Hrsg.), *Kommunikatives Handeln. Beiträge zu Habermas' Theorie des kommunikativen Handelns*. Erweiterte und aktualisierte Ausgabe von 2017. Frankfurt/M.: Suhrkamp, 144–176.
Katz, Mark N. (1997) *Revolutions and Revolutionary Waves*. New York: Palgrave Macmillan.
Katz, Neil H./List, David C. (1981) Seabrook: A Profíle of Anti-Nuclear Activists, June 1978. *Peace and Change*, 7(3): 59–69.
Katznelson, Ira/Zolberg, Aristide R. (eds.) (1986) *Working-Class Formation: Ninetheenth Century Patterns in Western Europe and the United States*. Princeton, NJ: Princeton University Press.
Keller, Reiner (2011) *Wissenssoziologische Diskursanalyse. Grundlegung eines Forschungsprogramms*. 3. Aufl. Wiesbaden: VS Verlag.
Keniston, Kenneth (1968) *Young Radicals: Notes on Committed Youth*. New York: Harcourt Brace Jovanovich.
Kerbo, Harold R. (1982) Movements of „crisis" and movements of „affluence". A critique of deprivation and resource mobilization theories. *Journal of Conflict Resolution*, 26(4): 645–663.
Kessler, Florian (2013) *Mut Bürger. Die Kunst des neuen Demonstrierens*. München: Hanser.
Khawaja, Marwan (1993) Repression and Popular Collective Action: Evidence from the West Bank. *Sociological Forum*, 8(1): 47–71.

Kitschelt, Herbert (1986) Political Opportunity Structures and Political Protest: Anti-Nuclear Movements in Four Democracies. *British Journal of Political Science*, 16(1): 57–85.

Klandermans, Bert (1984) Mobilization and Participation: Social-Psychological Expansions of Resource Mobilization Theory. *American Sociological Review*, 49(5): 583–600.

Klandermans, Bert (ed.) (1989) *Organizing for Change: Social Movement Organizations in Europe and the United States. International Social Movement Research 2*. Greenwich, CT: JAI Press.

Klandermans, Bert (1997) *The Social Psychology of Protest*. Cambridge, MA: Blackwell.

Klandermans, Bert (2004) The demand and supply of participation: Social-psychological correlates of participation in social movements, in David A. Snow, Sarah Anne Soule, and Hanspeter Kriesi (eds.), *The Blackwell Companion to Social Movements*. Oxford: Blackwell, 360–379.

Klandermans, Bert/Walgrave, Stefaan/van Stekelenburg, Jacquelien/Verhulst, Joris/Van Laer, Jeroen/Wouters, Ruud/Van Troost, Dunya/Van Leeuwen, Anouk/Gaidyte, Teodora (2017) *Codebook and Manual for Data Collection on Protest Demonstrations – Caught in the Act of Protest: Contextualizing Contestation (CCC-Project). Version 4.0.* http://www.protestsurvey.eu (aufgerufen am 24.11.2022).

Klandermans, Bert/Staggenborg, Suzanne (eds.) (2002) *Methods of Social Movement Research*. Minneapolis: University of Minnesota Press.

Klandermans, Bert/Kriesi, Hanspeter/Tarrow, Sidney (eds.) (1998a) *From Structure to Action: Comparing Social Movement Research Across Cultures*. Greenwich, CT: JAI Press.

Klandermans, Bert/Tarrow, Sidney (1988b) Mobilization into Social Movements: Synthesizing European and American Approaches, in Bert Klandermans, Hanspeter Kriesi, and Sidney Tarrow (eds.), *From Structure to Action: Comparing Social Movement Research Across Cultures*. Greenwich, CT: JAI Press, 1–38.

Klandermans, Bert/van Stekelenburg, Jacquelien/Damen, Marie-Louise (2015) Beneficiary and Conscience Constituencies: On Interests and Solidarity, in Marco Giugni and Maria T. Grasso (eds.), *Austerity and Protest. Popular Contention in Times of Economic Crisis*. Farnham: Ashgate, 155–170.

Kocka, Jürgen (2015) *Arbeiterleben und Arbeiterkultur. Die Entstehung einer sozialen Klasse*. Bonn: J. H. W. Dietz Nachf.

Kolb, Felix (o. J.) Movement Action Success Strategy (MASS). https://www.yumpu.com/de/document/view/21289317/movement-action-success-strategy-mass-konzept-stiftung-bridge (aufgerufen am 24.11.2022).

Kolb, Felix (2007) *Protest and Opportunities: The Political Outcomes of Social Movements*. Frankfurt/M. and New York: Campus.

König, Helmut (1992) *Zivilisation und Leidenschaften. Die Masse im bürgerlichen Zeitalter*. Reinbek bei Hamburg: rowohlts enzyklopädie.

Koopmans, Ruud (2003) A Failed Revolution – But a Worthy Cause. *Mobilization*, 8(1): 116–119.

Koopmans, Ruud (2004) Movements and media: selection processes and evolutionary dynamics in the public sphere. Theory and Society, 33(3/4): 367–391.

Koopmans, Ruud/Statham, Paul (1999a) Ethnic and Civic Conceptions of Nationhood and the Differential Success of the Extreme Right in Germany and Italy, in Marco Giugni, Doug McAdam, and Charles Tilly (eds.), *How Social Movements Matter*. Minneapolis and London: University of Minnesota Press, 225–251.

Koopmans, Ruud/Statham, Paul (1999b) Political Claims Analysis: Integrating Protest Event and Political Discourse Approaches. *Mobilization*, 4(2): 203–221.

Koopmans, Ruud/Rucht, Dieter (2002) Protest Event Analysis, in Bert Klandermans and Suzanne Staggenborg (eds.), *Methods in Social Movement Research*. Minneapolis and London: University of Minnesota Press, 231–259.

Koopmans, Ruud/Olzak, Susan (2004) Discursive Opportunities and the Evolution of Right-Wing Violence in Germany. *American Journal of Sociology*, 110(1): 198–230.

Koselleck, Reinhard (1973) *Kritik und Krise* (orig. 1959). Frankfurt/M.: Suhrkamp.

Koselleck, Reinhard (1979) Einleitung, in Otto Brunner, Werner Conze und Reinhart Koselleck (Hrsg.), *Geschichtliche Grundbegriffe*, Bd. 1, Klett-Cotta, Stuttgart 1979, S. XIII–XXVII.

Kraus, Björn (2019) *Relationaler Konstruktivismus – Relationale Soziale Arbeit. Von der systemisch-konstruktivistischen Lebensweltorientierung zu einer relationalen Theorie der Sozialen Arbeit.* Weinheim, München: Beltz Juventa.

Kraushaar, Wolfgang (1996) *Die Protest-Chronik 1949–1959.* Vier Bände. Hamburg: Rogner & Bernhard.

Kriesi, Hanspeter (1985) *Bewegung in der Schweizer Politik. Fallstudien zu politischen Mobilisierungsprozessen in der Schweiz.* Frankfurt/M.: Campus.

Kriesi, Hanspeter et al. (1995) *New Social Movements in Western Europe: A Comparative Analysis.* Minneapolis: University of Minnesota Press.

Kriesi, Hanspeter/della Porta, Donatella/Rucht, Dieter (eds.) (1999) *Social Movements in a Globalizing World.* Basingstoke: Palgrave Macmillan.

Kriesi, Hanspeter et al. (2012) *Political Conflict in Western Europe.* Cambridge, UK and New York: Cambridge University Press.

Krohn, Wolfgang/Krüppers, Günter (eds.) (1992) *Emergenz. Die Entstehung von Ordnung, Organisation und Bedeutung.* Frankfurt/M.: Suhrkamp.

Kroner, Bernhard (1972) Massenpsychologie und kollektives Verhalten, in Kurt Gottschaldt et al. (Hrsg.), *Handbuch der Psychologie, Band 7 Sozialpsychologie*, 2. Halbband. Göttingen: Verlag für Psychologie, 1433–1511.

Krumpitsch, Winfried (2015) *Die Sklavenaufstände im 2. und 1. Jahrhundert vor Christus und ihr Einfluss auf die römische Innenpolitik.* München: GRIN Verlag. https://www.grin.com/document/311030 (aufgerufen am 24.11.2022).

Lahusen, Christian (1996) *The Rhethoric of Moral Protest: Public Campaigns, Celebrity Endorsement, and Political Mobilization.* Berlin, New York: Walter de Gruyter.

Laidler, Harry W. (1946) *Social-Economic Movements.* New York: Thomas Y. Crowell Company.

Lang, Kurt/Lang, Gladys E. (1961) *Collective Dynamics.* New York: Crowell.

Lang, Helmar (2012) *BürgerProtest – aber mit System.* Krefeld: Magenta Verlag.

Laraña, Enrique (1993) Movimientos sociales, in Salustiano del Campo (Hrsg.), *Tendencias sociales en España (1960–1990).* Vol. II. Bilbao: Fundación BBV, 381–424.

Laraña, Enrique/Johnston, Hank/Gusfield, Joseph R. (eds.) (1995) *New Social Movements: From Ideology to Identity.* Philadelphia: Temple University Press.

Leach, Darcy K. (2006) The Way is the Goal: Ideology and the Practice of Collectivist Democracy in German New Social Movements. Unpublished PhD Dissertation. Ann Arbor: University of Michigan.

Leach, Darcy K./Haunss, Sebastian (2009) Scenes and Social Movements, in Hank Johnston (ed.), *Culture, Social Movements, and Protest.* Burlington, VT and Aldershot UK: Ashgate Publishers, S. 255–276.

Le Bon, Gustave (1973) [1895] *Psychologie der Massen.* Stuttgart: Kröner.

Lederer, Emil (1912) *Die Privatangestellten in der modernen Wirtschaftsentwicklung.* Tübingen: Mohr.

Leif, Thomas (1990) *Die strategische (Ohn-)macht der Friedensbewegung. Kommunikations- und Entscheidungsstrukturen in den achtziger Jahren.* Opladen: Westdeutscher Verlag.

Lepsius, M. Rainer (1966) Parteiensystem und Sozialstruktur. Zum Problem der Demokratisierung der deutschen Gesellschaft, in Wilhelm Abel, Knut Borchardt, Hermann Kellenbenz und Wolfgang Zorn (Hrsg.): *Wirtschaft, Geschichte und Wirtschaftsgeschichte. Festschrift zum 65. Geburtstag von Friedrich Lütge.* Stuttgart: G. Fischer, 371–393.

Lichbach, Mark I. (1995) The Rebel's Dilemma. Ann Arbor, MI: University of Michigan Press.

Lichbach, Mark I. (1998) Contending Theories of Contentious Politics and the Structure-Action Problem of Social Order. *Annual Review of Political Science*, 1(1): 401–424.

Liddington, Jill (1989) *The Long Road to Greenham: Feminism and Anti-Militarism in Britain since 1820.* London: Virago Press.

Lim, Merlyna (2018) Roots, Routes, and Routers: Communications and Media of Contemporary Social Movements. *Journalism & Communication Monographs*, 20(2): 92–136.

Lipset, Seymour/Martin Trow/James Coleman (1956) *Union Democracy.* Glencoe: Free Press.

Lipsky, Michael (1968) Protest as a Political Resource. *The American Political Science Review*, 62(4): 1144–1158.

Lorenzini, Jasmine/Kriesi, Hanspeter/Makarov, Peter/Wüest, Bruno (2022) Protest Event Analysis: Developing a Semiautomated NLP Approach. *American Behavioral Scientist*, 66(5): 555–577.
Lowi, Theodore J. (1971) *The Politics of Disorder*. New York and London: Basic Books.
Lowi, Theodore J. (1972) Four Systems of Policy, Politics, and Choice. *Public Administration Review*, 32(4): 298–310.
Luders, Joseph (2010) *The Civil Rights Movement and the Logic of Social Change*. New York: Cambridge University Press.
Ludwig-Uhland-Institut (1986) *Als die Deutschen demonstrieren lernten*. Tübingen: Tübinger Vereinigung für Volkskunde e. V.
Lüdtke, Alf (1984) Protest – oder: Die Faszination des Spektakulären. Zur Analyse alltäglicher Widersetzlichkeit, in Heinrich Volkmann und Jürgen Bergmann (Hrsg.), *Sozialer Protest. Studien zu traditioneller Resistenz und kollektiver Gewalt in Deutschland vom Vormärz bis zur Reichsgründung*. Opladen: Westdeutscher Verlag, 325–341.
Lüdtke, Alf (1991) Einleitung: Herrschaft als soziale Praxis, in Alf Lüdtke (Hrsg.), *Herrschaft als soziale Praxis. Historische und sozial-anthropologische Studien*. Göttingen: Vandenhoeck & Ruprecht, 9–63.
Lüdtke, Alf (1993) *Eigen-Sinn. Fabrikalltag, Arbeitererfahrungen und Politik vom Kaiserreich bis in den Faschismus*. Hamburg: Ergebnisse Verlag.
Luhmann, Niklas (1996) *Protest. Systemtheorie und soziale Bewegungen*. Herausgegeben und eingeleitet von Kai-Uwe Hellmnn, Frankfurt/M.: Suhrkamp.
Lundström, Markus (2022) "The Ballot Humbug": Anarchist Women and Women's Suffrage. *Moving the Social*, No. 66, 111–124.
Lyman, Stanford M. (ed.) (1995) *Social Movements: Critiques, Concepts, Case-Studies*. New York: New York University Press.
Macpherson, Crawford B. (1962) *The Political Theory of Possessive Individualism (Hobbes to Locke)*. Oxford: Oxford University Press.
Maeckelbergh, Marianne (2011) Doing is Believing: Prefiguration as Strategic Practice in the Alterglobalization Movement. *Social Movement Studies*, 10(1): 1–20.
Malm, Andreas (2001) *How to Blow Up a Pipeline*. London and New York: Verso.
Mannheim, Karl (1928) Das Problem der Generationen. *Kölner Vierteljahreshefte für Soziologie*, 7 (1928/29), 157–184.
Markoff, John (1996) *Waves of Democracy: Social Movements and Political Change*. Thousand Oaks, CA: Pine Forge Press.
Mannheim, Karl (1935) *Mensch und Gesellschaft im Zeitalter des Umbaus*. Leiden: A. W. Sijthoff.
Mansbridge, Jane (1986) *Why we lost the ERA*. Chicago: University of Chicago Press.
Marg, Stine (2021) Macht Protest den Unterschied? Folgen, Wirkungen und Effekte von gesellschaftlichen Mobilisierungen in Deutschland, in Bundeszentrale für politische Bildung (Hrsg.), *Protest. Deutschland 1949–2020*. Projektleitung Martin Langebach. Bonn: Bundeszentrale für politische Bildung, 410–429.
Martin, Everett D. (1920) *The Behavior of Crowds*. New York: W. W. Norton & Co.
Marchardt, Oliver (2019) *Conflictual Aesthetics, Artistic Activism and the Public Sphere*. Berlin: Sternberg Press.
Marg, Stine/Geiges, Lars/Butzlaff, Felix/Walter, Franz (Hrsg.) (2013) *Die neue Macht der Bürger. Was motiviert die Protestbewegungen?* Reinbek bei Hamburg: Rowohlt.
Mayntz, Renate (2009a [1999]) Rationalität in sozialwissenschaftlicher Perspektive, in Renate Mayntz, *Sozialwissenschaftliches Erklären. Probleme der Theoriebildung und Methodologie*. Frankfurt/M.: Campus, 67–81.
Mayntz, Renate (2009b) Emergence in Philosophy and Social Theory, in Renate Mayntz, *Sozialwissenschaftliches Erklären. Probleme der Theoriebildung und Methodologie*. Frankfurt/M.: Campus, 133–155.
Marx, Karl (1968 [1844]) *Texte zu Methode und Praxis II. Pariser Manuskripte II*. Reinbek bei Hamburg: Rowohlt.

Marx, Karl (1972 [1847]) Das Elend der Philosophie, in ders., *MEW*, Bd. IV. Berlin/DDR: Dietz Verlag, 63–162.
Marx, Karl/Engels, Friedrich (1965 [1848]) *Manifest der Kommunistischen Partei*. Peking: Verlag für fremdsprachliche Literatur.
Marx, Gary (2012) Looking at Smelser's Theory of Collective Behavior After Almost 50 Years: A Review and Appreciation. *The American Sociologist*, 43(2): 135–152.
Marx, Gary/Wood, James L. (1975) Strands of Theory and Research in Collective Behavior. Annual *Review of Sociology*, 1(1): 363–428.
Mayreder, Rosa (1926 [1917]) *Der typische Verlauf sozialer Bewegungen*. Wien: Braumüller.
McAdam, Doug (1982) *Political Process and the Development of Black Insurgency, 1930–1970*. Chicago und London: University of Chicago Press.
McAdam, Doug (1983) Tactical Innovation and the Pace of Insurgency. *American Sociological Review*, 48(6): 735–754.
McAdam, Doug (1996) Conceptual Origins, Current Problems, Future Directions, in Doug McAdam, John D. McCarthy, and Mayer N. Zald (eds.), *Comparative Perspectives on Social Movements. Cambridge* (UK) and New York: Cambridge University Press, 23–40.
McAdam, Doug/McCarthy, John D./Zald, Mayer N. (eds.) (1996) *Comparative Perspectives on Social Movements*. Cambridge (UK) and New York: Cambridge University Press.
McAdam, Doug/Snow, David (eds.) (2010) *Readings on Social Movements: Origins, Dynamics and Outcomes* (first edition 1997). Oxford: Oxford University Press.
McAdam, Doug/Tarrow, Sidney/Tilly, Charles (1996) To Map Contentious Politics. *Mobilization*, 1(1): 17–34.
McAdam, Doug/Tarrow, Sidney/Tilly, Charles (2001) *Dynamics of Contention*. Cambridge: Cambridge University Press.
McAdam, Doug/Tarrow, Sidney (2010) Ballots and Barricades: On the Reciprocal Relationship between Elections and Social Movements. *Perspectives on Politics*, 8(2): 529–542.
McAdam, Doug/Tarrow, Sidney (2021) Strands of Classical Theory in the Study of Social Movements, in Seth Abrutyn and Omar Lizardo (eds.), *Handbook of Classical Sociological Theory*. New York: Springer, 467–485.
McCarthy, John D. and Mayer N. Zald (eds.) (1973) *The Trend of Social Movements in America: Professionalization and Resource Mobilization*. Morriston, NJ: General Learning Press.
McCarthy, John D./Zald, Mayer N. (1977) Resource Mobilization and Social Movements: A Partial Theory. *American Journal of Sociology*, 82(6): 1212–1241.
McCarthy, John D./Zald, Mayer N. (2002) The Enduring Vitality of the Resource Mobilization Theory of Social Movements, in Jonathan H. Turner (ed.), *Handbook of Sociological Theory*. New York: Kluwer Academic/Plenum Publishers, 533–565.
McDougall, William (1920) *The Group Mind*. Cambridge: At the University Press.
McPhail, Clark (1991) *The Myth of the Madding Crowd*. Hawthorne, NY: Aldine de Gruyter.
McPhail, Clark/Miller, David (1973) The Assembling Process: A Theoretical and Empirical Examination. *American Sociological Review*, 38(6): 721–735.
McPhail, Clark/Wohlstein, Ronald T. (1983) Individual and Collective Behaviors Within Gatherings, Demonstrations, and Riots. *Annual Review of Sociology*, 9, 579–600.
McPhail, Clark/McCarthy, John D. (2004) Who counts and how: estimating the size of protests. *Contexts*, 3(3): 12–18.
Mehlich, Harald (1983) Politischer Protest und gesellschaftliche Entdifferenzierung, in Peter Grottian und Wilfried Nelles (Hrsg.), *Großstadt und neue soziale Bewegungen*. Basel: Birkhäuser, 134–153.
Meinhof, Ulrike (1968) Vom Protest zum Widerstand, in *Konkret* Nr. 5, S. 5.
Melucci, Alberto (ed.) (1976) *Movimenti di rivolta. Teorie e forme dell'azione collettiva*. Milano: Etas.
Melucci, Alberto (1977) *Sistema politico, partiti e movimenti sociali*. Milano: Feltrinelli.
Melucci, Alberto (1980) The New Social Movements: A Theoretical Approach. *Social Science Information*, 19(2): 199–226.

Melucci, Alberto (1981) Ten Hypotheses for the Analysis of New Movements (orig. in Italian), in Diana Pinto (ed.), *Contemporary Italian sociology. A Reader*. Cambridge: Cambridge University Press, 173–194.

Melucci, Alberto (ed.) (1984) *Altri codici: Aree di movimento nella metropoli*. Bologna: Il Mulino.

Melucci, Alberto (1989) *Nomads of the Present*. London: Hutchinson Radius.

Melucci, Alberto (1995) The Process of Collective Identity, in Hank Johnston and Bert Klandermans (eds.), *Social Movements and Culture*. London: Routledge, 41–63.

Melucci, Alberto (1996) *Challenging Codes: Collective Action in the Information Age*. Cambridge, UK: University of Cambridge Press.

Merton, Robert (1936) The Unanticipated Consequences of Purposive Social Action. *American Sociological Review*, 1(6): 894–904.

Merton, Robert K. (1938) Social Structure and Anomie. *American Sociological Review*, 3(5): 672–682.

Messinger, Sheldon L. (1955) Organizational Transformation: A Case Study of a Declining Social Movement. *American Sociological Review*, 20(1): 3–10.

Meusel, Alfred (1925) Vom „Sinn“ der sozialen Bewegungen. *Kölner Vierteljahreshefte für Soziologie*, 5(1/2): 13–34.

Michels, Robert (1987 [1926]) Psychologie der antikapitalistischen Massenbewegungen, in Robert Michels, *Masse, Führer, Intellektuelle*. Frankfurt/M.: Campus.

Michels, Robert (1989 [1911]) *Zur Soziologie des Parteiwesens in der modernen Demokratie*. Stuttgart: Alfred Kröner.

Miller, Frederick D. (1983) The End of SDS and the Emergence of Weatherman: Demise Through Success, in Jo Freeman (ed.), *Social Movements of the Sixties and Seventies*. New York: Longman, 279–297.

Moore, Barrington (1991) *Social Origins of Dictatorship and Democracy*. London: Penguin.

Moran, Matthew/Waddington, David (2016) *Riots – An International Comparison*. London: Palgrave Macmillan.

Morris, Aldon/Herring, Cedric (1987) Theory and Research in Social Movements: A Critical Review, in Samuel Long (ed.), *Annual Review of Political Science*, Vol. 2, New Jersey, 137–198.

Moscovici, Serge (1986) *Das Zeitalter der Massen: Eine historische Abhandlung über die Massenpsychologie*. Frankfurt/M.: Fischer-Taschenbuch-Verlag.

Mooser, Josef (1984) *Arbeiterleben in Deutschland: 1900–1970. Klassenlagen, Kultur und Politik*. Frankfurt/M.: Suhrkamp.

Muller, Edward N./Opp, Karl-Dieter (1986) Rational Choice and Rebellious Collective Action. *The American Political Science Review*, 80(6): 471–88.

Mulligan, Deborah L. (2020) Activist Research: Real-World Reciprocity – A Provocation, in Deborah L. Mulligan and Patrick A. Danaher (eds.), *Researching Within the Educational Margins. Palgrave Studies in Education Research Methods*. Palgrave Pivot, Cham. https://doi.org/10.1007/978-3-030-48845-1_19 (aufgerufen am 24.11.2022).

Munday, Jenny (2006) Identity in Focus: The Use of Focus Groups to Study the Construction of Collective Identity. *Sociology*, 40(1): 89–105.

Münster, Clemens (1952) *Mengen, Massen, Kollektive*. München: Kösel.

Nassehi, Armin (2020) *Das große Nein. Eigendynamik und Tragik des gesellschaftlichen Protests*. Hamburg: Kursbuch Edition.

Neidhardt, Friedhelm (1985) Einige Ideen zu einer allgemeinen Theorie sozialer Bewegungen, in Stefan Hradil (Hrsg.), Sozialstruktur im Umbruch. Opladen: Leske + Budrich, 193–204.

Neidhardt, Friedhelm (1994) Öffentlichkeit, öffentliche Meinung, soziale Bewegungen. *Kölner Zeitschrift für Soziologie und Sozialpsychologie*. Sonderheft 34. Opladen: Westdeutscher Verlag.

Neidhardt, Friedhelm/Rucht, Dieter (1993) Auf dem Weg in die „Bewegungsgesellschaft“? Über die Stabilisierbarkeit sozialer Bewegungen. *Soziale Welt*, 44(3): 305–326.

Nelles, Winfried (1984) Kollektive Identität und politisches Handeln in neuen sozialen Bewegungen. *Politische Vierteljahresschrift*, 25(4): 425–439.

Neubert, Ehrhart (1997) *Geschichte der Opposition in der DDR 1949–1989*. Berlin: Christoph Links Verlag.
Neumann, Sigmund (1942) *Permanent Revolution*. New York: Harper and Brothers.
Neveu, Erik (2000) *Sociologie des mouvements sociaux*. Paris: La Découverte.
Niethammer, Lutz (2000) *Kollektive Identität. Heimliche Quellen einer unheimlichen Konjunktur*. Reinbek bei Hamburg: Rowohlt.
Nye, Robert A. (1975) *The Origins of Crowd Psychology. Gustave Le Bon and the Crisis of Mass Democracy in the Third Republic*. London, Beverly Hills: Sage.
Oberschall, Anthony (1993) *Social Movements: Ideologies, Interests, and Identities*. New Brunswick, NJ: Transaction Publishers.
Olesen, Thomas (2004) *International Zapatismo: The Construction of Solidarity in the Age of Globalization*. London: Zed Books.
Oliver, Pamela/Johnston, Hank (2000) What a Good Idea! Ideologies and Frames in Social Movement Research. *Mobilization*, 5(1): 37–54.
Olzak Susan/Shanahan, Suzanne/McEneaney, Elisabeth (1996) Poverty, Segregation and Race Riots: 1960 to 1993. *American Sociological Review*, 61(4): 590–613.
Opp, Karl-Dieter (1994) Der „Rational Choice"-Ansatz und die Soziologie sozialer Bewegungen. *Forschungsjournal Soziale Bewegungen*, 7(2): 11–26.
Opp, Karl-Dieter (1999) Contending Conceptions of the Theory of Rational Action. *Journal of Theoretical Politics*, 11(2): 171–202.
Opp, Karl-Dieter (2009) *Theories of Political Protest and Social Movements. A Multidisciplinary Introduction, Critique and Synthesis*. London: Routledge.
Opp, Karl-Dieter (2022) *Advanced Introduction to Social Movements and Political Protests*. Cheltenham: Edward Elgar Publishing.
Osterman, Paul (2006) Overcoming Oligarchy: Culture and Agency in Social Movements. *Administrative Science Quarterly*, 51(4): 622–649.
Owen, Nicholas (2019) *Other People's Struggles: Outsiders in Social Movements*. Oxford: Oxford University Press.
Owens, Peter B. (2013) Precipitating Events and Flashpoints, in *The Wiley-Blackwell Encyclopedia of Social and Political Movements*. https://doi.org/10.1002/9780470674871.wbespm166 (aufgerufen am 24.11.2022).
Paige, Jeffery M. (1975) *Agrarian Revolution: Social Movements and Export Agriculture in the Underdeveloped World*. New York: The Free Press.
Paige, Jeffery M. (1971) Political Orientation and Riot Participation. *American Sociological Review*, 36(5): 810–820.
Paris, Rainer/Sofsky, Wolfgang (1991) *Figurationen sozialer Macht. Autorität – Stellvertretung – Koalition*. Opladen: Leske + Budrich.
Park, Robert E. (1904) *Masse und Publikum. Eine methodologische und soziologische Untersuchung*. Bern: Lack and Grunau.
Park, Robert E. (1967 [1927]) Human Nature and Collective Behavior, in Robert E. Park, *On Social Control and Collective Behavior. Selected Papers*. Chicago and London: The University of Chicago Press.
Park, Robert E./Burgess, Ernest W. (1921a) *Introduction to the Science of Sociology*. Chicago, IL: University of Chicago Press.
Park, Robert E./Burgess, Ernest W. (1921b) Collective Behavior, in Robert E. Park and Ernest W. Burgess, *Introduction to the Science of Sociology*. Chicago, IL: University of Chicago Press, 865–952.
Parsons, Talcott (1993) *On National Socialism* (Essays from the late 1930s and the 1940s). Edited by Uta Gerhardt. Berlin and New York: Aldine de Gruyter.
Perlman, Selig (1922) *A History of Trade Unionism in the United States*. New York: Macmillan.
Perlman, Selig (1928) *A Theory of the Labor Movement*. New York: Macmillan.
Pettenkofer, Andreas (2010) *Radikaler Protest. Zur soziologischen Theorie politischer Bewegungen*. Frankfurt/M.: Campus.
Pfeiffer, Zara S. (Hrsg.) (2011) *Auf den Barrikaden. Proteste in München seit 1945*. München: Volk Verlag.

Piven, Frances F./Cloward, Richard (1977) *Poor People's Movements: Why They Succed, How They Fail*. New York: Pantheon Books.

Polanyi, Karl (1944) *The Great Transformation*. New York: Farrar & Rinehart.

Pollack, Detlef/Rink, Dieter (1997) *Zwischen Verweigerung und Opposition. Politischer Protest in der DDR 1970–1989*. Frankfurt/M.: Campus.

Polletta, Francesca (2006) *It Was Like a Fever: Storytelling in Protest and Politics*. Chicago, IL: The Unversity of Chicago Press.

Raekstad, Paul/Gradin, Sofa Saio (2019) *Prefigurative Politics: Building Tomorrow Today*. Cambridge: Polity.

Raj, Patel/McMichael, Philip (2009) A Political Economy of the Food Riot. *Review* (Fernand Braudel Center), 32(1): 9–35.

Rammstedt, Otthein (1966) *Sekte und soziale Bewegung. Soziologische Analyse der Täufer in Münster (1534/35)*. Köln, Opladen: Westdeutscher Verlag.

Rammstedt, Otthein (1978) *Soziale Bewegung*. Frankfurt/M.: Suhrkamp.

Raschke, Joachim (1980) Politik und Wertwandel in den westlichen Demokratien. *Aus Politik und Zeitgeschichte*. B-36/80: 23–45.

Raschke, Joachim (1985) *Soziale Bewegungen. Ein historisch-systematischer Grundriß*. Frankfurt/New York: Campus.

Raschke, Joachim (1987) Zum Begriff der sozialen Bewegung, in Roland Roth und Dieter Rucht (Hrsg.), *Neue soziale Bewegungen in der Bundesrepublik Deutschland*. Frankfurt/M.: Campus, 19–29.

Raskin, Jonathan D. (2002) Constructivism in psychology: personal construct psychology, radical constructivism, and social constructionism. *American Communication Journal*, 5(3): 1–26.

Reckwitz, Andreas (2017) *Die Gesellschaft der Singularitäten*. Berlin: Suhrkamp.

Reichardt, Sven (2002) *Faschistische Kampfbünde. Gewalt und Gemeinschaft im italienischen Squadrismus und in der deutschen SA*. Köln: Böhlau Verlag.

Reichardt, Sven (2014) *Authentizität und Gemeinschaft. Linksalternatives Leben in den siebziger und frühen achtziger Jahren*. Berlin: Suhrkamp.

Reichardt, Sven (Hrsg.) (2021) *Die Misstrauensgemeinschaft der „Querdenker". Die Corona-Proteste aus kultur- und sozialwissenschaftlicher Perspektive*. Frankfurt/M.: Campus.

Reichardt, Sven/Siegried, Detlef (Hrsg.) (2010) *Das Alternative Milieu. Antibürgerlicher Lebensstil und linke Politik in der Bundesrepublik Deutschland und Europa, 1968–1983*. Göttingen: Wallstein.

Reitan, Ruth (2007) *Global Activism*. London: Routledge.

Robert, Vincent (1991) Metamorphosen der Demonstration. Lyon 1848, 1890, 1912, in Bernd-Jürgen Warneken (Hrsg.), *Massenmedium Straße. Zur Kulturgeschichte der Demonstration*. Frankfurt/M.: Campus, 49–67.

Rossi, Pasquale (1898) *L'animo della folle*. Cosenza: Tipografia Raffaele Riccio.

Roszak, Theodore (1969) *The Making of a Counter Culture: Reflections on the Technocratic Society and its Youthful Opposition*. New York: Doubleday & Co.

Roth, Roland (1982) Die Indianer sind fern. „Jugendunruhen" und neue soziale Bewegungen. *Widersprüche*, 2(4/5): 91–103.

Roth, Roland (1983) Gesellschaftstheoretische Konzepte zur Analyse neuer sozialer Bewegungen. *Politische Vierteljahresschrift*, 24(3): 311–328.

Roth, Roland (1994) *Demokratie von unten. Neue soziale Bewegungen auf dem Wege zur politischen Institution*. Köln: Bund Verlag.

Roth, Roland (2018a) Radikaler Reformismus. Geschichte und Aktualität einer politischen Denkfigur, in Ulrich Brand und Christoph Görg (Hrsg.), *Zur Aktualität der Staatsform. Die materialistische Staatstheorie von Joachim Hirsch*. Baden-Baden: Nomos, 219–240.

Roth, Roland (2018b) Eine neue Generation von Protesten? Ein Literaturbericht. *Zeitschrift für vergleichende Politikwissenschaft*, 12(2): 429–452. DOI 10.1007/s12286-018-0389-6.

Roth, Roland/Rucht, Dieter (Hrsg.) (1987) *Neue soziale Bewegungen in der Bundesrepublik Deutschland*. Frankfurt/M.: Campus.

Roth, Roland/Rucht, Dieter (1989) Reaktionen aus dem „Ghetto“ – Anmerkungen zu Michael Th. Grevens „Kritik der Bewegungswissenschaft“. *Forschungsjournal Neue Soziale Bewegungen*, 2(1): 44–49.

Roth, Roland/Rucht, Dieter (Hrsg.) (2008) *Die sozialen Bewegungen in Deutschland seit 1945. Ein Handbuch*. Frankfurt/M.: Campus.

Rubin, Jerry (1970) *Do it! Scenarios of the Revolution*. New York: Simon and Schuster.

Rucht, Dieter (1981) Die Bürgerinitiativbewegung als Teil einer intermediären politischen Kultur. *Journal für Sozialforschung*, 21(4): 389–406.

Rucht, Dieter (1982) Neue soziale Bewegungen oder: die Grenzen bürokratischer Modernisierung, in Jens Joachim Hesse (Hrsg.), *Politikwissenschaft und Verwaltungswissenschaft* (PVS-Sonderheft 13). Opladen, 272–292.

Rucht, Dieter (1983) Institutionalisierungstendenzen der neuen sozialen Bewegungen, in Hans-Hermann Hartwich (Hrsg.), *Gesellschaftliche Probleme als Anstoß und Folge von Politik*. Opladen: Westdeutscher Verlag, 199–212.

Rucht, Dieter (1988) Themes, Logics and Arenas of Social Movements: A Structural Approach, in Bert Klandermans, Hanspeter Kriesi, and Sidney Tarrow (eds.), *From Structure to Action: Comparing Social Movement Participation Across Cultures*. Greenwich, CT: JAI Press, 305–328.

Rucht, Dieter (1990) Campaigns, skirmishes and battles: Antinuclear movements in the USA, France and West Germany. *Industrial Crisis Quarterly* (4)3: 193–222.

Rucht, Dieter (ed.) (1991a) *Research on Social Movements: The State of the Art in Western Europe and the USA*. Frankfurt/Boulder: Campus/Westview Press.

Rucht, Dieter (1991b) Sociological Theory as Theory of Social Movements? A Critique of Alain Touraine, in Dieter Rucht (ed.), *Research on Social Movements: The State of the Art in Western Europe and the USA*. Frankfurt/Boulder: Campus/Westview Press, 355–384.

Rucht, Dieter (1994) *Modernisierung und neue soziale Bewegungen. Deutschland, Frankreich und USA im Vergleich*. Frankfurt/M.: Campus.

Rucht, Dieter (1995) Kollektive Identität: Konzeptionelle Überlegungen zu einem Desiderat der Bewegungsforschung. *Forschungsjournal Neue Soziale Bewegungen*, 8(1): 9–23.

Rucht, Dieter (1996) The Impact of National Contexts on Social Movement Structures: A Cross-Movement and Cross-National Comparison, in Doug McAdam, John McCarthy, and Mayer Zald (eds.), *Opportunities, Mobilizing Structures, and Framing: Comparative Applications of Contemporary Movement Theory*. Cambridge: Cambridge University Press, 185–204.

Rucht, Dieter (2000) Distant Issue Movements in Germany: Empirical Description and Theoretical Reflections, in John A. Guidry, Michael D. Kennedy, and Mayer N. Zald (eds.), *Globalizations and Social Movements: Culture, Power and the Transnational Public Sphere*. Ann Arbor, MI: University of Michigan Press, 67–105.

Rucht, Dieter (2001a) Soziale Bewegungen als Signum demokratischer Bürgergesellschaft, in Richard Münch und Claus Leggewie (Hrsg.), *Demokratische Bürgergesellschaft*. Frankfurt/M: Suhrkamp, 321–336.

Rucht, Dieter (Hrsg.) (2001b) *Protest in der Bundesrepublik Deutschland. Strukturen und Entwicklungen*. Frankfurt/M.: Campus.

Rucht, Dieter (2003) Bürgerschaftliches Engagement in sozialen Bewegungen und politischen Kampagnen, in Deutscher Bundestag (Hrsg.), *Enquete-Kommission „Zukunft des Bürgerschaftlichen Engagements“, Bürgerschaftliches Engagement in Parteien und Bewegungen*. Opladen: Leske + Budrich, 17–155.

Rucht, Dieter (2004) The quadruple „A“: media strategies of protest movements since the 1960s, in Wim van de Donk, Brian D. Loader, Paul G. Nixon, and Dieter Rucht (eds.), *Cyberprotest. New media, citizens and social movements*. London: Routledge, 29–56.

Rucht, Dieter (2005) The Internet as a New Opportunity for Transnational Protest Groups, in Maria Kousis and Charles Tilly (eds.), *Economic and Political Contention in Comparative Perspective*. Boulder: Paradigm Publishers, 70–85.

Rucht, Dieter (2007) Das intermediäre System politischer Interessenvermittlung, in Otfried Jarren, Dominik Lachenmeier und Adrian Steiner (Hrsg.), *Entgrenzte Demokratie? Herausforderungen für die politische Interessenvermittlung*. Baden-Baden: Nomos, 19-32.

Rucht, Dieter (2012a) Leadership in Social and Political Movements, in Ludger Helms (ed.), *Comparative Political Leadership*. Houndmills: Palgrave Macmillan, 99–118.

Rucht, Dieter (2012b) Massen mobilisieren. *Aus Politik und Zeitgeschichte*, 62, Heft 25–26, 3–9.

Rucht, Dieter (2013a) Social Movement Structures in Action: Conceptual Proposition and Empirical Illustration, in Jacquelien van Stekelenburg, Conny Roggeband, and Bert Klandermans (eds.), *The Future of Social Movement Research: Dynamics, Mechanisms, and Processes*. Minneapolis und London: University of Minnesota Press, 169–190.

Rucht, Dieter (2013b) Types and patterns of intragroup controversies, in Donatella della Porta and Dieter Rucht (eds.), *Meeting Democracy: Power and Deliberation in Global Justice Movements*. Cambridge: Cambridge University Press, 47–71.

Rucht, Dieter (2014) Zum Stand der Forschung zu sozialen Bewegungen, in Jürgen Mittag und Helke Stadtland (Hrsg.), *Theoretische Ansätze und Konzepte der Forschung über soziale Bewegung in der Geschichtswissenschaft*. Essen: Klartext, 61–88.

Rucht, Dieter (2015a) Zum Wandel von Protestkulturen. Inklusion, Differenzierung, Professionalisierung, in Jörg Rössel und Jochen Roose (Hrsg.), *Empirische Kultursoziologie. Festschrift für Jürgen Gerhards zum 60. Geburtstag*. Wiesbaden: Springer VS, 265–290.

Rucht, Dieter (2015b) Wie viele haben demonstriert? Ein Dossier aus aktuellem Anlass. https://www.wzb.eu/de/news/wie-viele-haben-demonstriert (aufgerufen am 24.11.2022).

Rucht, Dieter (2016a) Conclusions. Social Movement Studies in Europe: Achievements, Gaps and Challenges, in Olivier Fillieule and Guya Accornero (eds.), *Social Movement Studies in Europe: The State of the Art*. New York and Oxford: Berghahn, 456–487.

Rucht, Dieter (2016b) Die medienorientierte Inszenierung von Protest, in *Medienpolitik* (Online-Dossier), hrsg. von der Bundeszentrale für politische Bildung. Bonn. http://www.bpb.de/gesellschaft/medien/medienpolitik/236953/inszenierung-von-protest (aufgerufen am 24.11.2022).

Rucht, Dieter (2018a) Right-wing populism in context: A historical and systematic perspective, in Gregor Fitzi, Jürgen Mackert, and Bryan S. Turner (eds.), *Populism and the Crisis of Democracy. Vol. 2: Politics, Social Movements and Extremism*. London and New York: Routledge, 67–84.

Rucht, Dieter (2018b) Politically Engaged Scholarship in Social Movement Studies, in Stefan Berger and Christoph Cornelissen (eds.), *Marxist Historical Cultures and Social Movements during the Cold War*. Basingstoke: Palgrave Macmillan, 141–162.

Rucht, Dieter (2018c) Exploring the Backstage: Preparation and Implementation of Mass Protests in Germany. *American Behavioral Scientist*, 61(13): 1678–1702.

Rucht, Dieter (im Erscheinen) *Social Movements: A Theoretical Approach*. Oxford: Oxford University Press.

Rucht, Dieter/Ohlemacher, Thomas (1992) Protest Event Data: Collection, Uses and Perspectives, in Mario Diani and Ron Eyerman (eds.), *Studying Collective Action*. Beverly Hills u. a.: Sage, 76–106.

Rucht, Dieter/Blattert, Barbara/Rink, Dieter (1995) Von den Oppositionsgruppen der DDR zu den neuen sozialen Bewegungen in Ostdeutschland? *Politische Vierteljahresschrift*, 36(3): 397–422.

Rucht, Dieter/Blattert, Barbara/Rink, Dieter (1997) *Soziale Bewegungen auf dem Weg zur Institutionalisierung: Zum Strukturwandel „alternativer" Gruppen in beiden Teilen Deutschlands*. Frankfurt/M.: Campus.

Rucht, Dieter/Koopmans, Ruud/Neidhardt, Friedhelm (eds.) (1998) *Acts of Dissent: New Developments in the Study of Protest*. Berlin: Sigma.

Rucht, Dieter/Neidhardt, Friedhelm (1998) Methodological Issues in Collecting Protest Event Data: Units of Analysis, Sources and Sampling, Coding Problems, in Dieter Rucht, Ruud Koopmans and Friedhelm Neidhardt (eds.), *Acts of Dissent: New Developments in the Study of Protest*. Berlin: Sigma, 65–89.

Rucht, Dieter/Simon Teune (Hrsg.) (2008) *Nur Clowns und Chaoten? Die G8-Proteste in Heiligendamm im Spiegel der Massenmedien*. Frankfurt/M.: Campus.
Rucht, Dieter/Neidhardt, Friedhelm (2020) Soziale Bewegungen und kollektive Aktionen, in Hans Joas und Steffen Mau (Hrsg.), *Lehrbuch Soziologie*. 4. Vollständig überarbeitete und erweiterte Auflage. Frankfurt/M.: Campus, 831–864.
Rudé, George (1977) *Die Volksmassen in der Geschichte. Unruhen, Aufstände und Revolutionen in England und Frankreich 1730–1848*. Frankfurt/M.: Campus.
Runciman, Walter G. (1966) *Relative Deprivation and Social Justice. A Study of Attitudes to Social Inequality in Twentieth-Century England*. London: Routledge/Kegan Paul.
Rupp, Leila J./Taylor, Verta (1987) *Survival in the Doldrums: The American Women's Rights Movement, 1945 to the 1960s*. Oxford: Oxford University Press.
Russett, Bruce M. et al. (1964) *World Handbook of Political and Social Indicators*. New Haven: Yale University Press.
Ryan, Charlotte (1991) *Prime Time Activism: Media Strategies for Grassroots Organizing*. Boston: South End Press.
Sandvik, Hilde (2018) Norway 1750–1850: Riots and Participation, in Flemming Mikkelsen, Knut Kjeldstadli, and Stefan Nyzell (eds.), *Popular Struggle and Democracy in Scandinavia. 1700-Present*. London: Palgrave Macmillan, 165–199.
Scaminaci III, James/Dunlap, Riley E. (1986) No Nukes! A comparison of participants in two national antinuclear demonstrations. *Sociological Inquiry*, 56(2): 272–282.
Schelling, Thomas C. (1978) *Micromotives and Macrobehavior*. New York and London: Norton.
Schimank, Uwe (1983) *Neoromantischer Protest im Spätkapitalismus. Der Widerstand gegen die Stadt- und Landschaftsverödung*. Bielefeld: AJZ-Druck und Verlag.
Schimank, Uwe (1988) Gesellschaftliche Teilsysteme als Akteurfiktionen. *Kölner Zeitschrift für Soziologie und Sozialpsychologie*, 40(3): 619–639.
Schimank, Uwe (2016) *Handeln und Strukturen. Einführung in die akteurtheoretische Soziologie*. 5. durchgesehene Auflage. Weinheim, Basel: Beltz Juventa.
Schmidt, Jürgen (2018) *Brüder, Bürger und Genossen. Die deutsche Arbeiterbewegung zwischen Klassenkampf und Bürgergesellschaft 1830–1870*. Bonn: J. H. W. Dietz.
Schmidt, Siegfried J. (Hrsg.) (1987) *Der Diskurs des Radikalen Konstruktivismus*. Frankfurt/M.: Suhrkamp.
Schmitter, Philipp C./Streeck, Wolfgang (1981) The Organization of Business Interests. A Research Design to Study the Associative Action of Business in the Advanced Industrial Societies of Western Europe. Berlin: Discussion Paper Wissenschaftszentrum Berlin.
Schöck-Quinteros, Eva/Streubel, Christiane (Hrsg.) (2003) *„Ihrem Volk verantwortlich". Frauen der politischen Rechten (1890–1933). Organisationen, Agitationen, Ideologien*. Berlin: trafo.
Schölderle, Thomas (2022) *Auf der Suche nach dem Nirgendwo. Genese, Geschichte und Grenzen der Utopie*. Frankfurt/M.: Campus.
Schönberger, Klaus/Sutter, Ove (Hrsg.) (2009) *Kommt herunter, reiht Euch ein ... Kleine Geschichte der Protestformen sozialer Bewegungen*. Berlin, Hamburg: Assoziation A.
Schulze, Gerhard (1990) Die Transformation sozialer Milieus in der Bundesrepublik Deutschland. Lebenslagen, Lebensläufe, Lebensstile. *Soziale Welt. Sonderband 7*, 409–432.
Schulze, Gerhard (1992) *Die Erlebnisgesellschaft. Kultursoziologie der Gegenwart*. Frankfurt/M.: Campus.
Schulze, Winfried (1980) *Bäuerlicher Widerstand und feudale Herrschaft in der frühen Neuzeit*. Stuttgart Bad Cannstadt: Fromman-Holzboog.
Schumacher, Leonhard (2001) *Sklaverei in der Antike. Alltag und Schicksal der Unfreien*. München: C. H. Beck.
Schweingruber, David/McPhail, Clark (1999) A Method for Systematically Observing and Recording Collective Action. *Sociological Methods & Research*, 27(4): 451–498.
Scorce, Giuliana/Dumitrica, Delia (2022) Transnational dimensions in digital activism and protest. *Review of Communication*, 22(3): 157–174.
Scott, James (1985) *Weapons of the Weak: Everyday Forms of Peasant Resistance*. New Haven: Yale University Press.

Scott, James (1990) *Domination and the Arts of Resistance: Hidden Transcripts.* New Haven, CT: Yale University Press.
Selinger, Martin (1979) *The Marxist Conception of Ideology.* Cambridge: Cambridge University Press.
Sewell, William H. Jr. (2005) *Logics of History: Social Theory and Social Transformation.* Chicago and London: The University of Chicago Press.
Sighele, Scipio (1898) *Psychologie des Sectes* (orig. in Italian 1881). Paris: V. Giard and E. Briére.
Simmel, Georg (1992 [1908]) *Soziologie. Untersuchungen über die Formen der Vergesellschaftung.* Gesamtausgabe Band II. Frankfurt/M.: Suhrkamp.
Simmel, Georg (1997 [1917]) *Grundfragen der Soziologie. Individuum und Gesellschaft.* Schutterwald: Wissenschaftlicher Verlag.
Skocpol, Theda (1979) *States and Social Revolutions: A Comparative Analysis of France, Russia, and China.* New York: Cambridge University Press.
Skolnick, Jerome H. (ed.) (1969) The Politics of Protest: A Task Force Report Submitted to the National Commission on the Causes and Prevention of Violence. New York: Simon and Schuster.
Smelser, Neil J. (1962) *Theory of Collective Behavior.* New York: The Free Press.
Smelser, Neil J. (1972a) *Theorie des kollektiven Verhaltens.* Köln: Kiepenheuer & Witsch.
Smelser, Neil J. (1972b) Some Additional Thoughts on Collective Behavior. *Sociological Inquiry,* 42(2): 97–103.
Snow, David A./Benford, Robert D. (1988) Ideology, Frame Resonance, and Participant Mobilization, in Bert Klandermans, Hanspeter Kriesi, and Sidney Tarrow (eds.*), From Structure to Action: Social Movement Participation Across Cultures.* Greenwich, Conn.: JAI Press, 197–217.
Snow, David A./Benford, Robert D. (2000) Clarifying the Relationship between Framing and Ideology. *Mobilization,* 5(1): 55–60.
Snow, David A./Benford, Robert D. (2002) Master Frames and Cycles of Protest, in Aldon A. Morris and Carol M. Mueller (eds.), *Frontiers in Social Movement Theory.* New Haven, CT: Yale University Press, 133–155.
Snow, David A./Soule, Sarah A./Kriesi, Hanspeter (eds.) (2004) *Blackwell Companion to Social Movements.* Oxford/Cambridge: Blackwell.
Snow, David A./Benford, Robert/McCammon, Holly/Hewitt, Lyndi/Fitzgerald, Scott (2014) The Emergence and Development of the Framing Perspective: Twenty-Five Years since the Publication of Frame Alignment and What Lies Ahead. *Mobilization,* 19(1): 23–45.
Sombart, Werner (1896) *Sozialismus und soziale Bewegung im 19. Jahrhundert.* Jena: Gustav Fischer.
Sommer, Moritz et al. (2020) Wer demonstriert da? In Sebastian Haunss und Moritz Sommer (Hrsg.), *Fridays for Future – Die Jugend gegen den Klimawandel.* Bielefeld: transcript, 15–66.
Sommer, Moritz/Steinhilper, Elias/Zajak, Sabrina (2021a) Wer protestiert? Das Profil von Protestierenden in Deutschland im Wandel, in Bundeszentrale für politische Bildung Hrsg.), *Protest. Deutschland 1949–2020.* Projektleitung Martin Langebach. Bonn: Bundeszentrale für politische Bildung, 44–63.
Sommer, Moritz/Steinhilper, Elias/Zajak, Sabrina (2021b) Codebook DeZIM „Lokale Protestereignisanalyse". Berlin: Deutsches Zentrum für Integrations- und Migrationsforschung (DeZIM).
Staggenborg, Suzanne (1991) *The pro-choice movement: Organization and activism in the abortion conflict.* Oxford: Oxford University Press.
Steinmetz, George (1994) Regulation Theory, Post-Marxism, and the New Social Movements. *Comparative Studies in Society and History,* 36(1): 176–212.
Stekelenburg, Jacquelien van/Walgrave, Stefaan/Klandermans, Bert/Verhulst, Joris (2012) Contextualizing Contestation. Framework, Design and Data. *Mobilization,* 17(3): 249–262. https://doi.org/10.17813/maiq.17.3.a4418x2q772153x2 (aufgerufen am 24.11.2022).

Stekelenburg, Jacquelien van/Klandermans, Bert/Walgrave, Stefaan (2018) Individual Participation in Street Demonstrations, in David A. Snow, Sarah A. Soule, Hanspeter Kriesi, and Holly J. McCammon (eds.), *The Wiley Companion To Social Movements*. Hoboken/NJ, 369–391. https://onlinelibrary.wiley.com/doi/book/10.1002/9781119168577#page=388 (aufgerufen am 24.11.2022).
Strauss, Anselm I. (1947) Research in Collective Behavior: Neglect and Need. *American Sociological Review*, 12: 352–354.
Strike Debt (2014) *The Debt Resisters' Operations Manual*. Oakland: PM Press. Retrieved from: http://strikedebt.org/The-Debt-Resistors-Operations-Manual.pdf (aufgerufen am 24.11.2022).
Suter, Andreas (1995) Regionale politischen Kulturen von Protest und Widerstand im Spätmittelalter und in der Frühen Neuzeit. *Geschichte und Gesellschaft*, 21(2): 161–194.
Sutterlüty, Ferdinand/Poppinga, Almut (Hrsg.) (2022) *Verdeckter Widerstand in demokratischen Gesellschaften*. Frankfurt/M.: Campus.
Swidler, Ann (1986) Culture in Action: Symbols and Strategies. *American Sociological Review*, 51(2): 273–286.
Sznaider, Natan (2021) *Politik des Mitgefühls. Die Vermarktung der Gefühle in der Demokratie*. Weinheim: Beltz Juventa.
Taine, Hippolyte A. (1875–1893) *Les origines de la France contemporaine*. Fünf Bände. Paris: La Hachette.
Tajfel, Henri et al. (1971) Social categorization and intergroup behaviour. *European Journal of Social Psychology*, 1(2): 149–178. https://doi.org/10.1002/ejsp. 2420010202 (aufgerufen am 24.11.2022).
Tarde, Gabriel (1890) *Les lois de l'imitation*. Paris: Félix Alcan.
Tarde, Gabriel (1901) [1898] *L'opinion et la foule*. Paris: Félix Alcan.
Tarrow, Sidney (1989) *Democracy and Disorder: Protest and Politics in Italy, 1965–1975*. Oxford: Claredon Press.
Tarrow, Sidney (1993) Modular Collective Action and the Rise of the Social Movement: Why the French Revolution Was Not Enough. *Politics and Society*, 21(1): 69–90.
Tarrow, Sidney (1994) *Power in Movement: Social Movements, Collective Action and Politics*. Cambridge: Cambridge University Press.
Tarrow, Sidney (2005) *The New Transnational Activism*. New York: Cambridge University Press.
Tartakowski, Danielle (1990) La province sans Paris ou la province contre Paris? In Pierre Favre (ed.), *La Manifestation*. Paris: Presses de la Fondation Nationale des Sciences Politiques, 156–177.
Taylor, Charles L./Hudson, Michael C. (1972) *World Handbook of Political and Social Indicators* (Second Edition). New Haven, CT: Yale University Press.
Taylor, Charles L./Jodice, David A. (1983) *World Handbook of Political and Social Indicators* (Third Edition). New Haven, CT: Yale University Press.
Taylor, Verta/van Dyke, Nella (2004) „Get up, stand up": Tactical Repertoires of Social Movements, in David A. Snow, Sarah A. Soule, and Hanspeter Kriesi (eds.), *The Blackwell Companion to Social Movements*. Oxford: Blackwell, 262–293.
Tenbruck, Friedrich H. (1976) Glaubensgeschichte der Moderne. *Zeitschrift für Politik*, 23(1): 1–15.
Teune, Simon (2007) Humour as a Guerrilla Tactic. The West German Student Movement's Mockery of the Establishment. *International Review of Social History*, Vol. 52, No. Suppl. 15, 115–132.
Teune, Simon (2012) Corridors of Action. Protest Rationalities and the Channeling of Anti-Summit Repertoires. Unveröff. Dissertation. Fachbereich Politik- und Sozialwissenschaften der Freien Universität Berlin.
Teune, Simon/Ullrich, Peter (2015) Demonstrationsbefragungen. Grenzen und Potenziale einer Forschungsmethode. https://protestinstitut.eu/wp-content/uploads/2015/09/demonstrationsbefragungen-teuneullrich-2015-09-161.pdf (aufgerufen am 24.11.2022).
Thompson, Edward P. (1980) *Plebeische Kultur und moralische Ökonomie. Aufsätze zur englischen Sozialgeschichte des 18. und 19. Jahrhunderts*. Frankfurt/M., Berlin, Wien: Ullstein.

Tillich, Paul (1922) *Masse und Geist. Studien zur Philosophie der Masse*. Berlin: Verlag der Arbeitsgemeinschaft.
Tilly, Charles (1977a) Studying Social Movements/Studying Collective Action. University of Michigan, Ann Arbor. CRSO Working Paper # 168.
Tilly, Charles (1977b) Hauptformen kollektiver Aktion in Westeuropa, 1500–1975. *Geschichte und Gesellschaft*, 3(2): 153–163.
Tilly, Charles (1978) *From Mobilization to Revolution*. Reading: Addison-Wesley.
Tilly, Charles (1981) Useless Durkheim, in Charles Tilly, *As Sociology Meets History*. New York: Academic Press, 95–108.
Tilly, Charles (1986a) *The Contentious French*, Cambridge, MA: Harvard University Press.
Tilly, Charles (1986b) European Violence and Collective Action since 1700. *Social Research*, 53(1): 159–184.
Tilly, Charles (1993) *Die europäischen Revolutionen*. München: C. H. Beck.
Tilly, Charles (1995a) *Popular Contention in Great Britain 1758–1834*. Cambridge, MA and London: Harvard University Press.
Tilly, Charles (1995b) Contentious Repertoires in Great Britain. 1758–1834, in Mark Traugott (ed.), *Repertoires and cycles of collective action*. Durham: Duke University Press, 15–42.
Tilly, Charles (1999) From Interactions to Outcomes in Social Movements, in Marco Giugni, Doug McAdam and Charles Tilly (eds.), *How Social Movements Matter*. Minneapolis and London: University of Minnesota Press, 253–270.
Tilly, Charles/Tarrow, Sidney (2007) *Contentious Politics*. Oxford: Oxford University Press.
Toch, Hans (1965) *The Social Psychology of Social Movements*. London: Routledge.
Tönnies, Ferdinand (1897) *Gemeinschaft und Gesellschaft. Abhandlung des Communismus und des Socialismus als empirischer Culturformen*. Leipzig: Fues.
Tönnies, Ferdinand (1920) Die grosse Menge und das Volk. *Schmollers Jahrbuch*, XLIV, 317–345.
Tönnies, Ferdinand (1922) *Kritik der öffentlichen Meinung*. Berlin: Julius Springer.
Touraine, Alain (1969) *La société postindustrielle*. Paris: Denoel.
Touraine, Alain (1973a) *Production de la société*. Paris: Editions du Seuil.
Touraine, Alain (1973b) *L'historicité*, in *Une nouvelle civilization? Hommage à Georges Friedmann*. Paris: Gallimard, 3–44.
Touraine, Alain (1984) Soziale Bewegungen. Spezialgebiet oder zentrales Problem soziologischer Analyse? *Soziale Welt*, 34(2): 143–152.
Touraine, Alain (1976) *Was nützt Soziologie?* Frankfurt/M.: Suhrkamp.
Touraine, Alain (1978) *La voix et le regard*. Paris: Seuil.
Touraine, Alain (1980) *L'après-socialisme*. Paris: Grasset.
Touraine, Alain (1992) *Critique de la modernité*. Paris: Fayard.
Trotter, Wilfred (1916) *Instincts of the Herd in Peace and War*. London: Beard Group Inc.
Turner Ralph H. (1969) The theme of contemporary social movements. *British Journal of Sociology*, 20(2): 390–405.
Turner, Ralph H. and Lewis M. Killian (1957) *Collective Behavior*. Englewood Cliffs, NJ: Prentice Hall.
Turner, Ralph H. and Lewis M. Killian (1987) *Collective Behavior. Third Edition*. Englewood Cliffs, NJ: Prentice and New York: Routledge.
Uba, Katrin (2005) The Scope of Political Conflict and the Effectiveness of Constraints in Contemporary Urban Protest. *Sociological Quarterly*, 19(2): 168–184.
Urbainczyk, Theresa (2008) *Slave Revolts in Antiquity*. Berkeley/Los Angeles: University of California Press.
Useem, Bert/Goldstone, Jack, A. (2022) The paradox of victory: social movement fields, adverse outcomes, and social movement success. *Theory and Society*, 51(1): 31–60.
Van Aelst, Peter/Walgrave, Stefaan (2001) Who is that (wo)man in the street? From the normalization of protest to the normalization of the protesters. *European Journal of Political Research*, 39(4): 461–486.
van Dülmen, Richard van (1987) *Reformation als Revolution. Soziale Bewegung und religiöser Radikalismus in der deutschen Reformation*. Überarbeitete Neuausgabe. Frankfurt/M.: Fischer Taschenbuch Verlag.

Van Dyke, Nella/McCammon, Holly (eds.) (2010) *Strategic Alliances: Coalition Building and Social Movements*. Minneapolis, MN: University of Minnesota Press.

Verhulst, Joris (2010) February 15, 2003: The World Says No to War, in Stefaan Walgrave and Dieter Rucht (eds.), *The World Says No to War: Demonstrations against the War on Iraq*. Minneapolis: University of Minnesota Press, 1–19.

Vester, Michael et al. (2001) *Soziale Milieus im gesellschaftlichen Strukturwandel*. Frankfurt/M.: Suhrkamp.

Vierkandt, Alfred (1916) *Staat und Gesellschaft in der Gegenwart: Eine Einführung in das staatsbürgerliche Denken und in die politische Bewegung unserer Zeit*. Leipzig: Quelle & Meyer.

Vleugels, Wilhelm (1930) *Die Masse. Ein Beitrag zur Lehre von den sozialen Gebilden*. München: Duncker & Humblot.

Volkmann, Heinrich (1984) Protestträger und Protestformen in den Unruhen 1830–1832, in Heinrich Volkmann und Jürgen Bergmann (Hrsg.), *Sozialer Protest. Studien zu traditioneller Resistenz und kollektiver Gewalt in Deutschland vom Vormärz bis zur Reichsgründung*. Opladen: Westdeutscher Verlag, 56–75.

van den Berg, Karen/Jordan, Cara M./Kleinmichel, Philipp (eds.) (2019) *The Art of Direct Action. Social Sculpture and Beyond*. Berlin: Sternberg Press.

van der Heijden, Hein-Anton (ed.) (2014) *Handbook of Political Citizenship and Social Movements*. Northampton, MA: Edward Elgar.

Vey, Judith/Leinius, Johanna/Hagemann, Ingmar (Hrsg.) (2019) *Handbuch Poststrukturalistische Perspektiven auf soziale Bewegungen*. Bielefeld: transcript.

Volk, Christian (2022) Reform, Transformation, Emancipation. Conceptualizing Political Protest in Modern Democracies. *Democratic Theory*, 9(2): 56–77.

von Hodenberg, Christina (1997) *Aufstand der Weber. Die Revolte von 1844 und ihr Aufstieg zum Mythos*. Bonn: Dietz.

von Redecker, Eva (2020) *Revolution für das Leben. Philosophie der neuen Protestformen*. Frankfurt/M.: S. Fischer.

von Stein, Lorenz von (1959 III [1842]) *Die industrielle Gesellschaft, der Sozialismus und Kommunismus Frankreichs von 1830 bis 1848*. Darmstadt: Wissenschaftliche Buchgesellschaft.

von Stein, Lorenz (1850) *Geschichte der sozialen Bewegung in Frankreich von 1789 bis auf unsere Tage*. Drei Bände. Leipzig: Otto Wigand.

von Wiese, Leopold (1929) *Allgemeine Soziologie als Lehre von den Beziehungen und Beziehungsgebilden der Menschen*. München und Leipzig: Duncker & Humblot.

von Winter, Tomas (1997) „Schwache Interessen": Zum kollektiven Handeln randständiger Gruppen. *Leviathan*, 25(4): 539–566.

Voss, Kim (1996) The collapse of a social movement: The interplay of mobilizing structures, framing, and political opportunities in the Knights of Labor, in Doug McAdam, John D. McCarthy, and Mayer N. Zald (eds.), *Comparative Perspectives on Social Movements*. Cambridge and New York: Cambridge University Press, 227–258.

Yang, Mundo/Baringhorst, Sigrid (2021) Protest und Öffentlichkeit, in Bundeszentrale für politische Bildung (Hrsg.), *Protest. Deutschland 1949–2020*. Projektleitung Martin Langebach. Bonn: Bundeszentrale für politische Bildung, 410–429.

Yates, Luke (2015) Rethinking Prefiguration: Alternatives, Micropolitics and Goals in Social Movements. *Social Movement Studies*, 14(1): 1–21.

Vygotsky, Lev S. (1978) *Mind in Society*. Cambridge, MA: Harvard University Press.

Wada, Takeshi (2012) Modularity and Transferability of Repertoires of Contention. *Social Problems*, 59(4): 544–571.

Walgrave, Stefaan/Verhulst, Joris (2011) Selection and Response Bias in Protest Surveys. *Mobilization*, 16(2): 203–222.

Walgrave, Stefaan/Rucht, Dieter (eds.) (2010) *Demonstrations against the War on Iraq*. Minneapolis: University of Minnesota Press.

Walgrave, Stefaan/Wouters, Ruud/Ketelaars, Pauline (2016) Response Problems in the Protest Survey Design. Evidence from 51 Protest Surveys in Seven Countries. *Mobilization*, 21(1): 83–104.

Webb, Sidney (1910) Social Movements, in *The Cambridge modern history.* Cambridge University, Bd. XII, S. 730–765.
Weber, Max (1976 [1921/22] *Wirtschaft und Gesellschaft: Grundriss der verstehenden Soziologie.* 5. rev. Auflage. Tübingen: J. C. B. Mohr (Paul Siebeck).
Weichlein, Siegfried (2005) *Nationalbewegungen und Nationalismus in Europa.* Darmstadt: Wissenschaftliche Buchgesellschaft.
Weick, Karl E. (1979) *The Social Psychology of Organizing.* New York: McGraw-Hill Inc.
Weick, Karl E. (1995) What Theory Is Not, Theorizing Is. *Administrative Science Quarterly,* 40(3): 385–390.
Weill, Georges (1911) *Histoire du movement social en France, 1852–1910.* Paris: F. Alcan.
Weinrich, Harald (1972) System, Diskurs und die Diktatur des Sitzfleisches. *Merkur,* 26, Heft 292, 801–812.
Weisskircher, Manès (2022) Politik auf der Straße? Zum Forschungsstand zu sozialen Bewegungen, Protest und Zivilgesellschaft. *Zeitschrift für Vergleichende Politikwissenschaft.* https://doi.org/10.1007/s12286-022-00542-8.
White, Micah (2010) Clicktivism is ruining left activism. *The Guardian,* August 12, 2010. Accessible at: https://www.theguardian.com/commentisfree/2010/aug/12/clicktivism-ruining-leftist-activism (aufgerufen am 9.8.2022).
Whittier, Nancy (2004) The Consequences of Social Movements for Each Other, in David A. Snow, Sarah A. Soule, and Hanspeter Kriesi (eds.), *The Blackwell Companion to Social Movements.* Malden, MA: Blackwell, 531–551.
Wilkinson, Paul (1971) *Social Movement.* London: Macmillan.
Wilson, John (1973) *Introduction to Social Movements.* New York: Basic Books.
Wood, Andy (2002) *Riot, Rebellion and Popular Politics in Early Modern England.* New York: Palgrave Macmillan.
Woods, Robert A. (1891) *English Social Movements.* New York: Charles Scribner's Sons.
Zajak, Sabrina/Haunss, Sebastian (2022) The politics of alliances. The making and breaking of social movement coalitions. Introduction to the special issue. *Social Movement Studies,* 21(1–2): 1–7.
Zald, Mayer N./Ash, Roberta (1966) Social Movement Organizations: Growth, Decay, and Change. *Social Forces,* 44(3): 327–341.
Zald, Mayer N./McCarthy, John D. (1980) *Social Movement Industries*: Competition and Cooperation Among Social Movement Organization. *Research in Social Movements, Conflict and Change,* 3: 1–20.
Zamponi, Lorenzo/Daphi, Priska (2014) Breaks and continuities in and between cycles of protest. Memories and legacies of the global justice movement in the context of anti-austerity mobilisations, in Donatella della Porta and Alice Mattoni (eds.), *Spreading Protests. Social Movements in Times of Crisis.* Essex: ECPR-Press, 193–226.
Zimand, Savel (1921) *Modern Social Movements. Descriptive summaries and bibliographies.* New York: The H. W. Wilson Company.
Zolberg, Aristide (1972) Moments of Madness. *Politics and Society,* 2(2): 183–207.